Die Geschichte Hamburgs
von 1945 bis heute

SUTTON
VERLAG

Eisverkäufer beim Verkehrspavillon am Jungfernsteig, August 1965.

Uwe Bahnsen & Kerstin von Stürmer

Trümmer / Träume / Tor zur Welt

Die Geschichte Hamburgs von 1945 bis heute

SUTTON VERLAG

»Und als ich über die Ferne kam,
Schutt, nichts als Schutt,
als ich über die tote Ferne kam,
da sah ich die tote Stadt von fern
und sah sie aufleuchten wie einen Stern
und sah ihre Not und Trübsal vergehn
und sah die Erschlagene auferstehn,
schöner als ich je gesehn.«

Hans Leip (1893–1983) schrieb das »Lied im Schutt«, dem der vorstehende Text entnommen ist, 1943 nach den Großangriffen auf seine Vaterstadt Hamburg. Der Schriftsteller, Maler und Graphiker war einer der prägenden Literaten Hamburgs. Sein wohl bekanntestes Werk ist das Lied »Lili Marleen«, das während des Zweiten Weltkriegs zu einem Welterfolg wurde.

Impressum

Sutton Verlag GmbH
Hochheimer Straße 59
99094 Erfurt
www.suttonverlag.de

ISBN: 978-3-95400-050-0

Druck: Beltz Bad Langensalza GmbH

Inhaltsverzeichnis

Trümmer – Träume – Tor zur Welt

Hamburgs Wiederaufbau ist eine der eindrucksvollsten Erfolgsgeschichten der Nachkriegszeit. Die Hansestadt blutete zwar aus unzähligen Wunden des Bombenkriegs, der großflächige Verwüstungen hinterlassen und ganze Stadtteile zerstört hatte. Dennoch erwies sich buchstäblich mit dem ersten Tag, an dem die Waffen schwiegen, dieses geschundene Gemeinwesen als Magnet – für die »Butenhamburger«, die vor allem nach der britischen »Operation Gomorrha« vom Juli/August 1943 in den benachbarten Landkreisen und anderswo Zuflucht gesucht und gefunden hatten, für die aus der Kriegsgefangenschaft entlassenen Soldaten, für die Flüchtlinge und Aussiedler aus den Ostprovinzen und der sowjetischen Besatzungszone.

Hamburg war für diese Menschen, aber auch für viele andere, die zum Treibgut des Krieges geworden waren, eine große Stadt, von der sie glaubten, sie werde ihnen persönliche Chancen eröffnen. Sie verbanden damit in einem ganz elementaren Sinn die Hoffnung auf eine bessere Zukunft. Alle Versuche der Militärregierung und des Senats, den Zuzug zu beschränken, einzudämmen, zu regulieren, schlugen fehl. Diesem Zuwanderungsdruck musste eine Metropole standhalten, deren Wohnungsbestand, deren Infrastruktur und Wirtschaftspotenzial der Krieg schwer in Mitleidenschaft gezogen hatte, der Schiffbau und Schifffahrt so gut wie verboten waren, deren Außenhandel daniederlag und auf der das Besatzungsregime finanziell und unmittelbar, durch die rigorose Beschlagnahme von Wohnungen, lastete.

Konnte man die begründete Hoffnung haben, dass Hamburg irgendwann seine Randlage 60 Kilometer vom Eisernen Vorgang entfernt, der Europa trennte, überwinden und in sein traditionelles Hinterland zurückkehren oder gar, noch vermessener, wieder wie einst auf den Spuren der Hanse in Nordosteuropa Handel treiben könnte, rings um das »Mare balticum«, die Ostsee? Nein, diese Hoffnung konnte man realistischerweise nicht haben, darin waren sich alle Fachleute einig. Wie es in den ersten Nachkriegsjahren um Hamburgs wirtschaftliche Perspektiven bestellt war, hat eine Expertenkommission unter Leitung des brillanten Nationalökonomen Karl Schiller damals in einem schmalen Band dargestellt, auf miserablem Papier gedruckt, also mit allen Merkmalen jener trostlosen Wirtschaftslage versehen, die der Inhalt beschrieb. Man musste ein geborener Optimist sein, ausgestattet mit einem unbeirrbaren Glauben an Hamburgs Zukunft, um angesichts der damaligen Lage nicht zu verzweifeln und sich jeden Tag neu mit dem Vorsatz zu motivieren: Wir schaffen es.

Umgeben von Ruinen: die schwer beschädigte Hauptkirche St. Michaelis im April 1945.

Die politische Grundlage für diese Zuversicht war in den ersten Jahrzehnten nach dem Krieg der schon in der Weimarer Republik entstandene »Kaufmannssozialismus« – das Bündnis zwischen der SPD als Partei der Arbeiterbewegung und der Kaufmannschaft. Und selbst wenn die SPD allein regieren konnte, was auf dem Höhepunkt ihrer Macht in der Stadt fast schon als Selbstverständlichkeit galt und seit 2011 erneut die Kräfteverhältnisse in der Landespolitik bestimmt, war ihre Führung klug genug, unbeirrbar an einem überparteilichen Bestand an Gemeinsamkeiten festzuhalten, an dem auch in Konfliktsituationen von keiner Seite gerüttelt wurde. Kernpunkt war die Hafenpolitik. Mochten andere Politikfelder heiß umstritten sein, etwa die Schulpolitik, so galt der energische Ausbau des Hafens zur Sicherung seiner Konkurrenzfähigkeit stets als ein Thema, das dem normalen Meinungsstreit entzogen war. Die 300.000 DM, die für den Hafenaufbau in den ersten beiden Nachkriegs-Jahrzehnten Tag für Tag aufzuwenden waren, wurden nicht in Frage gestellt.

Dieses Buch will auch den Politikern der ersten Stunde ein Denkmal setzen – ihrer nüchternen Zähigkeit, ihrer Kompetenz, auch der menschlichen Würde, mit der sie als Repräsentanten eines besiegten, besetzten und demoralisierten Landes dessen Interessen mit Festigkeit vertraten. Wer wissen will, was Liebe zur Vaterstadt bedeutet, der möge die beiden Reden nachlesen, die Bürgermeister Rudolf Petersen und sein Nachfolger Max Brauer jeweils zum Amtsantritt gehalten haben – der eine im Senat, der andere zur Vereidigung des Senats vor der Bürgerschaft. Beide waren selbstbewusste Hamburger, Petersen dank der festgefügten Traditionen des hanseatischen Großbürgertums, dem er entstammte, Brauer durch seine Verwurzelung in der deutschen Arbeiterbewegung. Dieses Selbstbewusstsein gab ihnen Kraft und Rückhalt, wenn es darum ging, Bestrebungen oder Projekte der britischen Besatzungsmacht abzuwehren, die nach ihrer pflichtgemäßen Überzeugung Hamburg und seinen Wiederaufbau schädigen mussten. Dazu gehörte vor allem die auf britischer Seite 1946 erkennbare Absicht, dem Stadtstaat die Selbstständigkeit zu nehmen und das Großhamburg-Gesetz aus dem Jahr 1937 aufzuheben, weil es sich um »Nazi-Recht« gehandelt habe. Petersen und Brauer sind, jeder auf seine Weise, mit großer Energie und schließlich erfolgreich gegen solche Pläne zu Felde gezogen.

Es schmälert die Verdienste dieser Politiker-Generation der »Stunde Null« nicht im Geringsten, wenn man feststellt, dass sie sich auch nach 1945 in den politischen Kategorien der Weimarer Republik bewegten, die sie geprägt hatte. Max Brauer (SPD) war bis 1933 Oberbürgermeister des damals noch preußischen Altona. Sein Finanzsenator Walter Dudek (SPD) war in gleicher Funktion für Harburg-Wilhelmsburg tätig. Herbert Weichmann (SPD) war der engste Mitarbeiter des letzten preußischen SPD-Ministerpräsidenten Otto Braun. Diese Orientierung an den Weimarer Traditionen und ihren Politikmustern zeigte sich exemplarisch deutlich in der Verfassung von 1952. Als die NS-Zeit vorüber war, hatte die britische Militärregierung zunächst für eine provisorische

Verfassung gesorgt, die am 15. Mai 1946 in Kraft trat. Hamburg war das letzte Bundesland, das sich am 6. Juni 1952 eine eigene Verfassung gab. Nicht nur wollten die Stadtväter zunächst das Grundgesetz abwarten, damit sie auf den Grundrechtsteil in der eigenen Landesverfassung verzichten konnten. Überdies waren einige Punkte derart strittig, dass man sich lange nicht einigen konnte. Die Sozialdemokraten wollten zum Beispiel das Wahlrecht, das sie begünstigte, in der neuen hamburgischen Verfassung verankern. Das forderte natürlich den erbitterten Widerstand der anderen Parteien heraus, die eine solche dauerhafte Benachteiligung nicht akzeptieren wollten. Die SPD musste davon Abstand nehmen. Die CDU hingegen musste sich von ihrer Idee verabschieden, halbamtliche Senatoren einzuführen. Ihr Sprecher Dr. Paul de Chapeaurouge hatte für dieses schon damals antiquierte Vorhaben mit dem Argument geworben, auch in seiner Landesregierung dürfe Hamburg nicht aufhören, eine »Kaufmannsstadt« zu sein. Wer halbamtliche Senatoren nicht wolle, bewirke damit faktisch »den Ausschluss der hamburgischen Kaufmannschaft aus dem Senat«. Bürgermeister Max Brauer lehnte dieses Argument kategorisch ab und verwies auf die umfangreichen Aufgaben, denen ein Senator gerade angesichts des Wiederaufbaus gerecht werden müsse. Ein halbamtlicher Senator könne das nicht leisten. Die CDU musste nachgeben.

Während es gelang, dieses Relikt hamburgischer Patrizier-Vergangenheit von der neuen Landesverfassung fernzuhalten, enthielt sie weiterhin andere Regelungen, die genau diesen Traditionen entsprachen und im Übrigen das in der Stadtgeschichte tief verwurzelte Misstrauen gegen zu viel Macht in einer Hand erkennen ließen. Das galt zum Beispiel für die Stellung und die Kompetenzen des Ersten Bürgermeisters. Die Verfassungsväter von 1952 mochten dem Präsidenten des Senats weder eine Richtlinienkompetenz noch das Recht zur Ernennung und Entlassung der Senatsmitglieder zugestehen. Stattdessen machten sie ihn zum »Primus inter Pares«, zum Ersten unter Gleichen, der infolgedessen im Senat überstimmt werden konnte, was durchaus geschah, auch in wichtigen Fragen. Erst mit der Verfassungsreform von 1996 wurde dieser Anachronismus beseitigt – ebenso wie der Verfassungsgrundsatz des »ewigen Senats«. Der gab der Landesregierung die Möglichkeit, auch dann nicht nur geschäftsführend, sondern mit allen Rechten und Pflichten im Amt zu bleiben, wenn sie nach Wahlen im Parlament keine Mehrheit mehr hatte. Das hat SPD-Senaten mehrfach das politische Überleben ermöglicht. Andere Hamburgensien erwiesen sich als so zählebig, dass sie sogar die Verfassungs-Entrümpelung von 1996 überstanden – zum Beispiel die Deputationen, die längst ihren ursprünglichen Sinn bürgernaher Mitwirkung am Vollzug der Politik verloren haben, weil sie zur Beute der Parteien geworden sind. Auch von der Fiktion des Feierabend-Parlaments vermochten sich die Reformer von 1996 nur halbherzig zu verabschieden.

Die Verfassung bestimmt, dass in der Hansestadt staatliche und gemeindliche Tätigkeit nicht getrennt werden. Hamburg ist also Bundesland und Großkommune zugleich. Das hat Konsequenzen. Die Stadt ist ein kompliziertes Gemeinwesen. Und die Landespolitik ist ständig in der Gefahr, dass sie sich auf »Gemeinderatsniveau« bewegt – es war Helmut Schmidt, der das bei aller Liebe zu seiner Vaterstadt kühl angemerkt hat. Zugleich verwies er auf eine Neigung zur umständlichen Bedenkenträgerei und zur »Krähwinkelei«. Die Hamburger sollten das ernst nehmen. Für beide Befunde des prominentesten Hanseaten liefert die Stadtgeschichte hinreichend Belege und für die Konsequenzen eben auch. Einerseits legt Hamburg bei Katastrophen, so während der Bombenangriffe im Sommer 1943 und nach der Sturmflut vom Februar 1962, eine Tatkraft und Solidarität an den Tag, die beeindruckend sind. Wenn es aber um die Aufarbeitung der Folgen geht, zeigt sich immer wieder: In dieser Stadt dauert alles zu lange. Nach dem Großen Brand von 1842, der einen großen Teil Hamburgs in Schutt und Asche legte, brauchten die Stadtväter volle 30 Jahre, bis sie sich 1872 endlich zur Einführung einer Berufsfeuerwehr durchrangen. Das war beileibe kein Einzelfall. Ähnlich mühsame und deshalb langwierige Entscheidungsprozesse waren seither immer wieder zu beobachten. Die Modernisierung der Verfassung von 1952 dauerte genauso lange.

Zugleich hat sich die Politik in Hamburg in der Nachkriegszeit dramatisch verändert. Sie ist vor allem medienabhängiger und komplizierter geworden.

In den 50er und 60er Jahren konnte man die Politik-Ebenen klar trennen: Kommunalpolitik spielte sich in den Orts- und Bezirksversammlungen ab, die Landespolitik war Sache von Senat und Bürgerschaft, Bundespolitik wurde weit weg in Bonn gemacht, in der »rheinischen Republik«. Und die Europapolitik galt als Rückzugsgebiet für alternde Parlamentarier, deren Verdienste niemand bestreiten konnte, die man jedoch den Herausforderungen des harten politischen Geschäfts nicht mehr aussetzen mochte. Die Trennung dieser politischen Ebenen ist heute weitgehend verschwunden.

Hamburg ist einer der großen Gewinner der deutschen Einheit und der EU-Osterweiterung und profitiert zugleich von den aufstrebenden Wirtschaftsnationen Asiens wie kaum eine andere Metropole. Und dennoch ist in diesen zwei Jahrzehnten die dauerhafte Konsolidierung des Haushalts nicht gelungen (das Versprechen, das nachzuholen, war einer der Gründe für den SPD-Wahlsieg 2011). Im Hinblick auf Forschung und Entwicklung, vor allem bei den Zukunftstechnologien, konnte die Hansestadt bislang keine Position erobern, die einen Vergleich mit dem Großraum München zulässt. Hamburgs Universität hat den Elitestatus bislang nicht erwerben können, in der bayrischen Metropole dagegen haben ihn gleich zwei Hochschulen. Sogar Bremen, dessen Universität einst als »rote Kaderschmiede« galt, hat Hamburg in dieser Hinsicht überrundet.

»Die Verbindung von Wissenschaft, Technik und Wirtschaft gehört nicht zur hamburgischen Tradition« – es war der frühere Bürgermeister Klaus von Dohnanyi (SPD), der 1985 in einer seiner drei Grundsatzreden vor dem Übersee-Club mahnend auf ein bis heute nicht aufgearbeitetes Defizit hingewiesen hat.

Das wird sich ändern müssen, damit der Stadtstaat seine wirtschaftliche Leistungskraft bewahren und ausbauen kann. Zwei Nachkriegsgenerationen haben dafür ein insgesamt solides Fundament geschaffen. Nun gilt es, die Zukunft zu gewinnen, und dabei kann der Rückblick auf fast sieben Jahrzehnte Nachkriegsgeschichte sehr hilfreich sein. Das war unser Motiv für dieses Buch. Wir halten es mit dem weisen Satz von Erich Kästner: »Die Vergangenheit muss reden, und wir müssen zuhören.«

Kerstin von Stürmer und Uwe Bahnsen
Hamburg, im Herbst 2012

1.

Besiegt, besetzt, befreit

Donnerstag, 3. Mai 1945: Für Hamburg ein historisches Datum. Das NS-Regime ist am Ende. Die aus unzähligen Wunden blutende Stadt erlebt die »Stunde null«. Zum ersten Mal seit 1806, als Kaiser Napoleon den General Mortier mit fast 3.000 Mann in die traditionsstolze Stadtrepublik einmarschieren ließ, wird die Handels- und Schifffahrtsmetropole wieder von einer ausländischen Macht besetzt. Seit den Morgenstunden ist die Bevölkerung mit hellroten Plakatanschlägen, mit Handzetteln und ständig wiederholten Rundfunkdurchsagen über den bevorstehenden Einmarsch der britischen Besatzungsstreitkräfte informiert worden. Ab 12 Uhr ruht der gesamte Verkehr, ab 13 Uhr besteht striktes Ausgehverbot. Die Bevölkerung befolgt diese Anordnungen sehr diszipliniert. Die Stadt ist wie ausgestorben. Weiße Fahnen sind nirgends zu sehen. Auf den menschenleeren Straßen stehen deutsche Schutzpolizisten an Kreuzungen, Brücken und öffentlichen Gebäuden.

3. Mai 1945, 14.30: Britische Jagdbomber greifen irrtümlich die in der Neustädter Bucht liegenden, mit KZ-Häftlingen aus Neuengamme überfüllten Passagierschiffe »Cap Arkona« und »Thielbek« an. Mehr als 7.000 Menschen sterben.

Um 15.45 Uhr befehlen die Kommandeure der südlich der Elbe liegenden britischen 7. Panzerdivision ihren Einheiten »Marschbereitschaft«, und um 16.13 Uhr beginnt die Besetzung Hamburgs, angeführt von der 131. Infanteriebrigade unter Brigadegeneral John Michael Spurling, die über die Elbbrücken, den Heidenkampsweg und die Mönckebergstraße zum Rathaus vorrückt. Weitere Einheiten folgen und besetzen die Innenstadt und die Stadtviertel westlich der Außenalster. Die Elbbrücken, die Lombardsbrücke, die Dockanlagen im Hafen und die wichtigen Ausfallstraßen werden gesichert. Vor dem Portal des Rathauses erwarten der Kampfkommandant, Generalmajor Alwin Wolz, und mehrere Offiziere die Sieger. Um 18.25 Uhr der erlösende Augenblick: Wolz übergibt dem britischen Brigadegeneral, der in Begleitung seiner Stabsoffiziere vorgefahren ist, die Hansestadt. Wolz führt die Engländer die Treppen hinauf in den Bürgermeistersaal. Dort wartet der oberste Repräsentant des zusammengebrochenen NS-Staates in Hamburg, Gauleiter und Reichsstatthalter Karl Kaufmann(1), in feldgrauer Beamtenuniform und vollzieht nach der militärischen Kapitulation auch die politische Übergabe. Spurling gibt Kaufmann die Hand, es kommt zu einem Gespräch über die Lage in der Stadt und die Befehle der Besatzungsmacht. Der Brigadegeneral betont, die Deutschen seien zunächst weiter für die Aufrechterhaltung der Sicherheit und Ordnung verantwortlich. Nach dieser Unterredung verlassen beide getrennt das Rathaus. Kaufmann begibt sich in die Reichsstatthalterei am Harvestehuder Weg 12, wo führende NS-Funktionäre auf ihn warten. Spurling fährt ins Hotel »Vierjahreszeiten«, das ebenso wie das Hotel »Atlantic« schon in

Motorisierte Einheiten der britischen Armee rücken in Hamburg ein. Rechts zwei deutsche Posten zur Brückensicherung.

den Kapitulationsverhandlungen von den britischen Militärs beansprucht worden ist und nun auch formell von der Besatzungsmacht beschlagnahmt wird.

Kampfkommandant Wolz und Gauleiter Kaufmann haben an diesem 3. Mai ihr Ziel erreicht, der schwer geprüften Stadt weiteres Blutvergießen zu ersparen. In den Mittagsstunden hat Wolz vor dem Befehlshaber der 2. Britischen Armee, General Dempsey, in dessen Hauptquartier in Häcklingen bei Lüneburg die Kapitulationsurkunde unterzeichnet. Das war das Ende komplizierter, zeitweise dramatischer Verhandlungen. Mehrfach standen sie kurz davor zu scheitern, woraufhin die britischen Unterhändler jeweils mit dem unverzüglichen Beginn schwerer Luftangriffe drohten. Am Sonntag, dem 29. April, waren drei deutsche Parlamentäre, der Stabsarzt Professor Hermann Burchard, der Leutnant Otto von Laun als Dolmetscher und der Generaldirektor der Harburger Phoenix-Werke, Albert Schäfer, in humanitärer Mission südlich von Harburg vor den britischen Stellungen erschienen. Ihr Auftrag war zunächst nur, das in den Phoenix-Werken eingerichtete Lazarett vor weiterem Artilleriebeschuss zu bewahren. Die Verhandlungen über eine kampflose Übergabe Hamburgs, die sich daraus entwickelten, konnten erst abgeschlossen werden, nachdem das Oberkommando der Wehrmacht unter Generalfeldmarschall Keitel am 2. Mai um 20.28 Uhr dem Kampfkommandanten befohlen hatte, Hamburg nicht zu verteidigen.

Auf britischer Seite hat man sich intensiv auf die Kapitulation der Hansestadt vorbereitet. Verblüfft haben Wolz und die übrigen deutschen Unterhändler in den Verhandlungen zur Kenntnis genommen, wie präzise sich der britische Major D.T. Morrisson in den Strukturen der deutschen und speziell der hamburgischen Verwaltung auskennt – er soll die britische Militärregierung in der Hansestadt aufbauen. Der Major ist einer der hervorragend geschulten Spezialisten, die nach dem Einmarsch der Besatzungstruppen unverzüglich an die Arbeit gehen. Am Abend des 3. Mai übergibt er im Kaisersaal des Rathauses Bürgermeister Carl Vincent Krogmann(2), Staatssekretär Georg Ahrens, Polizeipräsident Hans Kehrl, hohen Beamten und NS-Funktionären die ersten Befehle und Mitteilungen für die Bevölkerung. Das Klima ist kühl, aber korrekt. Im Funkhaus an der Rothenbaumchaussee sind unterdessen zwei Offiziere der »No. 1 Field Broadcasting Unit«, Major John MacMillan und Oberstleutnant Eric Maschwitz, erschienen und beschlagnahmen den »Reichssender Hamburg«. Eine britische Spezialeinheit unter Colonel Paul Lieven hebt unverzüglich »Radio Hamburg«, den Sender der britischen Militärregierung, aus der Taufe, der am Abend des 4. Mai den Sendebetrieb mit der britischen Nationalhymne aufnimmt.

4. Mai 1945, 18.30 Uhr: Eine Delegation des Oberkommandos der Wehrmacht, geführt von Generaladmiral Hans-Georg von Friedeburg und General der Infanterie Eberhard Kinzel, unterzeichnet auf dem Timeloberg bei Lüneburg vor Feldmarschall Bernard Montgomery die bedingungslose Kapitulation aller deutschen Streitkräfte in Nordwestdeutschland, Holland und Dänemark.

Ebenfalls am Abend des 3. Mai durchsuchen britische Rüstungsexperten die Konstruktionsbüros der Großwerft Blohm + Voss auf Steinwerder. Sie fahnden nach Unterlagen über die neuesten deutschen Entwicklungen im Marineschiffbau. Das gesamte Werftgelände wird von britischen Einheiten besetzt, Sonderkommandos haben das Sagen. Die deutsche Belegschaft einschließlich des Vorstandes darf das Werftgelände ab dem 4. Mai, 10 Uhr vormittags, nicht mehr betreten. Es wird zum Sperrgebiet erklärt. In den Mittagsstunden des 4. Mai treffen zwei Dutzend Offiziere des »609 Civil Affairs Detachment«, der schon seit September 1944 aufgebauten Keimzelle für die Militärregierung Hamburgs, in der Hansestadt ein. Zur selben Zeit verhaften britische Militärpolizisten in der Reichsstatthalterei Karl Kaufmann. Es beginnen ausführliche Verhöre.

In der Kämmerei am Gänsemarkt, der heutigen Finanzbehörde, geht an diesem 4. Mai um 13.45 Uhr ein schriftlicher Befehl der Besatzungsmacht ein: Der Stadtkämmerer Bernhard Hieronymus Velthuysen habe sich um 15.30 Uhr bei der Militärregierung im Rathaus einzufinden, begleitet vom Chef der Hamburgischen Landesbank, Kurt Fengefisch, und dem Oberfinanzpräsidenten Franz Scholl. Der Kämmerer hat bereits von Kaufmanns Festnahme erfahren. Als die drei Deutschen das Rathaus betreten, sind sie auf alles gefasst. In einem der Sitzungszimmer werden sie von zwei britischen Offizieren empfangen. Major McKinlay und Captain Frisby stellen sich als Finanzsachverständige der Militärregierung vor. Auch hier ist das Klima kühl, aber korrekt. Der Major kommt ohne Umschweife zur Sache und ersucht die drei Deutschen, detailliert Auskunft über die finanzielle Lage der Stadt zu geben. Der Kämmerer, der ohne Unterlagen erschienen ist, beantwortet die Fragen, so gut es eben geht. Die beiden Offiziere verlangen daraufhin innerhalb von 24 Stunden eine Aufstellung über Hamburgs Einnahmen und laufende Ausgaben, zunächst für den Monat Mai. Am nächsten Tag schickt Velthuysen dieses Papier, eine Art Kassensturz, ins Rathaus. Dort ist auch der Senat unter dem Bürgermeister Krogmann zusammengetreten – keine Landesregierung wie heute, sondern eine Art Verwaltungsausschuss, stets völlig abhängig von den Anweisungen des Reichsstatthalters. Nun sind es die Engländer, von denen die Befehle kommen.

Im Protokoll dieser Senatssitzung heißt es dazu: »In Kürze wird eine englische Militärregierung sich im Standardhaus einrichten. Dorthin sollen dann Bevollmächtigte für die einzelnen Zweige der Verwaltung abgestellt werden. Zur Zeit ist Bürgermeister Krogmann allein zur Entgegennahme und Weitergabe von Befehlen der Besatzungstruppe ermächtigt. Die Verhandlungen mit der Besatzungstruppe erstrecken sich zunächst darauf, dass die Ordnung gesichert wird. Die Besatzungstruppe hat sich bereit erklärt, Zahlungsmittel zur Verfügung zu stellen, wenn die vorhandenen Bestände zur Sicherung des Wirtschaftslebens nicht ausreichen sollten. Stadtkämmerer Velthuysen führt alle Verhandlungen für finanzielle Fragen mit den Engländern […]« Der Kämmerer und seine Beamten nehmen respektvoll zur Kenntnis, wie systematisch und gründlich sich die britischen Finanzoffiziere in die hamburgischen Staatsfinanzen und das komplizierte Haushaltsrecht einarbeiten.

11. Mai 1945: In Hamburg entsteht vorübergehend eine Sozialistische Freie Gewerkschaft.

Hamburg ist in britischer Hand – nach 2.072 Tagen Krieg besiegt, besetzt, befreit. Die Stimmung in der Stadt ist zwiespältig. Einerseits sind die Menschen erleichtert – sie haben überlebt. Und die Optimisten sagen: Jetzt kann es nur noch besser werden. Zugleich fragt sich die Bevölkerung jedoch mit banger Sorge: Wie wird das Leben unter dem Besatzungsregime sein, und wie kommt Hamburg durch den nächsten Winter? Zunächst gilt für die Bevölkerung eine strenge Ausgangssperre, die nur schrittweise gelockert wird, ebenso wie das »Fraternisierungsverbot« für die Offiziere und Soldaten der Besatzungsmacht. Nach den beiden Luxushotels »Vier Jahreszeiten« an der Binnenalster und »Atlantic« an der Außenalster wird auch das Deutsche Schauspielhaus beschlagnahmt und heißt nun »Garrison Theatre«. In den sozial gehobenen Stadtteilen werden zahlreiche unversehrt gebliebene Häuser und Villen, Restaurants und Kultureinrichtungen requiriert. Die Deutschen werden zur sofortigen Räumung gezwungen. Überall verkünden Schilder: »Out of Bounds for German Civilians« und »For British Forces only«. Die Große Allee taufen die Engländer für sich in »Piccadilly Circus« um.

26. Mai 1945: Der frühere Polizeioffizier Bruno Georges übernimmt die Leitung der Hamburger Polizei.

Am 11. Mai verhaften Militärpolizisten den Bürgermeister Carl Vincent Krogmann und weitere hohe Beamte und Funktionsträger des NS-Regimes. Die Besatzungsmacht richtet das bisherige KZ Neuengamme als Internierungslager ein. Der am Tag zuvor zum Chef der Militärregierung in Hamburg ernannte Artillerieoberst Harry William Armytage fordert den Rumpfsenat am 11. Mai auf, bis zum nächsten Tag, 16 Uhr, einen unbelasteten Kandidaten für das Amt des Bürgermei-

Rudolf Petersen im Jahr 1952.

sters vorzuschlagen. Der Außenhandelskaufmann Rudolf Petersen(3), zunächst parteilos, später CDU-Mitglied, erklärt sich trotz großer Bedenken bereit, das schwere Amt anzutreten, und wird am 15. Mai 1945 von der Militärregierung zum Ersten Bürgermeister ernannt. Er erwirbt sich wegen seines würdigen, selbstbewussten Auftretens, seiner Zähigkeit und persönlichen Integrität, aber auch wegen seines akzentfreien Englisch rasch den Respekt der Militärregierung, die im Haus Esplanade Nr. 6 residiert. Dort nennt man den Bürgermeister bald nur noch »Old P.«. Petersen nimmt die Interessen seiner Stadt mit diplomatischem Fingerspitzengefühl, aber auch mit Entschiedenheit wahr. Mit großem Nachdruck weist er Überlegungen auf britischer Seite zurück, der Hansestadt im Rahmen einer Länderneugliederung der britischen Besatzungszone den Status eines selbstständigen Stadtstaates zu nehmen. Am 6. Juni tritt der Sozialdemokrat Adolph Schönfelder, letzter Polizeisenator vor der NS-Zeit, als Zweiter Bürgermeister in den Senat ein. Seine Aufgabe: Aufbau einer demokratischen, rechtsstaatlichen Verwaltung. Am 12. Juni erhalten die britischen Soldaten die Erlaubnis, mit deutschen Kindern zu sprechen. Am 14. Juni verhaften britische Militärpolizisten den früheren Reichsaußenminister Joachim von Ribbentrop in einer Pension im Stadtteil Rotherbaum. Er hatte sich dort unter dem Decknamen »Riese« einquartiert. Am 2. Juli wird der Postverkehr wieder aufgenommen, zunächst jedoch nur mit Postkarten. Am 14. Juli wird den britischen Soldaten gestattet, mit deutschen Erwachsenen zu

27. Juli 1945: Betriebsgenehmigung für zehn Hamburger Kinos.

6. August 1945: Beginn des Unterrichts in den Volksschulen in Hamburg.

29. August 1945: Als erste Bühne eröffnet das St.-Pauli-Theater den Spielbetrieb mit einer Aufführung der »Zitronenjette«.

reden. Am 6. August beginnt der Schulunterricht wieder, zunächst jedoch nur in den Grundschulen. Am 22. September wird das Hanseatische Oberlandesgericht eröffnet. Es kann wieder Recht gesprochen werden. Am 8. November nimmt die Universität den Vorlesungsbetrieb erneut auf.

Die Bilanz des Zweiten Weltkriegs in Hamburg ist so erschütternd wie in allen deutschen Großstädten: Die 213 Luftangriffe haben rund 45.000 Todesopfer gefordert. Rund 50.000 Hamburger sind als Soldaten an den Fronten gefallen. Im Konzentrationslager Neuengamme vor den Toren der Hansestadt hat das NS-Regime den Tod von rund 55.000 Häftlingen zu verantworten. Die Flächenbombardements haben die historisch gewachsenen Bauten vieler Jahrzehnte vernichtet. Rund 43 Millionen Kubikmeter Trümmer und Schutt müssen abgeräumt werden. Ganze Stadtteile sind ausgelöscht worden. Von den 563.600 Wohnungen des Jahres 1939 ist rund die Hälfte total zerstört, etwa 23.000 sind schwer beschädigt, und nur knapp 115.000 Wohnungen sind unversehrt. Vor dem Krieg standen pro Einwohner 16 Quadratmeter Wohnfläche zur Verfügung, jetzt sind es nur noch sieben. 1938 hatte Hamburg rund 1,7 Millionen Einwohner, nun leben hier nur noch 1,33 Millionen Menschen. Deprimierend ist auch die Lage in den Schulen: Von 463 Schulgebäuden sind 97 total zerstört und 60 schwer beschädigt. Nur 179 Schulen haben keine oder nur leichte Schäden erlitten. Doch wegen des anhaltenden Zustroms in die Stadt, den die Behörden vergeblich zu verhindern versuchen, hat sich die Zahl der Schulkinder kaum vermindert, in den Volksschulen steigt sie sogar. Mit diesem Mangel an Schulräumen müssen 200.000 Schulkinder unterrichtet werden. Für die Hungerrationen der amtlichen Lebensmittelzuteilung, knapp 1.200 Kalorien pro Tag, gilt wortwörtlich der bittere Satz: Zum Leben zu wenig, zum Sterben zu viel. Der Kampf ums Überleben wird zur täglichen Herausforderung. Der Schwarze Markt blüht, Schieber und skrupellose Geschäftemacher haben Hochkonjunktur, und häufig sind sogar Soldaten der Besatzungsmacht daran beteiligt.

12. Juni 1945: Britische Soldaten erhalten die Erlaubnis, mit deutschen Kindern zu sprechen.

Bürgermeister Rudolf Petersen gründet die Deutsche Hilfsgemeinschaft für in Not geratene Mitbürger. Am 12. Oktober 1945 erklärt er im »Hamburger Nachrichten-Blatt« der Militärregierung, für die privaten Haushalte stünden Kohlen im kommenden Winter nicht zur Verfügung. Jeder müsse sich selbst helfen, die Strom- und Gasversorgung werde stark eingeschränkt. Die Menschen beginnen, sich Brennmaterial auf Vorrat zu besorgen – durch das Plündern von Kohlenzügen, im Volksmund »Kohlenklau« genannt, und durch das Abholzen in den Wäldern und an den Straßen.

14. Juli 1945: Britische Soldaten dürfen mit deutschen Erwachsenen reden.

Zeitzeugen

Über den Beginn der Besatzungszeit in Hamburg berichtet der Hamburger Journalist **Uwe Bahnsen:**

»Vorweg ein sichernder Panzerspähwagen, gefolgt von einer Militärkapelle, dann Panzer, Geschütze, Mannschaftswagen: So marschierte die britische Besatzungsmacht am 4. Mai in den Nordosten der Hansestadt ein. Es waren Einheiten der 53. Walisischen Division. In der Bevölkerung herrschte zunächst eine Mischung aus Neugier, Erleichterung und Beklommenheit. Aber rasch wich diese Gefühlslage unverhohlener Erbitterung, als bekannt wurde, wie rigoros die Besatzungsmacht sich nahm, was sie meinte, beanspruchen zu müssen. Häuser für die Offiziere, auch Quartiere für Spezialeinheiten, zum Beispiel für die Militärpolizei, wurden auf der Stelle beschlagnahmt und mussten von den deutschen Bewohnern innerhalb kürzester Zeit, manchmal innerhalb einer Stunde, geräumt werden. »Clear them out« – »Schmeißt die Leute raus«, war die Devise. Ich weiß noch, wie mein Vater auf die Empörung über diese Methoden reagierte. Natürlich bedauerte er die Betroffenen, aber so sei es nun mal im Krieg, und die Deutschen, so argumentierte er, hätten als Besatzungsmacht nicht anders gehandelt. Er konnte das beurteilen, denn er war ein Frontsoldat des Ersten Weltkriegs gewesen.

1. Juni 1945: Im Hafen werden wieder Schiffe be- und entladen.

Es gab auch Übergriffe, vor allem Plünderungen, aber das waren Einzelfälle, soweit Soldaten der Besatzungsmacht daran beteiligt waren. In den meisten Fällen handelte es sich um ausländische Zwangsarbeiter, bei denen die deutsche Polizei machtlos war und auf die britische Militärpolizei hoffen musste, die in der Regel auch rasch erschien und ebenfalls nicht zimperlich war, wenn es darum ging, Ruhe und Ordnung wiederherzustellen. Mir ist noch lebhaft in Erinnerung, wie entsetzt und zunächst ungläubig meine Eltern reagierten, als die ersten Einzelheiten über die grauenhaften Zustände in den Konzentrationslagern bekannt wurden, vor allem in Bergen-Belsen. Sie führten das kühle, abweisende Verhalten der britischen Soldaten auf diese Schreckensnachrichten zurück. Wir wussten nicht, dass die Soldaten die entsprechenden Befehle für den Umgang mit der deutschen Zivilbevölkerung schon erhalten hatten, bevor sie deutsches Territorium erreichten. Vergewaltigungen waren selten und wurden streng bestraft. In unserer Familie herrschte die Überzeugung vor, dass die Besatzungszeit hart würde. Aber wir hatten überlebt, kein nächtliches Sirenengeheul würde uns mehr aus dem Schlaf reißen und in den Keller treiben. Wir waren erleichtert, dass der Krieg vorbei war. Die allgemeine Überzeugung war: Was die Zukunft auch immer bringen würde – es konnte nur besser werden.«

Nach seiner Ernennung zum Ersten Bürgermeister hielt **Rudolf Petersen** im Senat eine Antrittsrede, in der er unter anderem ausführte:

»Sie wissen, mit welch schweren Bedenken ich mich entschlossen habe, die Verantwortung dieses Amtes als Bürgermeister Hamburgs zu übernehmen. Der stärkste Grund, Ihrem Appell nachzugeben, war das Bewusstsein, dass mein Großvater, der so lange in segensreicher Zeit tätig war, kurz vor seinem Tode die Einweihung dieser Stätte [des Rathauses, d. Verf.] vornahm und mein Bruder in der Zeit größter Not im Jahre 1918 dem Rufe folgte, diesen Posten als Bürgermeister zu übernehmen. Entschuldigen Sie, dass ich diese rein persönlichen Gedanken ausspreche, aber die

inneren Spannungen der letzten Jahre waren so gewaltig, dass sie nach Ausdruck ringen und nur dadurch das Gleichgewicht und der Mut zu meiner neuen Tätigkeit gegeben wurde, für die ich keinerlei Erfahrung im Regierungs- und Verwaltungsdienst mitbringe. Deshalb habe ich ausdrücklich wiederholt erklärt, dass ich diese Stellung nur zeitweilig ausüben werde [...] Hamburg ist seit den Zeiten der Hanse nicht nur Mittler im Austausch materieller Güter mit dem Ausland und in den letzten Jahrhunderten insbesondere mit Amerika und Übersee gewesen, es ist auch, und das ist vielleicht noch wichtiger, der Mittler gewesen zwischen deutschem Geistesgut und angelsächsischer Lebensauffassung und Lebenssitte. Nicht nur seine Kaufleute, jeder Matrose brachte die geistige Freiheit angelsächsischer Auffassung nach Hause. So entstand der Lebensstil dieser Stadt, auf die wir auch in diesem Augenblick höchster Erniedrigung stolz sind. Nur mit dem Vertrauen darauf, dass in freier Wirtschaft hanseatischer Unternehmensgeist sich eine neue Stätte in Hamburgs Mauern bauen kann, werden wir den Wiederaufstieg schaffen [...] Hamburg kann wieder die Pforte werden, durch die die Idee der praktischen Völkerverbindung ihren Einzug zum Segen des gesamten Deutschland findet.«

10. Dezember 1945: Ida Ehre eröffnet die Kammerspiele.

(Quelle: Staatsarchiv Hamburg, Familienarchiv Petersen, mit freundlicher Genehmigung der Familie Petersen)

Zu den besonders eindrucksvollen Zeitdokumenten des deutschen Schicksalsjahres 1945 gehört ein Hörfunk-Kommentar, den **Peter von Zahn** (1913–2001) zum Heiligen Abend des Jahres 1945 schrieb und sprach. Der Text wird hier in Auszügen wiedergegeben. Besonders bemerkenswert ist, dass die britischen Kontrolloffiziere, unter deren Aufsicht der damalige Sender Hamburg der Militärregierung stand, diesen Kommentar ausstrahlen ließen, denn er enthielt auch deutliche Mahnungen an die Adresse der Sieger:

»Das deutsche Volk muss diese erste Weihnacht des Friedens sehr einsam begehen. Einsam und im Armenhaus der Welt. Das ist nach all dem Geschehen nicht verwunderlich. Es kann sogar gut so sein. Denn der äußerliche Frieden, der zu uns im Gewande des Zwangs, der Not und der Bedrängnis gekommen ist, der sollte ja von uns umgeformt werden in einen wahrhaften Frieden, in einen Frieden mit uns selbst. Dazu kann uns gewiss die Einsamkeit helfen, in die unser Volk geraten ist.

Wir werden Zeit haben, uns nachdenklich zu betrachten, und wir werden dann vielleicht zu unserem Erstaunen feststellen, dass wir nicht am Ende unserer Möglichkeiten sind [...] Wer an diesem Weihnachtsfest mit Innigkeit der Toten des Krieges gedacht hat, der mag sich vielleicht auch die Frage vorgelegt haben: Was würden die Dahingeschiedenen uns sagen, wenn sie noch reden könnten? Ich glaube, ihre Stimme würde mit der bangen Frage an unser Ohr dringen: Was macht Ihr aus unserem Tod? Und diese Frage trifft uns alle, ob Deutsche oder

Franzosen oder Russen. Denn unter dem Rasen sind alle Menschen gleich, sie reden alle einerlei lautlose Sprache. Auch liegt der eine nicht stolz da, weil etwa der Sieg seines Landes seinem Tode Sinn gegeben hätte, und der andere traurig über die Niederlage. Was sie im letzten Atemzug noch trennte, das ist für die Toten vorbei. Denn der Tod im Krieg hat keinen polnischen oder englischen Sinn, sondern nur einen menschlichen [...] Wie sie daliegen, die Gefallenen, so sind sie nur eine große und stumme Frage: Was macht Ihr aus unserem Tod? Diese Frage ist an uns alle gerichtet, auch an die Sieger [...] Dass Siegervölker auf ihre Sicherung bedacht sind, das wird ihnen niemand verübeln können. Aber das darf nicht der einzige Leitfaden des Handelns sein. Ein dahinsiechendes Volk ist kein Nachbar, mit dem sich eine gesunde Friedensgemeinschaft errichten lässt [...]«

31. Januar 1946: Bei einer Razzia gegen Schwarzhändler in den Stadtteilen St. Pauli und Eppendorf stellt die Polizei 34.000 Zigaretten und 25 Zentner Butter sicher.

(Quelle: Peter von Zahn: »Weihnachten der Einsamen.« Aus: Claus Hinrich Casdorff: Weihnachten 1945. Ein Buch der Erinnerungen. © 1984 Deutscher Taschenbuch Verlag, München.)

Anmerkungen

(1) Karl Kaufmann (1900–1969) war von 1929 bis 1945 NS-Gauleiter und von 1933 bis 1945 Reichsstatthalter und damit der höchste Repräsentant des NS-Regimes in der Hansestadt. Ab 1942 war er zugleich Reichskommissar für die deutsche Seeschifffahrt. K. beherrschte Hamburg durch das »System Kaufmann«, das einerseits Korruption und persönliche Bereicherung ermöglichte, andererseits jedoch K. durch sozialpopulistische »Wohltaten« zu einer gewissen Popularität vor allem in der Arbeiterschaft verhalf. Er verbrachte nach 1945 zwar mehrere Jahre in Internierungshaft, wurde jedoch aus gesundheitlichen Gründen nicht vor Gericht gestellt. Er starb 1969 als Kaufmann in Hamburg.

(2) Carl Vincent Krogmann (1889–1978) entstammte einer angesehenen Hamburger Kaufmannsfamilie, war Reeder und Bankier und bekannte sich 1933 zum Nationalsozialismus. Am 8. Mai 1933 wurde er auf Betreiben des Reichsstatthalters Karl Kaufmann im Senat zum »Regierenden Bürgermeister« gewählt, war und blieb jedoch völlig von den Weisungen Kaufmanns abhängig und war seit 1936 ohnehin nur noch Leiter der Gemeindeverwaltung. In diesem Amt blieb er bis zu seiner Verhaftung am 11. Mai 1945. Er verbrachte mehrere Jahre in Internierungshaft und wurde im August 1948 von einer Spruchkammer in Bielefeld wegen Mitgliedschaft in einer verbrecherischen Organisation zu 10.000 Mark Geldstrafe verurteilt, die jedoch durch die Untersuchungshaft als verbüßt galt. Nach seiner Entlassung betätigte sich K. als Kaufmann. Er starb 1978 in Hamburg.

3) Rudolf Petersen (1878–1962) war ein Bruder des früheren Ersten Bürgermeisters Carl Petersen. Er gründete 1911 die Überseehandelsfirma R. Petersen & Co., war Vorsitzender des Hamburger Exportvereins, des Verbandes für Groß- und Überseehandel und bis 1933 auch des Verbandes deutscher Exporteure. Für seine Verdienste um die Hansestadt wurde er 1946 mit der Bürgermeister-Stolten-Medaille und 1952 mit dem Großen Bundesverdienstkreuz mit Stern ausgezeichnet. Sein Enkel Mathias Petersen ist SPD-Bürgerschaftsabgeordneter in der Hansestadt.

2.

Ein Bürgermeister rettet seine Stadt vor dem Kältetod

Im Spätherbst 1946, eineinhalb Jahre nach Kriegsende, ist die Lage in Hamburg fast hoffnungslos. Eine weithin verwüstete Stadtlandschaft, in die gleichwohl, wie magnetisch angezogen, immer mehr Menschen strömen. Verödete Werften, eine durch alliierte Verbote strangulierte Schifffahrt, kaum noch Außenhandel, Hungerrationen, Versorgungsprobleme ohne Ende. Am Freitag, dem 22. November, einem trüben Herbsttag, versammeln sich im Festsaal des Rathauses die Mitglieder der neu gewählten Bürgerschaft und die von diesem Landesparlament gewählten Senatoren, aber auch zahlreiche Gäste. Am 13. Oktober 1946 hatten die Hamburger zum ersten Mal seit den zwölf Jahren des NS-Regimes wieder frei über eine Volksvertretung entscheiden können. Gewiss, die Stadt ist besetzt, und die Militärregierung hat auf das Wahlrecht Einfluss genommen und die Kandidaten der Parteien eingehend auf ihre demokratische Zuverlässigkeit überprüft. Aber der Wahlakt selbst war wirklich frei, und so haben die Wählerinnen und Wähler zwischen den Kandidaten der SPD, der CDU, der FDP, der KPD und kleinerer politischer Gruppen wählen können. Die SPD hat sich mit 43,1 Prozent der abgegebenen Stimmen als die stärkste politische Kraft erwiesen, aber die absolute Mehrheit hat die Partei verfehlt. Dennoch stellt sie 83 der insgesamt 110 Bürgerschaftsmandate. Das Bürgerschaftswahlrecht ist ein Kompromiss zwischen Mehrheits- und Verhältniswahlrecht. Die CDU hat 26,7 Prozent erreicht und stellt 16 Abgeordnete, die FDP 18,2 Prozent und erhält sieben Mandate, die KPD 10,4 Prozent und vier Abgeordnete.

21. Februar 1946: Erste Ausgabe der Wochenzeitung »Die Zeit« erscheint.

27. März 1946: Lizenzen für vier parteigebundene Tageszeitungen erteilt: »Hamburger Echo« (SPD), »Hamburger Allgemeine Zeitung« (CDU), »Hamburger Freie Presse« (FDP), »Hamburger Volkszeitung« (KPD).

Nach ihrer Konstituierung hat diese Bürgerschaft am 15. November den neuen Senat unter Führung des früheren Altonaer Oberbürgermeisters Max Brauer (SPD)[1] gewählt: Acht Sozialdemokraten, drei Freidemokraten, ein Kommunist. Mit der Jugendsenatorin Paula Karpinski (SPD) gehört der Landesregierung zum ersten Mal eine Frau an. Nun soll an diesem Freitag der neue Senat vereidigt werden, und anschließend will Max Brauer eine mit Spannung erwartete programmatische Rede halten. Als die Ouvertüre zu »Iphigenie in Aulis« von Christoph Willibald Gluck, gespielt vom Philharmonischen Staatsorchester unter Eugen Jochum, verklungen ist, hat das Auditorium den ersten Anlass, verwundert aufzuhorchen: Bürgerschaftspräsident Adolph Schönfelder (SPD) spricht den neuen Senatsmitgliedern eine Eidesformel vor, in der es heißt: »Ich schwöre, dass ich dem Deutschen Reich die Treue halten will.« Dieses Reich ist aber nach allgemein vorherrschender Überzeugung in der totalen Niederlage des Jahres 1945 untergegangen – eine Rechtsauffassung, die Schönfelder und

2. April 1946: Erste Ausgabe der Tageszeitung »Die Welt« erscheint, vorerst noch als Organ der britischen Militärregierung.

Brauer offenbar nicht teilen. Die zweite Überraschung ist die bei aller Sachlichkeit fast schon warmherzig wirkende Begrüßungsrede des britischen Gouverneurs H. Vaughan Berry(2), der dem ersten Militärgouverneur Armytage im Amt gefolgt ist. Er ist in Zivil erschienen und hält seine Ansprache auf Deutsch.

Als wirklich Aufsehen erregend empfinden die Zuhörer aber Brauers Antrittsrede. Sie ist von mitreißender, visionärer Kraft: »Noch einmal ist uns jetzt eine große Chance gegeben, die wir um jeden Preis richtig ausnutzen müssen. Versagen wir und fällt Deutschland in jene Nacht zurück, die hinter uns liegt, dann ist alle Hoffnung vergebens. Aber wir wollen ans Licht [...] Gewiss, Hamburg liegt in Trümmern. Es blutet aus tausend ungeschlossenen Wunden. Doch wer von Ihnen liebte dieses Hamburg heute nicht glühender als je zuvor, heißer als in jenen Tagen, als es in Glanz und Blüte stand!« Auch der britischen Militärregierung schreibt Brauer deutliche Worte ins Stammbuch. Schon vor seinem Amtsantritt hatte er energisch und erfolgreich darauf bestanden, dass der mit Maschendraht eingezäunte britische Militärparkplatz auf dem Rathausmarkt beseitigt werden müsse, denn vor dem Sitz einer demokratisch gewählten Regierung dürfe es nur einen »freien Platz« geben.

15. Mai 1946: Eine vorläufige Verfassung für Hamburg tritt in Kraft.

Max Brauer im Jahr 1949.

Ein Nissenhüttenlager an der Lortzingstraße in Hamburg-Eilbek, 1954.

Derart selbstbewusst kritisiert er nun auch die umfangreichen Beschlagnahmen von Häusern und Wohnungen durch die Besatzungsmacht, die in der Bevölkerung große Empörung ausgelöst haben. Und er beanstandet, dass dem Senat »zwei wichtige Organe des öffentlichen Lebens, nämlich die Polizei und das Justizwesen, vorenthalten bleiben«. Es gehe nun um den Kampf gegen drei Elendsquellen – Hunger und Hungersiechtum, Wohnungsnot und Verelendung, Kälte und Brennstoffmangel. Brauer schildert die erschütternden Zustände in den Krankenhäusern und appelliert erneut an die Besatzungsmacht: »Sollte es nicht möglich sein, für die allernotwendigste Krankenhausbehandlung dadurch Räume zu schaffen, dass die Besatzungsbehörde das Barmbeker Krankenhaus freigibt, das sie bei weitem nicht voll ausnutzt? […] Alte Menschen, Siechkranke und schwerbeschädigte Kriegsopfer leben zu Hunderten in Nissenhütten[3], in denen schon während der letzten Frostperiode die Eiszapfen von der Decke hingen. Auch für diese Unglücklichen brauchen wir Raum, möglichst in einer ehemaligen Kaserne.«

1. April 1946: Generelle Zuzugssperre für die Hansestadt. Ausnahmen: Fachkräfte aus Mangelberufen.

27. Juni 1946: Demonstration gegen die Beschlagnahme von Wohnraum durch die Militärregierung.

14. September 1946: Wiedereröffnung der Kunsthalle mit der Ausstellung »Deutsche Romantik«.

Brauers Warnungen vor den Gefahren des bevorstehenden Winters werden durch die Realität noch übertroffen. Mitte Dezember 1946 wird Mitteleuropa von einer anhaltenden Kältewelle mit arktischen Temperaturen heimgesucht. In Hamburg kämpft die hungernde, von Ödemen heimgesuchte Bevölkerung nun buchstäblich um ihr Überleben. Die ohnehin völlig unzureichenden Kohlenlieferungen aus dem Ruhrgebiet kommen ins Stocken – das Transportmaterial der Reichsbahn ist in einem miserablen Zustand, die Kanäle sind vereist. Die Versorgungsbetriebe müssen die Energieerzeugung rigoros einschränken – mit massiven Folgen für die Haushalte, die nur noch zu bestimmten Stunden mit Strom und Gas versorgt werden, für das Wirtschaftsleben (mehrere hundert Betriebe müssen vorübergehend schließen), und für den innerstädtischen Verkehr. Von der Drosselung der Strom- und Gasversorgung bleiben naturgemäß auch die Mitarbeiter der britischen Militärverwaltung nicht verschont, und deren Chef, Gouverneur H. Vaughan Berry, besteht auch darauf. In der Bevölkerung nehmen die Ressentiments gegen die Besatzungsmacht zu. Berry wird jedoch von dieser Kritik weithin ausgenommen, weil er sich erkennbar engagiert, um die größte Not zu lindern. Am 8. Januar 1947 protestiert die Bürgerschaft auf einer außerordentlichen Sitzung gegen die Versorgungskrise und macht die Besatzungsmacht dafür verantwortlich.

19. März 1947: Die Bürgerschaft billigt die Verstaatlichung der Hamburger Hochbahn AG.

Hamburg ist in eine existenzielle Krise geraten. Auf ihrem Höhepunkt, am 15. Februar 1947, entschließt sich Brauer zu einem dramatischen Schritt, der den ganzen Ernst der Lage aufzeigt. Er schreibt einen Brief an den stellvertretenden Militärgouverneur der britischen Besatzungszone, General Sir Brian Robertson: »Die Krise in Hamburg hat ein unerträgliches Ausmaß erreicht. Gas- und Energieversorgung sind zusammengebrochen. Die Krankenhäuser können nicht mehr beheizt werden. Die Haushaltungen sind ohne Licht, Heizungen und Kochmöglichkeiten. Eine geregelte Verbindung der Verwaltung mit der Bevölkerung durch Radio besteht nicht mehr. Die Nachrichtenverbreitung durch die Zeitung ist völlig unzulänglich, ein Teil der Zeitungen kann bereits nicht mehr erscheinen. Die in Hamburg eintreffenden Kohlemengen sind so gering, dass noch nicht einmal das Notprogramm zur Aufrechterhaltung der lebenswichtigen Betriebe als gesichert angesehen werden kann. Die hungernde, frierende und im Dunkeln sitzende Bevölkerung plündert die ankommenden Kohlenzüge. Die Polizei kann die Lage nicht mehr meistern. Bis zu 50 Prozent der auf Hamburg laufenden Kohlen werden geraubt. Durch das Ausbleiben von Gas, Elektrizität und Fernheizung ist auch der Betrieb von Großküchen des Roten Kreuzes, in denen 220.000 Mahlzeiten hergestellt werden, auf das Äußerste gefährdet. Auch für einen Teil der Bäckereien sind keine Kohlen mehr vorhanden. Gestern angeordnete Abhilfsmaßnahmen sind völlig unzureichend. Hamburgs Bevölkerung ist der Verzweiflung preisgegeben. Ihre Stadt ist zu einer sterbenden Stadt geworden. Die politischen Folgen sind unabsehbar [...] Ich appelliere an Sie, Herr General, sofort eine Hilfsaktion für Hamburg einzuleiten, damit größeres Unheil verhütet wird.«(4) Brauers Warnung vor den »politischen Folgen« bezieht sich auf Erkenntnisse des Senats über eine drohende Radikalisierung der Bevölkerung. Der britische Geheimdienst, der die Stimmung in der Stadt ebenfalls aufmerksam beobachtet, kommt in einer Analyse zu dem Schluss, mit gewalttätigen Protesten sei nur deshalb nicht zu rechnen, weil die Deutschen zu solchen Ausschreitungen physisch nicht in der Lage seien.

Brauers Hilferuf bleibt nicht ohne Wirkung. Die Besatzungsmacht handelt, endlich und buchstäblich in letzter Stunde. Ein Krisenstab der Reichsbahn wird mit umfassenden Vollmachten ausgestattet, und nun erreichen wenigstens so viele Kohlenlieferungen die Stadt, dass ein völliger Zusammenbruch der Versorgung verhindert werden kann. Mitte März setzt das sehnlich erwartete Tauwetter ein, die unmittelbare Katastrophenlage ist vorüber. Die Versorgung bessert sich langsam, doch die Kohlendiebstähle halten an – offensichtlich für den Schwarzen Markt. Straff organisierte Banden sind hier am Werk. Als bei Überfällen Polizeibeamte schwer verletzt werden, ordnet der Senat im Einvernehmen mit der Militärregierung eine Plakataktion mit einer ungewöhnlich scharfen Warnung an: Wenn die Diebstähle nicht aufhören, werde die Polizei notfalls von der Schusswaffe Gebrauch machen.

13. Juni 1947: Premiere des Films »In jenen Tagen« von Helmut Käutner im Waterloo-Filmtheater.

Die humanitäre Bilanz der Kältekatastrophe in Hamburg ist schrecklich: Mindestens 85 Menschen sind in ihren Betten erfroren. Der Kältewinter hat eine politisch bedeutsame Konsequenz: Max Brauer wird in diesen dramatischen Monaten so sehr zur dominierenden Persönlichkeit des Senats, dass dessen Kollegialverfassung deutlich an Stellenwert verliert. Die ohnehin ausgeprägten autokratischen Neigungen dieses Bürgermeisters, eine Folge seines Machtinstinkts, treten dadurch noch offensichtlicher hervor. Er ist sich auch der psychologischen Wirkungen des Regierungsgeschäfts bewusst: Gegen die dringenden Vorstellungen seiner Senatskollegen setzt er durch, dass die ersten Lieferungen von Fensterglas nicht für Krankenhäuser oder Schulen, sondern für den Wagenpark der Straßenbahn verwendet werden, denn die, so seine Begründung, »fährt durch ganz Hamburg, und die Menschen sehen: Es geht aufwärts, es lohnt sich, anzupacken.« Für die Bevölkerung ist Max Brauer die personifizierte Tatkraft und Zuversicht – voller Dynamik und Selbstvertrauen.

2. August 1947: Nach neun Jahren findet auf dem Heiligengeistfeld wieder der »Dom« statt.

Zeitzeuge

Der Hamburger Journalist **Erich Lüth** (1902–1989), langjähriger Direktor der Staatlichen Pressestelle, gilt als einer der wichtigen Chronisten der hamburgischen Nachkriegsgeschichte. Er erinnerte sich an den Katastrophenwinter 1946/47:

»Rudolf Petersen hatte Trümmer räumen lassen und, gestützt auf Adolph Schönfelder, seinen Zweiten Bürgermeister, und Hans Harder [Senatssyndikus, d. Verf.], die Fundamente einer neuen Verwaltung gelegt. Er hatte erste Hilfe, Nothilfe, geleistet, nicht ohne Mitwirkung der Engländer. Doch Max Brauer fasste bereits die erste Normalisierung ins Auge. Schlimmer als in der Stunde Null, am Tage der Kapitulation, konnte es doch nicht werden! Vielleicht hatte er seine Kraft und seine Möglichkeiten überschätzt. Die Ernährung schwankte zwischen 800 und 1.200 Kalorien. Die Versorgung nach Lebensmittelkarten funktionierte aber höchstens mangelhaft, die Hitlerwährung zerfiel, stattdessen blühten die Zigarettenwährung und der schwarze Markt. Elektrizitäts- und Gaswerke sollten mit einem Mindestvorrat in den Winter hineingehen. Stattdessen lebten sie bei steigendem Bedarf von viel zu kleinen Vorräten, ohne ausreichenden Nachschub.

Bis dann im Dezember 1946 ein Kälteeinbruch erfolgte, der nicht enden wollte, sondern durch Monate anhielt, und der in den ungeheizten Wohnungen einige hundert Halbverhungerte erfrieren ließ. Die Gesamtzahl der Todesfälle durch Lungenentzündung betrug 230. Die Zahl der ungeklärten Todesfälle durch Erfrieren ist unbezifferbar. Kohlenzüge wurden während ihrer Fahrt, auf der vom Ruhrgebiet nach Hamburg die Lokomotiven bis zu zwanzig Mal wegen Schadhaftigkeit ausgewechselt werden mussten, von Tausenden von Plünderern angefallen und trafen ›besenrein‹ in Hamburg ein. Unter den Verhafteten befanden sich Geistliche und ein Staatsanwalt. In der Bürgerschaft wurden gegen Brauer Vorwürfe laut, weil er Besserung in Aussicht gestellt hätte und nun die ganze Stadt in einen tiefen Abgrund zu stürzen drohte. Man warf ihm vor, schlechte Vorsorge getroffen zu haben. Doch die Lücken in den Kohlehalden waren schon zur Zeit Rudolf Petersens entstanden. Aber auch er war schuldlos, da die Zuteilung der ohnehin zu kleinen Kohleförderung nicht von deutschen, sondern von britischen Instanzen entschieden wurde. Dass Hamburg und sein Stadtvolk dennoch über den toten Punkt hinweg gerettet wurden, war und bleibt ein Werk des neuen Bürgermeisters.

11. April 1947: Amtliche Befragungen ergeben, dass 46 Prozent der Schulkinder in der Hansestadt kein eigenes Bett haben.

Brauer hätte allen Anlass gehabt, zu verzweifeln und zu resignieren. Er tat das Gegenteil: Seine Energie wuchs mit der Fülle der Hiobsbotschaften. Nicht er oder der Senat waren die entscheidende Instanz, sondern die Besatzungsmacht. Die Vollmachten des Ersten Bürgermeisters endeten außerdem, soweit sie bereits zugestanden waren, an den Landesgrenzen. Die überregionale Versorgung mit Lebensmitteln, Medikamenten und Kohle war Sache britischer Instanzen. Doch Brauer zog vor allem in der Kohlenzufuhr die Direktive an sich, im Senat selber, an dessen Sitzungen die Direktoren der Versorgungsbetriebe teilnahmen, wie in einem Krisenstab im Arbeitszimmer des Bürgermeisters […]«

(Quelle: Herbert Weichmann, Kurt Sieveking, Erich Lüth: Miterlebtes. Berichte aus fünf Jahrzehnten hamburgischer Geschichte, Christians Verlag, Hamburg 1979)

Anmerkungen

(1) Max Brauer (1887–1973), gelernter Glasbläser, stammte aus einer Arbeiterfamilie in Ottensen und engagierte sich früh in der SPD und in der Gewerkschaftsbewegung. 1924 wurde er zum Oberbürgermeister des damals preußischen Altona gewählt, das unter seiner Führung vor allem in der Stadtplanung und im Wohnungsbau beispielhaft war. Das NS-Regime enthob ihn 1933 sofort seines Amtes. B. entging der drohenden Verhaftung durch die Flucht. Von der NS-Regierung ausgebürgert, emigrierte er zunächst nach China, wo er im Auftrag des Völkerbundes als Berater der Regierung tätig war, dann nach Frankreich und schließlich in die Vereinigten Staaten, deren Staatsbürgerschaft er erwarb. Die »American Federation of Labour« entsandte ihn im Sommer 1946 nach Hamburg. Die SPD wählte ihn zum Spitzenkandidaten für die erste freie Bürgerschaftswahl im Oktober 1946. B. nahm die deutsche Staatsbürgerschaft

wieder an und wurde von der neuen Bürgerschaft zum Ersten Bürgermeister gewählt. In diesem Amt wurde er bis zum Machtwechsel 1953 zum Motor des Wiederaufbaus in Hamburg. Nach der Wahlniederlage trat B. in den Dienst des Versicherungskonzerns Volksfürsorge, kehrte aber nach dem Wahlsieg der SPD 1957 noch einmal bis Ende 1960 ins Amt des Ersten Bürgermeisters zurück. Von 1961 bis 1965 war B. Bundestagsabgeordneter. Der Senat würdigte seine großen Verdienste um Hamburg 1960 mit der Ehrenbürgerwürde, die Universität verlieh ihm die Ehrendoktorwürde. 1967 erhielt er die Hamburgische Ehrendenkmünze. B. zählt zu den bedeutenden sozialdemokratischen Länderchefs der Nachkriegszeit.

(2) Henry Vaughan Berry (1891–1979) war vom 19. August 1946 bis zum 30. April 1949 als »Regional Commissioner« britischer Zivilgouverneur für Hamburg. Der gelernte Bankkaufmann hatte sich der Labour Party angeschlossen, gehörte der einflussreichen sozialistischen Fabian Society an und war mit dem Labour-Premierminister Clement Attlee persönlich befreundet. Seine vorzüglichen Kenntnisse der deutschen Sprache und des deutschen Verwaltungsaufbaus hatte B. nach dem Ersten Weltkrieg als Mitglied der Interalliierten Rheinlandkommission und während zahlreicher Reisen nach Deutschland erworben. Hamburg kannte er aus dieser Zeit recht gut. Als Zivilgouverneur erwarb er sich in der Hansestadt durch eine Amtsführung, die sich deutlich vom streng militärischen Stil seines Vorgängers Armytage unterschied, viele Sympathien. Sein Verhältnis zu Bürgermeister Max Brauer galt zunächst als schwierig, war aber später durch gegenseitiges Vertrauen geprägt.

(3) Britische Militärbaracken aus Wellblech mit halbrundem Dach und 40 Quadratmetern Grundfläche, benannt nach dem kanadischen Ingenieur Peter Norman Nissen. Sie wurden auf Befehl der Besatzungsmächte überall in Deutschland in Städten und Gemeinden vor allem für die Aufnahme von Flüchtlingen und Ausgebombten errichtet. Auch in Hamburg entstanden Hunderte von Nissenhütten an insgesamt 29 Stellen des Stadtgebietes, vor allem in den stark zerstörten Stadtteilen.

(4) Staatsarchiv Hamburg, Nachlass Max Brauer

3.

»Draußen vor der Tür«

Der 21. November 1947 ist für das kulturelle Leben der Nachkriegszeit weit über Hamburg hinaus ein bedeutsames Datum: An diesem Tag findet in den »Hamburger Kammerspielen« in der Hartungstraße die Uraufführung des Dramas »Draußen vor der Tür« statt. Wolfgang Borchert(1) hat das Stück mit dem ursprünglichen Titel »Ein Mann kommt nach Deutschland« innerhalb von acht Tagen geschrieben, wahrscheinlich im Spätherbst 1946. Der Untertitel lautet: »Ein Stück, das kein Theater spielen und kein Publikum sehen will«. Der Stoff wurde dem Chefdramaturgen des NWDR, Ernst Schnabel, angeboten, der den Titel mit Borcherts Zustimmung in »Draußen vor der Tür« änderte. Das Hörspiel wurde am Abend des 13. Februar 1947 in der Regie von Wolfgang Liebeneiner(2) mit Hans Quest in der Hauptrolle ausgestrahlt und mehrfach wiederholt.

An diesem Premierenabend sitzt im Publikum der Kammerspiele ein junges Ehepaar, das zu weltweitem Ruhm kommen wird: Helmut und Loki Schmidt. Vor dem Beginn der Aufführung teilt die Intendantin Ida Ehre(3) den Besuchern den Tod des Autors mit: »Wolfgang Borchert ist gestern 26-jährig in Basel seiner Krankheit erlegen.« Die Menschen erheben sich, mehrere Minuten herrscht Stille. Dann hebt sich der Vorhang. Orte der Handlung sind die St.-Pauli-Landungsbrücken und der Elbstrand in Blankenese. Die zentrale Figur des Dramas ist der junge Unteroffizier Beckmann, der drei Jahre nach Stalingrad aus sowjetischer Kriegsgefangenschaft in Sibirien in seine Heimat zurückkehrt. Er ist vom Krieg gezeichnet, hat ein steifes Bein und humpelt, hungert und friert. Ein alter Soldatenmantel und eine Gasmaskenbrille sind seine einzigen Habseligkeiten. Beckmann kommt nach Hause und trifft seine Frau mit einem anderen Mann an. Verzweifelt beschließt er, in den Tod zu gehen. Ein feister Beerdigungsunternehmer, gut gelaunt, denn sein Geschäft floriert, steht für den Tod. Und ein alter Mann gibt sich als Gott zu erkennen, der beklagt, dass die Menschen nicht mehr an ihn glauben. Beide sehen tatenlos zu, wie Beckmann in die Elbe springt. Doch der Fluss nimmt seinen Freitod nicht an und spült ihn in Blankenese wieder ans Ufer. Eine junge Frau nimmt ihn auf und gibt ihm die Jacke ihres vermissten Mannes, aber auch bei ihr kann er nicht bleiben: Der Vermisste kehrt einbeinig und auf Krücken zurück und verlangt von Beckmann seine Frau und seine Jacke zurück. Beckmann flüchtet aus der Wohnung. Er war im Krieg der Unteroffizier dieses Heimkehrers und wirft sich vor, an dessen Verstümmelung schuld zu sein, weil er ihm befohlen hat, die Stellung zu halten. Auch für den Tod von elf Soldaten eines ihm unterstellten Aufklärungstrupps von zwanzig Mann fühlt er sich

15. August 1947: Der Alsterdamm wird in Ballindamm umbenannt.

Hans Quest als Beckmann in »Draußen vor der Tür« von Wolfgang Borchert. Bei der Uraufführung in den Hamburger Kammerspielen führte Wolfgang Liebeneiner Regie.

verantwortlich. Seinem früheren Oberst, der ihn auf diese sinnlose Patrouille geschickt hat, will er die »Verantwortung« für die zwanzig Mann »zurückgeben«. Doch der Ex-Oberst, der mit seiner Familie beim Abendessen sitzt, begegnet ihm mit Hohn und Spott, behandelt ihn wie einen durch den Krieg aus der Bahn Geworfenen und ruft ihm zu: »Werden Sie erst mal wieder ein Mensch!« Nun bietet Beckmann seine Erlebnisse als Heimkehrer einem Kabarettdirektor an. Doch der fürchtet, Beckmann könne ihm das Publikum vergraulen. Was Heimkehrer Beckmann vortragen möchte, ist ihm zu wenig heiter und positiv, auch nicht erotisch genug, und als Beckmann meint, er beschreibe doch nur die Wahrheit, entgegnet der Direktor, Wahrheit und Kunst hätten nichts miteinander zu tun, von der Wahrheit wollten die Leute nichts hören. Nun begibt sich Beckmann zur Wohnung seiner Eltern. Dort trifft er nur die gleichgültige Frau Kramer an, die ihm eröffnet, die Wohnung gehöre nun ihr. Seine Eltern hätten sich wegen ihres Verhaltens in der NS-Zeit das Leben genommen, sie hätten sich »selbst endgültig entnazifiziert«. Verzweifelt bricht Beckmann auf den Stufen vor der Tür zusammen. Im Traum erscheinen ihm noch einmal der schwache, hilflose Gott und der Oberst, der Direktor und die Frau Kramer, seine Frau mit ihrem Geliebten, die junge Frau und der einbeinige Heimkehrer, der ihn zur Rechenschaft zieht, denn auch er ist in die Elbe gegangen, nachdem er Beckmann bei seiner Frau angetroffen hat. Beckmann erkennt, dass er zum Mörder geworden ist. Er erwacht, zieht die Bilanz seiner Heimkehr und fragt verzweifelt nach dem Sinn des Weiterlebens: »Gibt denn keiner Antwort? Gibt keiner Antwort? Gibt denn keiner, keiner Antwort?« Mit diesem Aufschrei endet das Drama.

Das Publikum schweigt ergriffen. Auch Ida Ehre ist überwältigt von dieser Aufführung. Sie erinnert sich später: »Es war unendlich lange still – bis dann ein tosender Beifall ausbrach.« Wolfgang Borchert hat den sich abzeichnenden Erfolg seines Dramas sehr skeptisch beurteilt. Im Basler St.-Clara-Spital, wo er durch Vermittlung von Freunden Aufnahme gefunden hatte, bekannte er in einem Interview: »Dass eine Reihe von Bühnen mein Stück aufführt, ist reine Verlegenheit – was sollen sie sonst tun? […] Denn mein Stück ist nur Plakat. Morgen sieht es keiner mehr an.« Es kommt anders. »Draußen vor der Tür« wird, in viele Sprachen übersetzt, ein Welterfolg.

Zeitzeugen

Helmut Schmidt über Ida Ehre, ihr Theater und die Heimkehrer-Generation:

»Für sie hatte das Theater eine moralische Anstalt zu sein. Drei der Stücke, die in den ersten Jahren über ihre Bühne gegangen sind, trugen Titel, die symbolisch waren für das, was wir waren, und für das, was sie wollte, nämlich: ›Wir sind noch einmal davongekommen‹ von Thornton Wilder, ›Draußen vor der Tür‹ von Wolfgang Borchert und ›Leuchtfeuer‹ von Robert Ardrey. Jawohl, wir waren tatsächlich noch einmal davon gekommen. Aber wir standen – fassungslos über das Geschehene, das wir erst jetzt voll erfuhren – wirklich außerhalb des geistigen Kontinuums der Welt. Wir waren draußen, außerhalb der Tür zur Welt der geistigen Freiheit. Wir brauchten Leuchtfeuer und Leuchttürme, Wegzeichen und Wegweiser, um den Weg in eine anständige und hellere Zukunft finden zu können. Nicht nur ihr Theater, auch Ida Ehre selbst war ein Wegweiser.«

(Quelle: Helmut Schmidt, Weggefährten © 1996, Siedler Verlag, München, in der Verlagsgruppe Random House GmbH)

Ida Ehre im Jahr 1950.

Ein etwas anderes Bild der Heimkehrer-Generation zeichnete der Bankier **Eckart van Hooven** (1925–2010):

»Die materiellen Lebensbedingungen konnten ärmlicher nicht sein: Hungerrationen, keine vernünftigen Anzüge oder Schuhe, kaum ein richtiges Dach über dem Kopf. Doch das alles wog leicht – wir Heimkehrer hatten das Inferno der Schlachtfelder überlebt, unsere Angehörigen das Inferno der Bombennächte,

und wir waren dankbar für diese Fügung. Klagen über die Zustände, larmoyante Selbstdarstellung oder listige Versuche, sich Vorteile auf Kosten anderer zu verschaffen, waren verpönt. Im Familien- und Freundeskreis beschäftigte uns vor allem die Frage nach der Zukunft, die wir realistischerweise erwarten konnten. Diskutiert wurde darüber mit einer Intensität, die aus heutiger Sicht nur schwer nachvollziehbar ist. Doch wir lebten in einer ambivalenten Situation. Denn so bedrückend die äußeren Umstände auch sein mochten, die Ernährung, die Wohnverhältnisse, das ›Organisieren‹, das ›Hamstern‹, so sehr genossen wir es andererseits, dass wir uns nicht mehr den Zwängen beugen mussten, die der Krieg und das NS-Regime uns auferlegt hatten. Nun konnten wir Autoren lesen, die bis 1945 als ›verfemt‹ galten, und wann immer wir wollten, konnten wir amerikanische Tanzmusik hören. Glenn Miller, der unvergessene Bandleader mit dem unverwechselbaren Sound, wurde unser Idol, [...] mit Schlagern wie ›Don't fence me in‹ oder ›Moonlight Serenade‹. Erinnerungen an eine Zeit, die nicht nur aus Not und Trübsal bestand. Wir waren keine verlorene Generation.«

(Quelle: Eckart van Hooven: Meistbegünstigt. Bericht eines Zeitzeugen des Jahrgangs 1925. Fritz Knapp Verlag, Frankfurt/Main 2002, S. 28)

Über das geistige Klima Hamburgs in den ersten Nachkriegsjahren schrieb der Emigrant **Herbert Weichmann** (1896–1983), Hamburgs späterer Bürgermeister und Ehrenbürger, der 1948 aus den USA zurückgekehrt war, seiner Frau Elsbeth Weichmann nach New York:

»Zuckmayers Stück [›Des Teufels General‹, d. Verf.] wird seit Monaten hier mit ungewöhnlichem Erfolge gespielt und verdient seinen Erfolg auch. Es ist nicht groß, aber gut und kräftig. Des Teufels General ist der Flieger Udet, der wieder fliegen und bauen will – und er hätte es ›ebenso gut für die andere Seite tun können‹ – und sich von hier aus in den Verstrickungen der bösen Macht fängt, der er sich nicht verschreibt, aber deren Werkzeug er doch ist, die er verachtet, aber doch auch nicht bekämpft, die er durchschaut, aber nicht zu überspielen vermag, als er sich letztlich anschickt, zur anderen Seite überzugehen. Das Stück war ein Zuckmayer mit der alten, wirklich erdverwurzelten Derbheit des ›Fröhlichen Weinberg‹, unerhört sympathisch in der menschlichen Abgrenzung der Charaktere und ihrer Schwächen. Es tut gut, daran zu denken, dass dieses Stück doch die Stadt elektrisierte und immer wieder vor voll ausverkauften Häusern über die Bühne ging.«

(Quelle: Uwe Bahnsen: Die Weichmanns in Hamburg. Ein Glücksfall für Deutschland, Christians Verlag, Hamburg 2001, S. 43)

Anmerkungen

(1) Wolfgang Borchert (1921–1947), Sohn eines Volksschullehrers in Hamburg, wurde zunächst Buchhändler und ging später zum Theater in Lüneburg. 1941 zum Wehrdienst eingezogen, wurde er 1942 schwer verwundet und während seines Lazarettaufenthaltes angeklagt, weil er »wehrkraftzersetzende« Briefe geschrieben hatte. Er wurde zunächst zum Tode verurteilt, dann jedoch mit der Auflage der »Frontbewährung« an der Ostfront begnadigt. In Deutschland wurde er wegen ähnlicher Äußerungen erneut verfolgt und noch einmal zur »Frontbewährung« verurteilt. Schwer krank, gelang es ihm im Frühjahr 1945, nach Hamburg zu kommen. Er arbeitete als Schauspieler, Regisseur und Autor. »Draußen vor der Tür« ist sein bedeutendstes Werk.

(2) Wolfgang Liebeneiner (1905–1987) war einer der erfolgreichsten deutschen Theater-, Film- und Fernsehregisseure. Das Bühnenstück »Draußen vor der Tür«, dessen Regisseur er war, verfilmte er 1949 als Kinofilm mit dem Titel »Liebe 47«, allerdings mit versöhnlichem Ausgang.

(3) Ida Ehre (1900–1989) war Schauspielerin, Regisseurin und Theaterintendantin. Wegen ihrer jüdischen Abstammung erhielt sie 1933 Berufsverbot. Die NS-Zeit überlebte sie als Arzthelferin in der Praxis ihres Ehemannes, eines Frauenarztes in Böblingen. 1943 wurde sie von der Gestapo verhaftet und in das KZ Fuhlsbüttel eingeliefert. 1945 gründete E. die »Hamburger Kammerspiele«, die unter ihrer langjährigen Leitung zu einer der führenden deutschen Schauspielbühnen wurden. Als Prinzipalin dieses Theaters erhielt E. zahlreiche Auszeichnungen. 1984 wurde sie als erste Frau Ehrenbürgerin der Hansestadt Hamburg.

4.

Signale der Menschlichkeit – und der Vernunft

Auch der dritte Nachkriegswinter 1947/48 ist bitter für die hungernden Menschen in der von Ruinenwüsten gezeichneten Stadt. Aber die Kältekatastrophe wiederholt sich nicht. Es gibt erste zaghafte Anzeichen für eine wirtschaftliche Erholung. Und in der Öffentlichkeit werden immer häufiger drängende, unbequeme Fragen gestellt: Wann endet ein Krieg? Wenn die Waffen schweigen? Wenn der Hass aufhört? Wenn die Vernunft sich Bahn bricht? Zu den mutigen Persönlichkeiten, die nach den Zielen der britischen Deutschland-Politik fragen, gehört der erfolgreiche Londoner Verleger Victor Gollancz[1]. Dieser kleine bebrillte Mann von jüdischer Herkunft, Sozialist, Humanist und unerschrockener Kämpfer für die Menschenrechte, ein scharfer Beobachter mit einem exzellenten Gedächtnis und einer brillanten Feder, reist unermüdlich und häufig zum Zorn der Militärregierungen durch die britische Besatzungszone. In seinem 1947 im eigenen Verlag erschienenen Buch »In darkest Germany« hat er seine deprimierenden Erfahrungen geschildert. Der frühere US-Präsident Herbert C. Hoover[2] hat 1947 während einer Europa-Reise, die ihn auch nach Deutschland führte, die gleichen Eindrücke gewonnen. In einem Bericht an Präsident Harry S. Truman ist er zu dem Ergebnis gekommen, die große Masse der Deutschen lebe im Hinblick auf Ernährung, Heizung und Wohnen auf dem niedrigsten Stand, den man seit hundert Jahren in der westlichen Zivilisation kenne. Bezogen auf Hamburg hat der »Ernährungsrat der deutschen Ärzte« festgestellt, für die »Normalverbraucher« seien die Rationen so niedrig, dass sie nur ein Drittel des Bedarfs deckten und in einigen Monaten zum Tode führen müssten. Besonders gefährdet seien die Kinder. Auf einer seiner Besichtigungsreisen sieht Gollancz in Hamburg fast zum Skelett abgemagerte Schulkinder und lässt sich mit ihnen fotografieren, um ein Beweismittel zu haben. Als er einem Beamten der Militärregierung in der Hansestadt berichtet, was er gesehen hat, erhält er eine Antwort, die ihn verblüfft und zugleich entsetzt: »Davon weiß ich überhaupt nichts. Ich komme morgens in mein Büro und habe den ganzen Tag hindurch viel Arbeit. Wenn ich abends nach Hause komme, entspanne ich mich. Um etwas über Hamburg zu erfahren, könnte ich genauso gut in Whitehall leben.«

5. Januar 1948: Im Hafen und auf der Deutschen Werft streiken fast 10.000 Arbeiter. Ihre Ziele: bessere Lebensmittelversorgung, bevorzugte Belieferung mit Kleidung und massive Erhöhung der Löhne. Am 9. Januar wird der Ausstand nach einem Teilerfolg beendet.

Gollancz ist einer der rastlosen Initiatoren für die humanitäre Hilfe, die im verwüsteten Deutschland insbesondere den Kindern und Jugendlichen zuteil wird. Das vornehmlich von ihm gegründete Hilfswerk »Save Europe now – Rettet Europa jetzt« bringt Nahrungsmittel, Kleidung, Medikamente und andere dringend benötigte Hilfsgüter in die deutschen Notstandsgebiete. Große

Bedeutung für die Rettung der Kinder erlangt die »Schwedenspeisung«. Fast vier Jahre hindurch, bis zum April 1949, versorgt das Schwedische Rote Kreuz vor allem in Hamburg und Berlin 120.000 Kinder im Alter von drei bis sechs Jahren täglich mit warmen Mahlzeiten. Allein in Hamburg werden jeden Tag rund 40.000 Portionen ausgegeben.

Aber auch die Militärregierungen haben erkannt, dass sie aus politischen und aus Gründen des Eigeninteresses einer humanitären Katastrophe vorbeugen müssen. Feldmarschall Bernard Montgomery, der erste Oberbefehlshaber der britischen Besatzungstruppen nach der Kapitulation, hat die Regierung in London immer wieder nachdrücklich vor nicht mehr beherrschbaren Zuständen mit Seuchengefahren gewarnt, die auch das britische Militärpersonal nicht verschonen würden. Im Laufe des Jahres 1946 hat die Besatzungsmacht in Hamburg und einigen Großstädten Schleswig-Holsteins und des Ruhrgebiets Schulspeisungen für Kinder eingeführt. Das Ziel ist eine warme Mahlzeit täglich für jedes Kind. Es sind vorwiegend Eintopfgerichte: Schokoladen-, Keks-, Haferflocken- oder Erbsensuppe. Die dafür benötigten Lebensmittel stammen zunächst aus Armeebeständen, später aus Spenden ausländischer Hilfsorganisationen, zum Beispiel der Quäker[3], des Dänischen Roten Kreuzes und der »Hoover-Spende«. Zur Anlieferung dienen Thermokübel, die etwa 25 bis 30 Portionen fassen und in den ersten Nachkriegsjahren zum festen Bestandteil des kärglichen Schulmobiliars gehören. Ausgeteilt wird das Essen jeweils in der großen Pause morgens oder nachmittags, abhängig vom Schichtunterricht. So soll sichergestellt werden, dass die Schulkinder während des Unterrichts etwas Warmes im Magen haben.

Der Inhalt eines Care-Pakets, das 1946 verschickt wurde.

Protest gegen die kritische Ernährungslage in Hamburg: 120.000 Angestellte der Hamburger Betriebe versammeln sich vor dem Haus der Gewerkschaften auf dem Besenbinderhof.

Ebenso wichtig für das Überleben im Nachkriegs-Deutschland wie die Schulspeisungen sind die Care-Pakete. So werden die standardisierten 18-Pfund-Nahrungsmittelpakete genannt, die seit dem Sommer 1946 von der privaten Hilfsorganisation Care (Cooperative for American Remittances to Europe), einer Gründung von 22 amerikanischen Wohlfahrtsverbänden, nach Europa und insbesondere nach Deutschland und Österreich geschickt werden. Das Standard-Care-Paket enthält Rindfleisch, Steaks, Nieren und Leber, Cornedbeef und Speck, Margarine und Schweineschmalz, Zucker, Honig und Schokolade, Rosinen, Kaffee und Eipulver. Die Empfänger haben in der Regel verwandtschaftliche Beziehungen in die USA. Insgesamt erreichen von 1946 bis 1960 fast zehn Millionen Care-Pakete Deutschland, Österreich und andere europäische Länder. Die Staaten des Ostblocks lehnen diese und jede andere humanitäre Hilfe aus westlichen oder neutralen Ländern kompromisslos ab. Auch in Hamburg nimmt die Öffentlichkeit sehr zum Unwillen der britischen Besatzungsmacht nicht zur Kenntnis, dass die Hilfslieferungen fast ausnahmslos aus Ländern stammen, in denen Nahrungsmittel ebenfalls noch immer rationiert sind. Auch selbstkritische Hinweise auf das drakonische und häufig genug grausame Regime der

21. Februar 1948: Der Tierpark Hagenbeck feiert sein 100-jähriges Bestehen und sucht per Zeitungsinserat ein paar Sack Zement, um die Saurierfiguren reparieren zu können.

1. April 1948: Die Landeszentralbank Hamburg wird eröffnet.

2. Mai 1948: Der HSV wird Norddeutscher Fußballmeister.

Deutschen als Besatzungsmacht während des Zweiten Weltkriegs spielen keine Rolle. Es zählt nur die eigene Not, so bei der großen Hungerdemonstration in Hamburg im Mai 1947 mit rund 100.000 Teilnehmern. In Hamburg hat das Verhältnis zur Besatzungsmacht einen Tiefpunkt erreicht.

Anmerkungen

(1) Victor Gollancz (1893–1967), Sohn eines aus Polen nach England ausgewanderten jüdischen Juwelenhändlers, gründete 1927 einen Verlag, der ihn erst wohlhabend und dann reich machte. Seine stets mit gelben Umschlägen ausgestatteten »Yellow books« wurden zu einem Verkaufsschlager. Sein Verlagsprogramm reichte von sozialkritischen Themen der britischen Linken bis zu Kriminalromanen. In seinem Verlag erschien auch der Welterfolg von John le Carré »Der Spion, der aus der Kälte kam«. G. warnte früh und leidenschaftlich vor dem europäischen Faschismus. Nach der deutschen Kapitulation im Mai 1945 rief er die britische Öffentlichkeit auf, den Deutschen mit Menschlichkeit zu begegnen und ihnen in ihrem Kampf ums Überleben zu helfen. Nachdrücklich warnte er vor den Folgen der alliierten Demontagepolitik in den Westzonen. Für seine mutige und aufrechte Haltung, die auch Anfeindungen im eigenen Land nicht scheute, wurde G. 1953 mit dem Großen Bundesverdienstkreuz mit Stern und 1960 mit dem Friedenspreis des deutschen Buchhandels ausgezeichnet. Er starb 1967 in seiner Geburtsstadt London.

(2) Herbert C. Hoover (1874–1964), 31. Präsident der USA (1929–1933), organisierte nach dem Ersten und nach dem Zweiten Weltkrieg amerikanische Hilfsmaßnahmen für Europa.

(3) Quäker: Ursprünglich im 17. Jahrhundert in England entstandene, später weltweit verbreitete Bewegung, die die Staatskirche ablehnt und radikale moralische Postulate zur Förderung des Weltfriedens, der Menschenrechte, der Schulbildung und der Frauenrechte vertritt.

5.

Butter gegen Familienschmuck

Für die kollektive Überlebenstechnik der Deutschen in den bitteren Not- und Hungerjahren nach 1945 stehen zwei Begriffe, die zum festen Vokabular der Nachkriegszeit gehören: Hamstern und Schwarzer Markt. Der Hunger beherrscht das Denken und bestimmt das Handeln der Menschen. Die amtlichen Hungerrationen der Lebensmittelkarten entsprechen noch immer kaum dem Existenzminimum. Der Kampf ums Überleben zwingt zu Tausch- und Kompensationsgeschäften, manchmal im großen Stil. Kurz nach Kriegsende beginnen die »Hamsterfahrten«, in Hamburg vornehmlich am Hauptbahnhof oder am Dammtorbahnhof. Urheber des Begriffs »Hamstern«, in Anlehnung an das Säugetier Hamster, das Nahrungsvorräte in den Backentaschen verwahrt, ist NS-Propagandaminister Joseph Goebbels, der damit die Selbsthilfe hungernder Menschen im NS-Staat verächtlich machen wollte. Diese negative Bedeutung ist nun völlig verschwunden. Hamstern bedeutet nach 1945, dass Hunderttausende in hoffnungslos überfüllten Zügen, sogar außen auf den Trittbrettern stehend oder zwischen den Waggons und auf den Dächern hockend, aus den Großstädten in das landwirtschaftlich geprägte Umland oder auch weit darüber hinaus fahren. Die Hamburger zieht es vor allem nach Niedersachsen. In Koffern oder Taschen führen sie Sachwerte mit sich, zum Beispiel Familienschmuck, wertvolle Kleidungsstücke oder andere Wertgegenstände, die sie bei den Bauern gegen Kartoffeln, Eier, Speck und andere Lebensmittel eintauschen. Oft durchwühlen diese Städter auch bereits abgeerntete Felder nach zurückgebliebenen Kartoffeln oder verdingen sich bei den Bauern als Erntehelfer, die in Naturalien bezahlt werden. Viele Bauern lassen sich diese Tauschgeschäfte mit den hungernden Städtern teuer bezahlen – das böse Wort vom »Perserteppich im Kuhstall« macht die Runde und trägt zu abschätzigen Urteilen über den bäuerlichen Berufsstand bei, die lange nachwirken und sich in späteren Agrarkrisen sehr nachteilig für die Landwirtschaft auswirken. Das »Hamstern« ist offiziell verboten. An Bahnhöfen und Ausfallstraßen finden Kontrollen der deutschen und auch der britischen Polizei statt, und häufig werden die so mühsam ergatterten Lebensmittel beschlagnahmt. Zur Eindämmung der »Hamsterfahrten« führt das nicht, im Gegenteil. Allmählich lockert man die strengen Vorschriften, Lebensmittel in geringen Mengen für die Selbstversorgung werden nicht mehr eingezogen.

1. August 1948: Die erste Ausgabe der »Welt am Sonntag« erscheint. In Horn findet erstmals nach dem Krieg wieder das Deutsche Derby statt. Sieger ist der Hengst »Birkhahn«.

Die andere für das Überleben unerlässliche Möglichkeit zum »Organisieren«, wie das Beschaffen lebenswichtiger Waren und Güter genannt wird, ist der Schwarze Markt, der sich überall dort bildet, wo eine staatlich administrierte

Kampf gegen den Schwarzhandel im Auftrag der Militärregierung: Deutsche Polizei hat eine Ladung Kartoffeln entdeckt, die mit einem LKW ungesetzlicherweise nach Hamburg transportiert werden sollte.

27. Oktober 1948: Die Polizei hebt auf St. Pauli eine Fälscherwerkstatt aus, die sich auf Lebensmittelkarten spezialisiert hat.

Mangelwirtschaft herrscht. Jede Großstadt hat in den Nachkriegsjahren ihre Schwarzmarktzentren, in Hamburg sind es vor allem die Ecke Reeperbahn/Talstraße auf St. Pauli und der Hansaplatz in St. Georg. Schieber und skrupellose Geschäftemacher haben Hochkonjunktur. Auf dem Schwarzen Markt ist buchstäblich alles zu haben, und häufig handelt es sich um Diebesgut: Butter (kostet 250 Reichsmark pro Pfund), Eier, Speck, Fleisch, Kaffee (das Pfund für 1.500 Reichsmark) und sogar komplette Lebensmittelkarten für 1.000 Reichsmark pro Stück. Wichtiger als die zunehmend wertlose Reichsmark ist indessen die »Zigarettenwährung«, die häufig über britische Besatzungssoldaten im Tausch gegen Wertgegenstände auf den Schwarzen Markt gelangt. Vergeblich versucht die Militärregierung, die Beteiligung der Soldaten an diesem »Marktgeschehen« zu unterbinden. Auch die häufigen Razzien der deutschen Polizei gegen den Schwarzhandel zeigen wenig Wirkung. Sogar die Nachkriegs-Literatur hat sich mit dem Schwarzen Markt beschäftigt. In »Lehmann's Erzählungen oder So schön war mein Markt. Aus den Bekenntnissen eines Schwarzhändlers«, 1964 erschienen, schildert Siegfried Lenz das spezifische Ambiente und Fluidum des Schwarzhandels, der sich im Gegensatz zum offenen, legalen Markt im Flüsterton und mit Gemurmel abspielt: »Sie gingen vorbei, ohne einander anzusehen, mit vorgegebener Gleichgültigkeit. Niemand schien in Eile [...]« Erst die Währungsreform macht diesem Treiben ein Ende.

6.

Gesundes neues Geld

Sonntag, 20. Juni 1948: Der lange erwartete »Tag X«, der Beginn der Währungsreform. Die Reichsmark geht, die Deutsche Mark kommt. Ein Tag der Hoffnung für das noch immer hungernde, aus unzähligen Wunden blutende Hamburg. Die drei westalliierten Besatzungsmächte haben diese Währungsumstellung generalstabsmäßig vorbereitet. Im April 1948 haben die Militärregierungen eine handverlesene Gruppe von elf deutschen Finanzsachverständigen, unter ihnen der Hamburger Finanzsenator Dr. Walter Dudek (SPD), mit versiegelten Befehlen und rigorosen Schweigeverpflichtungen zu einem geheimen Konklave nach Rothwesten bei Kassel beordert. In einer ehemaligen Kaserne auf dem hermetisch abgeriegelten Gelände des früheren Fliegerhorstes haben deutsche und alliierte Experten am 21. April mit der Arbeit an den Gesetzen und Verordnungen zur Währungsumstellung von der wertlos gewordenen Reichsmark auf die neue Deutsche Mark begonnen. Am 8. Juni, zwölf Tage vor dem Stichtag der Währungsreform, sind diese Vorbereitungen beendet. Die deutschen Fachleute haben nicht nur die organisatorischen Voraussetzungen für die Einführung der neuen Währung geschaffen, sie haben die Reformgesetze auch inhaltlich stark beeinflusst.

18. Juni 1948: Der Übersee-Club wird neu gegründet.

Tausch der alten Reichsmarkscheine gegen die neue Deutsche Mark in einer Hamburger Umtauschstelle, 20. Juni 1948.

Das Ergebnis teilt Jack Bennett, der Finanzberater des amerikanischen Militärgouverneurs General Lucius D. Clay, der deutschen Öffentlichkeit am Vorabend der Währungsreform mit. In einer Rundfunkansprache stellt er die Regelungen vor, die am 20. Juni in Kraft treten werden, und schließt mit einem Appell an die wirtschaftliche Vernunft: »Eines möchte ich noch abschließend sagen: Denken Sie daran, dass die neue Deutsche Mark knapp sein wird und mit harter Arbeit verdient werden muss. Jeder wird haushalten müssen, und jeder sollte sich bei seinen Einkäufen ernstlich überlegen, ob die Ware den geforderten Preis auch wirklich wert ist. In gesundem neuem Gelde werden die Spekulanten nicht mehr ihre Wucherpreise erzielen können. Ich glaube, sie werden sich bald nach ehrlicher Arbeit umsehen müssen. Die Zeit des wirtschaftlichen Chaos muss für Deutschland zu Ende sein. Mit der Beseitigung des alten Geldes, das die Wirtschaft vergiftet hat, beginnt Deutschlands wirtschaftliche Gesundung.«[(1)] Das sind prophetische Sätze. In Hamburg kündigt nicht der britische Zivilgouverneur H. Vaughan Berry, sondern Bürgermeister Max Brauer (SPD) die Währungsumstellung an. Die Besatzungsmacht ist überzeugt, es werde für das Gelingen der Währungsreform von Vorteil sein, wenn sie von einem Deutschen und nicht von einem Engländer begründet und erläutert wird. Brauer erklärt in einer Ansprache, die der NWDR ausstrahlt, die Einführung der Deutschen Mark sei »der Schlussstrich unter den Konkurs des Dritten Reiches«. Das deutsche Volk werde »auf Jahre hinaus arm sein und sich keinen besonderen Luxus leisten können. Aber Armut schändet nicht, und vor allem schreckt sie uns nicht, wenn nur alle die anständigen deutschen Männer und Frauen für ihre Arbeit wieder ehrliches Geld in die Hand bekommen, von dem sie etwas kaufen können und auch etwas ersparen, was wir alle werden tun müssen«. Zwar werde es unvermeidlich auch zu Härten kommen, doch es werde alles nur Mögliche getan, um sie abzumildern. Das große, alles andere überragende Ziel aber sei es, »unser Geld wieder ehrlich und unsere Wirtschaft wieder gesund zu machen«. Im engen Zusammenhang mit der Währungsreform werde es eine Steuerreform geben, denn »wenn die Steuern so hoch bleiben wie bisher, hat die Arbeit keinen Sinn mehr«.[(2)]

Die Geheimhaltung, mit der die Besatzungsmächte die Währungsreform vorbereitet haben, ist so umfassend, dass der Stichtag 20. Juni und die Einzelheiten des Verfahrens den Mitarbeitern der Landeszentralbanken, die den Umtausch umsetzen müssen, erst kurz vorher mitgeteilt werden. Das gilt auch für die Hansestadt. Am frühen Morgen herrscht in der Halle der Landeszentralbank (LZB) am Alten Wall dichtes Gedränge. Das Gebäude, das bis zum Kriegsende der Reichsbank gehörte, wird innen wie außen durch ein massives Polizeiaufgebot gesichert. Vor eilig eingerichteten Sonderschaltern bilden sich lange Schlangen. Mitarbeiter der mehr als 1.300 eingerichteten örtlichen Geldausgabestellen warten darauf, die neuen Banknoten in Empfang zu nehmen, die sie dann unter Polizeischutz zu ihren Dienststellen bringen werden. Der individuelle Grundbetrag, das sogenannte Kopfgeld, ist der Kern der Währungsreform. Jedermann erhält 60 Deutsche Mark im Umtausch gegen 60 Reichsmark. Am 20. Juni werden davon nach Vorlage der Kennkarte und der Lebensmittelkarte gegen Ablieferung von 40 Reichsmark 40 DM ausgezahlt, die restlichen 20 DM sollen innerhalb der nächsten vier Wochen folgen (es wird August). Bank- und Sparguthaben werden im Verhältnis 10 zu 1, umlaufendes Altgeld wird im Verhältnis 100 zu 6,5 abgewertet. Alle Reichsmark-Verbindlichkeiten aus wiederkehrenden Leistungen (Löhne, Gehälter, Mieten, Renten, Pachten usw.) werden im Verhältnis 1 zu 1 auf DM umgestellt. Damit ergibt sich auch für die Warenpreise eine Ausgangsbasis in DM, die den alten RM-Preisen entspricht. Wirtschaftsunternehmen erhalten als Grundausstattung »Geschäftsbeträge« von 60 DM pro Arbeitnehmer. Insgesamt bringt die Landeszentralbank im Zuge der Währungsreform in Hamburg rund 600 Millionen DM in Umlauf.

Zunächst gehen die Menschen mit dem neuen Geld ausgesprochen vorsichtig um, auch weil die komplizierten Vorschriften zahlreiche Zweifelsfragen aufwerfen, die erst nach und nach geklärt werden. Gekauft wird in den ersten Wochen das, was zum täglichen Leben dringend erforderlich ist. Das führt im Handel, in der Gastronomie, auch bei den Lichtspieltheatern zu Umsatzrückgängen und Entlassungen. Doch diese Zurückhaltung weicht schrittweise einer lebhaften Nachfrage, manchmal auch einer Art Kaufrausch. Gefragt sind vor allem Haushaltswaren und Textilien. Das Angebot ist begrenzt, es kommt zu Preiserhöhungen. Die Deutsche Mark als Vorbote der Marktwirtschaft muss ihre erste Bewährungsprobe bestehen. Durch die Währungsreform wird das Jahr 1948 zu einem Jahr der Hoffnung. Aber die materiellen Lebensbedingungen, vor allem

18. August 1948: Die Spruchkammer Bielefeld verurteilt den früheren Regierenden Bürgermeister der Hansestadt, Carl Vincent Krogmann, wegen seiner Funktionen an der Spitze der Verwaltung während des NS-Regimes zu 10.000 DM Geldstrafe, die durch die dreijährige Internierungshaft als verbüßt gilt. In der Urteilsbegründung heißt es, eine »entehrende Freiheitsstrafe« könne Krogmann angesichts seiner »einwandfreien Persönlichkeit, seines Werdeganges und seiner Tätigkeit« erspart werden.

Andrang bei der Neueröffnung des Erdgeschosses von Karstadt in der Mönckebergstraße in der Zeit der Währungsreform.

die Versorgung mit Wohnraum, sind noch immer bedrückend. Vom Kriegsende bis zum März 1948 sind in Hamburg wegen des Mangels an Baumaterial lediglich 7.748 Wohnungen gebaut worden – vollständig zerstört wurden im Bombenkrieg fast 280.000, beschädigt wurden 172.000 Wohnungen. Nur ein Fünftel des gesamten Wohnungsbestandes bei Kriegsausbruch hat die Luftangriffe unversehrt überstanden. Rund 200.000 Hamburger hausen 1948 in Baracken, Nissenhütten, Bunkern, Lagern und manchmal auch in Ruinen. Drei Jahre, nachdem die Waffen schweigen, ist die Wohnungsnot die schlimmste Hypothek des verlorenen Krieges.

Zeitzeugen

In einer zusammenfassenden Darstellung des LZB-Vorstands, an dessen Spitze der spätere Bundesbank-Präsident **Dr. Karl Klasen** (1909–1991) stand, heißt es über diesen Tag:

»Den Auftakt zur Währungsreform bildete die Auszahlung der ersten Kopfquote. Durch besondere Vereinbarung mit der Stadtverwaltung hatte sich die Landeszentralbank über die allgemein geltende Regelung hinaus bereit erklärt, die von den einzelnen Umtauschstellen (Kartenstellen, Sonderstellen, Gemeinschaftsverpflegungsstellen usw.) benötigten Neugeldbeträge nach den ihr mitgeteilten Kopfzahlen in Beuteln stückelungsmäßig vorzubereiten und im Kassenraum ihrer Hauptstelle am Sonntag, dem 20. Juni, früh um 5.30 Uhr an hierfür besonders eingerichteten Schaltern zur unmittelbaren Abholung durch die Umtauschstellen bereitzuhalten. Das neue Geld, die Deutsche Mark, war von der Militärregierung rechtzeitig zur Verfügung gestellt worden. Die Höhe des Kopfbetrages wurde aber erst endgültig am Freitagabend bekannt. So musste das verstärkte Kassenpersonal den Sonnabend über und die ganze Nacht vom Sonnabend zum Sonntag fast pausenlos arbeiten, damit alles zum vereinbarten Termin pünktlich vorbereitet war. Alles war rechtzeitig fertig. Es war ein ungewohntes Bild zu ungewohnter Stunde, als sich am frühen Sonntag morgen die Kraftwagen vor der Landeszentralbank stauten, die Vorhalle und der große Kassenraum von Polizeibeamten und Abholemannschaften wimmelten.«[3]

Uwe Bahnsen erlebte die Währungsreform als 13-jähriger Schüler in Hamburg:

Nie werde ich diesen Tag vergessen: Montag, 21. Juni 1948. Es war unbeständig und kühl. In den Familien, im Freundeskreis, an den Arbeitsplätzen gab es nach wochenlangen Gerüchten nur ein Thema: Die neue Währung und die buchstäblich über Nacht prall gefüllten Schaufenster, vor denen wir ebenso wie alle anderen Familien staunend, fast sprachlos standen: Würste, Schinken, Schokolade, Pralinen, aber auch Rundfunkgeräte, Fotoapparate, Haushaltswaren, Taschen aus feinem Leder und Tabakspfeifen aus edlem Holz ... Wir waren von diesem Anblick, von dieser Fülle überwältigt. Wo vorher triste Attrappen aus Pappe und Papier zu sehen waren, türmten sich nun Lebens- und Genussmittel und Konsumartikel, die vorher wenn überhaupt, dann nur zu Wucherpreisen auf dem Schwarzen Markt erhältlich waren. Seit den Kriegsjahren waren Lebensmittelkarten und Bezugsscheine für uns ein Bestandteil des täglichen Lebens. Sie zu verlieren, wurde zu Recht als bedeutend schwerwiegender empfunden, als wenn Geld abhanden kam. An diesem Montag aber sahen wir in vielen Schaufenstern Schilder mit einem Wort, das uns wie ein »Sesam öffne dich« erschien: »Bezugsscheinfrei«. Wir nahmen es mit einer Mischung aus Hoffnung und Skepsis entgegen, denn jedermann dachte: Wie werden sich die Preise entwickeln? Am Sonntagmorgen hatte ich meine Eltern auf dem spannenden Gang zur Ortsdienststelle in unserem Stadtteil begleitet, in der das neue Geld ausgegeben wurde. Eine lange Schlange hatte sich gebildet. Es ging erkennbar nicht voran. Misstrauen flammte auf. Ich entsinne mich, dass auch mein Vater sich davon anstecken ließ. Das war leicht zu erklären: Meine Eltern gehörten zu einer Generation, die nun schon zum zweiten Mal erlebte, dass eine völlig zerrüttete Währung durch neues Geld ersetzt werden musste. Ein Vierteljahrhundert war vergangen seit der galoppierenden Inflation des Jahres 1923. Auf ihrem Höhepunkt hatte in Hamburg ein Brot 17 bis 18 Milliarden Mark gekostet. Das waren für die Menschen traumatische Erfahrungen, die tiefe Spuren hinterlassen hatten. Im Spätherbst 1923 hatte die neue Rentenmark dieses chaotische Kapitel der jungen Weimarer Republik beendet.

Nun war es wieder so weit. Aber weshalb bewegte sich nichts in der Schlange vor uns? Geduldig standen wir und warteten. Die Ursache für die Verzögerung, die die Menschen so misstrauisch stimmte, erfuhren wir nicht: Die für die Geldtransporte eingesetzten Polizeibeamten sollten den Empfang der Banknoten quittieren, weigerten sich aber verständlicherweise, das ohne Nachzählen zu tun. Das wiederum hätte enorme praktische Schwierigkeiten zur Folge gehabt. Also musste erst eine dienstliche Anweisung erlassen werden, nach der die Beamten das Geld ungezählt zu übernehmen hatten. Die Landeszentralbank stellte sie im Hinblick auf etwaige Fehlbeträge von der Haftung frei. Es waren jedoch nur geringe Summen, die auf diese Weise ausgeglichen werden mussten.

Als wir schließlich »dran« waren und unser »Kopfgeld« erhalten hatten, 120 nagelneue Deutsche Mark, betrachteten meine Eltern die Geldscheine mit einer Mischung aus Neugier und Skepsis. Es waren überaus schlichte, neutral gehaltene Banknoten. Etwas merkwürdig fanden meine Eltern, dass keinerlei Hinweise auf den Ausgabeort, das Ausgabedatum und die ausgebende Bank oder eine andere Institution aufgedruckt waren. Mein Vater, ein Bahnbeamter, wusste aus seiner beruflichen Tätigkeit, wie US-Dollars aussehen, und fand gewisse Ähnlichkeiten. Damit hatte er nicht Unrecht. Die Gründe für die schlichte grafische Gestaltung des neuen Geldes wurden indessen erst sehr viel später bekannt – sie waren hochpolitisch: Die drei Westmächte hatten die Druckaufträge für die neuen Banknoten bereits im Spätherbst 1947 erteilt. Zu diesem Zeitpunkt war die Kriegskoalition mit der Sowjetunion längst zerbrochen. Verhandlungen über eine in allen vier Besatzungszonen im Prinzip gleichermaßen dringliche Währungsreform hatten keinerlei Fortschritte erbracht und schienen aussichtslos zu sein. Die westlichen Regierungen wollten jedoch zumindest optisch die Chance für ein solches Vorhaben nicht gänzlich torpedieren – deshalb die neutrale Gestaltung des neuen Geldes.

1. September 1948: In Bonn nimmt der Parlamentarische Rat seine Arbeit an einer Verfassung auf. Hamburg wird durch Adolph Schönfelder (SPD) und Paul de Chapeaurouge (CDU) vertreten.

In den Geschäften gab es nach dem 20. Juni zunächst eine deutliche Kaufzurückhaltung, die sich erst nach einigen Wochen änderte. Auch meine Eltern gingen vorsichtig mit dem neuen Geld um. Aber sie genossen die Metamorphose von den »Zuteilungsberechtigten«, die sie bisher gewesen waren, zu den Kunden, die sie nun, auch das über Nacht, wieder geworden waren. Unser täglicher Speisezettel besserte sich deutlich, auch das nicht sprunghaft, aber kontinuierlich.

Das neue Geld bedeutete in Wahrheit jedoch mehr als nur die Möglichkeit zu lange entbehrtem Konsum. Meine Eltern empfanden die Währungsreform auch als einen entscheidenden Schritt heraus aus der Verwahrlosung der Nachkriegszeit, zur Wiederherstellung von Recht und Ordnung. Mein Vater erwähnte am Abend des ersten D-Mark-Tages mit tiefer Befriedigung die Tatsache, dass die Hamburger Polizei den Geldumtausch mit einer flächendeckenden Razzia gegen den Schwarzen Markt verbunden hatte. 250 Schwarzhändler wurden festgenommen, 68 von ihnen wurden mit Haftbefehl gesucht. Es war vorbei mit der »Zigarettenwährung« – eine grandiose Erfahrung.

Anmerkungen

(1) Undatiertes Typoskript aus dem Bundesfinanzministerium, im Besitz der Verfasser.

(2) In: Neues Hamburg, 3. Folge, Hamburg 1949, S. 56

(3) In: Neues Hamburg, 3. Folge, Hamburg 1949, S. 53 ff.

7.

Der Widersinn der Demontagen

Am 13. Oktober 1948 betritt im Hamburger Rathaus ein Wirtschaftswissenschaftler die politische Bühne, der zwei Jahrzehnte später einer der mächtigsten Männer der Bundesrepublik sein wird: Karl Schiller[1] (SPD). An diesem Tag wählt die Bürgerschaft den 37-jährigen Professor der Nationalökonomie zum damals jüngsten Senator. Er übernimmt am nächsten Tag die Leitung der Behorde fur Wirtschaft und Verkehr. Die Herausforderung, der er sich stellt, ist ohne Beispiel: der Wiederaufbau der im Krieg schwer in Mitleidenschaft gezogenen hamburgischen Wirtschaft und ihre Rückkehr auf die Märkte der Welt. Und als dringlichstes Problem die Beendigung der alliierten Demontagen. Schiller bringt für diese Aufgabe Eigenschaften mit, die Bürgermeister Max Brauer schon seit geraumer Zeit an diesem jugendlich wirkenden Sozialdemokraten beeindruckt haben: exzellenten ökonomischen Sachverstand, der die strenge Schule des weltberühmten Kieler Instituts für Weltwirtschaft erkennen lässt, Zähigkeit, diplomatisches Geschick und dazu einen in diesen schweren Zeiten eher seltenen Optimismus. Am 28. Juni 1946 hatte die britische Militärregierung den damaligen Bürgermeister Rudolf Petersen aufgefordert, Vorschläge für die künftige Entwicklung der Hamburger Wirtschaft vorzulegen. Maßgebend dafür sollten die Direktiven, Einschränkungen und Verbote sein, auf die sich die Siegermächte auf der Potsdamer Konferenz geeinigt hatten. Die Vorschläge, so die Besatzungsmacht, sollten erkennen lassen, ob in Hamburg die Ernährung und Beschäftigung von 1,3 Millionen Einwohnern gewährleistet werden könne. Wenn das nicht möglich sei, müsse der Senat darlegen, wie »die überzählige Bevölkerung veranlasst werden kann, die Hansestadt zu verlassen«. Jedoch könne der Senat über diese Themenstellung hinaus auch eigene konstruktive Ideen einbringen. Der Senat berief daraufhin eine Expertenkommission unter Schillers Leitung, die ein 95 Seiten umfassendes Gutachten mit einem Drei-Stufen-Plan vorlegte[2] – eine unter den damaligen Umständen exzellente Expertise, die eindrucksvoll das ökonomisch Notwendige mit dem politisch Machbaren verband. Das Datenmaterial, auf dem das Gutachten beruhte, zeigte den Niedergang der hamburgischen Wirtschaft als Folge des Zweiten Weltkriegs: Verglichen mit dem letzten Vorkriegsjahr 1938, betrug die einsatzfähige Schiffstonnage noch 3,3 Prozent, die Schiffbauproduktion 13 Prozent, der Bestand an Einzelhandelsbetrieben 22,3 Prozent. Selbst für die Experten überraschend war aber: Das industrielle Potenzial machte noch immer 75 Prozent des Vorkriegsstandes aus, die Produktion dagegen nur noch 33 Prozent. Der Hafen erreichte nur noch 18 Prozent seiner Vorkriegsleistung.

Karl Schiller hält als Hamburger Wirtschaftssenator eine Rede.

Die britische Deutschlandpolitik hat seither nichts von ihrer Widersprüchlichkeit verloren. Einerseits stimmt die Regierung in London der amerikanischen Auffassung zu, dass die Westmächte angesichts des sich verschärfenden Ost-West-Konflikts und aus Gründen der eigenen finanziellen Entlastung ein elementares Interesse an der wirtschaftlichen Gesundung Westdeutschlands haben. Der von den USA auf den Weg gebrachte Marshall-Plan und die Währungsreform dienen diesem Ziel. Andererseits hält die Besatzungsmacht Großbritannien starr an ihrer Demontagepolitik fest, die mit diesem Kurs der politischen Vernunft unvereinbar ist und offenkundig die eigene Wirtschaft so lange wie möglich vor der künftigen deutschen Konkurrenz schützen soll. Besonders deutlich wird diese zwiespältige Haltung in Hamburg an der Behandlung der Großwerft Blohm + Voss, deren dauerhaftes Verschwinden vom Weltmarkt ein wenn nicht offen deklariertes, so doch konsequent verfolgtes Ziel der britischen Regierung ist. Dieses Schiffbauunternehmen von Weltruf steht aus britischer Sicht für bahnbrechende Marinetechnologie, besonders in der Konstruktion modernster U-Boote, die während des Zweiten Weltkrieges zeitweise eine tödliche Gefahr für Großbritannien darstellten, weil sie die alliierten Geleitzüge mit militärischem Nachschub dezimierten. Blohm + Voss ist für die Engländer zugleich ein Teil der deutschen Rüstungsmaschinerie, die Hitler die zeitweise Herrschaft über den Kontinent ermöglichte. Der Einsatz von KZ-Häftlingen als Zwangsarbeiter in den letzten Kriegsjahren kommt hinzu.

15. November 1948: Adolf Grimme wird als Nachfolger von Hugh Carlton Greene Generaldirektor des Nordwestdeutschen Rundfunks (NWDR).

Am 1. Februar 1948 hat die von der britischen Militärregierung befohlene vollständige Demontage des Unternehmens begonnen, das auf der Demontageliste des Kontrollrates steht. Nach der Sprengung der Helgengerüste 1947 werden nun nach einer 81 Seiten umfassenden Liste die Anlagen abgebaut – zuerst die

Gießerei, zum Schluss die Maschinenfabrik, das alles in radikaler, rücksichtsloser Manier. Was nicht demontiert werden kann, wird verschrottet. Auch die Gebäude sollen abgerissen werden, und zwar zunächst die »reparaturunwürdigen«. Die entsprechende Beurteilung der Bausubstanz behält sich der britische »Regional Economic Commissioner« (REC) Hamburg, der leitende Wirtschaftsoffizier der Militärregierung, persönlich vor, das Ergebnis ist entsprechend.

Der Kontrollrat hat festgelegt, dass die Demontagen den durch den Krieg besonders betroffenen alliierten Nationen den ökonomischen Wiederaufbau erleichtern sollen. Die Demontageliste nennt 15 Empfängerländer, darunter nicht nur die drei Westmächte, sondern auch Staaten wie Indien, Albanien und Luxemburg. Es werden aber außerdem industrielle Ausrüstungen demontiert, von denen feststeht, dass sie an anderen Standorten ebenso wenig für Produktionszwecke verwendbar sein werden. Das beweist: Es geht in Wahrheit nicht um eine Art Schadensersatz, sondern um die Ausschaltung einer künftigen deutschen Konkurrenz. In der Hamburger Öffentlichkeit wird dieses offensichtliche Motiv mit steigendem Unmut zur Kenntnis genommen. Der neue Wirtschaftssenator Professor Karl Schiller nimmt weder im Landesparlament noch bei den regelmäßigen wöchentlichen Treffen mit dem REC ein Blatt vor den Mund und argumentiert in enger Abstimmung mit der Handelskammer. Mit Festigkeit, Würde und diplomatischem Geschick fordert er immer wieder die Aufhebung oder zumindest Lockerung hemmender Vorschriften. Ende März 1949 spricht Schiller in der Bürgerschaft abermals Klartext.

Die Bevölkerung ist empört über die teilweise Schließung der Bau- und Montage GmbH, eines Nachfolgebetriebs von Blohm + Voss, über die kurz zuvor durchgeführte Sprengung des 350-Tonnen-Schwimmkrans im Hafen und die damals geplante Vernichtung des Trockendocks »Elbe 17«. Die Begründung der Militärregierung für den zerstörten Kran und die drohende Sprengung des Docks ist fadenscheinig: Da für beide die frühere deutsche Kriegsmarine der Hauptauftraggeber gewesen sei, handele es sich um militärische Anlagen, und deren Beseitigung sei daher »Abrüstung« und keinesfalls Demontage. Schiller schildert den Abgeordneten, wie Bürgermeister Max Brauer und er persönlich versucht haben, die Sprengung des Krans zu verhindern, und hält der Besatzungsmacht den wirtschaftlichen Widersinn vor: »Es wird […] ein derartiges Objekt im Werte von mindestens 15 Millionen DM zu einem Zeitpunkt mit einem Schlage vernichtet, während wir uns gleichzeitig den Kopf zerbrechen, wie wir finanzielle Kredite in die deutsche Wirtschaft hineinbringen sollen, um sie wieder aufzubauen.«[(3)] Aber Karl Schiller, der brillante Ökonom, weiß wie auch die Experten bei Blohm + Voss: So widersinnig die Demontagen angesichts des gigantischen Wiederaufbauprogramms der USA für die Wirtschaft Westeuropas auch sind, so haben sie dennoch für die deutsche Wirtschaft einen, wenngleich unbeabsichtigten, Vorteil: Was abgebaut wird, ist in der Regel technisch längst nicht mehr auf dem neuesten Stand und häufig sogar veraltet. Der

1. Januar 1949: Die »Eppendorfer Richtlinien« zur Schlichtung von Mietstreitigkeiten bestimmen, dass Untermieter viermal täglich zu festgesetzten Zeiten unentgeltlich Wasser aus der Küche des Hauptmieters entnehmen dürfen.

Auf der zur Demontage freigegebenen Werft Blohm + Voss wird gesprengt, das Helgengerüst bricht zusammen, 22. Mai 1946.

Marshall-Plan ermöglicht der deutschen Industrie, den Werften in Hamburg und mit einer erheblichen Verzögerung auch Blohm + Voss modernste Ersatzbeschaffungen und damit technologischen Fortschritt pur. Das wird sich als ein wichtiger Wettbewerbsvorteil erweisen. Ohnehin arbeitet die Zeit nicht für die Besatzungsmacht, sondern für die Deutschen.

19. Februar 1949: Sprengmeister Walter Merz entschärft den 2500. Bombenblindgänger auf hamburgischem Gebiet.

Die Westmächte sehen sich gezwungen, der jungen Bundesrepublik wirtschaftliche Zugeständnisse zu machen. Das »Washingtoner Abkommen« vom April 1949 erlaubt es deutschen Werften, Frachtschiffe und Tanker bis zu einer Größe von 7.200 BRT bei einer Höchstgeschwindigkeit von 12 Knoten und Küstenfahrzeuge bis zu 2.700 BRT und gleicher Geschwindigkeit zu bauen. Die deutsche Werftkapazität wird auf den Umfang beschränkt, der nach den bereits vollzogenen und noch anhängigen Demontagen verbleibt. Erweiterung oder Ersatz dieser Anlagen und Bau neuer Werften sind nicht zulässig – es sei denn, die Militärgouverneure stimmen zu. Immerhin, es gibt wieder in bescheidenem Umfang deutschen Schiffbau. Am 26. November 1949 läuft für die Hamburger Reederei H.M. Gehrckens der Frachter »Brook« (1489 BRT) vom Stapel. Ein Silberstreif am Horizont.

Mit der Hamburger Wirtschaft geht es insgesamt aufwärts. Finanzsenator Walter Dudek (SPD), einer der Geburtshelfer der Deutschen Mark, erklärt im Juli 1949 zum Haushalt dieses Jahres, dem ersten vollständigen und ordnungsgemäßen Etat nach der Währungsreform: »Das entscheidende Ereignis des vergangenen Haushaltsjahres war die Währungsreform. Sie hat das Gesicht der westdeutschen Wirtschaft völlig verändert. An Stelle eines lähmenden Warenmangels trat ein Überangebot von Waren und Dienstleistungen aller Art. Die raschelnde Papierflut der Reichsmark wich den sparsam gehüteten Scheinen der Deutschen Mark. Die Güterproduktion stieg rasch und beginnt langsam normale Formen anzunehmen. Dank der tatkräftigen Hilfe des Marshallplans gesunden unsere Verhältnisse sichtlich.«(4) Der Finanzsenator bleibt jedoch auch bei dieser optimistischen Aussage Realist und mahnt: Der tatsächliche Ertrag der deutschen Wirtschaft habe den Friedensstand erst zu 60 Prozent erreicht. Für Hamburg gilt das wortwörtlich genauso. Am 22. Februar 1949 zieht der Senat eine erste Wohnungsbaubilanz: Seit Kriegsende wurden in Hamburg 53.480 Wohnungen neu gebaut oder instand gesetzt. Am 15. März 1949 wird in Iserbrook der Grundstein für den ersten Schulneubau nach dem Krieg gelegt. Am 17. August dieses Jahres gründet der Hamburger Kaufmann Werner Otto den Otto-Versand. Und Anfang Mai 1950 endet in Hamburg die Lebensmittelrationierung. Im engen Schulterschluss mit der Handelskammer ebnet der Senat, vor allem Bürgermeister Max Brauer und Wirtschaftssenator Karl Schiller, der Hamburger Wirtschaft den Weg zur Rückkehr auf den Weltmarkt. Die ersten Messebesuche und Informationsveranstaltungen in den USA werden vorbereitet. Ein zentrales Problem aber bleibt und wird die Hamburger Wirtschaftspolitik fast ein halbes Jahrhundert hindurch beschäftigen: Die Randlage der Wirtschaftsmetropole 60 Kilometer vom Eisernen Vorhang entfernt und der Verlust des traditionellen Hinterlandes in Ostdeutschland und Osteuropa mit den schwerwiegenden Folgen für den Hafen. Wirtschaftssenator Professor Karl Schiller, der als Hochschullehrer wie als Politiker in der Regierungsverantwortung immer wieder einprägsame Formulierungen für komplizierte Probleme findet, verweist darauf, dass »der Hamburger Hafen durch die Zonenspaltung nur auf einem Lungenflügel atmet«. Erst das Ende der deutschen Teilung 1990 wird diesen Zustand beseitigen.

Anmerkungen

(1) Karl Schiller (1911–1994), bedeutender Nationalökonom und Wirtschaftspolitiker. 1948 bis 1953 Senator für Wirtschaft und Verkehr in Hamburg, 1956 bis 1958 Rektor der Universität Hamburg, 1961 bis 1965 Senator für Wirtschaft und Kredit in Berlin, 1966 Bundesminister für Wirtschaft, 1971 Bundesminister für Wirtschaft und Finanzen, 1972 Rücktritt als Bundesminister. Zur Persönlichkeit und Lebensleistung S.'s vergl. Uwe Bahnsen, Karl Schiller, Hamburg 2008.

(2) vgl. Bahnsen, Schiller, S. 43 ff.

(3) ders., S. 67 ff.

(4) In: Neues Hamburg, 4. Folge, Hamburg 1949, S. 28

8.

Die Medienstadt Hamburg entsteht

Am Abend des 3. Mai 1945, unmittelbar nach Übergabe der Stadt an die britischen Truppen, erscheinen zwei britische Offiziere im Funkhaus des Reichssenders Hamburg in der Rothenbaumchaussee: Major John MacMillan und Oberstleutnant Eric Maschwitz von der »No. 1 Field Broadcasting Unit« erklären den Sender für beschlagnahmt, müssen ihn jedoch kurze Zeit später an die »Psycholocical Warfare Branch« (PWB) übergeben. Ein paar Stunden später, am 4. Mai 1945 um 10 Uhr vormittags, erscheint die Spezialeinheit »21. Army Group« unter Colonel Paul Lieven im unbeschädigt gebliebenen Funkhaus im Stadtteil Harvestehude und richtet hier den Sender der Militärregierung offiziell ein. Noch am selben Abend melden sich die Briten bei den Hamburgern – um 19 Uhr erklingt aus den Radioapparaten in Hamburg die britische Nationalhymne. Dann ist ein Sprecher zu hören: »Here is Radio Hamburg, a Station of the Allied Military Government / Hier ist Radio Hamburg, ein Sender der alliierten Militärregierung.« Der Neubeginn des Rundfunkbetriebs in der britischen Zone ist geschafft. Zunächst wird der Sender für Proklamationen der Militärregierung und wichtige Hinweise für die Bevölkerung genutzt. Und obwohl es Deutschen streng untersagt ist, sich im Bereich Medien zu betätigen, werden am 20. November in London die Weichen gestellt für einen eigenen deutschen Sender. Die Einführung eines »Home Service« der BBC in Deutschland wird beschlossen. Hier sollen kulturelle und unterhaltende Programme genauso angeboten werden wie Informationssendungen, die der öffentlichen Meinungsbildung dienen. Der neue deutsche Rundfunk soll soweit wie möglich frei vom Einfluss politischer Parteien sein. Vorbild ist die BBC. »Chief Controler« für den Aufbau des Senders ist ein ehemaliger BBC-Journalist, der bis 1939 Korrespondent in Deutschland war: Hugh Carlton Greene. Der Brite wird am 1. Oktober 1946 als Verantwortlicher für den Rundfunk in der britischen Besatzungszone eingesetzt. Greene leistet vor allem Überzeugungs- und Aufklärungsarbeit, denn kaum ein Deutscher kann sich Medien vorstellen, die allein der Öffentlichkeit gegenüber verantwortlich sind. Heftigen Widerstand gibt es von der CDU. Deren Vorsitzender Konrad Adenauer beanstandet die angestrebte Unabhängigkeit als »Hinterlassenschaft der englischen Besatzung«, und auch von der SPD kommt Kritik. Die angestrebte Überparteilichkeit leiste einer »undurchsichtigen Interessenpolitik« Vorschub.

1. Juni 1949: Die Hamburger Illustrierte »die strasse« veröffentlicht erste Karikaturen von Vicco von Bülow, der als Loriot berühmt wird.

Männer wie Peter von Zahn und Axel Eggebrecht sind Redakteure der ersten Stunde. Auch die Karriere des Regisseurs Jürgen Roland beginnt in den Nachkriegsmonaten beim NWDR. Am 11. September 1948 erhält Hugh Carlton Greene ein

Hugh Carlton Greene, ab 1946 Verantwortlicher für den Rundfunk in der britischen Besatzungszone, im Jahr 1950.

Telegramm vom Präsidenten des Zentral-Justizamtes für die Britische Zone. Darin teilt der Absender dem »Chief Controler« seine ausdrücklichen Glückwünsche zur Bestellung des neuen Generaldirektors des Nordwestdeutschen Rundfunks mit. »In bessere Hände könnte die Leitung des Rundfunks nicht gelegt werden, und ich zweifle nicht, dass damit auch die anfänglich bestehenden Spannungen auf das Glücklichste gelöst werden.« Der Mann, von dem im Telegramm die Rede ist, ist Adolf Grimme. Er tritt am 15. November 1948 sein Amt an. Grimme obliegt die schwierige Aufgabe, aus einer Schar von Individualisten einen funktionierenden Rundfunksender zu machen. Mit der Lizenzierung des Nordwestdeutschen Rundfunks als erste öffentlich-rechtliche Rundfunkanstalt im Nachkriegsdeutschland am 1. Januar 1948 endet die Arbeit von Hugh Carlton Greene in Hamburg. Er gilt als Architekt des öffentlich-rechtlichen Rundfunks in Deutschland. Greene wird in den 60er Jahren Generaldirektor der BBC.

1955 einigen sich die Ministerpräsidenten von Niedersachsen und Schleswig-Holstein und Hamburgs Erster Bürgermeister nach langen und schwierigen Verhandlungen auf den Staatsvertrag über den Norddeutschen Rundfunk. Erster Intendant des NDR wird Walter Hilpert. In seiner Neujahrsansprache 1956 wendet sich Hilpert an die Hörer der neuen Dreiländeranstalt: »Hier meldet sich der Norddeutsche Rundfunk. Er spricht zu seinen Hörern in Niedersachsen, in Schleswig-Holstein, in Hamburg […] Wir wünschen, dass unser Neujahrsgruß und unser künftiges Programm gehört werden, wo immer unsere Sprache verstanden wurde und noch verstanden wird […] Und wenn fortan auf dieser Welle das eine und das andere Pausenzeichen ertönen, so wollen wir mit jeder Sendung wie bisher Ihr Freund sein und Ihr treuer Begleiter.«

1. September 1949: Die Deutsche Presse-Agentur (dpa) nimmt in Hamburg ihren Betrieb auf.

Im Sommer 1945 wird auch der Verlag von Tages- und Programmzeitschriften von den Briten genehmigt. Der 1912 in Altona geborene Axel Springer hatte seinen Eltern bereits im Krieg erklärt, er werde nach dessen Ende »das größte Verlagshaus Europas« bauen. Einen ersten Schritt auf diesem Weg geht Springer mit der Lizenz für den väterlichen Verlag Hammerich und Lesser, die er am 11. Dezember 1945 von der Militärregierung erhält. Im Frühjahr 1946 beantragt er bei der »Press Section« der Militärregierung die Lizenz für eine Programmzeitschrift mit dem Arbeitstitel »Radio Post«, die ihm im Juni 1946 erteilt wird. Sie erscheint ab 11. Dezember 1946 als »Hörzu« und wird zu einem bis dahin beispiellosen Erfolg. Am 15. November 1947 beantragt Axel Springer nun die Lizenz für eine unabhängige Tageszeitung in Hamburg. Dem »Beratenden Ausschuss für das Pressewesen« begründet er seine Idee so: »Die Erfahrung lehrt, dass man zur Demokratie nicht nur unmittelbar auf rein politischem Weg gelangt, sondern mittelbar auch dadurch, dass man die Menschen menschlich anspricht und in ihrer privaten Sphäre zu verstehen sucht. Diesen Weg will das ›Hamburger Abendblatt‹ gehen«. Das überzeugt den Ausschuss. Am 12. Juli 1948 erhält Springer für seine Zeitung die »Zulassung Nr. 1 des Senats der Hansestadt Hamburg«. Die erste Ausgabe seiner zunächst dreimal wöchentlich erscheinenden Zeitung liegt am 14. Oktober am Kiosk, der Preis beträgt 20 Pfennig pro Exemplar. Die Startauflage von 60.000 ist innerhalb von Stunden ausverkauft. Am Abend interviewt NWDR-Reporter Hermann Rockmann den Verleger: »Und was ist das Charakteristische Ihrer Zeitung?« Axel Springer: »Eine Zeitung mit Herz, eine Zeitung, die den Menschen in den Mittelpunkt ihrer ganzen Betrachtungen stellt. Eine Zeitung, die dem Menschen volle Entfaltungsfreiheit wünscht. Wir suchen die vernünftigen Stimmen, ob sie von links, ob von rechts oder aus der Mitte kommen. Übrigens – wir hassen die Langeweile, wir versuchen, eine Zeitung

Hamburger Abendblatt
UNABHÄNGIG ÜBERPARTEILICH
Veröffentlicht unter Zulassungs-Nr. 1 des Senats der Hansestadt Hamburg
Nr. 1 Jahrgang 1948 20 Pfennig
Donnerstag, 14. Oktober 1948

Frankreich ändert seine Deutschland-Politik

Neuer Schuman-Besuch erwartet

Zivilgouverneur Dejean?

Seite 8: Hitler Himmler und die Sterne

Warnung vor Verschwendung

Hoffman gibt nicht nach
Keine Einigung in der Demontagefrage

Morgen Entscheidung über Verbrauchssteuern

Mißerfolg der Neutralen
Die Großmächte beharren auf ihren Positionen

Das Titelblatt der ersten Ausgabe des »Hamburger Abendblatts« vom 14. Oktober 1948.

Bürgermeister Max Brauer und seine Frau Erna mit dem Verleger Axel Springer auf dem ersten Presseball nach dem Zweiten Weltkrieg in Hamburg, 1950.

zu machen, die knapp und kurz formuliert, eine Zeitung, die von der ersten bis zur letzten Seite interessant ist und vielleicht, wenn ich's hier einmal sagen darf, auch besonders die Frau interessieren wird.«(1) Ende des Jahres 1948, also nur drei Monate nach dem Start, liegt die verkaufte Auflage bereits bei 100.000 Exemplaren, Tendenz steigend.

Am 24. Juni 1952 erscheint im Axel-Springer-Verlag zum ersten Mal die »Bild«-Zeitung. Die heute auflagenstärkste Zeitung Deutschlands ist der wichtigste Markstein einer Erfolgsgeschichte ohne Beispiel in der deutschen Pressegeschichte. Axel Springer leitet die Geschicke seines Unternehmens zunächst vom Verlagshaus in der Neustadt. 1966 verlegt er den zentralen Sitz des Verlages nach Berlin. Dorthin hatte ihn seine Vision eines wiedervereinten Deutschlands gebracht. Der Firmensitz in der Kochstraße steht in unmittelbarer Nähe der 1961 errichteten Berliner Mauer. Anfang der 80er Jahre zieht sich Axel Springer zunehmend aus dem operativen Geschäft zurück. Er stirbt 1985.

21. September 1949: Das neue Bezirksverwaltungsgesetz tritt in Kraft. Hamburg erhält sieben Bezirke.

Wichtige Redaktionen des Hauses wie »Die Welt« und »Bild« übersiedeln von der Elbe an die Spree – ein schwerer Verlust für die bis dahin unumstrittene Medienhauptstadt Hamburg.

Anmerkung

(1) Zitat aus dem NWDR-Beitrag »Erstausgabe des Hamburger Abendblattes«, Sendedatum: 14.10.1948, Reporter: Hermann Rockmann, mit freundlicher Genehmigung des Unternehmensarchivs der Axel Springer AG

9.

Die Entnazifizierung – ein gescheiterter Versuch

9. Februar 1950: Die Besatzungsmacht entlässt das Hotel »Atlantic« aus der Beschlagnahme. Wiedereröffnung am 1. März.

12. April 1950: Eröffnung der Hochschule für Musik und darstellende Kunst.

1. Mai 1950: In der Hansestadt wird die Lebensmittel-Rationierung aufgehoben.

4. Mai 1950: Der HSV reist als erste deutsche Fußballmannschaft nach 1945 in die USA.

Am 10. Mai 1950, fast auf den Tag genau fünf Jahre nach dem Zusammenbruch des NS-Regimes, verabschiedet die Hamburger Bürgerschaft das Abschlussgesetz zur Entnazifizierung. Damit zieht die Hansestadt einen formalen Schlussstrich unter den Versuch, die NS-Vergangenheit aufzuarbeiten. Das Gesetz hebt vor allem politische Beschränkungen und Beschäftigungsverbote sowie Konten- und Vermögenssperren auf. 1945 hatten die Siegermächte durchgreifende Säuberungsmaßnahmen befohlen. Der Alliierte Kontrollrat erließ dazu die »Direktive Nr. 24« mit umfangreichen Richtlinien. Danach sollten die Bürger auf der Grundlage von detaillierten Fragebögen je nach dem Grad ihrer Mitwirkung am NS-Regime in gerichtsähnlichen Verfahren schematisch in Hauptschuldige, Belastete, Minderbelastete, Mitläufer und Entlastete eingestuft werden. Das ist auf breiter Front gescheitert. Die Entnazifizierung hatte der Senat einem Staatskommissar übertragen. Für Hauptschuldige und Belastete waren Spruchkammern zuständig, für die übrigen Kategorien gab es Entnazifizierungsausschüsse. Die verhängten Sanktionen, vom Freiheitsentzug und der Vermögenseinziehung bis zur Geldbuße, der Entlassung aus dem Arbeitsverhältnis und dem Pensionsverlust, standen häufig in einem völligen Missverhältnis zur Beteiligung der Betroffenen an den Organisationen und sonstigen Strukturen der NS-Herrschaft. Das hat zu vielen widersinnigen und häufig ungerechten Entscheidungen geführt. Kleine Parteigenossen wurden vergleichsweise hart bestraft, hohe NS-Funktionäre hingegen kamen demgegenüber glimpflich davon. Der »Persilschein«, häufig eine Eidesstattliche Versicherung oder eine Bescheinigung über die persönliche Distanz zum NS-Staat oder gar über dessen Ablehnung, ausgestellt von Freunden, Nachbarn, Kollegen, Vorgesetzten, Arbeitgebern, Kammern und Behörden oder von kirchlichen Dienststellen, wurde zum gängigen Entlastungspapier. Überdies waren die Spruchkammern und Ausschüsse häufig völlig überfordert. In der Bevölkerung galt die Entnazifizierung weithin als »Siegerjustiz« und stieß auch wegen der Umkehrung der Beweislast (die Betroffenen mussten nachweisen, sich nicht an Unrechtshandlungen beteiligt zu haben) auf große Vorbehalte.

Als im Mai 1950 für die Hansestadt Hamburg das Abschlussgesetz in Kraft tritt, wird die Fragwürdigkeit an drei prominenten Beispielen deutlich: Der ehemalige Reichsstatthalter und Gauleiter Karl Kaufmann, im April 1949 aus britischer Internierungshaft entlassen, wird zwar am 3. August 1950 erneut festgenommen, weil er sich einer rechtsradikalen »Bruderschaft« angeschlossen

Der Leiter des Hamburger Sportamtes Gerhard Stöck bei der Einweihung einer Sportstätte, 1950.

hat, wird aber schon am 18. November 1950 wieder entlassen. Im Januar 1951 erreicht er im vorher bereits anhängigen Entnazifizierungsverfahren seine Einstufung als »Minderbelasteter« und die Freigabe seines Vermögens. Ein staatsanwaltschaftliches Ermittlungsverfahren wegen »Verbrechen gegen die Menschlichkeit«, vor allem wegen seiner Rolle bei der Deportation der Juden aus Hamburg während des Krieges, führt zwar zu einer Anklageschrift, zur Eröffnung des Hauptverfahrens kommt es jedoch nicht. Und Hamburgs Bürgermeister während der NS-Zeit, Carl Vincent Krogmann, kann sich 1950

1950: Aus der Fusion mehrerer Gesellschaften entsteht der Mineralölkonzern BP, Sitz Hamburg.

ebenso wie der ehemalige Reichsstatthalter wieder ungehindert als Kaufmann betätigen, nachdem eine Spruchkammer ihn im April 1948 zu einer Geldbuße von 10.000 Reichsmark verurteilt hat, die durch die Internierung als verbüßt gilt.

1950: Das Kosmetikunternehmen Schwarzkopf verlegt seinen Sitz nach Hamburg.

1950: In der »Washington-Bar« auf St. Pauli singt ein junger Mann, der sich Freddy nennt, Lieder zur Gitarre.

Auch der dritte Fall zeigt die ganze Fragwürdigkeit des Entnazifizierungsverfahrens: Gerhard Stöck (1910–1986), Olympiasieger im Speerwurf und Bronzemedaillengewinner im Kugelstoßen 1936, umjubelter deutscher Leichtathlet, wird im Juni 1950 vom Hamburger Senat unter Bürgermeister Max Brauer zum Direktor des Sportamtes ernannt (und bleibt es 25 Jahre hindurch, bis zu seiner Pensionierung 1975). In diese einflussreiche Stellung gelangt Stöck, obwohl er schon im Mai 1933 als Lehramtsstudent in die SA, 1937 auch in die NSDAP eintrat, sich immer wieder begeistert zum NS-Regime bekannte und in der SA zum Sturmbannführer aufstieg. Durch biografische Retuschen an seinem Lebenslauf und mit Hilfe von »Persilscheinen« von Sportfunktionären, die ebenfalls in das »Dritte Reich« verstrickt waren, hat er dem Entnazifizierungsausschuss den Eindruck vermittelt, er sei lediglich ein »unpolitischer Sportler« gewesen, zum Eintritt in SA und NSDAP gezwungen worden, und er sei schon immer »ein Gegner des nationalsozialistischen Zwanges« gewesen. Abermals entschließt er sich, um der Karriere willen in eine Partei einzutreten – diesmal ist es die Hamburger SPD.

Zeitzeuge

Der langjährige Bürgerschaftspräsident **Herbert Dau** (SPD) (1911–2000), Ehrenbürger der Hansestadt, 1984 im Gespräch mit Uwe Bahnsen:

»Die Entnazifizierung ist weitgehend misslungen, sie konnte auch nicht gelingen. Die Probleme begannen doch schon mit diesen Entnazifizierungsausschüssen, deren Mitglieder in der Regel nicht annähernd qualifiziert genug für ihre Aufgabe waren. Viel schwerwiegender war: Wirklich gegen das NS-Regime waren doch höchstens zwei bis drei Prozent der Deutschen. 50 bis 60 Prozent waren dafür, jedenfalls so lange, wie es ihnen einigermaßen gut ging, und der Rest war indifferent. Die gesamte Beamtenschaft war doch in der NSDAP, auch die Richterschaft und die Professoren. Was wollte man denn da entnazifizieren? Hamburg war dabei überhaupt keine Ausnahme. Max Brauer konnte doch nicht von heute auf morgen auf den gesamten Beamtenapparat verzichten, das ging doch gar nicht.«

10.

Ein großer Tag für die ganze Küste

In sämtlichen Schulen Hamburgs fällt der Unterricht aus. Im Hafen haben die Schiffe über alle Toppen geflaggt. Auch alle öffentlichen Gebäude haben Flaggen gesetzt. Bürgermeister Max Brauer (SPD) unterbricht seinen Urlaub in der Lüneburger Heide. Der 4. April 1951 ist ein großer Tag in der hamburgischen Nachkriegsgeschichte. In einer Rundfunkansprache informiert der Bürgermeister seine Stadt: »Heute Mittag um 12 Uhr haben die deutschen Schiffe im Hamburger Hafen die Bundesflagge Schwarz-Rot-Gold gesetzt. Sie begrüßen damit die im Rahmen der bisherigen Werftkapazitäten erfolgte, hocherfreuliche Freigabe des deutschen Schiffbaus und die Befreiung der deutschen Schifffahrt von allen hemmenden Fesseln [...] Seit sechs Jahren haben wir auf diese Entscheidung, die es uns gestattet, Schiffe aller Größenordnungen und Geschwindigkeiten auf den vorhandenen Werften herzustellen, gewartet [...] Das ist ein staats- und wirtschaftspolitischer Akt von historischer Bedeutung, den wir feiern dürfen und feiern wollen.« Anschließend gibt Brauer dazu vor der Bürgerschaft eine Senatserklärung ab. Das ist das Ende eines langen und zähen Ringens um die schrittweise Aufhebung der Bestimmungen des Kontrollratsgesetzes Nr. 24, das Schiffbau und Schifffahrt in Deutschland rigorosen Beschränkungen unterworfen hatte. Bundeskanzler Konrad Adenauer, Bundeswirtschaftsminister Professor Ludwig Erhard (beide CDU), Bürgermeister Max Brauer und sein Bremer Amtskollege Wilhelm Kaisen (beide SPD) – sie haben alle am gleichen Strang gezogen. Brauer hat zudem unermüdlich seine persönlichen Beziehungen zu einflussreichen Persönlichkeiten in den Vereinigten Staaten eingesetzt, deren Vertrauen er in den Jahren der Emigration gewonnen hatte. Von John McCloy, dem amerikanischen Hochkommissar, ist aus dem Herbst 1950 ein Bonmot überliefert, das zeigt, mit welcher Beharrlichkeit die deutsche Politik auf den Wegfall der alliierten Fesseln gedrängt hat: »Wenn ich Dante wäre, hätte ich die Hölle folgendermaßen beschrieben: Links von mir Mr. Kaisen, rechts von mir Mr. Brauer, und dann ein 24-Stunden-Gespräch über den deutschen Schiffbau.«

15. Januar 1951: In Hamburg sind 100.137 Arbeitslose registriert.

23. Februar 1951: Westdeutsche Schiffe dürfen statt der Signalflagge C die Bundesflagge setzen.

Anfang 1951 zeichneten sich Fortschritte ab. Seit dem 23. Februar 1951 durften deutsche Schiffe die Bundesflagge statt der seit 1945 von den Alliierten vorgeschriebenen Signalflagge C führen. Und nur wenige Wochen später, am 2. April, überreichten die alliierten Hochkommissare Bundeskanzler Adenauer ein Schreiben über die Aufhebung zahlreicher Beschränkungen und Kontrollen für die deutsche Industrie und den Schiffbau. Es sollten die »bisher geltenden Begrenzungen und Beschränkungen bezüglich der Größe und Geschwindigkeit

Probesprengung am Dock »Elbe 17« der Schiffswerft Blohm + Voss auf Anordnung der britischen Besatzung, 18. März 1950.

Stapellauf der »Wappen von Hamburg« bei Blohm + Voss am 1. Februar 1955.

oder des Tonneninhalts von Handelsschiffen, die von Deutschland erbaut oder anderweitig erworben werden, aufgehoben werden«. Das Verbot, die bestehenden Werftkapazitäten auszuweiten, bleibt jedoch bestehen. Die drei Westalliierten haben mit diesen Zugeständnissen nicht nur dem wachsenden Gewicht der jungen Bundesrepublik als künftigem Bündnispartner Rechnung getragen. Ihre Konzessionen haben auch einen sehr realen weltpolitischen Hintergrund: Der Korea-Krieg erfordert mehr Tonnage als auf den Weltmärkten vorhanden ist.

1. April 1951: Der FC St. Pauli schlägt den HSV 5:0.

1. Juni 1951: Der Zentrale Omnibus-Bahnhof (ZOB) nimmt den Betrieb auf.

13. Oktober 1951: Friedrich Schütter eröffnet das Junge Theater.

Bei aller Freude über das Ende der Hemmnisse für Schiffbau und Schifffahrt in Deutschland ist jedoch festzuhalten, dass Hamburg seinen früheren Rang als größte deutsche Werft- und Schifffahrtsmetropole noch nicht wieder erreicht hat. Den Reedern fehlt das Kapital. Eine großzügige Steuergesetzgebung soll dieses Hindernis beseitigen. Im April 1951 hat die Bundesrepublik einen Bestand an Handelsschiffen von rund 350 Einheiten mit zusammen 600.000 BRT. Im Jahr 1951 liefern die deutschen Werften fast 300.000 BRT Schiffsraum ab. In Hamburg sind daran die Deutsche Werft und Howaldt mit jeweils fast 40.000 BRT und Stülcken mit knapp 6.000 BRT beteiligt. Blohm + Voss bleibt weiterhin vom Schiffbau ausgeschlossen, da zusätzliche Werftkapazitäten nicht erlaubt sind. Zwar hat die Besatzungsmacht Ende April 1950 endgültig auf die Sprengung des Trockendocks »Elbe 17« verzichtet, nachdem Probesprengungen am 18. März den Alten Elbtunnel gefährdet und Politik und Öffentlichkeit darauf mit einem Sturm der Entrüstung reagiert hatten. Erst am 1. Februar 1955 kann Blohm + Voss mit dem Stapellauf des Seebäderschiffs »Wappen von Hamburg« wieder am Bau von Seeschiffen teilnehmen.

Zeitzeuge

Dr. Horst Schack, Leiter des Amtes für Wirtschaft in der Hamburger Wirtschaftsbehörde, am 12. Mai 1951 in der Zeitung »Die Welt« zum Thema Blohm + Voss:

»Blohm + Voss ist wohl einer der ganz wenigen Betriebe, die für die Friedensproduktion errichtet wurden und heute noch Kapazitätsbeschränkungen unterliegen. Über 1,5 Mio. BRT haben seit 1877 als Handelsschiffsraum die Helgen dieser Werft verlassen, und nur 412.000 BRT waren Marinefahrzeuge. Sie wurden vorwiegend in den beiden Kriegen gebaut. Wie wenige deutsche Betriebe ist die Werft ein Opfer der Zerstörungen gewesen. Mehr als 80 Mill. DM betragen die Kriegsschäden. Es kommt hinzu, dass der Betrieb 47 Prozent der gesamten Last an Reparations- und Entmilitarisierungsmaßnahmen der Hamburger Industrie getragen hat. Mit dem Verlust dieser Produktionsstätte, in der vor dem Krieg 14.000 Menschen beschäftigt waren, hat Hamburg über 45 Prozent seiner Schiffbaukapazität verloren […]«

22. Oktober 1951: 3.500 Hafenarbeiter treten in einen wilden, von ihrer Gewerkschaft nicht unterstützten Streik für höhere Stundenlöhne. Der Ausstand endet erfolglos am 8. November.

11.

Von der Kraterlandschaft zum Heilbad

Die junge Bundesrepublik, vor allem die Küste, wartet auf diese Nachricht, und am 28. Februar 1952 läuft sie über die Fernschreiber der Nachrichtenagenturen: Das Luftfahrtministerium in London gibt bekannt, dass die Insel Helgoland, die der Royal Air Force seit dem Kriegsende als Bombenziel gedient hatte, »gemäß dem britischen Versprechen am 1. März freigegeben und der Verfügungsgewalt der Bundesregierung unterstellt wird«. Der außenpolitische Ausschuss des Bundestages hat zuvor zugestimmt, dass der Große Knechtsand vor der Wesermündung, wie in deutsch-britischen Verhandlungen vereinbart, als Ersatzbombenziel dienen kann. Die Kosten für den Wiederaufbau Helgolands werden auf rund 60 Millionen DM geschätzt. Bundeskanzler Konrad Adenauer (CDU) würdigt

Die Studenten Georg von Hatzfeld und René Leudesdorff landen am 20. Dezember 1950 auf Helgoland, um gegen die Zerstörung der Insel zu protestieren.

Helgoländer sehen im September 1951 zum ersten Mal nach fast sechs Jahren ihre Heimat wieder.

4. April 1952: Das von der Besatzungsmacht geräumte Hotel »Vier Jahreszeiten« wird wieder eröffnet.

die Freigabe der Insel in einer Rundfunkansprache: »Der Aufbau Helgolands ist eine Herzenssache des ganzen deutschen Volkes. Ohne Verzug werden Ingenieure und Techniker jetzt an die Arbeit gehen und den Boden für das kommende Aufbauwerk vorbereiten. Für eine geraume Zeit freilich wird zum Schutze der Bevölkerung und im wohlverstandenen Interesse des Wiederaufbaus durch ein Bundesgesetz bestimmt werden müssen, dass die Insel nur mit besonderer Erlaubnis betreten werden darf.« Die Regierung in London hatte die Vernichtung Helgolands beabsichtigt, das von 1807 bis 1890 eine britische Kolonie war und 1890 im Tausch gegen die Insel Sansibar deutsch wurde. Die kaiserliche Marine und später Hitlers Kriegsmarine bauten Helgoland zu einem Stützpunkt mit ausgedehnten Bunkeranlagen aus. Am 18. April 1945 machte ein britischer Luftangriff mit 1.000 Bombern die Insel unbewohnbar, und genau zwei Jahre später, am 18. April 1947, sollte die bis heute größte nichtnukleare Sprengung der Geschichte, der »Big Bang«, das Zerstörungswerk vollenden. Das Eiland sollte dann den Naturgewalten überlassen werden. Jedoch war dieser Kurs in der britischen Öffentlichkeit nicht unumstritten. Auch die von der Insel vertriebenen Helgoländer waren nicht untätig geblieben. Sie appellierten an die Vereinten Nationen, an den Papst und an das Unterhaus in London.

Am 20. Dezember 1950 fuhren die beiden Heidelberger Studenten René Leudesdorff und Georg von Hatzfeld mit einem Fischkutter nach Helgoland und hissten auf dem früheren Flakbunker die Bundesflagge, die Flagge der Europäischen Bewegung und die Flagge Helgolands, um gegen die Bombardierungen zu protestieren. Am 29. Dezember folgte ihnen der Historiker Hubertus Prinz zu Löwenstein, Leiter der »Deutschen Aktion«. Der hatte den demonstrativen Besuch Helgolands einige Tage zuvor bei einem Mittagessen mit dem britischen Hochkommissar Sir Ivone Kirkpatrick auf Schloss Röttgen angekündigt. Die Besatzungsmacht war also informiert. Kirkpatrick verbot daraufhin den Aufenthalt von Deutschen auf der Insel und ließ die »Invasoren« am 3. Januar 1951 mit dem Zollkutter »Eileen« nach Cuxhaven bringen. Doch der Prinz überreichte dabei einem britischen Major einen Brief, in dem er unmissverständlich klarstellte, dieser Abtransport sei nicht das Ende des friedlichen Kampfes um Helgoland und das Heimatrecht seiner Bewohner.

Nun ist das Ziel erreicht. Der Aufenthalt ist zunächst nur mit einer Sondererlaubnis der zuständigen Behörden in Schleswig-Holstein möglich. Wer Helgoland betreten will, muss im Helgoland-Register verzeichnet sein und auf der Insel eine sichere Existenz nachweisen können. Den Wiederaufbau regelt ein Gesetz, das vom Kieler Landtags verabschiedet wird. Ein internationaler Architekten-Wettbewerb soll die planerischen Grundlagen für das Helgoland der Zukunft liefern. Schon im Mai 1952 werden auf der Insel die ersten Versuchshäuser errichtet. Das Felseneiland wird zur Großbaustelle. Im Mai 1956 können zum ersten Mal seit dem Kriegsausbruch wieder Gäste die Insel betreten. 1962 erhält Helgoland die staatliche Anerkennung als Nordseeheilbad.

Zeitzeuge

Gemeinsam mit seinem Heidelberger Kommilitonen Georg von Hatzfeld besetzt **René Leudesdorff** am 20.12.1950 Helgoland. Später arbeitete er als evangelischer Pfarrer. Leudesdorff (1928–2012) lebte in Flensburg. Im Gespräch mit Kerstin von Stürmer erinnerte er sich:

»Mit einem Kutter sind wir von Cuxhaven aus Richtung Helgoland gefahren. Das Schiff wurde uns vermittelt vom Bruder des späteren Bürgermeisters HP Rickmers. Ich habe damals in Heidelberg Theologie studiert, hatte keine Beziehungen nach Helgoland – nur die Erkenntnis, dass, während man uns in die westliche Verteidigung eingliedern wollte, zugleich aber noch eigenes Land von uns bombardiert wird. Das war ein Widerspruch, der jeden Friedenswilligen auf die Barrikaden jagte. Die Tatsache, dass damals Kanzler Konrad Adenauer

hinter dem Rücken des Kabinetts den Alliierten einen Militärbeitrag angeboten hat, diese Tatsache bewegte die Studierenden auf allen Universitäten ganz heftig. Wir hörten immer wieder die Stimme, die auch unsere Stimme war: Wir nehmen keine Waffen mehr in die Hand!

Vor Ort auf Helgoland herrschte das Chaos: Ruinen, Bombenlöcher, ein fast apokalyptisches Ereignis, eine Mischung aus Verdun und Stalingrad. Wir sind über die Insel gestrolcht und waren damit beschäftigt, unser Leben zu sichern. Wir gerieten auch auf ein Minenfeld, das haben wir allerdings erst später erfahren. Für mich war das wie eine Expedition zum Nordpol.

Wir hatten wenig Angst um unser Leben. Wenn man als junger Mensch ein Ziel hat, treten Angst und Sorge zurück. Unsere Aktion war die erste erfolgreiche gewaltfreie Besetzung im Europa der Nachkriegszeit. Wir beriefen uns auf Gandhi und Jesus.«

12.

Hamburg ist frei von Trümmern und Ruinen

Kaum jemand hat das für möglich gehalten: Acht Jahre nach dem Ende des Krieges, am 5. November 1953, kann das Tiefbauamt der Baubehörde die Trümmerräumung über Straßenniveau für beendet erklären. Hamburg war eine der am stärksten zerstörten deutschen Großstädte. Mehr als 10.000 ausgebrannte Ruinen, rund 43 Millionen Kubikmeter Trümmer und Schutt hinterließ der

Trümmeraufbereitungs- und -umschlaganlage im Thörls-Park in Hamburg-Hamm in den 50er Jahren.

Krieg. 1948 schilderte der kurz zuvor aus den USA zurückgekehrte Emigrant Herbert Weichmann(1), Hamburgs späterer Bürgermeister und Ehrenbürger, seiner zunächst noch in New York gebliebenen Frau Elsbeth den deprimierenden Eindruck der Trümmerwüsten: »Die Zerstörung ist so grenzenlos, so meilenlang ohne Unterbrechung, dass ich mich die ganze Zeit fragen musste, wo überhaupt die Menschen wohnen. Die Ruinen, die flachgelegten Wohnviertel, die zerstörten Hafenanlagen mit verrenkten verrosteten Eisengerüsten schienen nur eine Sprache zu sprechen: Lasziate ogni speranza [Lasst alle Hoffnung fahren].«

16. August 1952: Auf dem Ohlsdorfer Friedhof wird das Ehrenmal für die Bombenopfer enthüllt.

Selbst optimistische Expertenschätzungen veranschlagten für die Räumung 15 bis 20 Jahre. Es ging sehr viel schneller, weil zeitweise 63 große Bagger, zwei Trümmerbahnen und mehrere Tausend Arbeitskräfte eingesetzt werden konnten. In einer Darstellung der Trümmerbeseitigung kann das Tiefbauamt auf mehrere günstige Faktoren verweisen. Einer der wichtigsten: Es wurden von vornherein nicht Staatsbetriebe, sondern private Firmen beauftragt. Von 1946 bis 1948 wurden zunächst die Trümmerflächen in der City geräumt, dann in teilzerstörten Stadtteilen wie Wandsbek, Harburg, Altona, St. Pauli und Eimsbüttel. Günstig gelegene Ablagerungsmöglichkeiten boten der alte Stadtgraben zwischen der Jungiusstraße und dem Millerntor, der aufgefüllt wurde, ferner zahlreiche Fleete und stillgelegte Kiesgruben am Stadtrand. Der Ballindamm wurde mit Trümmerschutt zur Alster hin verbreitert. Erhebliche Trümmermengen wurden mit Schuten abtransportiert und an der Elbe für Landgewinnungs- und Stromregulierungsarbeiten verwendet. Die Währungsreform zwang 1948 zu rationellen Methoden, denn das neue Geld war knapp und erforderte einen besonders sparsamen Umgang mit den Haushaltsmitteln. Das Tiefbauamt entschied sich für einen kombinierten Straßen- und Gleistransport. Auf dem Eimsbütteler Marktplatz wurde die Umschlaganlage West eingerichtet. Von dort führte bis 1951 eine eingleisige Trümmerbahn nach Eidelstedt, auf der mehr als 1,5 Millionen Kubikmeter Schutt abgefahren wurden. Am Rand des Altonaer Volksparks entstand eine riesige Trümmerhalde, die mit Mutterboden abgedeckt und aufgeforstet wurde. Weitere Trümmer wurden beim Bau des Volksparkstadions eingesetzt. Von der Umschlaganlage Ost auf dem Gelände des Thörls-Parks an der Sievekingsallee führte eine 7,5 Kilometer lange zweigleisige Feldbahn zur Grube Öjendorf, die 3,5 Millionen Kubikmeter Trümmer aufnahm. Trümmerschutt aus St. Georg wurde beim Bau der Neuen Lombardsbrücke für die Aufschüttung der Böschungen verwendet. Insgesamt war die Trümmerbeseitigung eine der eindrucksvollsten Aufbauleistungen, und das Tiefbauamt kann diese Bilanz im November 1953 mit Stolz präsentieren.

12. Juli 1953: Bürgermeister Max Brauer weiht das Volksparkstadion ein.

25. Juli 1953: Bei den Howaldswerken läuft der weltweit größte Tanker »Tina Onassis« vom Stapel.

Deutlich weniger Zustimmung finden die behördlichen Tiefbauer bei einem Projekt, mit dem sie Ende September 1953 am Hopfenmarkt begonnen haben – dem Bau der Ost-West-Straße. Diese 2,5 Kilometer lange, sechsspurige Verkehrsschlagader, die durch kriegszerstörtes früheres Wohngebiet führt, soll den Verkehr aus der und in die Innenstadt bündeln. Die Kritiker halten das gesamte

Bauarbeiten für die Ost-West-Straße zwischen U-Bahnhaltestelle Rödingsmarkt und dem Hopfenmarkt an der Nikolaikirche, 1955.

Projekt für städtebaulich sehr problematisch. Sie befürchten, dass der südliche Teil der City faktisch abgetrennt werden könnte, und sehen die Gefahr, dass die Ost-West-Straße vor allem den Durchgangs- und nicht so sehr den Innenstadtverkehr aufnehmen und dadurch völlig überlastet wird. Beides ist eingetreten. Heute würden die Verkehrsplaner andere Lösungen erarbeiten – auch zur besseren Verkehrserschließung der HafenCity.

Anmerkung

(1) Herbert Weichmann (1896–1983), Sohn eines Arztes aus dem oberschlesischen Landsberg, studierte Rechtswissenschaften und schloss sich als überzeugter Republikaner nach dem Kapp-Putsch vom März 1920 der SPD an. Nach Zwischenspielen als Zeitungskorrespondent und als Landrichter holte der preußische Ministerpräsident Otto Braun (SPD) ihn als persönlichen Referenten zu sich. In dieser politischen Lehrzeit kam W. bereits mit den Problemen Hamburgs in Berührung, denn er war an den Verhandlungen über eine Zusammenarbeit der Häfen Hamburgs und des damals preußischen Altona beteiligt. Sie führten Anfang Dezember 1928 zur Gründung einer Hafengemeinschaft. Das NS-Regime entließ W. wegen seiner jüdischen Abstammung aus dem Staatsdienst. Er emigrierte mit seiner Frau Elsbeth zunächst nach Frankreich und arbeitete in Paris als Wirtschaftsjournalist. 1940 floh das Ehepaar in die Vereinigten Staaten. W. wurde Wirtschafts- und Steuerberater. 1948 gelang es Max Brauer, ihn zur Übersiedlung nach Hamburg zu bewegen. Er wurde Präsident des Rechnungshofes, 1957 Finanzsenator, 1965 Bürgermeister. Von diesem Amt trat er 1971 aus freier Entscheidung zurück. Der Senat verlieh ihm die Ehrenbürgerwürde der Hansestadt.

13.

Machtwechsel im Rathaus

Am 1. November 1953 sollen die Hamburger über ein neues Landesparlament, die Bürgerschaft, entscheiden. Der Wahlkampf wird mit einer für hamburgische Verhältnisse ungewohnten Härte ausgetragen. Einer der Gründe dafür ist das Wahlrecht, das offenkundig die regierende SPD begünstigt. Bei der Wahl 1949 hat die SPD 42,8 Prozent der Stimmen erhalten, verfügt aber seitdem mit 65 Mandaten über die absolute Mehrheit der Sitze. Um die Zersplitterung des burgerlichen Lagers zu überwinden und ihre Wahlchancen zu verbessern, bilden die Oppositionsparteien CDU, FDP, Deutsche Partei (DP) und der Gesamtdeutsche Block/Bund der Heimatvertriebenen und Entrechteten (BHE) den »Hamburg-Block«. Dessen Wahlkampfzeitung »Der Hanseat«, in hoher Auflage in der Stadt verbreitet, konzentriert sich vor allem auf zwei wählerwirksame Themen – den »roten Filz« (gemeint ist damit eine Parteibuchwirtschaft der SPD, die wichtige Posten vor allem mit eigenen Genossen besetzt) und die 1949 eingeführte sechsjährige Grundschule, die viele Eltern als Bevormundung empfinden. Der »Hamburg-Block« will zur vierjährigen Grundschule zurückkehren. Die Sozialdemokraten tun sich im Wahlkampf mit einer Strategie gegen die hart und scharf formulierten Angriffe der Oppositionsparteien schwer. Zwar entschließt sich die SPD ebenfalls zu einer Wahlkampfzeitung mit dem Titel »Die Antwort«, aber dieses Blatt setzt eher auf sachliche Argumentation in ruhiger Tonlage. Maßgebend dafür ist die vor allem von Bürgermeister Max Brauer (SPD) vertretene Auffassung, es komme darauf an, die unter seiner Führung in Hamburg erreichten, wirklich imposanten Aufbauleistungen und die gerade 1953 besonders deutlich gewordene Ausstrahlung als Metropole herauszustellen. Den Streit um die sechsjährige Grundschule hält Brauer entgegen manchen Warnungen in der eigenen Partei nicht für wahlentscheidend. Er glaubt nicht, dass dieses Thema über die bürgerlich-konservative Klientel hinaus für breite Wählerschichten eine Rolle spielt.

23. Oktober 1953: NWDR-Generaldirektor Adolf Grimme weiht die neuen Fernsehstudios in Lokstedt ein.

Am Wahlabend des 1. November erlebt die SPD mit ihrem Spitzenkandidaten Max Brauer eine bittere Enttäuschung: Zwar kann die Partei ihren Stimmenanteil von 42,8 auf 45,2 Prozent steigern, doch erringt sie nur noch 58 statt wie bisher 65 Mandate. Der »Hamburg-Block« gewinnt die Wahl eindeutig mit 50,0 Prozent der Stimmen und 62 Sitzen. Neuer Regierungschef soll der bisherige Gesandte in Stockholm Kurt Sieveking[1] werden, der 1951 als Chef der Senatskanzlei und enger Mitarbeiter Max Brauers ausgeschieden ist. Er stammt aus einer hanseatischen Patrizierfamilie und verkörpert deren stilbildende Eigenschaften:

23. November 1953: Im Volksparkstadion schlägt die deutsche Fußballnationalmannschaft Norwegen im WM-Qualifikationsspiel vor 80.000 jubelnden Zuschauern mit 5:1 Toren.

vornehm und selbstbewusst, höflich und kultiviert, diskret und unaufdringlich. In der konstituierenden Sitzung des Landesparlaments am 20. November 1953 kommt es zu einem bis dahin in der Bürgerschaft einmaligen Vorgang: Die SPD lehnt den Rücktritt der Landesregierung unter Hinweis auf den damals geltenden Grundsatz des »ewigen Senats[(2)] «, dessen Amtszeit nicht an die Legislaturperiode gebunden ist, ab. Daraufhin bringt der CDU-Abgeordnete Erik Blumenfeld, nun Fraktionschef des »Hamburg-Blocks«, einen konstruktiven Misstrauensantrag gegen den SPD-Senat ein und stellt eine neue Senatsliste zur Abstimmung. In der Bürgerschaftssitzung vom 2. Dezember 1953 wird Brauer mit seinem Senat abgewählt, die neue bürgerliche Senatsmannschaft erhält alle 62 Stimmen des »Hamburg-Blocks«.

Max Brauer ist, wie selbst sein langjähriger Pressesprecher Erich Lüth einräumt, kein guter Verlierer. Enttäuscht und verbittert verzichtet er darauf, in der Bürgerschaft die Rolle des Oppositionsführers zu übernehmen, sondern überlässt diese Aufgabe seinem bisherigen Stellvertreter und Bausenator Paul Nevermann, der sie glänzend und mit durchschlagendem Erfolg lösen wird. Brauer tritt, auch gesundheitlich angeschlagen, eine längere Reise in die Vereinigten Staaten an. Kurt Sieveking, Hanseat vom Scheitel bis zur Sohle, entwickelt gemeinsam mit seinem Hafensenator Ernst Plate (FDP) ein Konzept, das rasch zur konkreten Strategie wird – die »Politik der Elbe«. Sie zielt darauf ab, das durch den Eisernen Vorhang abgetrennte historische Hinterland Hamburgs in Mittel- und Osteuropa schrittweise wieder für die Hansestadt, ihren Hafen und ihre gesamte Wirtschaft zu erschließen. Das ist konfliktträchtig, denn die Dogmen des Kalten Krieges sind auch auf westlicher Seite wirksam. Die Bundesregierung unter Bundeskanzler Konrad Adenauer (CDU) vertritt den Bonner Alleinvertretungsanspruch mit eiserner Konsequenz und begleitet die Hamburger Politik, unterhalb der diplomatischen Anerkennung mit den kommunistisch beherrschten Staaten des Ostblocks ins Gespräch zu kommen, mit unverhohlenem Argwohn. Sieveking lässt sich dadurch nicht beirren und bleibt bei seinem Kurs, den er auch öffentlich begründet, als er Bundespräsident Professor Theodor Heuß im Rathaus begrüßt: »Wenn von hanseatischer Seite etwas zu außenpolitischen Fragen gesagt werden sollte, würde die Meinung nach den jahrhundertealten Erfahrungen eigener Außenpolitik wohl immer dahin gehen, dass sie eine Angelegenheit der Tatsachen und nicht der Ideologie ist.« Das ganze Selbstbewusstsein und der kühle Realismus einer Familie, die es gewohnt ist, dem Gemeinwesen zu dienen, sprechen aus diesen Sätzen. Für Kurt Sieveking ist dies eine »Politik der praktischen Verständigung mit dem Ziel eines neuen Gleichgewichts in der Mitte Europas«, und zwar im Sinne einer Lösung, die »nicht nur die Wiedervereinigung Deutschlands, sondern auch die Wiederherstellung eines Gesamt-Europas herbeiführt«. Fast vier Jahrzehnte später wird diese Vision eindrucksvoll zur Realität werden. Auch nach innen verfolgt der Block-Senat in die Zukunft wei-

Kurt Sieveking liest an seinem ersten Arbeitstag als Erster Bürgermeister am Schreibtisch ein Papier, 3. Dezember 1953.

sende Konzeptionen – vor allem mit dem Ausbau durchgehender Verkehrsadern, mit der Beschleunigung des U-Bahnbaus, im Schul- und Hochschulbau. Aber auch schwerwiegende Defizite sind nicht zu übersehen: Der Bürgermeister hat keine glückliche Hand bei Personalentscheidungen. Mehrere Rücktritte von Senatoren, sämtlich CDU-Mitglieder, belegen das. Auch Fehler im Umgang mit den Koalitionspartnern belasten das Regierungsbündnis. Und: Kurt Sieveking führt sein Amt, den Traditionen seiner Familie und dem eigenen Naturell entsprechend, mit Diskretion und Zurückhaltung. Die kraftvolle Vertretung seiner Politik nach außen ist seine Sache nicht. Die Machtmechanismen der Massendemokratie sind ihm fremd, die Regeln der heraufziehenden Mediengesellschaft auch. Das alles hat Folgen.

Anmerkungen

(1) Kurt Sieveking (1897–1986), Anwalt, 1936 Syndikus und Generalbevollmächtigter des Bankhauses Warburg, nach Kriegsdienst und Gefangenschaft seit Oktober 1945 Chef der Senatskanzlei und nach dem Amtsantritt Brauers als Bürgermeister dessen engster Mitarbeiter. 1951 Wechsel in den diplomatischen Dienst. Von 1953 bis 1957 Erster Bürgermeister, danach CDU-Fraktionsvorsitzender.

(2) Verfassungsgrundsatz, nach dem die Amtszeit des Senats nicht an die jeweilige Legislaturperiode gebunden war. Damit sollte sichergestellt werden, dass der Stadtstaat immer von einem voll handlungsfähigen Senat geführt wurde, und zwar auch ohne parlamentarische Mehrheit. Der »ewige Senat« wurde durch die Verfassungsreform von 1996 abgeschafft.

14.

Der Start der »Tagesschau« – die Bilder kommen ins Wohnzimmer

»Hier ist das Erste deutsche Fernsehen mit der Tagesschau« – mit diesem Satz beginnt die älteste Nachrichtensendung des deutschen Fernsehens. Sie ist die älteste deutsche Sendung überhaupt, denn bereits am 4. Januar 1952 sendete der NWDR einen ersten Test der »Tagesschau« in seinem Versuchsprogramm – noch unter dem Titel »Fernseh-Filmbericht«. Die Redaktion arbeitet in der Heilwigstraße, und so macht sich einer der Redakteure am frühen Abend mit der U-Bahn auf den Weg zum Heiligengeistfeld. Dort im Bunker sitzt die Sendetechnik. Die

Irene Koss 1950 als Sprecherin im Studio des Nordwestdeutschen Rundfunks.

Adolf Grimme bei der Grundsteinlegung für das Fernsehstudio des NWDR in Hamburg-Lokstedt.

5.–9. August 1953: Hamburg ist Gastgeber für das 16. Deutsche Turnfest.

Redakteure verwenden fernsehtauglich zusammengeschnittenes Material aus der Wochenschau. Am 1. November wird aus den Fernseh-Filmberichten die »Tagesschau« – immer noch im Testlauf. Ernst wird es für die Macher der Sendung am ersten Weihnachtstag 1952. Aus den bisherigen Versuchssendungen wird ein reguläres Programm mit zunächst knapp zwei Stunden am Tag. Um 20 Uhr verkündet der Intendant des NWDR-Fernsehens, Werner Pleister, in einem Studio seines Senders im Hochbunker auf dem Heiligengeistfeld: »Das Fernsehen schlägt eine Brücke von Mensch zu Mensch.« Zehn Minuten später sagt Irene Koss das Fernsehspiel »Stille Nacht, heilige Nacht« an. Die junge Schauspielerin mit dem dunklen Pagenkopf hat sich im Test gegen 60 Mitbewerberinnen durchgesetzt und auch die ersten Testsendungen mit Bravour gemeistert. »Damals«, so erinnert sich Irene Koss, »hatten wir immer zwei bis drei Zuschaucr.« Herzklopfen habe sie gehabt, schließlich sei alles live gewesen. Keine neue Erfahrung für die Schauspielerin, die bis dahin in den Kammerspielen und im Theater am

Besenbinderhof unter anderem mit Fritz Kortner auf der Bühne stand. Bereits ein Jahr später sind aus der Handvoll Zuschauer bundesweit mehrere Zehntausend geworden, und Irene Koss ist das Gesicht der Nation.

Einen Tag nach dem offiziellen Start des Fernsehens in der Bundesrepublik geht die Nachrichtensendung »Tagesschau« on air. Zunächst dreimal wöchentlich, montags, mittwochs und freitags. Die Wochenschau-Filmausschnitte kommentiert ein unsichtbarer Sprecher – damals Cay Dietrich Voss.

Parallel zum Start des Fernsehens wird der Grundstein für das neue Fernseh-Gebäude in Lokstedt gelegt. Am 26. Oktober 1952 versenkt NWDR-Generaldirektor Adolf Grimme eine mit Urkunden gefüllte Kassette, die in den Neubau eingemauert wird. Das Fernseh-Zentrum wird am 23. Oktober 1953 eingeweiht. Es ist das erste speziell für das Fernsehen konzipierte Gebäude mit vier TV-Studios. Auch die Redaktion der »Tagesschau« zieht nach Lokstedt um. Und man expandiert: Ab Oktober 1956 ist die Nachrichtensendung montags bis sonnabends zu sehen, immer noch nur mit Filmberichten. Erst im März 1959 begrüßt ein Sprecher das Publikum. Der erste, den die Zuschauer zu sehen bekommen, ist Gerd Heinz Boening, wenig später darf Karl-Heinz Köpcke vor die Kamera. Der einstige Radiomann wird das Gesicht der Sendung – Mr. Tagesschau und damit das Gesicht der Nation. Jede äußere Veränderung nimmt das Publikum wahr. So provoziert der Bart, mit dem Köpcke 1974 aus dem Urlaub kommt, tagelange öffentliche Debatten – er rasiert ihn schließlich ab.

13. März 1954: Erste Fernseh-Übertragung aus dem Ohnsorg-Theater: »Seine Majestät Gustav Krause« mit Heidi Kabel.

Einer der Meilensteine der Nachrichtensendung ist die Berichterstattung über das Grubenunglück von Lengede 1963. Zum ersten Mal wird live berichtet – die »Tagesschau« schaltet zum Ort des Geschehens und informiert über den Stand der Rettungsarbeiten. Einen weiteren Höhepunkt erlebt die »Tagesschau« am 9. November 2001. Nach den Anschlägen in New York sendet »ARD Aktuell«, wie die Redaktion heute heißt, fast rund um die Uhr »Tagesschau«-Ausgaben mit Live-Schaltungen in die USA.

Heute schalten durchschnittlich fünf Millionen Menschen täglich die Hauptausgabe der »Tagesschau« ein, an Wahlabenden, nach Katastrophen wie im japanischen Fukushima 2011 oder während der Fußball-Weltmeisterschaft sind es bis zu 13 Millionen Zuschauer. Der Beginn der traditionsreichen Nachrichtensendung um 20 Uhr ist trotz mancher Diskussionen in der Vergangenheit konstant geblieben. Der langjährige RTL-Geschäftsführer Helmut Thoma sagte 1992: »Diese Sendung könnte man auch in Latein verlesen mit zwei brennenden Kerzen, und sie hätte immer noch die gleichen Ratings.«[1]

Die Hauptausgabe der »Tagesschau« hat inzwischen zahlreiche Ableger bekommen – Nachrichten im Ersten gibt es rund um die Uhr. Nicht immer zur Freude aller Fernsehzuschauer. So schreibt die fünfte Klasse der Oberschule Bremervörde 1979 an die Redaktion: »Wir finden es nicht gut, dass die Tagesschau um 17.50 Uhr in der Kinderstunde gesendet wird. Unserer Meinung nach sollte die Tagesschau auf einen späteren Zeitpunkt verlegt werden. Und dafür sollte

Das Logo der »Tagesschau«, 1956.

eine Kindertagesschau, wie sie am Anfang des Jahres gezeigt wurde, eingebaut werden. Schließlich haben wir jetzt das Jahr des Kindes. Wir möchten auch gern einmal wissen, was andere Kinder auf der Welt mitmachen müssen.« 2004 startet die ARD ein wöchentliches Nachrichtenmagazin für Kinder. »Neuneinhalb« erklärt immer samstags um 10.50 Uhr Nachrichten aus der »Tagesschau« für das jüngere Publikum ab acht Jahren.

Anmerkung

(1) Quelle: »Der Spiegel« 41/1992 vom 5.10.1992

15.

Das Wirtschaftswunder

Die ganze Küste freut sich, und die Fachwelt kommt aus dem Staunen nicht heraus. Nur zwei Jahre nach der Freigabe des deutschen Schiffbaus durch die Alliierten sorgt eine Hamburger Werft international für Aufsehen: Am 25. Juli 1953, einem Tag mit strahlend blauem Himmel, läuft bei den Howaldtswerken in Hamburg der zu diesem Zeitpunkt weltweit größte Tanker vom Stapel, ein 220 Meter langer, fast 30 Meter breiter Koloss mit einer Tragfähigkeit von rund 45.000 Tonnen. Bauherr ist der griechische Großreeder Aristoteles Onassis, der mit Aufträgen von rund 300 Millionen DM der beste Kunde der deutschen Werftindustrie ist. Dessen kleine Tochter tauft das Schiff auf ihren Namen: »Tina Onassis«. Für den Hafen ist dieser Tag ein Volksfest: 20.000 Zuschauer, darunter viel Prominenz, haben sich auf dem Werftgelände eingefunden, 80.000 Menschen sind am Hafenrand Zeuge, als der Riesentanker kurz vor 16 Uhr ins Wasser gleitet. Dies ist nicht nur ein großer Augenblick für die Werft, die mit einem Neubau dieser Abmessungen technisches Neuland betreten hat – die Klassifikationstabellen hatten bis dahin ein so großes Schiff nicht vorgesehen, so dass eine Abstimmung der Klassifikationsgesellschaften erforderlich wurde. Ganz Hamburg ist stolz, die Zeitungen sind voll von diesem Großereignis, und die Botschaft dieses Tages, die weltweit wahrgenommen wird, lautet: Wir Hamburger sind wieder da. Nur ein Jahr später, am 3. Juni 1954, folgt mit dem 47.000-Tonnen-Turbinentanker »Al-Malik Saud Al-Awal« erneut der nun wiederum größte Tanker der Welt. Bauherr ist abermals Aristoteles Onassis. Dessen Aufträge ermöglichen nach der Beseitigung von Kriegsschäden den Ausbau der Werften. Hamburg ist Mitte der 50er Jahre wieder einer der größten Werftenstandorte weltweit. Knapp 35.000 Menschen sind in der Hansestadt im Schiffbau tätig. Die Welt bestaunt das deutsche Wirtschaftswunder, als dessen Zeugnisse Großereignisse wie diese beiden Stapelläufe vor allem in den USA wahrgenommen werden.

29. April 1954: Die Esso AG nimmt in Harburg die modernste Raffinerie Europas in Betrieb. Der Dreimaster »Seute Deern«, bislang Hotelschiff, wird aus dem Hamburger Hafen nach Holland überführt.

3. Mai 1954: Auf der Traditionslinie 18 der Straßenbahn (Alsterring) wird der Betrieb eingestellt.

21. Mai 1954: U-Bahn-Unglück in der Nähe der Station Stephansplatz. Drei Züge fahren ineinander. 100 Verletzte.

Grundlage des Wirtschaftswunders sind die Währungsreform von 1948, die schlagartig mehr Konsum für die Grundbedürfnisse ermöglicht, und der amerikanische Marshall-Plan[1]. Für eine breite Investitionstätigkeit fehlt den Unternehmen jedoch zunächst das Kapital. Das ändert sich schrittweise durch die gute Gewinnentwicklung, die erhebliche Eigenfinanzierungen von Investitionen und damit modernste industrielle Ausrüstungen ermöglicht. Mit dem Beginn der 50er Jahre steigen die deutschen Exporte stetig und dynamisch, verursacht durch vergleichsweise geringe Produktionskosten, die einen Preisvorteil bedeuten, und durch einen hohen Qualitätsstandard. Die Hamburger Wirtschaft und vor allem

Stapellauf des Turbinentankers »Al-Malik Saud Al-Awal« am 3. Juni 1954. In der Mitte Bauherr Aristoteles Onassis, rechts der saudische Handelsminister Scheik Ali Reza. Mit dabei: Ehefrau Tina Onassis und die Kinder Christina und Alexander.

der Hafen profitieren davon überdurchschnittlich: Lag der Hafenumschlag 1948 noch bei insgesamt 7,7 Millionen Tonnen, so waren es 1949 bereits 9,6 Millionen Tonnen, und 1955 sind es fast 24 Millionen Tonnen. Der Außenhandel über den Hamburger Hafen legt im Zeitraum von 1950 bis 1955 von knapp fünf Millionen DM auf 11,5 Millionen DM zu. Und der Wohnungsbau, für die Zuwanderungsmetropole Hamburg das drückendste Problem, verzeichnet ähnliche

Steigerungsraten: 1948 lag der »Neuzugang« an Wohnungen noch bei 8.141 Einheiten, ein Jahr später waren es bereits 14.854, und 1955 verzeichnet die amtliche Statistik 22.905 neue Wohnungen. Dieses hohe Niveau hält der Wohnungsbau in den kommenden Jahren. Der rasante wirtschaftliche Aufschwung schlägt sich im Boomjahr 1955 in einer Zunahme des Sozialprodukts um rund zehn Prozent nieder. Es ist eine förmliche Entfesselung der wirtschaftlichen Dynamik, die auf drei Säulen ruht, dem Nachholbedarf im Inneren, einer kräftig wachsenden, leistungswilligen Bevölkerung und der Integration der Bundesrepublik in das expandierende System der Weltwirtschaft. In der Hansestadt verbessert sich die Haushaltslage so dramatisch, dass dieser »warme Regen« einen Nachtragshaushalt erforderlich macht. Der Finanzsenator Carl-Gisberth Schultze-Schlutius (CDU) sieht sich zu einer für einen Finanzminister ungewöhnlichen Forderung veranlasst: Er plädiert nachdrücklich für Steuersenkungen.

29. September 1954: Im Fernsehen startet die Serie »Familie Schölermann«.

29. November 1954: Erste Landung einer Lufthansa-Maschine nach dem Krieg in Fuhlsbüttel.

Auch das ist eine Folge des Wirtschaftswunders: In den Städten muss der Parkraum bewirtschaftet werden. In der Hamburger Innenstadt werden in den 50er Jahren Parkuhren aufgestellt.

Die Konsumwellen des Wirtschaftswunders verlaufen in Hamburg so wie im übrigen Bundesgebiet: Der »Fresswelle« mit sprunghaft steigendem Verzehr von Butter, Fleisch und Kaffee folgt die Bekleidungswelle mit den für diese Jahre typischen weißen Nyltesthemden, den Petticoats und Kreppsohlenschuhen. In den Neubauwohnungen dominieren Nierentisch und Schalensessel, die ausziehbare Couch und die obligate Schrankwand. Waschmaschinen und andere Elektrogeräte erleichtern die Hausarbeit, die Ausstattung der Haushalte mit Fernsehgeräten beginnt. Der Einrichtungs- folgt die Motorisierungswelle.

Zeitzeugin

Die in Blankenese geborene Schauspielerin **Elisabeth Flickenschildt** (1905–1977) in ihren Lebenserinnerungen »Kind mit roten Haaren« über ihre Heimatstadt Hamburg Mitte der 50er Jahre:

»Die ersten Jahre nach dem Krieg waren vorbei, schon war alles wieder da: neue Häuser, Gärten, Geld, zu essen, zu trinken, viel Geld, Autos, Segelboote, Segeljachten und schon ein bisschen weniger Interesse, herabgeminderte Bereitwilligkeit, das Engagement nicht mehr so unbedingt. Aber das Theater ausabonniert. Und sonntags: Beugen Sie das Knie und danken Sie Gott dem Herrn! Wofür? Da fing es schon an, dass immer weniger kamen, die das hören wollten.«

(Quelle: Elisabeth Flickenschildt: Kind mit roten Haaren. Ein Leben wie ein Traum, Hoffmann und Campe, Hamburg 1971, S. 139)

Anmerkung

(1) Nach dem früheren US-Außenminister George C. Marshall (1880–1959) benanntes Hilfsprogramm der Vereinigten Staaten für Westeuropa. Es umfasste Sachlieferungen, vor allem Lebensmittel, Rohstoffe und industrielle Ausrüstungen sowie Kredite. Die Bundesrepublik einschließlich Westberlins erhielt aus diesem Programm bis Ende 1957 insgesamt 1,7 Milliarden US-Dollar.

16.

Theatergeschichte an der Kirchenallee

Am Vormittag des 1. August 1955 stellt der Hamburger Kultursenator Hans-Harder Biermann-Ratjen (FDP) den Ensemble-Mitgliedern und Mitarbeitern des Deutschen Schauspielhauses in Hamburg den neuen Intendanten des Hauses an der Kirchenallee vor: Gustaf Gründgens[1]. Dessen Wechsel nach acht insgesamt sehr erfolgreichen Jahren als Intendant des Düsseldorfer Schauspielhauses an die Elbe, sehr diskret eingefädelt durch die Hamburger CDU-Bürgerschaftsabgeordnete Käte Staudinger, ist das große Thema der Feuilletonseiten in den Zeitungen. Der Kultursenator in seiner Ansprache: »Der neue Hausherr ist, wir wissen es alle, der erste Mann des deutschen Theaters überhaupt. Ich habe weder das Hamburger Pantheon um einen großen Namen bereichern wollen, noch ging es darum, einem der höchsten deutschen Schauspieler ein weiteres Podium für seine persönlichen Erfolge zu schaffen – das hat er wahrhaftig nicht nötig […] Ich habe Ausschau gehalten nach einem Mann, der imstande sein könnte, dieser Bühne

Gustaf Gründgens bei der Amtsübernahme als Intendant am Deutschen Schauspielhaus in Hamburg, August 1955.

die Sammlung und künstlerische Konzentration zu geben, die unser kulturelles Gewissen von uns verlangt. Und da habe ich gefunden, dass vor allen anderen Gustaf Gründgens dieser Mann sei.« Dem Ensemble des Deutschen Schauspielhauses prophezeit der Kultursenator: »Jeder von Ihnen wird eine beglückende Steigerung seiner eigenen Kräfte spüren in der schöpferischen Zusammenarbeit mit einem Mann, dem die seltene Gabe verliehen ist, in jedem Einzelnen das Ganze und im Ganzen jeden Einzelnen erscheinen zu lassen.«

23. Februar 1955: Der Schah von Persien und Kaiserin Soraya besuchen Hamburg.

Gründgens äußert sich in seiner Antrittsrede programmatisch über das Theater, das er in Hamburg auf die Bühne bringen will. Zunächst dämpft er aber die Erwartungen, die sich mit seiner Person verbinden: »Wenn man wie ich an die dreißig Jahre in vorderster Front am Theater gewirkt hat, ist man unweigerlich einer Art Legendenbildung ausgesetzt, einer Legende, die sich immer mehr von einem selbst loslöst, besonders dann, wenn wie in meinem Fall diese Legendenbildung in einer entscheidenden Phase meines Lebens von außen bestimmt und gelenkt worden ist. Ich denke mir manchmal, wenn ich meiner Fama auf der Straße begegnen würde, ich würde mich selbst nicht erkennen.«

23. März 1955: Professor Helmuth Thielicke predigt wegen des großen Andrangs künftig nicht mehr in St. Jacobi, sondern in St. Michaelis.

Der neue Schauspielhaus-Intendant erinnert das Ensemble an die prägenden Jahre von 1923 bis 1928, die er an den »Hamburger Kammerspielen« als Schauspieler und Regisseur verbracht hat, und hebt die Bedeutung einer festen Tradition für das Theaterleben hervor. Sein künstlerisches Glaubensbekenntnis formuliert Gründgens mit den Sätzen: »Ich vermag nicht einzusehen, warum unser Beruf der einzige sein soll, in dem Können leicht verdächtig ist. Dass ich hier nicht leerer Routine das Wort rede, muss ich wohl nicht betonen. Aber ich würde wünschen, dass die drei Stunden, in denen wir abends unseren Beruf ausüben, festliche Stunden sind, besondere Stunden für jeden von uns. Nur dann werden sie besondere Stunden für die Zuschauer sein! Helfen Sie mir, diese Festlichkeit, die dann entsteht, wenn wir der Kunst mit ganzem Herzen dienen, auf alle Vorstellungen dieses Hauses auszudehnen. Ich halte wenig von festlichen Premieren. Ich bin dagegen sehr glücklich über eine festliche 20. Wiederholung einer Aufführung. Machen Sie in Ihrem Privatleben, was Sie wollen, aber bringen Sie mir den Alltag nicht auf die Bühne! Sehen Sie zu, dass diese Bretter, auf denen Sie agieren, wirklich für Sie die Welt bedeuten!«

16. Juni 1955: Aus der Landeskunstschule wird die Hochschule für Bildende Künste.

4. September 1955: Die erste »Schau für die Frau« (später «Du und Deine Welt«) in Planten un Blomen wird ein großer Erfolg.

Die Zeitungen haben den Amtsantritt von Gustaf Gründgens enthusiastisch begrüßt, dennoch ist der Start für ihn nicht einfach. Er wird überschattet von Mäkeleien aus ganz unterschiedlichen Anlässen. Das Spektrum reicht von Spekulationen darüber, welche der bisherigen Ensemblemitglieder er übernehmen werde und welche nicht, bis zu nörgelnden Betrachtungen der Tatsache, dass er am Silvesterabend 1955 nicht auf der Bühne erscheint, um dem Publikum ein »Prosit Neujahr« zuzurufen. Auch wird die Frage erörtert, weshalb er in Hamburg Inszenierungen aus seiner Düsseldorfer Zeit auf den Spielplan setzt. Den immer wieder erhobenen Vorwurf, er spiele zu wenig zeitgenössische Stücke, kann Gründgens mühelos parieren. Er kann darauf verweisen, dass er es war, der

Elisabeth Flickenschildt (als Frau Marthe), Gustaf Gründgens (als Mephistopheles) und Ella Büchi (als Margarethe) bei der Verfilmung der »Faust«-Aufführung des Deutschen Schauspielhauses, 1960.

»Kafka auf die deutsche Bühne brachte, der als erster Sartre auf der deutschen Bühne inszenierte und der Eliot auf der deutschen Bühne durchsetzte«. Doch Misstrauen und Kritiksucht legen sich bald. Das Ensemble und die Öffentlichkeit spüren: Hier ist ein genialer Theatermann gekommen, ein charismatischer Künstler, mit einer Ausstrahlung ohne Beispiel.

Die Eröffnungsvorstellung seiner ersten Spielzeit am 1. September 1955, in der er als Wallenstein auf der Bühne steht, wird zu einem glanzvollen Ereignis. Gustaf Gründgens wird als Intendant des Schauspielhauses eine Ära begründen, und deren Höhepunkt wird der Ostermontag des Jahres 1957 sein: Dieser Tag wird zu einer Sternstunde der deutschen Theatergeschichte. Die mit großer Spannung erwartete »Faust«-Premiere, »der Tragödie erster Teil« mit Will Quadflieg in der Titelrolle, Regisseur Gustaf Gründgens als Mephisto, Antje Weisgerber als Gretchen und Elisabeth Flickenschildt als Frau Marthe wird zu einer Bühnensensation, die Maßstäbe setzt, bis auf den heutigen Tag. Seinen Freunden Christoph und Alice Bernoulli wird Gründgens nach dieser Aufführung schreiben: »In mir geistern die Abenteuer des Faust weiter [...] Diese Aufführung noch geschafft zu haben, hat mir viel bedeutet. Ich sage ohne Nebengeräusche: Nein, das war der Anfang von dem Ende des Lebens, das ich so gerne anständig gelebt haben möchte.« Die »Faust«-Inszenierung führt ihn zu den letzten und größten Triumphen seiner langen Laufbahn als Schauspieler und Regisseur – mit umjubelten Gastspielen weltweit, in Moskau und Leningrad wie in New York.

Zeitzeuge

Der Journalist und Schriftsteller **Curt Riess** (1902–1993), langjähriger Freund und enger Vertrauter von Gustaf Gründgens, über eine Bravourleistung des Schauspielhaus-Intendanten, die auch in der Öffentlichkeit über sein Renommee als Bühnenstar hinaus einen tiefen Eindruck hinterließ:

»Eines Abends im Herbst 1956 fiel Richard Münch, der in der Inszenierung von Leopold Lindtberg Heinrich IV. spielen sollte, durch eine plötzliche Erkrankung aus. Gründgens erklärte sich spontan bereit, die Rolle zu übernehmen. Zwar war sie ihm nicht unbekannt, doch hatte er keine Zeit mehr, um sie auswendig zu lernen. Er ließ den Text auf Pergamentrollen schreiben und sie auf Pulte legen, die er bei seinen festgelegten Schritten auf der Bühne passieren musste. Überdies postierte er etliche Souffleure und Souffleusen hinter Schränken und sonstigen Requisiten – sogar hinter dem Bett für die Sterbeszene. Wenige Stunden vor Beginn der Aufführung erhielt Gründgens die Nachricht, Richard Münch sei so weit wiederhergestellt, dass er auftreten könne. Doch nun bestand er darauf, selbst zu spielen. Er nahm eine Pergamentrolle nach der anderen zur Hand und bot eine Leistung von vollendeter geistiger und künstlerischer Souveränität. Die letzten Worte auf dem Sterbebett soufflierte sein Schüler Karl Vibach. Durch das ausverkaufte Haus ging ein Sturm der Begeisterung. An diesem großen Abend war er zu besichtigen: Gustaf Gründgens, der Magier des Theaters.«

(Quelle: Curt Riess im Gespräch mit Uwe Bahnsen, 1974, eigene Aufzeichnung)

Anmerkung

(1) Gustaf Gründgens (1899–1963) gehörte von 1923 bis 1928 zum Ensemble der »Hamburger Kammerspiele«, war von 1934 bis 1937 Intendant des Staatlichen Schauspielhauses in Berlin und von 1937 bis 1945 Generalintendant und Staatsschauspieler in Berlin. Seit 1947 leitete er das Düsseldorfer Schauspielhaus, und von 1955 bis 1962 stand er an der Spitze des Deutschen Schauspielhauses in Hamburg. G. war der prominenteste Schauspieler und Regisseur im deutschsprachigen Theater seiner Zeit, ein Darsteller von souveräner Intellektualität und sprühender Eleganz. Berühmte Rollen: Mephisto, Hamlet, Wallenstein, der Snob (Sternheim), Bolingbroke (Scribe). Auch als Filmschauspieler sehr erfolgreich (u.a. »Das Glas Wasser«, 1961).

17.

Die Staatsoper erlangt Weltruhm

Zehn Jahre hat das Provisorium gedauert – bis zum 15. Oktober 1955. An diesem Tag wird das neue Zuschauerhaus der Hamburgischen Staatsoper in der Dammtorstraße feierlich eröffnet. Bundespräsident Professor Theodor Heuss ist der prominenteste Ehrengast einer festlichen Aufführung der »Zauberflöte« von Wolfgang Amadeus Mozart. Der alte Zuschauerraum war 1943 den Bombenangriffen zum Opfer gefallen. Nach dem Kriegsende hatte man den Zuschauerraum zunächst in das Bühnenhaus und dann in einen vorläufigen Ersatzbau verlegt. Für den Wiederaufbau des Opernhauses wurde eigens eine Stiftung gegründet, und so gelang es, den fünf Millionen Mark teuren Neubau zum größten Teil durch Spenden zu finanzieren. Privates Geld für ein Musiktheater – seit

Bundespräsident Theodor Heuss in seiner Loge bei der Eröffnung der wieder aufgebauten Hamburgischen Staatsoper am 15. Oktober 1955.

1959 übernimmt Rolf Liebermann das erste Mal die Intendanz der Hamburgischen Staatsoper.

30. Oktober 1955: Als erste Schnellbus-Verbindung wird die Linie 36 nach Blankenese in Betrieb genommen.

22. Februar 1956: Freddy Quinn nimmt in der Musikhalle seine erste Schallplatte auf.

26. Februar 1956: Zirkusdirektor Lorenz Hagenbeck stirbt.

Jahrhunderten hat das in der Hansestadt Tradition. Denn als 1678 in Hamburg, nur einen Steinwurf entfernt, auf dem Gänsemarkt das erste deutsche Opernhaus eröffnet wurde, waren es Bürger, die das erforderliche Geld aufbrachten, nicht ein Herrscher, der zum eigenen Nachruhm seine Schatulle öffnete.

Gerhard Weber, der Architekt des neuen Hauses mit fast 1.700 Plätzen, hat einen Neubau geschaffen, der schon seit der Planung umstritten ist. An der Fassade aus Beton und Glas wird der strenge, spartanisch wirkende Gesamteindruck bemängelt. Und im Inneren stößt vor allem die Front der in den Raum hineingebauten »Schubkastenlogen« auf Unverständnis. Es sind mehrheitlich Anhänger der traditionellen Opernhausarchitektur, die diese Kritik äußern. Sie fühlen sich durch die Wiederherstellung der Opernhäuser in Wien und Ostberlin bestätigt. Die Anhänger des von Gerhard Weber geschaffenen Hauses hingegen argumentieren, es handele sich eben nicht um einen Wiederaufbau wie in Wien und Berlin, sondern um einen Neubau, der das Wesen und das Lebensgefühl der Gegenwart und nicht einer vergangenen Zeit sichtbar machen müsse. Im »Hamburger Abendblatt« schreibt der Kunsthistoriker Gottfried Sello über Webers Schöpfung: »Dass dieser Raum in seiner strengen und kühnen Architektur der Musik von Strawinskiij und Krenek entspricht, ist keine Frage. Ob er auch für ›Aida‹ und ›Martha‹ den rechten Rahmen abgibt, muss sich erst erweisen.«

1. April 1956: Die Bundeswehr richtet in Hamburg eine Standortkommandantur ein.

Kurz nach der Eröffnung des Zuschauerhauses erklärt der Intendant der Staatsoper, Günther Rennert(1), ein international renommierter Opernregisseur, nach neun Amtsjahren überraschend seinen Rücktritt und gibt dafür künstlerische Gründe an. Die umstrittene Architektur des Neubaus hat er nachdrücklich verteidigt. Nachfolger wird 1956 Heinz Tietjen(2). Als seltener Glücksfall für das traditionsreiche Haus an der Dammtorstraße wird sich am 1. August 1959 der Amtsantritt des Intendanten Rolf Liebermann(3) erweisen. Dieser aus Zürich stammende Komponist, Sohn eines jüdischen Anwalts aus der Berliner Familie Liebermann, zu der auch der Maler Max Liebermann und die Industriellen Emil und Walter Rathenau gehörten, wird Hamburgs Oper zu Weltruhm führen. Gelingen wird das durch eine kluge Ensemblepolitik, eine ungemein attraktive Spielplangestaltung und strenge Qualitätsmaßstäbe. Gefürchtet wird sein Verdikt »Avanti, dilettanti«. Rolf Liebermann wird Begabungen fördern, die später Weltstars werden, wie Placido Domingo. Schon in seiner ersten Spielzeit lässt er beliebte Opernklassiker von international bekannten Regisseuren wie Walter Felsenstein, seinem Amtsvorgänger Günther Rennert und Wieland Wagner inszenieren. Diesem Intendanten gelingen nicht nur Welterfolge, sondern er festigt auch das wirtschaftliche Fundament des Hauses, das mit einer durchschnittlichen Auslastung von 91 Prozent Abend für Abend praktisch ausverkauft ist.

4. April 1956: Das Wohnungsbauprojekt Neu-Altona beginnt: Grundstein für die ersten Wohnbauten in der Paul-Roosen-Straße.

Anmerkungen

(1) Günther Rennert (1911–1978) studierte zunächst Rechtswissenschaften und promovierte auch in dieser Disziplin, besuchte dann ein Konservatorium in München und eine Schauspielschule. Seine glanzvolle Laufbahn als Opernregisseur begann er 1935 an der Oper in Frankfurt am Main. Von 1946 bis 1956 war R. Intendant der Hamburgischen Staatsoper. Von 1959 bis 1967 wirkte er als Oberspielleiter der Glyndebourne Festival Opera und inszenierte daneben in Hamburg und Stuttgart. Von 1967 bis 1976 leitete er als Intendant die Bayrische Staatsoper München und lehrte zugleich Operndramaturgie an der dortigen Musikhochschule. Als international gefeierter Gastregisseur war R. unter anderem in Wien, San Francisco, Edinburgh, Salzburg, London, Buenos Aires und Mailand tätig. Auch als Schauspielregisseur ist er hervorgetreten.

(2) Heinz Tietjen (1881–1967) absolvierte in Bremen eine Lehre als Kaufmann und arbeitete für die Bremer Westafrika-Gesellschaft, wandte sich dann der Musik zu und begann eine Ausbildung bei dem Dirigenten Arthur Nikisch. Nach Engagements als Kapellmeister, Regisseur und Intendant in Trier, Breslau und Saarbrücken übernahm er 1925 die Leitung der Deutschen Oper Berlin, ein Jahr später auch der Staatsoper Unter den Linden und der Krolloper. 1927 wurde er Generalintendant der Preußischen Staatstheater. Winifred Wagner berief T. 1931 zum künstlerischen Leiter der Bayreuther Festspiele. Er wurde zum mächtigsten Theaterleiter in der

Endphase der Weimarer Republik. In der NS-Zeit galt T. als besonders einflussreicher Theater- und Opernmanager und als kulturpolitischer Ratgeber Hitlers und Görings. Ein nach Kriegsende gegen ihn eingeleitetes Entnazifizierungsverfahren endete 1947 mit seiner vollständigen Entlastung. Zwar bescheinigte die Spruchkammer ihm eine »opportunistische Haltung«, ging jedoch zugleich aufgrund von Zeugenaussagen von einer »aktiven Beteiligung« am Widerstand gegen das NS-Regime aus. Von 1948 bis 1954 war er Intendant der Deutschen Oper Berlin. In dieser Zeit gründete er die Berliner Festwochen. Von 1957 bis 1959 leitete T. die Hamburgische Staatsoper.

3. Juni 1956: Bei der S-Bahn wird die 3. Wagenklasse abgeschafft.

(3) Rolf Liebermann (1910–1999) studierte an der Universität Zürich Rechtswissenschaften. An einem Privatkonservatorium erhielt er zugleich Musikunterricht. 1936 begann er eine Dirigenten-Ausbildung bei Hermann Scherchen und wurde später dessen Assistent. Nach Militärdienst und Kompositionsstudium arbeitete L. von 1945 bis 1950 als Tonmeister bei Radio Zürich und übernahm dann die Leitung der Orchesterabteilung der Schweizerischen Rundfunkgesellschaft SRG. Es folgten zwei Jahre als Leiter der Hauptabteilung Musik beim Norddeutschen Rundfunk in Hamburg. Ab 1959 war L. vierzehn Jahre und noch einmal von 1985 bis 1988 Intendant der Hamburgischen Staatsoper. Von 1973 bis 1980 leitete er die Pariser Oper. L.'s Schaffen als Komponist war äußerst vielseitig. Internationales Aufsehen erregte 1954 sein »Concerto for Jazzband and Symphony Orchestra«, eine Auftragskomposition für die Donaueschinger Musiktage. Er komponierte Lieder, Kantaten, Bühnenmusiken, Sonaten, Sinfonien, ein Violin- und ein Klavierkonzert sowie mehrere Opern. Rolf Liebermann erhielt zahlreiche Ehrungen und Auszeichnungen.

1. Juli 1956: Hamburgs Autofahrer erhalten wieder das Kennzeichen HH.

29. Juli 1956: Am Rothenbaum beginnen die 50. Internationalen Tennismeisterschaften.

18.

Der »Pamir«-Untergang – das Ende der Frachtsegler

Am 28. September 1957 steigen sechs Männer in Hamburg aus dem Flugzeug. Sie werden am Flughafen Fuhlsbüttel von mehr als 150 Journalisten aus aller Welt empfangen. Blass sind sie und jung, der älteste gerade 25 Jahre alt. Die seelischen und körperlichen Strapazen, die hinter ihnen liegen, sind ihnen ins Gesicht geschrieben. Die Männer sind die einzigen Überlebenden der größten Schiffskatastrophe der Nachkriegszeit, Zeugen des Untergangs der »Pamir«.

Am Abend des 21. September 1957 melden die deutschen Radiosender und die »Tagesschau« der ARD: »Die ›Pamir‹ ist verschollen!« Tags darauf beherrscht das Schicksal der Viermastbark die Nachrichten sämtlicher Medien. »Die Welt« überschreibt ihre Titelseite mit »Deutsches Segelschulschiff Pamir funkt SOS! Wir sinken!«. Tatsächlich ist die »Pamir« mit 86 Besatzungsmitgliedern an Bord, unter ihnen 50 Seefahrtschüler, in schwerer Seenot. Das Schiff ist auf dem Weg von Buenos Aires nach Hamburg. An Bord sind 3.780 Tonnen Gerste. 255 Tonnen davon sind in Säcken verpackt, sie wurden oben auf die lose Gerste gepackt. Das Stauen in Buenos Aires übernahmen Soldaten und Besatzungsmitglieder, da die professionellen Stauer streikten.

15. März 1957: Die Universität Hamburg gibt bekannt, dass der in Göttingen lehrende Physiker Carl Friedrich von Weizsäcker den Ruf auf den Lehrstuhl für Philosophie angenommen hat.

20. Juni 1957: Das Amerika-Haus zieht von der Lombardsbrücke in einen Neubau an der Moorweide.

24. Juni 1957: Die 19-jährige Hamburgerin Gerti Daub wird in Baden-Baden »Miss Germany 1957«.

Die »Pamir« 1957 unter vollen Segeln.

Die Viermastbark »Pamir« ist die kleinste der acht letzten für Ferdinand Laeisz gebauten Viermastbarken. 1905 läuft der Segler bei Blohm + Voss in Hamburg mit der Baunummer 180 vom Stapel und wird am 18. Oktober in Dienst gestellt. Die Hamburger Segelschiffs-Reederei F. Laeisz unterhält eine ganze Flotte der legendären »Flying P-Liner«, alles Segelschiffe, deren Namen mit »P« beginnen.

Die »Pamir« läuft am 31. Oktober 1905 unter Kapitän Carl Martin Prützmann zu ihrer ersten Reise aus – Richtung Südamerika. Dort wird das Schiff neun Jahre lang für Salpeterfahrten eingesetzt. Zwei Weltkriege und die daraus resultierenden Folgen für die deutsche Schifffahrt bringen für die Frachtsegler eine wechselvolle Zeit. 1951 kehren die »Pamir« und die »Passat« nach Deutschland zurück. Der Lübecker Reeder Heinz Schliewen hatte die Segler gekauft, um sie als Segelschulschiffe einzusetzen.

Etwa 600 Seemeilen südwestlich der Azoren gerät die Bark auf ihrem Weg nach Europa in den Hurrikan »Carrie«, der sich nach mehrfacher Richtungsänderung plötzlich direkt auf das Schiff zubewegt. Um 11 Uhr Bordzeit setzt Funkoffizier Wilhelm Siemers den ersten SOS-Notruf ab. Die »Pamir« wehrt sich zu diesem Zeitpunkt bereits anderthalb Stunden gegen den Orkan und treibt ohne Segel und mit 35 Grad Schlagseite in der aufgewühlten See. Die sechs Rettungsboote reißen aus den Halterungen und werden über Bord gerissen. Die Schlagseite nimmt zu, der Krängungsmesser bleibt allerdings bei 40 Grad stehen. Zahlreiche Schiffe, die sich zum Zeitpunkt des Notrufes im Umkreis der »Pamir« befinden, nehmen Kurs auf das Schiff. Zu spät, denn gegen 13 Uhr kentert die »Pamir«. Nach einer halben Minute auf der Backbord-Seite kentert das Schiff durch und liegt kieloben in der See. Zwanzig Minuten später geht die Viermastbark unter. Viele der 86 Besatzungsmitglieder werden durch die Wucht des Sturms und des kenternden Schiffes ins Meer gerissen. Einige können sich auf eines der zum Teil schwer beschädigten Rettungsboote retten. Sie hoffen auf Schiffe im Umkreis, doch zunächst fahren die an den Booten vorbei. In der aufgewühlten See und in der Dunkelheit werden die Männer in ihren Booten nicht gesehen. Am Tag nach dem Unglück erreicht das erste Schiff die von dem SOS-Ruf angegebene Stelle. Hier ist nichts mehr zu sehen von der »Pamir«. Jetzt beginnt die größte Suchaktion, die es bisher auf See gegeben hat: zwischen 60 und 73 Schiffe (hier sind die Quellen nicht eindeutig) beteiligen sich im Umkreis von 200 Seemeilen an der Suche. Erst zwei Tage nach dem Untergang werden fünf Überlebende aus den Weiten des Atlantiks gerettet. Der amerikanische Frachter »Saxon«, der die Führung bei der Suchaktion übernommen hat, findet 145 Seemeilen südlich von der SOS-Position ein leckgeschlagenes Rettungsboot. Darin sind fünf Männer: der Schiffsjunge Folkert Anders, der Kochsmaat Karl-Otto Dummer, der Leichtmatrose Klaus Fredrich, der Schiffsjunge Karl-Heinz Kraaz und der Leichtmatrose Hans-Georg Wirth.

29. Juni 1957: Die Hamburger SPD weiht das Kurt-Schuhmacher-Haus am Besenbinderhof als neue Parteizentrale ein.

Am 25. September fischt das amerikanische Küstenwachschiff »Absecon« den Leichtmatrosen Günther Haselbach aus dem Meer. Er ist einziger Überlebender

Die Überlebenden der »Pamir« beim Verlassen des Flugzeugs nach ihrer Ankunft auf dem Flughafen Hamburg.

eines Rettungsbootes, in dem anfangs noch 21 Mann saßen. Hoffnung gibt die Meldung einiger Zeitungen, die von weiteren 41 Geretteten berichten. Eine Falschmeldung, die auf dem Hörfehler eines Funkers auf den Azoren beruht. Die sechs Geretteten bleiben die einzigen Überlebenden der »Pamir«.

Im Januar 1958 wird der Untergang der »Pamir« vor dem Seeamt öffentlich verhandelt. Der Lübecker Amtsgerichtsrat Ekhard Luhmann kommt in der schriftlichen Begründung seines Seeamtsspruches zu dem Schluss: Die »Pamir« hätte den Sturm überstehen müssen, wenn die Ladung festgelegen hätte, der Tieftank geflutet gewesen wäre, kleinste Segel gestanden hätten und die Aufbauten wirksam gegen das Eindringen von Wasser gesichert gewesen wären. Hätten auch nur einige dieser die Stabilität sichernden Momente vorgelegen, so wären die Aussichten, dem Orkan standzuhalten, viel größer gewesen.

Noch heute sind einige Fragen im Zusammenhang mit dem »Pamir«-Untergang ungeklärt. So kann nicht schlüssig bewiesen werden, ob in den SOS-Notrufen tatsächlich die richtige Position des Schiffes angegeben war. Eine exakte Positionsbestimmung mit dem an Bord befindlichen Sextanten war am Tag des

Untergangs, an dem weder Horizont noch Sonne zu sehen waren, schwierig, erklärt Otto Hebecker, Experte für Schiffsstabilität. Hebecker ist bei der Seeamtsverhandlung Sachverständiger der »Pamir«-Reederei Zerssen & Co., wird jedoch vom Seeamtsvorsitzenden Luhmann nicht gehört. Er ist der Ansicht, dass die »Pamir« im Orkan »Carrie« ohnehin – ob mit oder ohne Sicherheitsvorkehrungen – gesunken wäre.

Wenige Tage nach dem »Pamir«-Untergang gerät die »Passat« unweit der Azoren in einen Hurrikan. Auch sie ist mit geschütteter Gerste beladen. Die »Passat« kann sich knapp retten. Es ist ihre letzte Reise, denn mit dem Untergang der »Pamir« endet die Ära der Frachtsegler. Die »Passat« liegt heute als Museumsschiff in Lübeck-Travemünde.

Zeitzeuge

Karl-Otto Dummer erzählt später von den Tagen auf See, dem Kampf der jungen Männer ums Überleben und der nahenden Verzweiflung. Viele trinken Salzwasser und verlieren den Verstand.

»Erst in schwachen Tönen, dann in allen Farbvariationen hell leuchtend, bildet sich ein Regenbogen. Wolke und Regenbogen bilden jetzt einen Halbkreis, ein riesiges Tor, und aus diesem Tor heraus schäumt ein Schiff direkt auf uns zu. Ich schließe die Augen. O Gott, lass mich nicht auch durchdrehen.« Minuten später schaut er wieder hin: »Das Schiff ist immer noch da. Es ist Wirklichkeit und keine Fata Morgana, kein Hirngespinst.«

(Quelle: Karl-Otto Dummer: Viermastbark Pamir. Die Geschichte eines legendären P-Liners, geschildert von einem Überlebenden des Untergangs, Convent-Verlag, Hamburg 2001)

19.

Die SPD kehrt zurück an die Macht

Nach vier Jahren in der Opposition ist die SPD sicher, dass sie bei der Bürgerschaftswahl vom 10. November 1957 wieder zur stärksten politischen Kraft in Hamburg werden wird. Selbst die Optimisten in der Parteiführung sind jedoch am Wahlabend überrascht über das Ausmaß ihres Sieges: 53,9 Prozent, 69 von 120 Mandaten, das bis dahin beste Nachkriegsergebnis. Der »Hamburg-Block« von 1953 war nicht wieder angetreten, jede der vier Parteien, die CDU, die FDP, die Deutsche Partei und der »Gesamtdeutsche Block/Bund der Heimatvertriebenen und Entrechteten« (BHE), hatte eine eigene Liste aufgestellt. Die CDU kommt auf 32,2 Prozent und 41 Sitze, die FDP auf 8,6 Prozent und zehn Mandate, die DP und der GB/BHE scheitern an der Fünf-Prozent-Hürde und sind im neuen Landesparlament nicht mehr vertreten. Die Sozialdemokraten haben sich vor der Wahl auf eine Koalition mit der FDP festgelegt und halten diese Zusage trotz ihrer absoluten Mehrheit ein. Damit honoriert die SPD die Tatsache, dass die Elbliberalen die treibende Kraft bei der Auflösung des »Hamburg-Blocks« gewesen sind, denn einen Monat vor dem Wahltag, am 6. Oktober, hat der FDP-Landesausschuss beschlossen, mit einer eigenen Liste in die Wahl zu gehen, und damit faktisch das bürgerliche Blockbündnis aufgekündigt. Die Elbliberalen nehmen das Angebot an und stellen drei Senatoren. Die CDU geht mit dem

Nach dem Wahlsieg der SPD 1957 nimmt der alte und neue Bürgermeister, Max Brauer (Mitte), auf dem Balkon des Kurt-Schumacher-Hauses die Ovationen der Parteifreunde entgegen.

abgewählten Bürgermeister Kurt Sieveking als Fraktionschef in die Opposition. Max Brauer kehrt in das Amt des Ersten Bürgermeisters zurück. Und er gewinnt für das Amt des Finanzsenators einen Mann, der wie er selbst das bittere Schicksal des Exils durchlitten hatte, und sich seit seiner Rückkehr nach Deutschland 1948 als Präsident des Rechnungshofes großes Ansehen nicht nur in der SPD erworben hat: Herbert Weichmann. Er sollte zu einer der großen Bürgermeistergestalten der Nachkriegszeit werden.

5. August 1957: Die Baubehörde ordnet die öffentliche Anstrahlung markanter Bauwerke, so der Hauptkirchen, des Bismarck-Denkmals und der Lombardsbrücke, an.

Aber der eigentliche Sieger der Wahl 1957 ist nicht Brauer, sondern der bisherige Oppositionsführer Paul Nevermann, der den Block-Senat mit Schlagfertigkeit und Witz, vor allem aber mit einem erstklassigen Informationsstand vor sich hergetrieben hat. Eine brillante politische Leistung, die einen klaren Anspruch auf die Nachfolge Brauers im Amt des Regierungschefs begründet. Nach einer internen Absprache im SPD-Landesvorstand soll dieser Wechsel zur Mitte der neuen Legislaturperiode stattfinden.

23. September 1957: Wegen der Grippeerkrankung von rund 30.000 Schülern bleiben alle Hamburger Schulen vorübergehend geschlossen.

Der 10. November 1957 wird zu einer tiefen Zäsur in der hamburgischen Nachkriegsgeschichte. Als der CDU-Landesvorstand nach der Wahl zu einer politischen Bestandsaufnahme zusammentritt, erklärt der bisherige Finanzsenator Carl-Gisberth Schultze-Schlutius, ein sozialliberaler Senat sei für die Hamburger CDU gleichbedeutend mit zwanzig Jahren Opposition. Er irrt: Es wird fast ein halbes Jahrhundert. Der als Regierungschef zurückgekehrte Max Brauer hat mit seinem designierten Nachfolger Paul Nevermann Probleme, die auch in die Öffentlichkeit dringen. Der machtbewusste, herrschsüchtige, autokratische Brauer reagiert verletzt und misstrauisch auf die immer häufigeren Nachfragen von Journalisten, wann denn nun der »Wachwechsel«, der Rücktritt Brauers und der Amtsantritt Nevermanns, stattfinden werde. Brauer argwöhnt, Nevermann habe dabei seine Hände im Spiel. Beide Spitzengenossen, ohnehin vom Naturell und nach ihrem Lebenslauf sehr unterschiedlich, haben ihre Schwierigkeiten miteinander. Brauers langer Abschied von der Macht, die »Ära Brauer«, endet am 20. Dezember 1960. An diesem Tag, vor Antritt einer mehrere Monate dauernden Amerika-Reise, scheidet der »alte Löwe« aus dem Senat aus. Seine Stadt würdigt seine großen Verdienste mit der Verleihung des Ehrenbürgerrechts, die Universität ernennt ihn zum Ehrensenator, und am Abend nehmen Tausende von Menschen auf dem Rathausmarkt an einem Fackelzug für den 73-Jährigen teil. Er wolle, so versichert er, »an anderer Stelle weiterhin« für die Demokratie und den Rechtsstaat arbeiten – als Bundestagsabgeordneter. In Hamburg ist die Ära Max Brauer Geschichte. Paul Nevermann kündigt einen neuen politischen Stil an: geschmeidiger, offener für andere Sichtweisen, mit mehr Verständnis für die Interessenlage anderer. Er wolle, so versichert er, »auch der Bürgermeister der Opposition« sein und das Gespräch mit allen politischen Lagern und gesellschaftlichen Gruppen suchen. Das sind neue Töne aus dem Hamburger Rathaus, die insbesondere in den Umlandgemeinden und den Nachbarländern aufmerksam zur Kenntnis genommen werden.

SPD-Fraktionschef Dr. Paul Nevermann, Ehefrau Grete und Tochter Anke Nevermann bei der Stimmabgabe am 10. November 1957.

20.

Hans Albers – Tod eines Leinwand-Idols

Es ist eine der größten Trauerfeiern, die Hamburg je erlebt hat. Weit mehr als zehntausend Menschen sind am 29. Juli 1960 auf den Ohlsdorfer Friedhof gekommen. Sie nehmen Abschied von ihrem Leinwand-Idol Hans Albers. Der Schauspieler und Sänger war fünf Tage zuvor nach längerer Krankheit in einem

26. Februar 1958: Am Gänsemarkt wird der Ufa-Palast eingeweiht. 70 Stars nehmen teil.

14. Mai 1958: Der Senat beschließt einen Sanierungsplan für die Neustadt.

Hans Albers bei der Premiere von »Der tolle Bomberg« im Streits Kino, 30. August 1957.

Sanatorium am Starnberger See gestorben. Unter denen, die sich in der Trauerhalle B versammelt haben, sind der Boxer Max Schmeling, die Schauspielkollegen Paul Verhoeven und Trude Hesterberg sowie der Komponist Michael Jary. Neben Lebensgefährtin Hansi Burg haben sich die drei Schwestern von Hans Albers am Sarg versammelt. Willy Birgel, Curd Jürgens und Gustaf Gründgens schicken Kränze. Helmut Käutner, der Regisseur des berühmten, 1944 gedrehten und später von Propagandaminister Joseph Goebbels verbotenen Films »Große Freiheit Nr. 7«, dessen Star Hans Albers war, sagt am Sarg seines Freundes: »Du warst ein wahrer König. Dein Zepter war der Humor. Deine Krone war Dein goldenes Herz. Good Bye. Jonny. Gute Fahrt.« Senator Hans-Harder Biermann-Ratjen erinnert an die Verbundenheit des Schauspielers mit Hamburg: »Der Senat dieser Stadt dankt durch mich dem großen Schauspieler Hans Albers für sein künstlerisches Lebenswerk, mit dem er Millionen Menschen Freude gemacht hat. […] Dankt ihm nicht zuletzt auch für die tiefe Treue und Liebe, die er sein Leben lang seiner Vaterstadt bewahrt hat!«

9. November 1958: In der Straße Hohe Weide wird der Grundstein für den Bau der ersten Synagoge nach dem Krieg gelegt.

Hier an der Elbe kommt Hans Albers am 22. September 1891 auf die Welt. Er wird als jüngstes von sechs Kindern des Schlachtermeisters Philipp Albers und dessen Frau Johanna in der Langen Reihe 71 in St. Georg geboren. Nach kurzer Schulkarriere auf der Uhlenhorst und in St. Georg beginnt er eine Kaufmannslehre und arbeitet in einer Seidenfirma in Frankfurt am Main. Dort nimmt er mit heimlicher finanzieller Unterstützung der Mutter und ohne Wissen des Vaters privaten Schauspielunterricht. Erste Engagements hat er vor allem als jugendlicher Liebhaber auf Bühnen in Frankfurt am Main und in Güstrow.

1. April 1959: Der NDR strahlt erstmals Werbesendungen aus.

Aus dem Ersten Weltkrieg kehrt Albers mit einer schweren Bein-Verwundung zurück. Seinen ersten wirklichen Erfolg als Schauspieler feiert er an der Komischen Oper in Berlin als Kellner Gustav Tunichtgut in dem Stück »Die Verbrecher« von Ferdinand Bruckner. Sein Lehrer und Förderer ist der jüdische Schauspieler Eugen Burg. Hans Albers ist einer der Protagonisten der Stummfilm-Zeit, steht in 100 Rollen vor der Kamera, bis der Film auch sprechen lernt: 1929 ist Albers im ersten deutschen Tonfilm »Die Nacht gehört uns« zu sehen und zu hören, wenig später spielt er an der Seite von Marlene Dietrich in »Der Blaue Engel«. Die Nationalsozialisten drängen ihn, sich von seiner Lebensgefährtin Hansi Burg, der Tochter seines jüdischen Mentors Eugen Burg, zu trennen. Um weiter spielen zu können, tut er dies offiziell. Kurz vor Kriegsbeginn emigriert Hansi Burg nach England, kehrt erst 1946 wieder an den Starnberger See zurück.

16. April 1959: Am Großneumarkt eröffnet das Jazzlokal »Cotton Club«.

20. Mai 1959: Im Volksparkstadion endet das erste Länderspiel zwischen Deutschland und Polen nach dem Krieg unentschieden 1:1.

Albers wählt seinen eigenen Weg durch die Zeit des »Dritten Reichs«. Der bei Goebbels als Publikumsmagnet geschätzte Schauspieler dreht und produziert mehrere Propagandafilme, verzichtet jedoch auf die Entgegennahme eines Schauspielpreises aus der Hand von Joseph Goebbels. Auch der Bühne bleibt er fern, glaubt, sich damit dem direkten Einfluss der Nationalsozialisten entziehen zu können. 1944 dreht er gemeinsam mit Ilse Werner den Farbfilm »Große

Die Hans-Albers-Skulptur von Jörg Immendorff auf dem Hans-Albers-Platz.

24. Mai 1959: Die bis auf den Turm wiederhergestellte Hauptkirche St. Jacobi wird geweiht.

30. Juni 1959: Im Universitätskrankenhaus Eppendorf gelingt die erste Operation mit der Herz-Lungen-Maschine.

Freiheit Nr. 7«. Die deutsche Uraufführung im September 1945 in Berlin ist die erste Filmpremiere nach dem Zweiten Weltkrieg. Seine außerordentliche Popularität verdankt Albers jedoch vor allem seinen Seemannsrollen, obwohl er nie selbst zur See gefahren ist. »Auf der Reeperbahn nachts um halb eins« und »Das Herz von St. Pauli« füllen die Kinos. Und sie prägen nachhaltig das Bild des Nachkriegs-Hamburgs als Hafen- und Seefahrerstadt. Hans Albers gilt als disziplinierter, fleißiger und unermüdlicher Arbeiter, kämpft in den 50er Jahren aber vor allem gegen seine Alkoholkrankheit.

Der Mythos Hans Albers – »Die Zeit« schreibt zu seinem Tod: »Um ihn war eine Aura von Freiheit und Verwegenheit, von vitaler Kraft auch dann noch, als aus dem blonden Hans schon ein weißer Hans geworden war. Ein zartes Rauhbein! [...] Um ihn war ein Hauch der weiten Welt.«

Über seinen Tod hinaus gilt Hans Albers als der typische Hamburger schlechthin. »Heimat ist da, wo man stirbt und nicht da, wo man lebt. Bayern ist ein wunderschönes Land. Aber ich möchte nicht als kleiner Otto in Tutzing auf dem Friedhof liegen – wenn ich mal dran bin, soll es in Hamburg sein«, so Hans Albers. Nicht nur sein Grab auf dem Ohlsdorfer Friedhof erinnert heute an den blonden Hans. Auf dem Hans-Albers-Platz unweit der Reeperbahn steht sein Denkmal – der in Bronze gegossene Hans Albers mit Schifferklavier – geschaffen vom Künstler Jörg Immendorf.

21.

Fußball in Hamburg – eine Glaubensfrage

13. Oktober 1959: In Fuhlsbüttel landet das erste Düsenflugzeug.

17. November 1960: Richtfest für die 300.000. Hamburger Neubauwohnung nach dem Krieg. Immer noch fehlen aber rund 100.000 Wohnungen.

5. Dezember 1960: Das umgestaltete Thalia Theater wird eröffnet.

Es ist ein Triumphzug: Hunderttausende von begeisterten Anhängern bejubeln den neuen Deutschen Meister HSV. Die Rückkehr der Mannschaft aus Frankfurt ist ein Volksfest. In elf blumengeschmückten VW-Cabrios fahren Uwe Seeler, Charly Dörfel & Co vom Dammtorbahnhof über die Rothenbaumchaussee zum Stadion im Herzen der Stadt. 100.000 Menschen stehen am Straßenrand, 20.000 sind im Stadion am Rothenbaum. »Hamburg ist stolz auf unseren HSV« – begrüßt Bürgermeister Edgar Engelhardt die Mannschaft von Trainer Günter Mahlmann. Und aus dem Publikum hallt es immer wieder »Uwe, Uwe!«. Die Spieler selbst wollen keine Helden sein, bleiben bescheiden. »Wer uns in die Nähe von Helden rückt, liegt gewaltig daneben. Wir haben den Titel geholt, okay, aber das haben andere Spieler vor uns auch geschafft, und nach uns ebenfalls«, so Torwart Horst Schnoor.

Die Fußballer haben einen Tag zuvor, am 26. Juni 1960, im Endspiel um die Meisterschaft in Frankfurt den haushohen Favoriten 1. FC Köln besiegt. Die Spannung im Spiel hält bis zum Schluss: Fünf Minuten vor dem Ende steht es 2:2. Die Kölner, die drei Viertel der deutschen Nationalmannschaft in ihren Reihen haben, darunter die 54er-Helden Helmut Rahn und Hans Schäfer, zeigen Nerven. Gegen eine junge Hamburger Mannschaft und gegen die sengende Hitze haben die Routiniers am Ende nichts mehr zuzusetzen. In der 86. Minute schließlich köpft Uwe Seeler zum 3:2-Siegtor ein. Die silberne Meisterschale kommt nach 32 Jahren wieder in die Hansestadt an der Elbe. 1979 schafft Trainer Branco Sebec mit dem HSV erneut die Meisterschaft. Als erfolgreichster Trainer des HSV gilt der Österreicher Ernst Happel. Er betreut insgesamt sechs Jahre lang das Team. Mit ihm wird der HSV 1982 und 1983 Deutscher Meister. Auch international ist die Mannschaft erfolgreich, 1983 gewinnt der HSV den Europacup der Landesmeister.

1952 wird zum ersten Mal ein Fußballspiel im deutschen Fernsehen live übertragen: Im DFB-Pokal stehen sich der FC St. Pauli und Hamborn 07 gegenüber. Die Übertragung hat weniger sportliche als vielmehr technische Gründe, denn der übertragende Sender NWDR residierte im Bunker am Heiligengeistfeld, also unmittelbar neben dem Stadion der Kiez-Kicker. Das Spiel endet mit einer 3:4-Niederlage für die Hamburger. Der Glanz der Wunderelf der Nachkriegsjahre ist verblasst. Damals zieht es viele Fußballtalente zum FC St. Pauli. Einer der Spieler, Karl Miller, ist Schlachter und versorgt seine Kameraden mit der Mangelware Fleisch. Auch der spätere Bundestrainer Helmut Schön kommt zum

Festlicher Empfang für den Deutschen Meister Hamburger SV am Dammtorbahnhof, 1960. Im Käfer-Cabriolet mit der Meisterschale des DFB in der Hand: Meinke und Schnoor, davor Trainer Mahlmann.

Kiez-Club. Um ihn entsteht die legendäre Wunderelf, die 1947 Hamburger Meister wird und mehrfach um die Deutsche Meisterschaft mitspielt – auf Augenhöhe mit dem HSV.

Die 60er Jahre sind für den FC St. Pauli ein Wechselbad der Gefühle: Auf- und Abstieg sind an der Tagesordnung. 1961 muss das Stadion auf dem Heiligengeistfeld der IGA weichen, es wird abgetragen. In unmittelbarer Nachbarschaft entsteht für rund eine Million Mark ein neues Stadion, das am 29. Juli 1961 eingeweiht wird. Das Gartenamt ist für den Rasen zuständig und hält diesen für »über Erwarten gut« – Spieler und Vereinsvorstand sehen das anders. Der Untergrund ist vor allem zu nass, was an der fehlenden Dränage liegt. Die Flickarbeiten wie

Bei der ersten Fußball-Liveübertragung im deutschen Fernsehen strahlt der NWDR am 28. Dezember 1952 das Pokalspiel FC St. Pauli gegen Hamborn 07 aus.

Löcher im Rasen zur besseren Belüftung helfen nicht – das Spielfeld wird immer morastiger. Als sich schließlich ein Spieler verletzt, wird ein Gutachter bestellt, der feststellt, dass die in den vergangenen Jahren gewonnenen Erkenntnisse auf dem Gebiet des Sportplatzbaus nicht beachtet worden seien.

1977 gelingt der Aufstieg in die 1. Bundesliga, ein Abenteuer, das der FC St. Pauli sowohl sportlich als auch finanziell teuer bezahlen muss. Die Erstligasaison endet mit dem letzten Tabellenplatz und dem Abstieg. Die Fans bleiben weg, die Mannschaft findet sich drei Jahre später, 1980, in der Amateur-Oberliga wieder. Eine politische Entscheidung über den geplanten Abriss von einigen Häusern in der Hamburger Hafenstraße sorgt für Wiederbelebung: Mit der links-autonomen Besetzer-Szene rekrutiert sich in den 80er Jahren eine neue Fan-Gemeinde. Der Totenkopf ist das verbindende Erkennungszeichen, weltweit zählt der Kiez-Club 19 Millionen Sympathisanten. Der Totenkopf, das Symbol der Freibeuter, ist heute Teil einer erfolgreichen Marketing-Strategie des Vereins. Aus dem alternativen Kult-Club, dem »Freudenhaus der Liga«, hat sich ein professionell geführtes Unternehmen entwickelt. Unter der Leitung des Theatermachers und St.-Pauli-Fans Corny Littmann kehrt der wirtschaftliche Erfolg am Millerntor ein. Ein Umstand, der nicht wenigen Fans missfällt. Über den Balanceakt zwischen Kult und Kommerz kommt es immer wieder zu Diskussionen im Verein. Sportlich bleibt der FC St. Pauli im Fahrstuhl zwischen dem Fußball-Oberhaus und der 2. Liga.

Die Begegnungen zwischen dem HSV und dem FC St. Pauli sind längst zur Glaubensfrage in der Stadt geworden. Hamburg spaltet sich in HSV- und St.-Pauli-Lager. Und wenn David FC St. Pauli den Goliath HSV besiegt, wie zuletzt in der Saison 2010/11, dann ist das »Freudenhaus der Liga« wieder eröffnet. Die Freude währt allerdings nur kurz – am Ende der Saison ist St. Pauli wieder einmal abgestiegen.

22.

Karriere-Start auf dem Kiez: The Beatles

Fünf junge Leute aus Liverpool, der jüngste 17, der älteste 20 Jahre, betreten am 17. August 1960 die Bühne des Hamburger Kiez-Klubs »Indra«. Es ist ein schmuddeliges Ambiente in diesem früheren Striptease-Lokal mitten im Rotlicht-Viertel, und das Publikum sind nicht etwa enthusiastische Musikfans, sondern vorwiegend Prostituierte und deren Freier, Bardamen, Seeleute, bullige Kellner, auch Touristen. Der Besitzer Bruno Koschmider hofft, mit den fünf britischen Jung-Musikern trinkfeste Gäste in sein Etablissement locken zu können. Nacht für Nacht spielen John Lennon, Paul McCartney, George Harrison, Stuart Sutcliffe (am Bass) und Pete Best (am Schlagzeug) für 30 Mark pro Kopf und Tag Tanzmusik. Der Alkohol beflügelt sie. Und Aufputschmittel halten sie wach.

In den Jahren zuvor war die Jung-Band unter den Namen »The Quarrymen«, »Johnny And the Moondogs« und »The Silver Beatles« aufgetreten. Aber sie war im besten Fall zweitklassig geblieben. Nun nennen sich die fünf nur noch »The Beatles«. Während dieses mehrwöchigen Gastspiels im »Indra« in der Großen Freiheit experimentieren sie, um ihren ganz eigenen Stil zu finden. George Harrison wird später über diese Zeit sagen: »Die Auftritte im ›Indra‹ waren die wichtigsten der Bandgeschichte. Unseren Höhepunkt als Live-Band hatten wir in Hamburg erreicht. Wir mussten als Band schon sehr gut sein, um jede Nacht acht Stunden spielen zu können.« Die Begleitumstände dieses Gastspiels sind indessen armselig. Das bisschen Schlaf finden die fünf Musiker in ausgedienten Militärbetten, die in einem kleinen fensterlosen Raum eines benachbarten Kinos stehen. Die Herrentoilette dient als Waschraum. Es ist eine wilde Zeit. Aber die Band wird schnell zu einer lokalen Sensation, und besonders die jungen Frauen sind hingerissen. Die Fotografin Astrid Kirchherr erinnert sich: »Auf der Bühne waren sie unglaublich energiegeladen, sehr kraftvoll. Und natürlich sahen sie wahnsinnig gut aus.«

31. Dezember 1960: Der Hafen erreicht mit rund 31 Millionen Tonnen Umschlag das bis dahin beste Jahresergebnis seiner Geschichte.

Im Dezember 1960 kehren die »Beatles« in ihre Heimat zurück. Musikalisch haben sie sich so entwickelt, dass Anfang 1961 im Musikmagazin »Mersey Beat« ein Artikel über die Band mit dem prophetischen Satz des Autors erscheint: »Ich glaube nicht, dass es jemals wieder etwas Vergleichbares wie sie geben wird.« Die »Beatles« pendeln zwischen Liverpool und Hamburg, wo sie im »Top Ten« und anderen Clubs auftreten. Im Frühjahr 1961 steigt Stuart Sutcliffe aus – seine Liebe gehört der Malerei. Für ihn wechselt Paul McCartney von der Gitarre an den Bass. Manager Brian Epstein sorgt dafür, dass Pete Best am Schlagzeug abgelöst und durch Ringo Starr ersetzt wird.

Der Nachbau des »Star-Club«-Eingangs im »Beatlemania« auf St. Pauli, das im Juni 2012 seine Pforten schließen musste.

23. Januar 1961: Das neue Postscheckamt am Alten Wall nimmt den Betrieb auf.

21. April 1961: Das Volksparkstadion erhält eine Flutlichtanlage.

Am 13. April 1962 öffnet auf St. Pauli der legendäre »Star-Club«, Große Freiheit 39, seine Tore. Am Premierenabend stehen auch die »Beatles« auf der Bühne. Nun sind die Umstände professionell. Insgesamt drei Gastspiele gibt die Band, das dritte und letzte am Silvesterabend 1962. Zu diesem Zeitpunkt hat sie Hamburgs Musikszene längst erobert. Nur wenige Tage später wird ihre erste Single ein großer Erfolg – eine Weltkarriere beginnt. Die »Beatles« prägen das Lebensgefühl einer ganzen Generation. Am 26. Juni 1966 kommen

Die Beatles bei der Pressekonferenz am 26. Juni 1966 in Hamburg. Von rechts: John Lennon, Gitarrist George Harrison und der Schlagzeuger Ringo Starr.

8. August 1961: Zwei Windhosen richten in Hamburg Verwüstungen an.

die vier »Pilzköpfe« noch einmal nach Hamburg. Längst sind sie Weltstars, und weltklasse ist ihr Empfang: Nach einem Gastspiel in Essen fahren sie in vier Sonderwagen eines fahrplanmäßigen Zuges nach Ahrensburg im Nordosten der Hansestadt und von dort am frühen Morgen mit einem Autokorso in das luxuriöse »Schlosshotel Tremsbüttel«. Für einen Abstecher in den »Star-Club« fehlt die Zeit. Am nächsten Tag gibt die Mega-Band zwei umjubelte Konzerte in der Ernst-Merck-Halle (im Publikum sitzt auch der damalige Innensenator Helmut Schmidt mit Ehefrau Loki). Am Tag darauf fliegen die vier Megastars weiter nach Tokio.

Zeitzeugen

»Star-Club«-Gründer **Horst Fascher** über die Beatles in Hamburg im NDR-Fernsehen, 17.8.2010:

»Sie waren wild, sie waren überhaupt nicht informiert, was Hamburg für eine Stadt ist. Als sie entdeckten, dass Hamburg einen Rotlicht-Distrikt hatte, waren

sie aus dem Häuschen und haben sich auch so benommen. Als sie in den ›Star-Club‹ kamen, wusste ich, dass man daran arbeiten kann. Als sie vom ›Star-Club‹ weggingen, waren sie ready for the world!«

Der Musiker **Achim Reichel** zählt zu den profiliertesten Rockmusikern seiner Generation. Er war letzter Pächter des »Star-Clubs« und trat 1966 mit der Band »The Rattles« im Vorprogramm der einzigen Deutschlandtournee der Beatles auf.

»Zu Beginn ihrer Karriere waren die Beatles eine Band von vielen, die auf dem Kiez musizierten. St. Pauli schien mir zu Beginn der 60er Jahre weit weniger kriminell als heute. Es gab weniger Drogen, an der Tagesordnung waren jedoch Schlägereien und Betrügereien in der Gastronomie.«

(Quelle: Uwe Bahnsen/Kerstin von Stürmer. Stürmische Zeiten. Hamburg in den 60er Jahren, Convent-Verlag, Hamburg 2006)

23.

Der Bau der Mauer betrifft auch Hamburg

Mitternacht ist vorüber. Die Nachrichtenagenturen haben, wie üblich, den Betrieb eingestellt, auch ADN, die staatliche Agentur der DDR. Doch in dieser lauen Sommernacht vom 12. auf den 13. August 1961 nimmt ADN um 1.11 Uhr überraschend den Sendebetrieb wieder auf. Auch bei der Deutschen Presseagentur am Mittelweg geht der Text aus Ostberlin zur Abriegelung der Grenzen rings um Westberlin ein – ein Zeitdokument. Gegen zwei Uhr beginnen die internationalen Nachrichtenagenturen mit dem weltweiten Gewitter der Blitzmeldungen. Was in dieser Nacht in Berlin ins Werk gesetzt wird, schockiert nicht nur die unmittelbar betroffenen Berliner.

In der alten Bundesrepublik ist Hamburg die Metropole, die von dem Gewaltakt in der alten Hauptstadt am meisten betroffen ist – indirekt zwar, aber dennoch schwerwiegend. Das hat emotionale, aber auch sehr konkrete Gründe. Beide Städte sind Ballungszentren, verbunden durch wechselseitige Sympathie. Aus der Hansestadt führen eine der drei Transitstraßen und einer der drei Luftkorridore nach Berlin. Viele Maschinen der Luftbrücke sind 1948/49 in Hamburg gestartet. Und aus Hamburg kommt der Großverleger, der sich in der gesamten Berlin-Krise demonstrativ in und für Berlin engagiert: Axel Springer. Der Hamburger Senat bemüht sich beharrlich und zäh darum, den Eisernen Vorhang durchlässiger zu machen, vor allem im Interesse des Hafens. Jede Verschärfung der politischen Lage in Deutschland, und das ist die Abriegelung der Berliner Sektorengrenze ganz gewiss, muss diese »Politik der Elbe« dramatisch erschweren. Vor allem aber betrifft das Geschehen in Berlin Hamburg als Medienmetropole. Die Öffentlichkeit ist auf eine Absperrung der Grenzen in Berlin nicht im Geringsten vorbereitet. Die Hansestadt ist das Zentrum der Massenmedien. Hier entstehen Tag für Tag die »Tagesschau« des Fernsehens und die »Bild«-Zeitung. Wie sollen die Redaktionen auf das Geschehen in Berlin reagieren?

22. August 1961: Der Senat erlässt eine Sperrgebietsverordnung, mit der die Prostitution in St. Georg sowie in Teilen der Alt- und Neustadt untersagt wird.

Aus Washington kommen beunruhigende Informationen: In der Administration des jungen US-Präsidenten John F. Kennedy werde mit steigender Besorgnis diskutiert, ob so etwas wie eine »Levee en masse« der Deutschen in Ost und West denkbar sei, ein politisch nicht mehr beherrschbarer Alleingang unter Einschluss der Bundeswehr, um die DDR-Machthaber daran zu hindern, 17 Millionen Landsleute einzusperren. Das Weiße Haus ist alarmiert. In den Redaktionen gibt es heiße Diskussionen darüber, wie die Westmächte reagieren sollen. Eine häufig zu hörende These lautet, die drei Schutzmächte sollten die entstehenden Grenzbefestigungen einfach durch Pioniere beiseite räumen

Bürgermeister Paul Nevermann bei der Kundgebung zum Mauerbau auf dem Rathausmarkt am 18. August 1961.

lassen. Und: Die Bundesregierung müsse sofort den Interzonenhandel einstellen, der für die DDR-Wirtschaft sehr wichtig ist. Nichts von alledem geschieht. Die Beschlüsse der Nato-Gremien sind eindeutig. Das Bündnis garantiert die drei »Essentials« der westlichen Berlin-Politik, mehr nicht: die Lebensfähigkeit Westberlins, den ungehinderten Zugang, die Anwesenheit der drei Westmächte in der Stadt. Ostberlin oder ganz Berlin ist kein Thema. Diese drei Eckpunkte haben Chruschtschow und Ulbricht nicht angetastet. Nur kann man mit dieser

27. Oktober 1961: Eröffnung einer großen Ausstellung mit Werken des französischen Bildhauers Aristide Maillol.

30. Oktober 1961: Das Gesetz über die Hafenerweiterung verschafft dem Hafen rund 1.400 Hektar Reserveflächen. Das Dorf Altenwerder verschwindet.

Erkenntnis nicht eine aufgewühlte Öffentlichkeit beruhigen. Protestkundgebungen als Ventil müssen her. Auch im Hamburger Rathaus hat man sich parteiübergreifend dazu entschlossen, den bedrängten Berlinern zur Seite zu stehen und ein Zeichen zu setzen, das auch international zur Kenntnis genommen wird. Mehr als 100.000 Menschen strömen am 18. August auf den Rathausmarkt. Die Lautsprecher übertragen das Läuten der Berliner Freiheitsglocke, und Bürgermeister Dr. Paul Nevermann hält eine große Rede, spricht den Menschen aus der Seele: »Berlin muss frei bleiben, und die Zone muss frei werden!« Den Berlinern ruft Nevermann zu: »Auch wir geben die Wiedervereinigung nicht auf. Dafür ist das freie Berlin Vorposten und ein erster Schritt!«

Es ist eine bewegende Kundgebung. Nevermanns couragierter Auftritt wird von der Bonner Sowjetbotschaft sehr genau zur Kenntnis genommen. Das zeigt sich einige Wochen später. Für den 1. Dezember 1961 sagt sich Botschafter Andrej Smirnow bei Nevermann zu einer Visite an, die vom Rathaus-Protokoll als Höflichkeitsbesuch eingestuft wird. Der Bürgermeister spricht auch in dieser halbstündigen Unterredung die Trennung Berlins durch Stacheldraht und Mauer an und besteht auf der Wiedervereinigung als Konsequenz des Selbstbestimmungsrechts der Völker. Smirnow weist diese Forderung sehr erregt zurück: Das Selbstbestimmungsrecht finde dort seine Grenze, wo es die politische Machtsphäre der Sowjetunion einenge. Der Missionschef droht die Contenance zu verlieren. Die Senatskanzlei berichtet dem Auswärtigen Amt in einem »Aide-memoire« vom 4. Dezember 1961: »Das Gespräch mit Botschafter Smirnow nahm einen sehr erregten Verlauf und wurde von dem Botschafter mit ungewöhnlicher Schärfe geführt. Der Botschafter sprach mit hochrotem Kopf und fuchtelte mit Händen und Fäusten dem Bürgermeister vor dem Gesicht herum.« Lautstark versteigt der Diplomat sich zu dem Vorwurf, ihm sei die Politik Hamburgs jetzt klar, der Senat wolle die DDR »überschlucken«. Voller Zorn fügt er hinzu: »Aber dieser Bissen wird Ihnen zu groß sein!« Nevermann reagiert souverän und weist die Äußerungen kühl und beherrscht zurück. Das Gespräch endet in eisiger Atmosphäre.

24.

Der Wettlauf mit dem Tod

Sonnabend, 17. Februar 1962, frühmorgens um 6.30 Uhr: In der Wohnung des Senatssprechers Erich Lüth, An der Alster 67, läutet das Telefon. Der Anrufer ist der Journalist Claus Wernicke. Der Leiter des Landesdienstes Nord der Deutschen Presseagentur möchte wissen, wann der Senat zusammentreten wird. Lüth reagiert zunächst verblüfft, denn er weiß noch nichts von dem Unheil, das wenige Stunden zuvor über die Stadtteile südlich der Elbe hereingebrochen ist. Wernicke informiert ihn bruchstückhaft: »Das Wasser läuft schon in den Elbtunnel!« Der Direktor der Staatlichen Pressestelle bestellt hastig eine Taxe und fährt zum Rathaus. Dort empfängt ihn ein Ratsdiener mit der lapidaren Feststellung: »Das Wasser auf dem Rathausmarkt ist wieder weg. Aber der Ratskeller ist abgesoffen, auch die Fernheizung. Deshalb der Dampf.«

Lüth findet im Rathaus die folgende Situation vor: »Den Weg in meine Dienststelle konnte ich nur mühselig finden. Die Diele des Rathauses, das Treppenhaus zum Obergeschoss des Verbindungsflügels zur Börse, in dem meine Diensträume lagen, waren von brodelnden Wasserdämpfen erfüllt. So musste ich den Weg in mein eigenes Zimmer ertasten und konnte nur schrittweise vordringen. Ich öffnete einige falsche Türen und war betroffen, wie sehr meine Maßstäbe für völlig vertraute geringe Entfernungen durch die Nebelsuppe verwirrt waren. In meinem Zimmer angelangt, riss ich sofort die Fenster auf, um den Dampf abziehen zu lassen, dann ging ich über den Korridor in die Räume der Nachrichtenabteilung und machte dort Gegenzug. Ich prüfte meine Telefonleitungen. Sie rauschten [...] Der Gedanke, in einer Kommandostelle von der Monumentalität unseres Rathauses zu stehen, die wegen Wasserdampf und ausgefallener Telefone funktionsunfähig schien, war höchst unerquicklich.

Ich ahnte nicht, dass um diese Zeit schon hunderte von Hamburgern in den Überschwemmungsgebieten ertrunken waren. Die wenigsten ahnten es.«(1)

Die Frage, wie es an diesem Tag möglich ist, dass der Regierungssitz eines Stadtstaates durch eine Überschwemmung so leicht ausgeschaltet werden kann, hat Erich Lüth in seinen hinterlassenen Aufzeichnungen so beantwortet: »Als es im Rathaus durch Ausfall des elektrischen Stroms keine Beleuchtung mehr gab, fehlte ein Notaggregat. Als ich im dichten Wasserdampf an meinem Schreibtisch Telefonnummern suchte, um wichtige Personen zu alarmieren, fehlte mir die Taschenlampe. Als wir die Telefonzentrale besetzen lassen wollten, waren die Bediensteten zwar bei ihren Kollegen genau bekannt, aber zufällig wusste man von dem entscheidenden Mann nur den Vornamen, der im Telefonbuch unauffindbar blieb.«(2)

8. März 1962: Erfolgreicher Probebetrieb mit einem vollelektronisch gesteuerten U-Bahnzug.

Anfang Juni: Nach vierjähriger Bauzeit wird das neue Polizeipräsidium am Berliner Tor bezogen. Rund 1.200 Beamte ziehen aus dem Hochhaus am Karl-Muck-Platz aus.

4. Juni: Der neue Obst- und Gemüsemarkt in Hammerbrook wird eröffnet.

Ganz anders ist die Situation um diese Zeit im Polizeipräsidium am Karl-Muck-Platz gegenüber der Musikhalle. Dort ist um 6.40 Uhr mit Blaulicht und Martinshorn Polizeisenator Helmut Schmidt (SPD) eingetroffen. Um 6.20 Uhr hat Werner Eilers, Chef des Amtes für Zivilen Bevölkerungsschutz, ihn telefonisch in seinem Privathaus am Neubergerweg in Langenhorn alarmiert. Schmidt ist in der Nacht von einer mehrtätigen Sitzung der Innenministerkonferenz in Berlin zurückgekehrt. Die Fahrt mit seinem Dienstwagen auf der Interzonenstraße hat wegen tückischer Sturmböen länger gedauert als normalerweise. Der Senator bemüht sich in der ersten Einsatzbesprechung, die um 7 Uhr stattfindet, zunächst darum, einen Überblick über die Katastrophe der vergangenen Nacht zu gewinnen. Das erweist sich als außerordentlich schwierig. Im Polizeipräsidium sind zwar die leitenden Beamten seiner Behörde, der Polizei und der Feuerwehr, des Tiefbauamtes, die Direktoren der Hamburgischen Electricitätswerke, der Hamburger Gaswerke, der Hochbahn und anderer öffentlicher Unternehmen versammelt. Der Kommandeur der Schutzpolizei, Otto Groth, hat einen Notfallstab gebildet, den der Polizeisenator sofort übernimmt. Aber die Informationen ergeben zunächst kein klares Bild. Helmut Schmidt erinnert sich: »Viele Detailnachrichten waren schrecklich. Am schrecklichsten war, dass nur wenige solcher Nachrichten vorlagen, aus denen sich, wenn auch nur in großen Zügen,

Land unter im Februar 1962 in Wilhelmsburg.

ein Gesamtbild hätte zusammenfügen lassen. Immer wieder erhielten wir die Antwort: ›Keine Verbindung … meldet sich nicht … Durchkommen unmöglich …‹ Eines wurde allerdings bei diesem Versuch einer Bestandsaufnahme bald klar: Es handelte sich um ein Unglück allergrößten Ausmaßes. Tausende waren in höchster Lebensgefahr.«(3)

Um sich selbst einen Überblick zu verschaffen, besteigt Schmidt einen Polizeihubschrauber. Nach einer Stunde trifft er wieder im Polizeipräsidium ein. Die überflutete Fläche reicht bis nach Neugraben, zur Bahnlinie Hamburg–Bremen. Dort hatte das junge Ehepaar Helmut und Loki Schmidt in den ersten Nachkriegsjahren eine provisorische Bleibe gefunden. Schmidt weiß: Der Stadtteil Wilhelmsburg liegt deutlich tiefer. Also muss die Flut dort, vor allem in den Kleingartenkolonien mit ihren vielen Behelfsheimen, schwerste Schäden verursacht haben. Die Polizeiführung hat schon vor dem Eintreffen ihres Senators versucht, bei der Bundeswehr Schlauchbote und Hubschrauber anzufordern. Um 5.30 Uhr hat der Offizier vom Standortdienst zurückgerufen, sechs Hubschrauber aus Münster seien unterwegs. Eingetroffen sind sie noch nicht. Gegen 9 Uhr entschließt sich Helmut Schmidt zu einem dramatischen Schritt – einem Blitzfernschreiben an Konteradmiral Rogge vom Wehrbezirkskommando I in Kiel, an Generalmajor Müller vom Wehrbezirkskommando II in Hannover und an das Verteidigungsministerium in Bonn. Darin bittet er dringend um Transportraum, Schlauch- und Sturmboote zur Rettung von mehreren Tausend Menschen aus äußerster Lebensgefahr. Dieses Fernschreiben wird um 9.09 Uhr abgesetzt. Und er greift zum Telefon: »Ich kannte die obere Generalität. Als ich anrief, dachten einige zunächst, ich sei verrückt geworden, denn zu einem sagte ich: Ich brauche 200 Hubschrauber […] Mein Zentralerlebnis war eigentlich, dass es an jeder Ecke, ob bei den Amerikanern, bei den Engländern, den Dänen, bei der Bundeswehr, der Wirtschaft, der Polizei, der Feuerwehr, dem Technischen Hilfswerk, wo immer man Hilfe brauchte und den Leuten konkret sagte, was sie tun sollten, dass es absolute Solidarität gab. Ich habe nie wieder in Hamburg so viel Solidarität erlebt.«(4)

Um 11 Uhr beginnt die Sondersitzung des Senats. Der Erste Bürgermeister Paul Nevermann (SPD) hat seine Kur in Hofgastein abgebrochen und ist auf dem Weg in seine schwer geprüfte Stadt. Die Senatsmitglieder und Senatssyndici (die heutigen Staatsräte) sind wegen der ausgefallenen Telefonleitungen durch Rundfunkdurchsagen und Anrufe aus der Eilbeker Wohnung einer Mitarbeiterin des Personalamtes benachrichtigt worden – auch im Senat ist an diesem Tag Improvisation das Gebot der Stunde. Die Landesregierung versammelt sich in einer gespenstischen Atmosphäre. Helmut Schmidt: »Die Ratsstube lag im fahlen Dämmerschein des Oberlichtes, der Strom war ausgefallen. Ich musste daran denken, dass ich erst vor neun Wochen, unmittelbar nach dem Eid auf die Verfassung vor der Bürgerschaft, zum ersten Mal an diesem Hufeisentisch Platz genommen hatte. Jetzt saß ich hier im Mantel wie meine fröstelnden Kollegen

Polizeisenator Helmut Schmidt erläutert an einem Plan die Rettungsaktionen für die Flutkatastrophe am 16./17. Februar 1962.

und bekam ganz außerordentliche Vollmachten.«[5] Der Polizeisenator berichtet dem Senat, was er zu diesem Zeitpunkt an gesicherten Informationen hat, und bereitet seine Kollegen darauf vor, dass mit mindestens tausend Toten gerechnet werden müsse. Angetrieben von dem Bewusstsein, dass er einen Wettlauf um Leben und Tod bestehen muss, entwickelt Helmut Schmidt fast übermenschliche Energie. Er organisiert, drängt, treibt an, befiehlt auch da, wo er eigentlich nichts zu befehlen hat, schert sich nicht um die Geschäftsordnung des Senats, nicht um die Hamburger Verfassung, nicht um das Grundgesetz. Stattdessen sorgt er dafür, dass die Menschen von den Hausdächern, den Bäumen und den Deichkronen geborgen werden, auf die sie sich geflüchtet haben. Das gelingt nur, weil die Bundeswehr und mehrere Nato-Partner rund 100 Hubschrauber zur Verfügung stellen und sie fliegen lassen, obwohl die Windgeschwindigkeiten das nach den Einsatzvorschriften eigentlich nicht zulassen. Innerhalb kurzer Zeit können so mehr als 1.100 Menschen aus höchster Lebensgefahr gerettet werden. Mit einem der Hubschrauber fliegt Schmidt am Nachmittag des 17. Februar erneut das überflutete Gebiet ab: »Der Hubschrauber flog mit ausgehängten Türen, und ich hatte ganz schön Angst. Mein Eindruck war schrecklich; ich war überzeugt, dass Zehntausende in Lebensgefahr waren.«[6]

7. September 1962: Der französische Staatspräsident Charles de Gaulle besucht Hamburg und wird begeistert begrüßt.

Helmut Schmidt stampft einen Rettungs- und Bergungsapparat von 40.000 Mann aus dem Boden: Polizei, Feuerwehr, Bundesgrenzschutz, Technisches Hilfswerk, Bereitschaftspolizei aus mehreren Bundesländern, Rotes Kreuz, zivile Hilfsorganisationen. Dazu Tausende von freiwilligen zivilen Helfern. Und: Soldaten der Bundeswehr, der britischen, amerikanischen und niederländischen

Streitkräfte. Er bildet einen Katastrophendienststab, den er selbst leitet. Dieser Stab dirigiert vier regionale und acht fachliche Leitungen für die dringenden Probleme, die nun gelöst werden müssen: Einsatz der Rettungskräfte, Evakuierung und Versorgung der von der Flut betroffenen Menschen, Notunterkünfte, Verpflegung, Trinkwasser, Medikamente, Bekleidung vor allem. Und natürlich die Bergung und Identifizierung der Opfer. Das wird die bitterste Aufgabe dieser Katastrophe, und es sind vor allem deutsche und dänische Froschmänner, die die Toten aus den Schrebergarten-Siedlungen holen.

30. September 1962: Die Hauptkirche St. Nikolai am Klosterstern wird geweiht.

Am Sonntagmorgen tritt der Senat erneut zusammen, diesmal unter der Leitung des Ersten Bürgermeisters, der in der Nacht um 2.30 Uhr in Fuhlsbüttel gelandet ist. Auf Antrag des Polizeisenators wird Sozialsenator Ernst Weiß (SPD) sofort als Senatskommissar mit unbeschränkten Vollmachten in das Katastrophengebiet entsandt. In der Polizeibehörde gehen die zuständigen Beamten unterdessen daran, für ihren Senator die Katastrophe zu rekonstruieren. Daraus ergibt sich der folgende Ablauf: Ausgelöst wurde das Verhängnis durch das Sturmtief »Vincinette«, das vom südlichen Polarmeer in Richtung Nordsee zog. Am Donnerstag, dem 15. Februar, wurde um 21 Uhr über »Norddeich Radio« erstmals eine Sturmwarnung für die deutsche Nordseeküste gesendet. Am 16. Februar wurden in den Seegebieten der nördlichen Nordsee Windgeschwindigkeiten festgestellt, die von den damaligen Windmessgeräten nicht mehr erfasst werden konnten. Um 8.55 Uhr gab das Deutsche Hydrographische Institut eine Sturmflutwarnung heraus und kündigte Wasserstände von 3,70 Metern über Normalnull an. Um 11 Uhr vormittags strahlte der NDR diese Sturmflutwarnung aus, um 13.05 Uhr folgte eine zweite Warnung vor einer in der Nacht zu erwartenden sehr schweren Sturmflut mit Wasserständen bis 2,50 Meter über dem mittleren Tidehochwasser. Die Nordseeküste wurde zu diesem Zeitpunkt bereits von einer Sturmflut heimgesucht. Die nächste Sturmflutwarnung des NDR ging um 20.33 Uhr über den Äther. Zu diesem Zeitpunkt trieb der immer stärker werdende Nordweststurm mit Windgeschwindigkeiten von 150 Stundenkilometern und mehr die riesige Flutwelle in die Elbmündung hinein. Viele Pegel fielen aus. Um 21.45 Uhr wurde über den NDR erneut vor einer sehr schweren Sturmflut mit einer Erhöhung des Nachthochwassers um 3 bis 3,50 Meter gewarnt. Auch die »Tagesschau« der ARD strahlte diese Warnung aus, die um 22.35 Uhr von der ARD wiederholt wurde, allerdings ohne den Hinweis auf eine spezielle Gefahrensituation in Hamburg. Verhängnisvoll war, dass die meisten Hamburger, die von diesen Warnungen erreicht wurden, daraus für sich persönlich keine Gefährdung herleiteten und glaubten, sie seien in Sicherheit. Um 23 Uhr alarmierte die Baubehörde die Deichverteidigung. Um Mitternacht wurde der Westerdeich auf Finkenwerder überflutet, kurz darauf der Neue Deich in Neuenfelde. Nun brachen die Deiche im Abstand von Minuten: Altenwerder, Francop, Neuhof, Cranz, Wilhelmsburg, Stillhorn, Moorburg, Morfleet … Eine halbe Stunde nach Mitternacht waren die Deiche bereits an fünfzig Stellen gebrochen. Um 0.40 Uhr überflutete die Elbe am Wilhelmsburger Spreehafen

25. Oktober 1962: Die U-Bahnstrecke zwischen den Stationen Jungfernstieg und Wandsbek-Gartenstadt wird in Betrieb genommen.

die tiefer gelegenen Schrebergartenkolonien mit ihren zahllosen Behelfsheimen. Um 1 Uhr waren die Elektrizitätswerke in Wedel, Schulau, Harburg und Neuhof überflutet, um 2.05 Uhr wurde ein Wassereinbruch im Elbtunnel gemeldet. Der Alte Wall stand unter Wasser, ebenso der Rathausmarkt. Im überfluteten Rathauskeller wurde die Fernheizung außer Betrieb gesetzt. Seit 2.30 Uhr war der Süden der Hansestadt abgeschnitten, 100.000 Menschen waren von den Wassermassen eingeschlossen. Um 3.07 Uhr wurde mit 5,78 Metern über Normalnull am Pegel St. Pauli der höchste Wasserstand dieser Unglücksnacht gemessen, Elbwasser floss in die Binnenalster. Vor allem in den Wilhelmsburger Kleingartenkolonien spielten sich Dramen ab, wie Hamburg sie nur in den Bombennächten des Sommers 1943 erlebt hat.

14. November 1962: Im Jenischpark wird das Ernst-Barlach-Museum eröffnet. Es wurde von dem Unternehmer Hermann F. Reemtsma gestiftet und von dem Architekten Werner Kallmorgen entworfen.

Am Mittwoch, dem 21. Februar, tritt die Bürgerschaft zu einer Sondersitzung zusammen. Parlamentspräsident Herbert Dau (SPD) gibt zunächst der Fassungslosigkeit Ausdruck, mit der Hamburg vor dieser Katastrophe steht. Dann erstattet Helmut Schmidt, der als Polizeisenator eine Behörde für Inneres aufbauen soll, dem Hause einen knappen und deshalb umso eindrucksvolleren Bericht. Es ist sein erster und zugleich sein schwerster Auftritt im neuen Amt: »Herr Präsident, meine Damen und Herren! Die Katastrophe, die wir erlebt haben, hat ein Ausmaß erreicht, wie wir es seit dem Hamburger Brand nur im Zweiten Weltkriege erlebt haben. Die Sturmflut von Freitag auf Sonnabend hat nach Mitteilung des Hydrographischen Instituts alle jemals in Hamburg gemessenen Sturmfluten übertroffen, einschließlich derjenigen von 1825, die seither als die schwerste gegolten hatte. Es sind zur Stunde 259 Tote geborgen. Davon sind 204 Personen identifiziert. Ich zweifle nicht, dass die Zahl der geborgenen Toten noch steigen wird. In den Krankenhäusern und im Gesamtbereich der Gesundheitsbehörde waren gestern Nachmittag 443 Personen eingeliefert. In 50 Lagern und Auffangstellen, vornehmlich im Bereich der Sozialbehörde, zum Teil des Deutschen Roten Kreuzes, waren gestern Nachmittag 11.571 evakuierte Personen anwesend. Privat untergekommen, soweit wir es bisher übersehen können, sind 5.880 Evakuierte. Insgesamt ist es also, soweit es im Augenblick übersehbar ist, eine Zahl von 17.894 Personen, die am Leben geblieben sind und die aus ihren Wohnungen haben weichen müssen. 20 Prozent des hamburgischen Staatsgebietes sind unter Wasser gewesen.«(7)

Zunächst in einer Kraftfahrzeughalle der Polizei in Altona, dann in einem großen Zelt auf der Kunsteisbahn in Planten un Blomen werden die Opfer zur Identifizierung aufgebahrt. Es werden 310 Tote, die auf hamburgischem Staatsgebiet geborgen wurden. Ihr Leben verloren haben ferner auf hamburgischem Gebiet zwei Bundeswehrsoldaten, ein Mitarbeiter des Ortsamtes Süderelbe, ein Angehöriger des Technischen Hilfswerkes und der Leiter der DRK-Gruppe Moorburg. Am Montag, dem 26. Februar, findet auf dem Rathausmarkt die Trauerfeier für die Sturmflutopfer statt. 150.000 Menschen nehmen daran teil, an ihrer Spitze Bundespräsident Heinrich Lübke. Die Hansestadt erlebt ein überwältigendes Ausmaß an Hilfsbereitschaft, auch aus dem Ausland.

Bei der Gedenkfeier für die Opfer der Flutkatastrophe nehmen 150.000 Teilnehmer auf dem Rathausmarkt Abschied von den 340 Menschen, die an der deutschen Nordseeküste insgesamt den Tod gefunden hatten.

Die Sturmflutkatastrophe hinterlässt, wie die Bombenkatastrophe im Sommer 1943, tiefe Spuren im kollektiven Gedächtnis Hamburgs. Flut- und Katastrophenschutz bekommen einen völlig neuen Stellenwert. Das Verhältnis der Bevölkerung zur Bundeswehr verändert sich positiv. Helmut Schmidt erwirbt in diesen dramatischen Tagen und Nächten weit über seine Vaterstadt hinaus politische Statur als »Herr der Flut«.

Zeitzeugen

Helmut Schmidt im NDR-Interview 2006 zu den Ereignissen 1962:

»Wir haben uns nicht an Gesetze und Vorschriften gehalten. Und wir haben sicherlich am Grundgesetz vorbei operiert, indem die Bundeswehr sich unterstellt hat, sogar ausländische Truppen sich unterstellt haben. Es war ein übergesetzlicher Notstand!«

»Der stärkste Eindruck war der Wille, ohne große Sabbelei, wie man hier in Hamburg sagt, sich in das zu fügen, was als notwendig anerkannt wurde, Weisungen auszuführen von jemandem, den man noch nie im Leben vorher gesehen hatte, und anzupacken.«

Klaus-Peter Behrens war als Sanitäter des Roten Kreuzes an Rettung und Bergung der Flutopfer beteiligt:

»Ich war insgesamt fast drei Tage am Stück im Katastropheneinsatz. In den wenigen Stunden, die nachts zum Schlafen blieben, kamen die Bilder des Tages zurück. Und auch heute noch sehe ich die Menschen im Wasser. Die Ereignisse des Februar-Wochenendes 1962 sind auch heute noch Teil meines Lebens.«

(Quelle: Uwe Bahnsen/Kerstin von Stürmer: Stürmische Zeiten. Hamburg in den 60er Jahren, Convent-Verlag, Hamburg 2006)

Bürgerschaftspräsident **Herbert Dau** (SPD) in der Bürgerschaftssitzung vom 21. Februar 1962[8]:

»In der Schicksalsnacht zum Sonnabend zerbrachen nicht allein die Deiche unserer Stadt, es zerbrach auch unsere Zuversicht, die Urgewalt der entfesselten Elemente mit technischen Mitteln gebändigt zu haben. Nur schaudernd können wir an die vielen menschlichen Tragödien denken, die sich in jener gespenstischen Mondnacht abgespielt haben, als die vom Orkan getriebenen Fluten mit unvorstellbarer Wucht über die Schutzlosen hinwegrollten, für sicher gehaltene Behausungen zu Tausenden zerschmetterten und zahllose Leben in ein eisiges Grab zogen. Wahllos hat der Tod zugegriffen, ganze Familien vernichtet, Eltern um ihre Kinder, Kinder um ihre Eltern gebracht. Wo das nackte Leben blieb, ging mühsam erworbene Habe zugrunde, verblieben Angst, Sorge und Not. Was wir heute, da die Wassermassen langsam ablaufen, vor uns sehen, ist ein zerstörtes Land, der Schilderung aus der Schöpfungsgeschichte vergleichbar: ›... und die Erde war wüst und leer‹ [...] Wir teilen den Schmerz unserer Mitbürger um ihre Toten, die in langer Reihe aufgebahrt ihrer Identifizierung harren, ehe sie die letzte Ruhe finden können. Unser Herz ist schwer bei dem Gedanken, dass die lange Reihe der Stummen noch um viele vermehrt werden könnte [...] Lassen Sie uns, meine Damen und Herren, in einer Minute des Schweigens aller derer gedenken, die an den Küsten und Strömen unserer norddeutschen Heimat Hab und Gut und Gesundheit einbüßten, und besonders jener, die in den Fluten ihr Leben verloren.«

Anmerkungen

(1) Erich Lüth, Viel Steine lagen am Weg, S. 328 ff.

(2) a.a.O.

(3) Helmut Schmidt in der »Welt am Sonntag«, 17. Februar 1963

(4) Helmut Schmidt in »Die Welt«, 13. Februar 2002

(5) Helmut Schmidt in der »Welt am Sonntag«, 17. Februar 1963

(6) In einem Interview des NDR, 17. Februar 1963

(7) Protokoll der Sitzung der Hamburger Bürgerschaft vom 21. Februar 1962, S. 100

(8) a.a.O.

25.

Die Spiegel-Affäre

Claus Jacobi (35), Chefredakteur des Nachrichtenmagazins »Der Spiegel«, sitzt in seinem Büro im 6. Stock des Hamburger Pressehauses und korrigiert Seitenabzüge. Herausgeber Rudolf Augstein und der Mit-Chefredakteur Johannes K. Engel haben die Redaktion schon verlassen. Es ist der 26. Oktober 1962, abends 21 Uhr. Wie in jeder Woche arbeitet die Redaktion auch an diesem Freitag im Endspurt für das neue Heft, das am Montag erscheinen soll. Es sind die Tage der Kuba-Krise: Kriegsfurcht überall. Kurz nach 21 Uhr läutet Jacobis Telefon. Der Pförtner kündigt zwei nicht angemeldete Besucher an, die Minuten später im Zimmer stehen: Oberkommissar Karl Schütz und der Kriminalbeamte Gerhard Boeden, beide von der Sicherungsgruppe Bonn des Bundeskriminalamtes. Höflich präsentieren sie einen Durchsuchungsbefehl und verlangen die Räumung der Redaktion, in der sich zu diesem Zeitpunkt noch rund 60 Mitarbeiter aufhalten. Jacobi lehnt das ab und macht auf mögliche Schadensersatzforderungen aufmerksam.

In diesen Minuten beginnt eine Affäre, die die Republik erschüttern und die innenpolitische Landschaft dramatisch verändern wird. Kurz darauf treffen rund 20 Hamburger Kriminalbeamte ein, angeführt vom Chef der Hamburger Kripo, dem Leitenden Kriminaldirektor Erhard Land. Sie besetzen die Redaktion und beginnen mit der Durchsuchung und Beschlagnahme von Unterlagen. Die Eingänge werden abgeriegelt, vor dem Pressehaus fährt Polizei auf. Geleitet wird diese Aktion von einem Beamten der Bundesanwaltschaft, dem Ersten Staatsanwalt und späteren Generalbundesanwalt Siegfried Buback. Die hamburgischen Kriminalbeamten geben durch ihr Verhalten zu erkennen, dass sie die Amtshilfe, zu der sie eingesetzt sind, nur widerstrebend leisten. Buback bemerkt das und verlangt von ihnen mehr Nachdruck. Chefredakteur Jacobi will die Produktion des neuen Hefts nicht gefährden und bittet Buback, einem Arbeitsstab der Redaktion die Schlussredaktion zu ermöglichen. Daraufhin dürfen elf »Spiegel«-Mitarbeiter unter Aufsicht von elf Kriminalbeamten die kurz vor dem Andruck stehende Ausgabe fertigstellen. Sämtliche Druckfahnen müssen den Beamten vorgelegt werden. Zwei Kriminalbeamte fahren unterdessen mit Jacobi zu dessen Privathaus, durchsuchen jeden Winkel, beschlagnahmen private Papiere und bringen den Journalisten dann zum Untersuchungsgefängnis am Holstenglacis. Dort verkündet ihm ein Ermittlungsrichter den Haftbefehl. Hinter dem Chefredakteur des gefürchteten Nachrichtenmagazins schließt sich eine Zellentür.

Rudolf Augstein nach seiner Vernehmung durch einen Bundesrichter in Hamburg am 11. Februar 1963, kurz nach seiner Entlassung aus der Untersuchungshaft.

23. Februar 1963: Bei den Howaldtswerken läuft der Supertanker »Esso Deutschland«, das mit 91.000 Tonnen Tragfähigkeit größte deutsche Handelsschiff, vom Stapel. Prominenteste Gäste sind Bundespräsident Heinrich Lübke und seine Frau.

Wie Jacobi ergeht es auch weiteren Redakteuren. Der stellvertretende Chefredakteur Conrad Ahlers, der sich mit seiner Frau in Spanien im Urlaub aufhält, wird in dieser Nacht in Malaga von spanischer Polizei verhaftet und nach Deutschland überstellt. Verteidigungsminister Franz Josef Strauß (CSU) hat den deutschen Militärattaché in Madrid, Oberst Achim Oster, mit unwahren Tatsachenbehauptungen angewiesen, die spanische Polizei um die Festnahme des Urlaubers Ahlers zu ersuchen. Strauß behauptet, ein Haftbefehl sei »unterwegs«. Es handelt sich bei der Festnahme um einen klaren Rechtsbruch, für den kein Ministerium der Bundesregierung und keine nachgeordnete Behörde die Verantwortung übernehmen will. Der Verteidigungsminister ist vor seinem Telefonanruf bei Oster darauf hingewiesen worden, dass es keinerlei Rechtsgrundlage gebe, Ahlers in Spanien festnehmen zu lassen, denn die internationale Polizeibehörde Interpol ist für politische Straftaten nicht zuständig. Der ebenfalls mit Haftbefehl gesuchte Herausgeber Rudolf Augstein stellt sich am Sonntagmittag in der Hansestadt und wird ebenfalls in Untersuchungshaft genommen, später auch Verlagsdirektor Hans Detlev Becker und Augsteins Bruder, der Anwalt Josef Augstein. Insgesamt werden neun Personen festgenommen. Es ist ein beispielloser Vorgang.

Was ist geschehen? In der Ausgabe 41/1962 vom 10. Oktober hat der »Spiegel« eine von Conrad Ahlers verfasste Titelgeschichte mit der Überschrift »Bedingt abwehrbereit« veröffentlicht. Darin wird, gestützt auf Ergebnisse der Nato-Stabsrahmenübung »Fallex 62«, das Verteidigungskonzept der Bundeswehr und damit die Politik des Bundesverteidigungsministers Franz Josef Strauß (CSU) in Frage gestellt. Es ist eine ebenso brisante wie brillante militärpolitische Analyse: Die Bundeswehr sei aufgrund ihrer Ausrüstung zu einer konventionellen Verteidigung der Bundesrepublik gegen einen Angriff des Warschauer Pakts nicht fähig. Ein solcher Angriff könne nur durch den Einsatz westlicher Atomraketen abgewehrt werden. Ahlers belegt seine These mit zahlreichen Fakten.

27. Februar 1963: Der »Kehrwiederturm« an der Kaiserspitze im Freihafen, Jahrzehnte hindurch ein Wahrzeichen des Hafens, wird gesprengt.

Der Würzburger Staatsrechtslehrer Professor Friedrich August Freiherr von der Heydte, im Zweiten Weltkrieg hochdekorierter Frontoffizier, nun Bundeswehr-Oberst der Reserve und CSU-Mitglied, liest diesen Artikel und erstattet am 11. Oktober Anzeige wegen Landesverrats gegen die presserechtlich Verantwortlichen des Nachrichtenmagazins. Die Bundesanwaltschaft holt ein Gutachten beim Bundesverteidigungsministerium ein, das unter Federführung des Oberregierungsrats Wunder zustande kommt. Diese Expertise listet 41 angeblich »zum Teil äußerst wichtige« militärische Geheimnisse auf, die der »Spiegel« mit diesem Beitrag publik gemacht habe. Auf dieser Grundlage erlässt der Ermittlungsrichter des Bundesgerichtshofes am 23. Oktober die von der Bundesanwaltschaft beantragten Haftbefehle gegen mehrere »Spiegel«-Redakteure wegen des Verdachts des Landesverrats und der Bestechung, unter ihnen Augstein, Jacobi und Ahlers, sowie Durchsuchungs- und Beschlagnahmeanordnungen. Die Redaktion wird tagelang überwacht und abgehört, bis am Abend des 26. Oktober die Besetzung und Durchsuchung der Redaktion, wenig später auch der Bonner Redaktionsvertretung, beginnt.

In der Öffentlichkeit, vor allem aber in den Hochschulen und den Medien, lösen die Maßnahmen gegen das regierungskritische Nachrichtenmagazin weit über die Grenzen der Bundesrepublik hinaus einen Sturm der Empörung und massive Proteste gegen einen offenkundigen Eingriff in die Pressefreiheit aus. In einer Flut von Resolutionen und Leitartikeln wird die von der CDU/CSU und der FDP getragene Bundesregierung aufgefordert, die Maßnahmen unverzüglich einzustellen, die Inhaftierten auf freien Fuß zu setzen und die Besetzung der Redaktionsräume zu beenden. Da dies nicht geschieht, kommen die ebenfalls im Pressehaus ansässigen Redaktionen der »Zeit«, des »Stern« und der »Hamburger Morgenpost«, aber auch Redaktionen des Verlagshauses Axel Springer dem Nachrichtenmagazin zu Hilfe, so dass dessen Erscheinen nicht unterbrochen wird. Im Bundestag kommt es am 7., 8. und 9. November zu tumultartigen Fragestunden. Bundeskanzler Konrad Adenauer (CDU) verteidigt die Maßnahmen gegen den »Spiegel« mit der Behauptung: »Wir haben einen Abgrund von Landesverrat im Lande […]« Auf den Zwischenruf: »Wer sagt das?«, entgegnet der Kanzler: »Ich sage das!« Jedoch gelingt es dem Regierungschef nicht, den Fall

Fragestunde im Bundestag anlässlich der »Spiegel-Affäre«, 8. November 1962. Bundeskanzler Konrad Adenauer liest Zeitung.

politisch in den Griff zu bekommen. Die Affäre weitet sich zu einer Regierungskrise aus.

26. April 1963: Bundespräsident Heinrich Lübke eröffnet in der Ernst-Merck-Halle die Internationale Gartenbauausstellung auf dem Gelände von »Planten un Blomen«.

Verteidigungsminister Franz Josef Strauß, der zunächst beteuert hat, er habe mit der Aktion gegen das Nachrichtenmagazin nichts zu tun, gerät immer stärker unter Druck. Der Verdacht erhärtet sich, dass er vorher informiert war und die Maßnahmen auch selbst vorangetrieben hat. Der Koalitionspartner FDP ist empört darüber, dass der von den Liberalen gestellte Justizminister Wolfgang Stammberger vorher nicht informiert worden ist. Er erfährt von der Aktion am 27. Oktober aus einer Tageszeitung. Auch das wird dem Verteidigungsminister angelastet: Er hat seinem Namensvetter, dem Staatssekretär im Justizministerium Walter Strauß, untersagt, seinen Minister Stammberger zu unterrichten, und hat wahrheitswidrig behauptet, der Bundeskanzler habe dies angeordnet. Tatsächlich hat der Kanzler eine solche Anweisung, den Justizminister zu übergehen, nicht erteilt. Am 19. November 1962 erklären die fünf Bundesminister der FDP aus Protest gegen das Verhalten des Verteidigungsministers ihren Rücktritt. Franz Josef Strauß ist nicht mehr zu halten. Am 30. November verzichtet er auf sein Ministeramt.

Mitte Dezember wird das fünfte und letzte Kabinett Adenauer gebildet. Die in Haft genommenen »Spiegel«-Redakteure werden nach und nach freigelassen, Herausgeber Rudolf Augstein nach 103 Tagen. Die »Spiegel«-Redaktion kann nachweisen, dass die meisten der angeblichen militärischen Geheimnisse zuvor in der Fachliteratur und der Presse veröffentlicht worden waren. Und die in der Bundesrepublik stationierten US-Streitkräfte teilen dem Bundesgerichtshof, der über eine Hauptverhandlung zu entscheiden hat, durch ihren höchsten Gerichtsoffizier offiziell mit, die Interessen der US-Streitkräfte würden durch den »Spiegel«-Artikel nicht berührt.

Am 13. Mai 1965 wird der »Spiegel« faktisch rehabilitiert: Der Dritte Strafsenat des Bundesgerichtshofes kommt zu dem Ergebnis, dass keine Beweise für einen wissentlichen Verrat von Staatsgeheimnissen durch Conrad Ahlers, den Herausgeber Augstein und die übrigen beschuldigten Redaktionsmitglieder vorliegen. Eine Eröffnung des Hauptverfahrens wird abgelehnt, die betroffenen Journalisten und alle anderen Beschuldigten werden damit außer Verfolgung gesetzt. Das ist das amtliche Ende der »Spiegel«-Affäre. Im Januar 1966 ruft der »Spiegel«-Verlag das Bundesverfassungsgericht an und begehrt die Feststellung, die Besetzung der Redaktion und deren Durchsuchung seien Verstöße gegen die grundgesetzlich geschützte Pressefreiheit gewesen. Bei Stimmengleichheit der Verfassungsrichter wird diese Verfassungsbeschwerde zurückgewiesen.

27. April 1963: Aktion »Kampf dem Nepp« auf St. Pauli. Zahlreiche Lokale beteiligen sich an dieser freiwilligen Selbstkontrolle.

Zeitzeuge

Kurz vor seinem Tod hat der »Spiegel«-Herausgeber **Rudolf Augstein** (1923–2002) dem von ihm gegründeten Nachrichtenmagazin ein Interview über die »Spiegel«-Affäre und ihre Folgen gegeben.

Spiegel: *Herr Augstein, am fünften Abend Ihrer Haft sammelten sich vor der Hamburger Gefängnisbehörde mehr als tausend Demonstranten und riefen unter anderem: ›Augstein raus, rein mit Strauß‹ oder ›Spiegel tot, Freiheit tot‹. Konnten Sie das hören?*

Augstein: *Ja, klar. Als die Demonstranten kamen, hat man dafür gesorgt, dass ich das mitbekomme. Das Personal war zum Teil auf meiner Seite, die wollten, dass es mir gut geht. Deshalb war meine Zelle sofort frisch geweißelt worden, eine Fürsorge, die mich leider um die Lektüre all der interessanten Bemerkungen brachte, die an einer Gefängniswand stehen.*

Spiegel: *Hat man Sie wegen Ihrer Sympathisanten nach einem Monat in das Gefängnis nach Koblenz verlegt?*

Augstein: *Das kann einer der Gründe gewesen sein. Die Verlegung nach Koblenz war der mieseste Moment in den drei Knastmonaten. Ich war nachts eingeliefert worden in eine uralte Zelle ohne Lokus. Den Gürtel und die Schnürsenkel musste ich abgeben. Geweckt wurde morgens um sechs durch lautes Gebrüll: ›Raustreten!‹ Und dann gleich der erste Anpfiff: Ich sollte gefälligst mein Hemd in die Hose stecken. Da dachte ich: Das kann ja heiter werden hier in Koblenz.*

Spiegel: *War das der schlimmste Moment in Ihrem Leben?*

Augstein: *Nein. Ich war einige Jahre im Krieg gewesen, an der Front. Krieg ist viel schlimmer. Einzelzelle und Hofgang ganz allein sind natürlich kein Vergnügen, aber auch nicht der Vorhof zur Hölle.*

Spiegel: *Haben Sie, zumal in den ersten Wochen, befürchtet, die Aktion ziele auch auf Ihre persönliche Vernichtung? Auf ein Leben als Zuchthäusler?*

Augstein: *Nein. Ich wusste, sie haben es auf die Vernichtung des SPIEGEL abgesehen, nicht auf mich persönlich.*

Spiegel: *Und wie beurteilten Sie die Chancen dazu?*

Augstein: *Je länger ich einsaß, desto optimistischer wurde ich. Ich wusste ja, dass wir keinen Landesverrat begangen und auch niemanden bestochen hatten. Wir waren wirklich unschuldig, jedenfalls was diese strafrechtlichen Vorwürfe anging.*

Spiegel: *In den ersten Tagen der SPIEGEL-Affäre wichen Adenauer und Strauß aber keinen Millimeter zurück.*

Augstein: *Das war auch nicht ihre Art. Bei aller Vorsicht und Listigkeit, die den alten Herrn 14 Jahre im Amt hielt, war Adenauer doch auch starr und übrigens ein Meister der Superlative und der griffigen Formulierungen. Mit der Parole ›Keine Experimente‹ hatte er bei der Bundestagswahl 1957 die absolute Mehrheit gewonnen. Wie oft er ›Die Lage war noch nie so ernst‹ gesagt hat, konnte man nicht zählen. Es ist doch klar, als er bei der SPIEGEL-Debatte im Bundestag mit dem Rücken an der Wand stand, sein Kabinett zerbröseln sah, dass er in dieser Situation auch die ganz großen Worte wählte, also: ›Wir haben einen Abgrund von Landesverrat im Lande!‹ Und: ›Augstein verdient am Landesverrat, und das finde ich einfach gemein.‹ Man darf nicht vergessen, dass Adenauer damals bereits 86 Jahre alt war, ein Urgroßvater, der nicht mehr jederzeit alle Aspekte überblickte.*

Spiegel: *Strauß tat das?*

Augstein: *Und ob! Formale Intelligenz und Gedächtnis ließen bei ihm, er war damals 47 Jahre alt, nichts zu wünschen übrig. Aber keiner hat so dampfwalzenhaft nach der höchsten Macht gestrebt wie Strauß, und keiner sich dabei so blockierend im Weg gestanden. Während der SPIEGEL-Affäre traten alle seine minderen Eigenschaften ans Licht: Draufhauen, Verschwörungsbesessenheit, Geheimdienst-Anbeterei, Rechtsverachtung, Skrupellosigkeit, Unfähigkeit zu jeder Selbstkritik, dazu eine außergewöhnliche Fähigkeit, sich und anderen in die Tasche zu lügen.*

Spiegel: *Apropos: Lügen.*

Augstein: *Strauß hat Conrad Ahlers in Spanien verhaften lassen und über diesen skandalösen Vorgang den gesamten Bundestag belogen. Jahre später hat er behauptet, man habe während der SPIEGEL-Affäre im Panzerschrank von Rudolf Augstein die ›Zielkartei‹ für die atomaren Waffen der Bundeswehr gefunden. Daran ist kein Wort wahr, nicht einmal annähernd. Diese Behauptung ist schlichte Spinnerei gewesen.*

Spiegel: *In seinen nach dem Tod publizierten ›Erinnerungen‹ schreibt er, 1962 wäre ein ›ungeheuerlicher Verrat brisanter militärischer Geheimnisse durch Augsteins Blatt‹ erfolgt.*

Augstein: *Die Wahrheit ist, dass Strauß als Einziger unter den damals handelnden Figuren erkennen konnte und wusste, dass der Artikel ›Bedingt abwehrbereit‹ keinerlei Staatsgeheimnisse enthielt.*

Spiegel: *Die anderen Beteiligten haben es schließlich auch bemerkt.*

Augstein: *Anfang 1963 wusste es jeder. Strauß hatte verloren, wir hatten gewonnen. Die Einsicht war schmerzlich für ihn, für Adenauer, für dessen katholische Kanzler-Demokratur und all ihre Helfer und Nutznießer. Die SPIEGEL-Affäre, genau genommen der größte Justizskandal in der rechtsstaatlichen Geschichte Deutschlands, wäre aber womöglich anders ausgegangen, wenn nicht ein paar Umstände zusammengewirkt hätten: die Hilfe der anderen Hamburger Verlage, nicht mal Axel Springer stand abseits, die Empörung im Ausland und – das war entscheidend – die Parteinahme so vieler Deutscher zu unseren Gunsten. Der SPIEGEL hätte dem mit großer Wucht geführten Stoß nicht standgehalten, wenn die Öffentlichkeit sowie die SPD und FDP im Bundestag nicht rebelliert hätten.*

Spiegel: *Einen öffentlichen Protest in diesen Dimensionen hatte es bis dahin nicht gegeben?*

Augstein: *Nein. Mit der SPIEGEL-Affäre ging die Nachkriegszeit zu Ende, das patriarchalisch-katholische Regime war zu Ende. Die Ära Adenauer war vorbei, denn die Regierung Erhard ist ja doch schon etwas ganz anderes.*

Spiegel: *Ist es übertrieben, wenn manche Zeithistoriker sagen, mit der SPIEGEL-Affäre habe in Deutschland die Demokratie begonnen?*

Augstein: *Große Worte. Vielleicht kann man sagen, dass demokratische Normalität zur Regel wurde – trotz der Nazis und der autoritär gestimmten Staatsdiener, die ja nicht über Nacht verschwanden. Das Ganze bewirkte eben einen Klimawechsel, der durchgreifenden Politikern nicht zuträglich war.*

Spiegel: *Hat sich im Laufe der Jahrzehnte irgend einer der SPIEGEL-Besetzer bei Ihnen entschuldigt?*

Augstein: *Nein. Das kann man auch nicht erwarten. Buback, der später Generalbundesanwalt geworden ist und den die RAF ermordet hat, war ja wirklich kein Gentleman. Er saß auf meinem Stuhl, las meine SPIEGEL-Akten und trank mittags in der Kantine des Pressehauses zwei Schoppen Wein. Die hat er selbst bezahlt, immerhin. Er war weder schnell noch fleißig, gute Manieren waren ihm fremd. Irgend ein Wort des Bedauerns haben wir von dem nicht gehört, auch nicht von seinen Vorgesetzten.*

Spiegel: *Und von seinem braven Untergebenen Gerhard Boeden? Der hat es ja später zum Präsidenten des Bundesamts für Verfassungsschutz gebracht und galt allgemein als charmant.*

Augstein: *Mag sein. 1962 war er ein kleiner Kripo-Mann, der unsere Telefonzentrale besetzt hielt. Immer wenn ein Protestanrufer fragte, ob er denn die SPIEGEL-Telefone lahm legen dürfe, sagte er: ›Das lassen Sie mal die Sorge der Sicherheitsorgane sein.‹ Das war sein ganz spezieller Charme.*

Wahrscheinlich freute er sich einfach, dass er es später noch zum höheren Beamten brachte.

Spiegel: *Nach der Volksschule hatte Boeden Schriftsetzer gelernt.*

Augstein: *Nichts gegen Schriftsetzer! Diesem wirklich ehrbaren Beruf verdanken wir viel, auch ich persönlich in den ersten SPIEGEL-Jahren. Bei der SPIEGEL-Besetzung haben sich die Schriftsetzer bei Auerdruck, wo das Blatt damals hergestellt wurde, wirklich eindrucksvoll verhalten. Sie haben die Beamten der Bonner Sicherungsgruppe, die unsere Redakteure begleiteten, als sie die vorzensierten und verspäteten SPIEGEL-Fahnen ablieferten, so lautstark und eindeutig beschimpft, dass die Redakteure sie beruhigen mussten.*

Spiegel: *Konrad Adenauer ist 1967 gestorben, Franz Josef Strauß 1988. Wie war Ihr Verhältnis zu den beiden zuletzt?*

Augstein: *Ich habe sie ja nie gehasst. Es war ein Kampf, nicht mehr, nicht weniger. Mit Strauß hatte ich ante finem schriftlich einen ›Kamerad weißt Du noch‹-Abend vereinbart. Und Adenauer durfte ich kurz vor seinem Tod besuchen. Er war der beeindruckendste Politiker, dem ich je begegnet bin. Wir haben uns umarmt und versöhnt. Ich war sehr bewegt, sentimental sogar, aber er auch.*

Spiegel: *Könnte sich die SPIEGEL-Affäre wiederholen?*

Augstein: *Nein. Aber es gibt auch keinen Grund, die Ereignisse von 1962 oder sogar mich zu bedauern. Wir sind durch die Affäre klüger geworden, also hat sie uns genützt. Vielleicht sind andere Leute dadurch auch klüger geworden, dann hat sie uns indirekt auch genützt. Außerdem: Was sind 103 Tage Gefängnis in einem langen Leben, wenn dadurch so viel erreicht wurde?*

(Interviewer: Hans Halter)

(Quelle: »Der Spiegel« 43/2002, 21.10.2002)

26.

Hamburgs Wiedergeburt

Fast auf den Tag genau 20 Jahre nach dem Ende des Krieges 1945 findet im Rathaus am 14. Mai 1965 ein Festakt statt, zu dem der Senat 30 Hamburgerinnen und Hamburger eingeladen hat. Sie werden stellvertretend für alle Bürgerinnen und Bürger der Hansestadt geehrt, die in diesen zwei Jahrzehnten aus der Trümmerwüste des Jahres 1945 wieder ein blühendes, wirtschaftsstarkes Gemeinwesen gemacht haben. Zum Beispiel Wilhelm Trippe, pensionierter Maurerpolier aus Hohenfelde. Er ist für das Hamburger Bauhandwerk erschienen. Der Industrielle, Erfinder und Mäzen Kurt Körber für die Industrie. Die Journalistin Marion Gräfin Dönhoff für die Presse und Ida Ehre, die Prinzipalin der Kammerspiele, für Hamburgs Theater. Altbürgermeister Kurt Sieveking (CDU) vertritt an diesem Tag Politik und Verwaltung, Hafenbaudirektor Friedrich Mühlradt, der Chef des Amtes Strom- und Hafenbau, den Hafen, Professor Karl Schiller (SPD), inzwischen Wirtschaftssenator in Berlin, die Hochschulen. Jeder der 30 Gäste erhält in dieser bewegenden Feierstunde eine Urkunde. Bürgermeister Paul Nevermann (SPD) verkündet offiziell das Ende des Wiederaufbaus, zu dem er selbst als langjähriger Bausenator viel beigetragen hat. Ein Name fehlt an diesem

24. Januar 1964: Der Bankräuber »Spitznase« hält die Polizei in Atem. Für seine Ergreifung wird eine Belohnung von 20.000 Mark ausgesetzt.

18. Juni 1964: Beim Ausdocken im Vulkanhafen kentert das Kühlschiff »Brunswick«. Neun Seeleute und Werftarbeiter sind im Rumpf eingeschlossen, acht können geborgen werden.

Der mit Nationalflaggen und Wimpeln geschmückte Neue Wall Anfang der 1960er-Jahre.

Tag auf der Gästeliste: Gustav Oelsner (1879–1956), früherer Altonaer Bausenator, Freund und Weggefährte des legendären Hamburger Oberbaudirektors Fritz Schumacher, vom NS-Regime wegen seiner Abstammung in die Emigration gezwungen, kehrte 1949 aus Istanbul nach Hamburg zurück. Er hatte die türkische Regierung im Städtebau beraten. Nun trat er als Stadtplaner und Referent für Aufbauplanung in die Baubehörde ein. Hamburgs Wiederaufbau trägt seine planerische Handschrift.

5. Oktober 1964: Der Neue Wall zwischen Bleichenbrücke und Poststraße wird zur ersten Fußgängerstraße Hamburgs und bleibt es bis Februar 1966.

26. Oktober 1964: Der Fernsehsender im Bunker auf dem Heiligengeistfeld strahlt erstmals das dritte Fernsehprogramm des NDR aus.

Der Senat kann an diesem 14. Mai 1965 auf eine stolze Bilanz verweisen, die im Mai 1945, als die britische Militärregierung in Hamburg begann, niemand auch nur im Entferntesten für möglich gehalten hätte. 43 Millionen Kubikmeter Trümmerschutt und weit über 10.000 Brandruinen mussten beseitigt werden. Als die Waffen schwiegen, lebten 1,3 Millionen Menschen in der Stadt, nun sind es 1,85 Millionen. 365.000 Wohnungen sind in diesen zwei Jahrzehnten neu gebaut worden. Hamburg hat jetzt mit einem Bestand von rund 625.000 Wohnungen 70.000 mehr als vor dem Krieg. 150 Schulen wurden neu errichtet, die Universität hat ein eigenes Stadtviertel bekommen, die Staatsoper ein neues Haus. Und der Hafen, unverändert das wirtschaftliche Herz der Stadt, ist trotz seiner Randlage unweit des Eisernen Vorhangs, der Europa teilt, wieder einer der leistungsfähigsten Welthäfen. Die Investitionen in die Hafeninfrastruktur waren in der Bürgerschaft, dem Landesparlament, nie umstritten – und sie haben sich ausgezahlt: Der Hafenumschlag hat 35 Millionen Tonnen erreicht, das sind 150 Prozent der Umschlagsleistung von 1938. Hamburg ist nach Berlin die zweitgrößte deutsche Industriestadt und das größte deutsche Außenhandelszentrum. Und es hat sich zur tonangebenden deutschen Medienmetropole entwickelt: Hier erscheinen die »Bild«-Zeitung und die meisten anderen Blätter des Verlagshauses Axel Springer, die Magazine »Spiegel« und »Stern«, die Wochenzeitung »Die Zeit«, und Abend für Abend wird hier die »Tagesschau« der ARD ausgestrahlt. Es ist eine beispiellose Erfolgsgeschichte. Und nachdem schon im September 1962 der französische Staatspräsident Charles de Gaulle in der Hansestadt stürmisch begrüßt wurde, steht der Stadt nun mit dem Staatsbesuch der britischen Königin Elizabeth II. ein weiteres glanzvolles Ereignis bevor. 22 Jahre zuvor hatte der britische Luftmarschall Arthur Harris, der Chef des »Bomber Command«, seinen Besatzungen noch befohlen, Hamburg auszulöschen. Welch ein Wandel!

Und auch das gehört zur Bilanz dieser zwei Jahrzehnte: Geliebt haben die Hamburger ihre Stadt immer, auch in den Jahren, in denen sie in Trümmern lag. Jetzt aber sind sie wieder stolz auf ihr Hamburg. Und für diesen Stolz stehen die beiden Buchstaben, die seit 1956 wieder jedes in Hamburg vergebene Autokennzeichen trägt: HH, Hansestadt Hamburg. Das Erkennungszeichen für die Hamburger, wo immer sie einander begegnen. Und zugleich der Zuruf, mit dem sie einander begrüßen: Hummel, Hummel!

27.

Rücktritt aus Staatsräson

Im Frühjahr 1965 bereitet Hamburg sich auf ein politisch-protokollarisches Großereignis vor – den Besuch der Queen und des Prinzgemahls in der Hansestadt am 28. Mai. Auch die Redaktionen rüsten sich für diese medienwirksame Visite, und so ruft die Reporterin einer Boulevard-Zeitung Grete Nevermann, die Ehefrau des Ersten Bürgermeisters, an und stellt ihr eine Frage von Frau zu Frau: »Welchen Hut werden Sie tragen?« Die Antwort ist kurz und klar und hat die Wirkung einer mittleren politischen Detonation: »Gar keinen. Ich gehe da nicht hin.«

5. Februar 1965: Grundsteinlegung für die größte Tiefdruckerei Europas in Ahrensburg für das Verlagshaus Axel Springer.

Nun wird öffentlich, was bis dahin nur ein kleiner Kreis von Rathaus-Insidern weiß: Die Ehe des Regierungschefs ist zerrüttet, das Paar lebt bereits getrennt, und der Bürgermeister hat eine neue Lebenspartnerin. Seine Ehefrau sieht nicht ein, dass sie unter diesen Umständen als protokollarisches Feigenblatt dienen soll, und da sie mit sich im Reinen ist, lässt sie sich auch nicht mit dem Argument umstimmen, sie sei den Auftritt an der Seite ihres Ehemannes ihrer Funktion als First Lady schuldig.

16. Februar 1965: Auf der Deutschen Werft läuft die »Wappen von Hamburg«, das künftige Flaggschiff der HADAG, vom Stapel.

Königin Elisabeth II. trägt sich in das Goldene Buch der Stadt Hamburg ein. Rechts neben ihr Ilse Engelhard, Ehefrau des Zweiten Bürgermeisters Edgar Engelhard, Bürgermeister Nevermann und Elisabeths Ehemann, Prinz Philipp.

Die Protokollchefs des Senats, des Auswärtigen Amtes und des Königshauses verhandeln über einen Ausweg, und er wird rasch gefunden: Ilse Engelhard, die Ehefrau des Zweiten Bürgermeisters Edgar Engelhard (FDP), soll an der Seite des Senatschefs repräsentieren. Sie löst die Aufgabe problemlos. Beide erweisen sich als parkettsichere, würdige und taktvolle Gastgeber. Es wird ein glanzvoller Besuch ohne Pannen und Peinlichkeiten. Aber als der Trubel vorüber ist, geht Paul Nevermann mit seinem privaten Problem in den SPD-Landesvorstand, denn im März 1966 soll eine neue Bürgerschaft gewählt werden. Ein Spitzenkandidat, der sich von seiner Ehefrau getrennt hat und eine neue Partnerschaft ein-

Paul Nevermann verlässt nach seinem Rücktritt den Senatsflügel des Rathauses.

gegangen ist – kann man das der eigenen Partei, ihren Anhängern und darüber hinaus der Öffentlichkeit vermitteln? Auch hat der Senatschef Anzeichen von Amtsmüdigkeit erkennen lassen. Im Verhältnis zur SPD-Bürgerschaftsfraktion haben sich mehr als nur klimatische Störungen gezeigt. So hat die Fraktion einen sensationellen Vorstoß zur Bildung einer norddeutschen Wirtschaftsgemeinschaft öffentlich präsentiert, ohne sich darüber vorher mit dem Regierungschef ins Benehmen zu setzen.

Die Parteiführung hat diese Probleme auch gesehen und schon vor dem Besuch der Queen den Bürgerschaftspräsidenten Herbert Dau (SPD) beauftragt, sich zunächst um eine Entschärfung des Ehekonfliktes zu bemühen. Man hat verschiedene Varianten einer Kompromisslösung erörtert, aber keine hat Paul Nevermann überzeugt. Hinzu kommt, dass ihm auch aus Bonn, etwa von Herbert Wehner, der Rücktritt nahegelegt wird, um Schaden von der SPD abzuwenden. So entschließt er sich zur Demission.

13. September 1965: Zwei Auftritte der Rockband »Rolling Stones« in der Ernst-Merck-Halle führen zu einer Straßenschlacht.

Unter großem Zeitdruck beginnt nun die Suche nach einem Nachfolger. Eine Findungskommission, zu der auch Helmut Schmidt gehört, wird mit Personalvorschlägen beauftragt und kommt sehr schnell zu einem Ergebnis. Helmut Schmidt erinnert sich: »Nach weniger als zwei Stunden waren wir uns einig. Wir schlugen Herbert Weichmann vor. Wir wussten, er war nicht populär. Wir wussten, er war kein Tribun. Wie könnte jemals ein Finanzsenator oder ein Finanzminister populär sein oder gar populär sein wollen? Einige unserer Genossen haben denn damals auch gefragt: ›Was, den Pennschieter wüllt ji wählen?‹ Und einige Journalisten schrieben über Weichmann als Übergangsbürgermeister. Aber wir fühlten uns sicher. Und die Partei insgesamt hatte den richtigen politischen Instinkt.«[(1)] Am 8. Juni 1965 erklärt Bürgermeister Paul Nevermann in einem Schreiben an den Bürgerschaftspräsidenten Herbert Dau seinen Rücktritt zum folgenden Tag, 15 Uhr.

Damit endet eine politische Laufbahn, die 1920 mit dem Eintritt in die Hamburger SPD begann. Der Sohn eines ungelernten Brauereiarbeiters wurde in der Hansestadt eine der prägenden Gestalten der Nachkriegszeit.[(2)] Als Bausenator erlangte er wegen der Energie, mit der er den Wohnungsbau voranbrachte, große Popularität. In seine Amtszeit als Erster Bürgermeister fiel die Flutkatastrophe und ihre Bewältigung. In der »Spiegel«-Affäre war er als Regierungschef ein konsequenter und energischer Verteidiger des Rechtsstaates.

29. November 1965: Der Hamburger Verkehrsverbund (HVV) wird gegründet.

Einstimmig wählt der Senat am 9. Juni 1965 den bisherigen Finanzsenator Professor Herbert Weichmann (SPD) zum neuen Bürgermeister. Sein Amtsantritt ist eine historische Zäsur: Zum ersten Mal in der langen Geschichte der Elbmetropole leitet ein Jude die Stadtregierung. Früher wäre das undenkbar gewesen. Der 69-Jährige verkörpert in seinem Lebensschicksal die Verbindung von Preußentum und Judentum. In der Bürgerschaftswahl vom 27. März 1966 erzielt die SPD mit Weichmann als Spitzenkandidat ein Rekordergebnis: 59 Prozent, 74 Mandate. Seine Amtszeit wird zur legendären »Ära Weichmann«.

Anmerkungen

(1) Herbert Weichmann zum Gedächtnis, herausgegeben von Dr. Hans Fahning, Hamburg 1983, S. 40 ff.

(2) Paul Nevermann (1902–1979) erwarb nach einer Lehre als Schlosser und Maschinenbauer auf dem Zweiten Bildungsweg die Hochschulreife und studierte in Hamburg und Innsbruck Rechtswissenschaften. Er trat nach dem Zweiten Staatsexamen 1932 als Assessor in das Hamburger Arbeitsamt ein. 1933 quittierte er aus eigener Entscheidung den Staatsdienst und eröffnete eine Anwaltspraxis. N. verteidigte sozialdemokratische und kommunistische Politiker, soweit das unter den Bedingungen der NS-Justiz möglich war. 1935 wurde ihm verboten, in Hochverratsprozessen als Verteidiger zu fungieren. Im Krieg musste er seine Tätigkeit als Anwalt ganz aufgeben. Im Zusammenhang mit dem Attentat auf Hitler am 20. Juli 1944 wurde er in der »Aktion Gewitter« vorübergehend verhaftet und in ein KZ eingeliefert.
Am 6. November 1945 wurde N. von der Militärregierung zum Sozialsenator ernannt. Nach der Bürgerschaftswahl 1946 trat er am 15. November 1946 sein Amt als Senator für Bau- und Wohnungswesen an. 1950 übernahm er zugleich das Amt des Zweiten Bürgermeisters. Nach dem Machtverlust der SPD 1953 wurde er zum Vorsitzenden der SPD-Bürgerschaftsfraktion gewählt und erwies sich als ein exzellent informierter, scharfzüngiger und gefürchteter Oppositionsführer. Nach dem Wahlsieg der SPD 1957 wurde er erneut als Senator für Bau- und Wohnungswesen in die Landesregierung gewählt und trat mit dem Jahresbeginn 1961 die Nachfolge Max Brauers als Erster Bürgermeister an. Nach seinem Rücktritt 1965 war er von 1967 bis zu seinem Tod 1979 Präsident des Deutschen Mieterbundes. N. starb in Puerto de la Cruz auf Teneriffa.

28.

Fusion unter dem Apfelbaum

John Jahr, Zeitschriften-Verleger in Hamburg, und Ehefrau Elli erwarten am 30. Juni 1965 in ihrem Anwesen an der Alsterkrugchaussee Gäste. Im Garten ist unter einem Apfelbaum der Kaffeetisch gedeckt: Erdbeertorte mit Schlagsahne. Es nehmen Platz der Verleger Gerd Bucerius (59), der Druckereibesitzer Richard Gruner (39) und die Gastgeber. John Jahr[1] ist 65. Man kennt sich seit langem. Anlass der Zusammenkunft ist indessen nicht der gesellige Verkehr, sondern die Gründung eines Großverlags, und die wird die Medienbranche verändern. Die drei Herren unterschreiben ein umfangreiches Vertragswerk und heben damit das Verlagshaus Gruner + Jahr GmbH + Co aus der Taufe. Jahr (32,25 Prozent) bringt die Zeitschriften »Constanze«, »Brigitte«, »Schöner Wohnen«, »Petra« und »Capital« ein, Bucerius (28,25) die Wochenzeitung »Die Zeit« und die Illustrierte »Stern«, Gruner (39,5) seine Großdruckerei in Itzehoe. So entsteht der größte deutsche Zeitschriftenverlag, und John Jahr jr. wird sich später erinnern, es sei vor allem Bucerius[2] gewesen, auf dessen Drängen diese Fusion zustande kam.

8. Februar 1966: Im Hauptbahnhof detoniert ein Sprengsatz. Verursacht hat die Explosion ein Erpresser, der sich »Roy Clark« nennt.

12. Mai 1966: In Osdorf wird das Elbe-Einkaufszentrum eröffnet.

20. Oktober 1966: Der Wallring-Straßentunnel wird für den Verkehr freigegeben.

Es bedurfte langwieriger Diskussionen, bis die drei Gesellschafter eine gemeinsame Basis gefunden haben, und an diesem Tag, in John Jahrs Garten,

Richard Gruner am 24. Januar 1970.

Gerd Bucerius im Jahr 1965.

sanktionieren sie die schließlich gefundene Lösung. Sie sind überzeugt, dass sie gemeinsam stärker sind als in der bisherigen Form ihrer Zusammenarbeit, in der jeder Partner selbstständig blieb. Es geht für sie darum, den verlegerischen und unternehmerischen Erfolg gegen einen mächtigen Wettbewerber durchzusetzen, dessen Verlagshaus so etwas wie das Maß der Dinge im Verlagsgeschäft ist: Axel Springer. Es ist besonders Bucerius, der diesen Aspekt im Blick hat. Der vormalige CDU-Bundestagsabgeordnete ist von den drei Gesellschaftern derjenige, der die meiste politische Erfahrung mitbringt. John Jahr hatte sich 1950 zur Hälfte am »Spiegel«-Verlag von Rudolf Augstein beteiligt, und er vor allem war es, der dafür sorgte, dass sich das Magazin von seinem bisherigen Standort Hannover verabschiedete und nach Hamburg umzog. Jahr konnte so besser seine Erfahrungen im Anzeigen- und Vertriebsgeschäft einbringen. 1960 verkaufte er jedoch seine Anteile an Bucerius und Gruner, die so »Spiegel« Mitgesellschafter wurden. Schon damals hätte es nahegelegen, die politisch linksliberalen Titel »Spiegel«, »Stern« und »Zeit» verlegerisch zusammenzuführen. Das scheiterte jedoch vor allem an den unterschiedlichen Interessen von Augstein und Bucerius, die sich daher 1962 trennten. John Jahr konzentrierte sich unterdessen auf den Ausbau seines eigenen Verlags.

8. Januar 1967: Beginn einer Weltkarriere: Placido Domingo debütiert in der Staatsoper.

22. September 1967: Die S-Bahn zwischen Elbgaustraße und Pinneberg wird in Betrieb genommen.

Die Gründung des Verlagshauses Gruner + Jahr (Bucerius verzichtet aus phonetischen Gründen auf eine Namensnennung) löst in der Branche und darüber

John Jahr, hier porträtiert 1970.

hinaus in der Öffentlichkeit insgesamt ein zwiespältiges Echo aus – es entsteht der Begriff »Hamburger Kumpanei«. Er bezieht sich zunächst darauf, dass Verleger mit unterschiedlichen politischen Grundeinstellungen, wie beispielweise Springer und Augstein, gleichwohl miteinander Geschäfte machen. So wird der »Spiegel« viele Jahre bei Springer gedruckt. Später bezieht sich der Begriff auf die drei linksliberalen Titel »Spiegel«, »Stern« und »Zeit«, deren Redaktionen der CDU betont kritisch gegenüberstehen und vor allem Brandts Ostpolitik unterstützen. Der zentrale Dissens, der das Haus Springer und die »Hamburger Kumpanei« trennt, ist das Verfassungspostulat der Wiedervereinigung: Die Zeitungen Axel Springers halten wie er selbst unbeirrbar daran fest, während die drei linksliberalen Blätter bereit sind, sich mit der deutschen Teilung abzufinden, wenn es gelingt, der Bevölkerung in der DDR schrittweise zu einem höheren Lebensstandard und zu mehr Freiheitsrechten zu verhelfen.

24. Oktober 1967: Grundsteinlegung für 1.061 Hochhauswohnungen am Osdorfer Born.

1967: Auf der Reeperbahn geht das Großbordell »Eros-Center« als »Mädchenwohnheim« in Betrieb.

Die Gründungsgesellschafter des Verlagshauses Gruner + Jahr bleiben nur wenige Jahre beieinander. Bucerius und Gruner(3) steigen aus, Hauptgesellschafter wird der Medienkonzern Bertelsmann, während die Familie Jahr eine Sperrminorität von 25,1 Prozent behält. Gruner + Jahr entwickelt sich mit rund 500 Print- und Onlinemedien sowie Lesern und Nutzern in rund 30 Ländern zum größten Druck- und Verlagshaus Europas und zum umsatzstärksten deutschen Verlag.

Anmerkungen

(1) John Jahr sen. (1900–1991), gebürtiger Hamburger, begann als Sportjournalist. Ab 1924 engagierte er sich im Verlagsgeschäft, unter anderem als Anzeigen-Generalvertreter für den kommunistisch orientierten Münzenberg-Verlag. In der NS-Zeit betätigte er sich in Berlin als Buchhändler und Buchverleger. Nach Hamburg zurückgekehrt, erhielt er 1947 gemeinsam mit Axel Springer, dem er freundschaftlich verbunden blieb, die Lizenz für die Frauenzeitschrift »Constanze«, die zur wirtschaftlichen Grundlage für seinen Verlag wurde. Äußerst erfolgreich wurde für ihn 1965 die Gründung des Verlagshauses Gruner + Jahr.

(2) Gerd Bucerius (1906–1995), Sohn eines Juristen und Kommunalpolitikers, stammte aus Hamm, wurde Anwalt und in der NS-Zeit als »wehrunwürdig« eingestuft. Nach Kriegsende wurde er von der britischen Militärregierung in Hamburg als Bausenator eingesetzt. Seit 1949 gehörte er als CDU-Abgeordneter dem Bundestag an. Als er 1962 wegen eines Artikels in der von ihm verlegten Illustrierten »Stern« von der CDU-Führung politisch und persönlich angefeindet wurde, trat er aus der CDU aus und legte sein Mandat nieder. B. war seit 1957 alleiniger Verleger der Wochenzeitung »Die Zeit«. Seine Beteiligung am Verlagshaus Gruner + Jahr, die er später im Tausch gegen eine Beteiligung am Medienkonzern Bertelsmann aufgab, machte ihn zum milliardenschweren Großverleger. 1986 verlieh der Hamburger Senat ihm die Ehrenbürgerwürde.

(3) Richard Gruner (1925–2010) erbte von seinem Vater die Druckerei Gruner & Sohn in Itzehoe, die er 1946 nach dem Unfalltod seines Vaters kurz nach Abschluss seiner Ausbildung übernehmen musste. Er baute das Unternehmen durch strategische Verlagsbeteiligungen, die ihm lukrative Druckaufträge einbrachten, zu einer der führenden deutschen Zeitschriften-Druckereien aus. Nach dem schrittweisen Verkauf seiner Anteile am Verlagshaus Gruner + Jahr betätigte er sich als erfolgreicher Investor in den USA, kehrte später nach Europa zurück und übersiedelte nach Vaduz im Fürstentum Liechtenstein, wo er 2010 starb.

29.

Unter den Talaren …

Im Auditorium Maximum der Hamburger Universität herrscht eine Atmosphäre steifer akademischer Feierlichkeit. Der Saal ist voll besetzt. Altbürgermeister Max Brauer ist erschienen, der Zweite Bürgermeister Wilhelm Drexelius, Bürgerschaftspräsident Herbert Dau (alle SPD), viele Professoren und Studenten. Anlass ist der Rektoratswechsel. Der bisherige Rektor, der Kinderarzt Professor Karl-Heinz Schäfer, übergibt sein Amt an den Finanzwissenschaftler Professor Werner Ehrlicher. Es ist der 9. November 1967 – ein Tag, der in die deutsche Universitätsgeschichte eingehen wird.

An den Hochschulen herrscht Unruhe. Wenige Monate zuvor, am 2. Juni 1967, ist in Berlin bei einer Demonstration gegen den Schah-Besuch vor der Deutschen Oper der Student Benno Ohnesorg durch einen Schuss aus einer Polizeipistole ums Leben gekommen. Als der neue und der scheidende Rektor den Saal betreten, gehen ihnen zwei Studenten, die angehenden Juristen Detlev Albers (23) und Gert Hinnerk Behlmer (24), mit einem schwarzen Transparent voran, dessen Aufschrift, aus Leukoplast geformte Buchstaben, in die Annalen der studentischen Protestbewegung eingehen wird: »Unter den Talaren Muff von 1000 Jahren«. Im Saal kommt es zu erregten Szenen. Die Studenten applaudieren. Die Professoren sind ungehalten. Der Orientalist Professor Berthold Spuler ruft den Studenten voller Zorn zu: »Ihr gehört ins KZ!« und wird wegen dieser Entgleisung ein Disziplinarverfahren gegen sich selbst beantragen. Der scheidende Rektor bekundet in seinem Rechenschaftsbericht einerseits Verständnis für den Unmut der Studenten. Deren Forderung nach Mitbestimmung in den Gremien der Universität weist er jedoch hart zurück, weil dies seiner Ansicht nach zu einem verfassungswidrigen »Rätesystem« führen würde. Auch der Auftritt seines Amtsnachfolgers Professor Ehrlicher trägt nicht dazu bei, das Verhältnis zwischen den Professoren und der Studentenschaft zu entspannen, denn er hält eine Art Antrittsvorlesung über sein Fachgebiet und verliert über die Dringlichkeit einer Universitätsreform kein Wort.

11. Mai 1968: Die Aussichtsterrasse des Fernsehturms wird eröffnet.

31. Mai 1968: Im Hamburger Hafen beginnt das Container-Zeitalter. Als erstes Vollcontainerschiff macht die »American Lancer« fest.

31. Oktober 1968: Eröffnung des Kaufhauses Horten im früheren Klöpperhaus an der Mönckebergstraße.

Die beiden Studenten Albers und Behlmer hatten Ende Januar 1967 als AStA-Vorsitzende der Universität nach insgesamt siebenjährigen Bemühungen der Studentenschaft um Mitbestimmung in den Universitätsgremien einen Teilerfolg errungen. Studentenvertreter konnten nun an den Sitzungen der Fakultäten teilnehmen. Wenige Wochen zuvor hatten beide noch unter Protest eine Sitzung des Akademischen Senats verlassen, weil selbst dieses Zugeständnis beharrlich verweigert wurde. Auch nachdem die Universität sich mühsam zu

Die Studenten Detlev Albers (li.) und Gert Hinnerk Behlmer demonstrieren am 9. November 1967 im Audimax der Universität gegen die mangelnde Reformbereitschaft der Professoren.

Konzessionen durchgerungen hat, sind die Studenten nur widerwillig geduldete Zaungäste. Das äußert sich zum Beispiel darin, dass den Studentenvertretern Zutritt zu den Gremien nur zeitweilig gewährt wird, nämlich dann, wenn der Tagesordnungspunkt »Studentische Angelegenheiten« behandelt wird, also vor dem Punkt »Sonstiges«. Vorher aufgerufene Tagesordnungspunkte werden ihnen vorenthalten, die dazu gefassten Beschlüsse ebenfalls. Mit dem Transparent wollen Albers und Behlmer an diesem 9. November ihrer Empörung über das Establishment der Universität Ausdruck geben. Jedoch sind die beiden Studenten keine Revoluzzer. Gert Hinnerk Behlmer ist Reserveoffizier der Bundeswehr. Als es im Juni 1967 auch in der Hansestadt während des Schah-Besuchs zu schweren Zusammenstößen zwischen Demonstranten und der Polizei kam, hat er eine penible Dokumentation über das überzogene Vorgehen der Ordnungshüter vorgelegt, die auch der Senat unter Bürgermeister Herbert Weichmann (SPD) nicht widerlegen konnte.

Zeitzeuge

Gert Hinnerk Behlmer erinnert sich im Gespräch mit Uwe Bahnsen an diesen dramatischen Tag:

»Der ganze Vorgang war voller Symbolik, und die war natürlich gewollt. Das begann schon mit dem schwarzen Stoff für das Transparent. Der lag in den Räumen des Allgemeinen Studentenausschusses herum, dessen Vorsitzende Detlev Albers und ich ja zuvor gewesen waren. Es war ein Stück von dem Trauerflor für die Beisetzung des Studenten Benno Ohnesorg. Wir hatten mit einer studentischen Delegation an der Trauerfeier in Hannover teilgenommen und den Trauerflor als Andenken mitgenommen. Den Text für diesen sehr eingängigen Vers auf dem Transparent hatten wir aus einer Wandparole auf dem Campus entwickelt. Die ›1000 Jahre‹ waren durchaus doppeldeutig gemeint – einerseits als Anspielung auf die altersmorschen Traditionen im Universitätsbetrieb, andererseits aber als Hinweis auf die Professoren mit brauner Vergangenheit, die sich weitgehend problemlos aus der NS-Zeit, dem ›Tausendjährigen Reich‹, in die Nachkriegsdemokratie hinübergerettet hatten. Für die braven schwarzen Anzüge, die wir trugen, hatten wir uns zur Tarnung entschieden. Sonst hätten wir nicht die Möglichkeit gehabt, vor dem scheidenden und dem neuen Rektor die Treppe ins Audimax hinunterzugehen und unser Transparent zu entrollen. Denn es gab durchaus Eingangskontrollen. Der Auftritt mit dem Spruchband hatte für uns übrigens ernste Folgen. Gegen uns wurden studentische Disziplinarverfahren eingeleitet, so etwas gab es damals noch, und die konnten wir nur durch verfahrensrechtliche Tricks aussitzen. Vergleichsweise ernster waren Strafverfahren wegen Nötigung, mit denen wir überzogen wurden, weil wir in der Universität Sitzblockaden veranstaltet hatten, um unsere Forderungen durchzusetzen. Da gab es eine Grundsatzentscheidung des Bundesgerichtshofes, der über eine Sitzblockade in Bremen zu entscheiden hatte und darin Nötigung mit Gewalt, also einen klaren Straftatbestand, sah. Vor der Strafverfolgung bewahrt wurden wir durch eine Amnestie für solche Fälle, die der damalige Bundesjustizminister Gustav Heinemann (SPD) auf den Weg gebracht hatte. Eine Verurteilung hätte uns beruflich erhebliche Probleme bereiten können.«

1. April 1969: An den Hamburger Schulen sind körperliche Züchtigungen nicht mehr zulässig.

12. August 1969: Ein Zugunglück bei Meckelfeld fordert vier Tote und 33 Verletzte. Ein Eilzug ist auf den an einem Signal wartenden Fernschnellzug »Gambrinus« aufgefahren.

Gert Hinnerk Behlmer wurde ein vorzüglicher Verwaltungsjurist, war Staatsrat der Senatskanzlei und der Kulturbehörde und ist im Ruhestand. Detlev Albers wurde Politologe, ging als Hochschullehrer nach Bremen und war einer der einflussreichen Vordenker der SPD, deren »Hamburger Programm« er maßgeblich beeinflusste. Er starb 2008 in Bremen.

30.

Ein Blutbad, zu dem es nicht kam

19. Februar 1970: Aus der Akademie für Gemeinwirtschaft für Absolventen des Zweiten Bildungsweges wird die Hochschule für Wirtschaft und Politik.

5. März 1970: Der Grundstein für das CongressCentrum Hamburg wird gelegt. Eröffnung 1973.

15. Juli 1970: Im Hafen vernichtet ein Großfeuer den Schuppen 81. Zwanzig Millionen Mark Schaden.

Es ist Freitag, der 19. Mai 1972. Ein normaler Werktag, auch für die über 3.000 Mitarbeiterinnen und Mitarbeiter des Verlagshauses Axel Springer in der Fuhlentwiete. In den Redaktionen und Anzeigenabteilungen werden die Pfingstausgaben der Tages- und Wochenzeitungen des Hauses vorbereitet. Alles geht seinen gewohnten Gang – bis zum Nachmittag um 15.36 Uhr. In dieser Minute beginnen 36 Stunden, die das Haus für immer verändern werden. Um 15.36 Uhr nimmt die Telefonzentrale auf der Ortsleitung einen anonymen Anruf entgegen, eine jugendliche, männliche Stimme: »In 15 Minuten geht eine Bombe bei euch hoch!« Eine Minute später, um 15.37 Uhr, meldet sich dieser Anrufer erneut, diesmal bei einer anderen Telefonistin: »In 15 Minuten geht eine Bombe hoch, sofort räumen!«

Drohanrufe sind für die Telefonistinnen keine Seltenheit, sie geraten deshalb auch nicht in Hektik oder gar in Panik. Sie informieren um 15.39 Uhr den Sicherheitsbeauftragten der Innenverwaltung, Uwe Schwerzel, und der löst noch Bombenalarm aus, doch um 15.41 Uhr wird das Verlagsgebäude von einer schweren Explosion erschüttert. Im dritten Stock, im Übergang vom Haupthaus zur Setzerei, ist an der zur Fuhlentwiete gelegenen Seite eine in einer Toilette versteckte Rohrbombe detoniert. Wände stürzen ein, an der Straßenfront reißt die Explosion ein großes Loch in das Mauerwerk der Außenfassade. Der Korrektorensaal, Teile der Setzerei und weitere Räume sind ein Trümmerfeld. Die Innenverwaltung löst den Katastrophenfall aus und alarmiert die Polizei. Im Umkreis von 100 Metern sind in den benachbarten Gebäuden die Fensterscheiben zu Bruch gegangen. Nur eine Minute später, um 15.42 Uhr, die Staubwolken haben sich noch nicht verflüchtigt, wird die Telefonzentrale erneut anonym angerufen: »Es knallt gleich noch einmal!« Handwerker der Wartungswerkstatt befreien unterdessen mehrere Mitarbeiter des Verlags, die in steckengebliebenen Fahrstühlen festsitzen. Nur wenige Minuten später, um 15.45 Uhr, explodiert im sechsten Stock desselben Gebäudeteils in der Damentoilette eine zweite Rohrbombe. Die ersten Einsatzfahrzeuge der Polizei, der Feuerwehr und Rettungswagen sind eingetroffen. Der Einsatzleiter der Polizei fordert weitere Kräfte an. Die Betriebsärztin Dr. Roswitha Konopka und Schwester Heidi leisten den Verletzten, unter ihnen acht Korrektoren und vier Setzer, Erste Hilfe, dann werden sie in das Hafenkrankenhaus und das UKE, das Universitätsklinikum Eppendorf, gefahren. Im ganzen Haus, so heißt es eine Woche später in einer Dokumentation des Verlags für seine Mitarbeiter, übernehmen nun »Kriminal- und Schutzpolizei […] die Befehlsgewalt«.

Das Verlagshaus Axel Springer nach dem Bombenanschlag am 19. Mai 1972.

In Wiesbaden wird das Bundeskriminalamt alarmiert. Die Terrorfahnder betrachten Hamburg inzwischen als einen der wichtigsten Stützpunkte der politisch motivierten Gewaltkriminalität. Es gibt dafür zahlreiche Belege, zum Beispiel das dramatische Geschehen am 2. März 1972. An diesem Tag drang eine Sonderkommission unter Leitung des Kriminalhauptkommissars Hans Eckhardt in der Heimhuder Straße 82 im Stadtteil Rotherbaum in eine Wohnung ein, die der Polizei als verdächtig gemeldet worden war. Die Beamten trafen niemanden an und warteten hinter der Wohnungstür. Sie wurde am späten Abend aufgeschlossen. Zwei Männer betraten das Appartement und standen vor Polizisten mit gezogenen Pistolen. Der 23-jährige Wolfgang Grundmann ergab sich sofort, der 25-jährige Manfred Grashof zog seine Waffe und schoss auf Hauptkommissar Eckhardt, der im Krankenhaus seinen schweren Verletzungen erlag. Grashof wurde überwältigt. Er galt als Spezialist für gefälschte Ausweispapiere. Tatsächlich stießen die Ermittler in der Heimhuder Straße auf eine professionell ausgestattete Fälscherwerkstatt.

1. Oktober 1970: Eröffnung der legendären Musikkneipe »Onkel Pö's Carnegie Hall« am Lehmweg.

Der Bombenanschlag auf das Verlagshaus Axel Springer ist der fünfte innerhalb weniger Tage: Am 11. Mai wurde das V. US-Korps in Frankfurt am Main angegriffen, 13 Verletzte, ein Todesopfer. Am 12. Mai folgten ein Bombenanschlag auf die Polizeidirektion Augsburg mit fünf Verletzten und die Explosion einer Autobombe vor dem Landeskriminalamt in München mit Sachschaden. Am 15. Mai war das Auto des Ermittlungsrichters am Bundesgerichtshof Wolfgang Buddenberg in Karlsruhe das Ziel der Terroristen, seine Frau wurde schwer verletzt. Ein sechstes Attentat auf das Hauptquartier der US-Armee in Heidelberg wird am 24. Mai drei Todesopfer und fünf Verletzte fordern. Bundesinnenminister Hans-Dietrich Genscher (FDP) erteilt dem Bundeskriminalamt (BKA) die Weisung, auch nach den Tätern des Hamburger Anschlags zu fahnden. Innensenator Heinz Ruhnau (SPD), der sich zu einem dienstlichen Termin in Stuttgart aufhält, fliegt um 16.29 Uhr zurück nach Hamburg. Sprengstoffexperten des BKA und weitere Spezialisten besteigen in Wiesbaden zwei Hubschrauber. Sie landen um 18.15 Uhr auf dem Sportplatz Sternschanze und werden mit Streifenwagen der Polizei sofort zum Tatort gefahren.

Im Verlag sind unterdessen Bausenator Caesar Meister und kurz darauf auch Bürgermeister Peter Schulz (beide SPD) eingetroffen, um sich unmittelbar zu informieren. Die Befragung von Augen- und Ohrenzeugen durch Kriminalbeamte im Verlag erbringt einen wichtigen Hinweis, und um 16.58 Uhr löst die Polizei eine Großfahndung nach einem verdächtigen weißen Sportwagen der Marke Alfa Romeo aus. Zeugen haben dieses Fahrzeug kurz vor den Explosionen in der Nähe des Verlagshauses beobachtet und sich das Kennzeichen notiert. Die Überprüfung ergibt: Es ist gefälscht. Bei den bisherigen Anschlägen haben die Täter häufig Fahrzeuge der Marke Alfa Romeo mit gefälschten Kennzeichen benutzt. Die Fahndung bleibt ohne Erfolg.

Im Verlag ist unterdessen ein Krisenstab gebildet worden. Das Haupthaus, das benachbarte »Welt«-Gebäude und einige Nebengebäude sind geräumt. Die Redaktionen und Verlagsabteilungen haben Ausweichquartiere bezogen, um weiter arbeiten zu können. Um 18.15 Uhr beginnt die Polizei mit der Durchsuchung des Haupthauses. Nach 20 Minuten wird den Beamten klar, wie groß die Gefahr noch immer ist: Um 18.35 Uhr wird im zweiten Stock des Treppenhauses Fuhlentwiete in einer Mülltonne vor dem Maschinenraum der Rotation, unter Putzlappen versteckt, eine dritte Rohrbombe entdeckt. Sie wird um 20.45 Uhr

Verletzte des Bombenattentats in einem Büro des Axel-Springer-Verlagshauses.

vom BKA-Sprengmeister Heinrich Krapp entschärft. Die Polizei durchsucht das Haupthaus und das »Welt«-Gebäude weiter. Um 23 Uhr wird das »Welt«-Haus von der Polizei wieder freigegeben. Um 23.30 Uhr können auch die Mitarbeiter des Haupthauses wieder an ihre Arbeitsplätze zurückkehren, und um 23.45 Uhr beginnt in der Setzerei die Produktion. Der Anschlag hat das gesamte Haus schwer getroffen, die Belegschaft steht unter Schock, aber sie bleibt diszipliniert und besonnen. Am Pfingstsonnabend, 20. Mai, können alle Zeitungen des Verlagshauses Axel Springer erscheinen, wenn auch mit reduzierten Umfängen.

März 1971: Hagenbecks Tierpark erhält ein Delphinarium.

Doch dieser Tag beginnt mit einer bösen Überraschung. Frühmorgens um 8.07 Uhr wird offenbar, dass die Durchsuchungen am Abend zuvor nicht gründlich genug waren: Eine Reinigungskraft findet im 12. Stock des Haupthauses, der Etage der Geschäftsleitung, hinter einem Sessel vor dem Zimmer 1240 eine weitere Rohrbombe, es ist der vierte Sprengkörper, nur wenige Meter vom Arbeitszimmer des Verlegers Axel Springer entfernt. Diese Bombe wird um 9.15 Uhr entschärft. Ab 10.30 Uhr untersuchen Kriminalbeamte und Mitglieder der Geschäftsleitung erneut mehrere Stunden hindurch gemeinsam das gesamte Verlagshaus. Um 12 Uhr beginnt eine weitere Überprüfung des Hochhauses von unten nach oben. Um 13.50 Uhr wird im zwölften Stock im Wandschrank der Herrentoilette eine fünfte Rohrbombe gefunden. Die Polizei lässt die Stockwerke 8 bis 13 räumen. Um 23.10 Uhr wird auch diese Bombe entschärft.

Die Experten des Bundeskriminalamtes und der Hamburger Polizei ziehen eine erste Bilanz. Nur dem Umstand, dass von den fünf deponierten, jeweils vier Kilogramm schweren Bomben drei nicht explodiert sind, ist es zu verdanken, dass zwar insgesamt 36 Verletzte, aber keine Todesopfer zu beklagen sind. Wäre der Anschlag wie von den Urhebern geplant verlaufen, so wäre der 19. Mai 1972 vielleicht als der blutigste Tag des RAF-Terrors in die Nachkriegsgeschichte eingegangen. Die Verteilung der Bomben im gesamten Verlagshaus zeigt detaillierte Gebäudekenntnis. Sie macht auch deutlich, dass mit diesem Anschlag nicht nur die Produktion lahmgelegt, sondern auch die Geschäftsleitung mit Axel Springer persönlich ausgeschaltet werden sollte.

22. Mai 1971: Das Operettenhaus wird geschlossen.

23. November 1971: Hamburg führt als erstes Bundesland den umstrittenen »Radikalenerlass« ein.

Ein erstes, »an die Nachrichtenredaktion des NDR« gerichtetes, auf einer Schreibmaschine getipptes Bekennerschreiben der RAF, unterzeichnet von einem »Kommando 2. Juni« (am 2. Juni 1967 starb der Student Benno Ohnesorg in Berlin durch eine Polizeikugel), ist in der Nacht vom 19. zum 20. Mai beim Pförtner des NDR in der Rothenbaumchaussee abgegeben worden. Am 22. Mai erreicht ein zweites, umfangreicheres Bekennerschreiben die beiden Presseagenturen dpa und upi sowie die »Süddeutsche Zeitung« und die »Bild«-Zeitung in Hamburg. Die RAF behauptet darin, der Verlag habe »trotz rechtzeitiger und eindringlicher Warnungen das Haus nicht geräumt«, und deshalb seien 17 Menschen verletzt worden: »Wir bedauern, dass Arbeiter und Angestellte verletzt worden sind.« Der Verlag weist die Angaben der RAF umgehend als unwahr zurück: »1. Alle hier aufgestellten Behauptungen sind blanke Lüge und nackter Zynismus nach dem Motto ›Der Ermordete ist schuld‹. 2. […] Zwischen dem ersten anonymen Anruf in unserem Haus um 15.36 Uhr und der ersten Explosion um 15.41 Uhr lagen genau nur fünf Minuten. Daran gibt es nichts zu deuteln. 3. Dass in so kurzer Zeit über 3000 Arbeiter und Angestellte nicht evakuiert werden konnten, muss jedem einleuchten. Es ist also mehr als Hohn, wenn das ›Kommando 2. Juni‹ jetzt scheinheilig Opfer beklagt […]«

Verleger Axel Springer und Verlagschef Peter Tamm ordnen umfangreiche Sicherheitsmaßnahmen mit Zugangs- und Gepäckkontrollen an. In Bonn und Hamburg verurteilen die verantwortlichen Politiker aller demokratischen Parteien das Attentat einmütig als verbrecherischen Anschlag. Aber es gibt bundesweit und auch in der Hansestadt zugleich ein Schickeria-Milieu, in dem Literaten, Professoren und Pastoren mit Wortklaubereien den Terror der RAF wenn nicht rechtfertigen, so doch zumindest als verständliche Reaktion auf gesellschaftliche Zustände hinstellen möchten.

Die Belohnung für Informationen zur Ergreifung der Attentäter erhöht der Axel-Springer-Verlag am 31. Mai 1972 um eine Viertelmillion auf 440.000 DM. In der Bundesrepublik beginnt die bis dahin größte Fahndungsaktion. Am 1. Juni werden mit Andreas Baader, Holger Meins und Jan-Carl Raspe drei der Hauptverdächtigen in Frankfurt gefasst. Am 7. Juni wird Gudrun Ensslin in einer Boutique am Jungfernstieg verhaftet, am 15. Juni Ulrike Meinhof in der Nähe von Hannover.

31.

Die Hamburger Sparkasse – ein Geldhaus, das nur sich selbst gehört

Peter Mählmann ist am Ziel. Am 14. Juni 1972 hat der 49-jährige Bankmanager endlich erreicht, was er seit Jahren betrieben hat – die Fusion seines Geldhauses, der Hamburger Sparcasse von 1827, mit der Konkurrenz, der Neuen Sparcasse von 1864. Peter Mählmann (1923–2010) steht nach Lebensschicksal und Lebensleistung exemplarisch für die Heimkehrer-Generation – vor allem für deren Zähigkeit und Willen, gesteckte Ziele auch zu erreichen.

Der Notabiturient der Oberrealschule Eppendorf, der 1942 zur Wehrmacht einberufen und an der Ostfront schwer verwundet wird, beginnt schon während seiner Genesungszeit mit dem Jurastudium. 1953 tritt der Volljurist in die Hamburger Sparcasse von 1827 ein, 1961 wird er in den Vorstand berufen. Der passionierte Hamburger ist davon überzeugt, dass zwei nebeneinander und nicht selten auch gegeneinander arbeitende Sparkassen nicht nur sich selbst wechselseitig schädigen, sondern auch die Entwicklung der Metropole behindern. Die logische Konsequenz ist eine auf die Fusion beider Häuser abzielende Geschäftsstrategie. Dieses Vorhaben stößt indessen auf zahlreiche Hindernisse, deren Wurzeln tief in die hamburgische Geschichte des 19. Jahrhunderts hineinreichen.

15. Februar 1972: Schwerstes Schiffsunglück im Hamburger Hafen seit 1945: Die Barkasse »Cäsar II« kollidiert mit der HADAG-Fähre »Eppendorf«. 17 Todesopfer.

Schlüsselfigur dabei ist der Senator und spätere Bürgermeister Dr. Amandus Augustus Abendroth (1767–1842). Der Advokat, der seiner Vaterstadt während der napoleonischen Besetzung Hamburgs durch seine Umsicht und sein diplomatisches Geschick unschätzbare Dienste geleistet und danach nachdrücklich, aber vergeblich durchgreifende Reformen gefordert hatte, ist der maßgebende Initiator für die Gründung der Hamburger Sparcasse von 1827 durch Bürger der Hansestadt, und zwar ohne eine städtische Beteiligung. Ursprünglich ist dieses Geldhaus vor allem für die weniger begüterten Bevölkerungsschichten gedacht, eine Art »Armensparkasse«. Dieses Geschäftsmodell tritt jedoch nach und nach in dem Maße in den Hintergrund, in dem auch Geschäftsleute, Handwerker und andere Gewerbetreibende die Dienste dieser Sparkasse in Anspruch nehmen. Einige Jahre nach der Gründung kommt es im Vorstand des Instituts zu Auseinandersetzungen, bei denen es vor allem um die Abschaffung der Einlagenhöchstgrenze geht. Diese Differenzen führen zum Ausscheiden der beiden Vorstandsmitglieder Rudolf Martin und F.E. Schlüter, die nun die »Neue Sparcasse von 1864« gründen. Diese Trennung besteht rund ein Jahrhundert hindurch. Die »Neuspar«, wie man sie in Hamburg nennt, ist stets die kleinere der beiden Sparkassen. Das erschwert die Verhandlungen über eine Fusion beträchtlich.

1. Mai 1972: Uwe Seeler beendet seine Karriere als Fußballspieler.

Peter Mählmann, von 1977 bis 1988 Vorstandssprecher der Hamburger Sparkasse, mit Bundesverdienstkreuz am 7. Dezember 1988.

Der Zusammenschluss gelingt schließlich in der Weise, dass die Trennung von 1864 faktisch rückgängig gemacht wird – die Neue Sparcasse von 1864 kehrt zur Hamburger Sparcasse von 1827 zurück. Damit entsteht die Hamburger Sparkasse als größte deutsche Sparkasse, und es bleibt bei dem Rechtsstatus der »juristischen Person alten hamburgischen Rechts«. Die Hamburger Sparkasse ist also keine Sparkasse auf öffentlich-rechtlicher Grundlage, sondern eine autonome, freie Sparkasse ohne Gewährträgerhaftung, die sich selbst gehört und sich selbst finanziert – unerreichbar für politische Begehrlichkeiten, die immer wieder versuchen, dieses Geldhaus und seine Erträge in den Dienst der staatlichen Haushaltspolitik zu stellen.

Peter Mählmann, von 1977 bis 1988 Vorstandssprecher der Hamburger Sparkasse, prägt dieses Institut – in seiner Vaterstadt erwirbt er sich den Beinamen »Mr. Sparkasse«. Sein Nachfolger im Vorstand ist Karl-Joachim Dreyer[1]; Mählmann bleibt bis 1997 Vorsitzender des Verwaltungsrates. Eine einschneidende Zäsur bringt das Jahr 2003 mit der Ausgliederung des Bankbetriebs auf die Hamburger Sparkasse AG, eine nicht-börsennotierte Aktiengesellschaft mit der Haspa-Finanzholding als Alleinaktionärin, weiterhin als Institut alten hamburgischen Rechts. Mit einer Bilanzsumme von rund 38,6 Milliarden Euro, einem erwirtschafteten Jahresergebnis von rund 80 Millionen Euro, rund 5.600 Mitarbeitern und 195 Geschäftsstellen, davon 180 in der Hansestadt, ist die Hamburger Sparkasse weiterhin die größte deutsche und eine der größten europäischen Sparkassen.

Das Geldhaus ist, wie Vorstandssprecher Harald Vogelsang feststellt, »der wichtigste Finanzierer der Hamburger Wirtschaft«, vor allem ihres Mittelstan-

Harald Vogelsang, seit 2007 Vorstandssprecher der Haspa, in einer Filiale der Hamburger Sparkasse, Februar 2009.

des. In dieser Aussage liegen Stolz und Selbstbewusstsein, aber sie steht auch für eine immense Verantwortung. In der Amtszeit Peter Mählmanns ging es vor allem um die Finanzierung des Wiederaufbaus. Als Karl-Joachim Dreyer die Hamburger Sparkasse führt, steht die Expansion der Hamburger Wirtschaft als Folge der Einheit und Öffnung Osteuropas im Vordergrund. Das sind trotz zeitweiliger Rückschläge Jahrzehnte des mehr oder minder kontinuierlichen Wachstums und insgesamt beherrschbarer Risiken.

Vorstandssprecher Harald Vogelsang(2) muss sich einer ganz anderen, beispiellosen Herausforderung stellen. Sie ist nicht durch die Globalisierung an sich geprägt, die für Hamburg und seine Wirtschaft kein neuer Erfahrungshorizont ist, sondern durch deren dramatische, weltweite Veränderungsprozesse – mit riesigen Finanztransaktionen, die dank einer rasanten technischen Entwicklung innerhalb von Minuten Kontinente überspringen. Ein Institut vom Gewicht der Hamburger Sparkasse unter diesen Rahmenbedingungen durch eine anhaltende Finanz- und Vertrauenskrise mit ihren Untiefen, Klippen und gefährlichen Strudeln zu führen, verlangt nicht nur Sachkompetenz, sondern ebenso Nervenstärke, aber auch den Mut zum Risiko, solange es kalkulierbar bleibt. Und das alles mit dem Gefühl für den täglichen Spagat zwischen dem Geldhaus für jedermann und dem Institut, das heute auch zahlreiche große Unternehmen zu seinen Kunden zählt und selbst international tätig ist.

7. Juni 1972: In einer Boutique am Jungfernsteig wird die Top-Terroristin Gudrun Ensslin verhaftet.

1. November 1972: Die Sowjetunion errichtet in Hamburg ein Generalkonsulat.

Ein Geldhaus mit derart breiter und tiefer Verwurzelung in der Metropolregion Hamburg, noch dazu als größte deutsche Sparkasse, muss sich auch einer gesellschaftspolitischen Verantwortung stellen. Die Hamburger Sparkasse tut das seit vielen Jahren, und zwar eher mit hanseatischem Understatement als mit schlagzeilenträchtigen Projekten. Das Spektrum dieser Aktivitäten reicht von der Bildung über Musik, Sport bis zur Kunst. Hier ein kleiner Ausschnitt: Da werden, gemeinsam mit dem »Hamburger Abendblatt«, Hamburgs beste Lehrer gesucht. Die Hamburger Sparkasse unterstützt den Bertini-Preis, der das jugendliche Engagement für ein solidarisches Leben in Hamburg fördert. Die Musik spielt im Kanon dieser Aktivitäten eine große Rolle – mit der Haspa-Musikstiftung, der Förderung der Elbphilharmonie-Konzerte in der Laeiszhalle, mit der »Opera piccola«, der Staatsoper, einer Reihe von Kinderopern und vielen weiteren Projekten. Den Sport fördert das Institut unter anderem mit der Ausrichtung des »Haspa Marathons Hamburg«, der 2012 zum 27. Mal stattfand, und mit der Unterstützung des Hamburgischen Vereins Seefahrt, der Jugendliche unabhängig vom sozialen Status an das charakterbildende Hochseesegeln heranführen will, vor allem mit der Segelyacht »Haspa Hamburg«. Der Kunstförderung dienen die »Sammlung Hamburger Sparkasse« und die hauseigene Galerie für Kunstwerke mit Hamburg-Bezug. Ein ganz besonderer Schwerpunkt ist, wie könnte es anders sein, Hamburgs Wahrzeichen, die Hauptkirche St. Michaelis. »Michel mein Michel« heißt die sehr erfolgreiche, seit vielen Jahren laufende Spendenaktion, mit der die Hamburger Sparkasse gemeinsam mit ihren Kunden die Sanierung dieser Kirche unterstützt. Vielleicht die schönste der vielfältigen Aktivitäten der Hamburger Sparkasse gilt der Förderung von Kindern und Jugendlichen in den Bereichen Bildung, Erziehung, Kultur und Sport, der sich die Peter-Mählmann-Stiftung widmet. Dem früheren Vorstandssprecher lag das besonders am Herzen. Er hat stets an die Zukunft geglaubt. Das war eine seiner Grundüberzeugungen und ein Schlüssel für seine Erfolge.

Anmerkungen

(1) Karl-Joachim Dreyer, 1942 in Hamburg geboren, zählt zu den profiliertesten Persönlichkeiten der Hamburger Wirtschaft. Nach der Bankausbildung bei einer Großbank, dem Studium der Rechtswissenschaften, Referendariat und Promotion in Hamburg begann D. seine Karriere als Syndikus einer Hamburger Privatbank und trat im September 1979 in die Hamburger Sparkasse ein. Januar 1985 Vorstandsmitglied, Januar 1989 Sprecher des Vorstandes, ab Juni 2003 auch Sprecher des Vorstandes der Haspa Finanzholding, in beiden Ämtern bis Januar 2007. Ab Februar 2007 Präses des Verwaltungsrates der Haspa Finanzholding, ab April 2007 Vorsitzender des Aufsichtsrates der Hamburger Sparkasse AG. D. war vom 2. Mai 2002 bis zum 8. Mai 2008 zugleich Präses der Handelskammer Hamburg.

(2) Harald Vogelsang, Hamburger des Geburtsjahrgangs 1959, absolvierte nach dem Abitur eine Banklehre bei der Commerzbank und begann nach dem Jurastudium 1986 seine Karriere bei der Hamburger Sparkasse. Im Jahr 2000 wurde er Privatkundenvorstand, 2007 avancierte er zum Vorstandssprecher. Der Familienvater ist passionierter Segler.

32.

Europas erster Unterwasser-Bahnhof

Mit dem Schnellbahnknoten Jungfernstieg hat Hamburg am 1. Juni 1975 einen unterirdischen Bahnhofskomplex für den öffentlichen Personen-Nahverkehr vollständig in Betrieb genommen, der als ingenieurtechnische Meisterleistung gilt. Der Bahnhof Jungfernstieg umfasst unter dem gleichnamigen Boulevard und einem Teil der Binnenalster auf drei Ebenen drei miteinander verbundene Bahnsteighallen mit vier Bahnsteigen für die U-Bahnlinien U1, U2, für die neue Linie U4 in die HafenCity sowie für die Linien S1, S2 und S3 der City-S-Bahn. Überdies bestehen direkte Übergangsmöglichkeiten zu den Buslinien des Hamburger Verkehrsverbundes, zum Anleger der Alsterschifffahrt und zur benachbarten U-Bahnhaltestelle Rathaus und der dort verkehrenden Linie U3. Die am tiefsten liegenden Bahnsteige für die Linien U2 und U4 befinden sich 16 Meter unter der Binnenalster.

20. Januar 1973: Die Alsterschwimmhalle an der Sechslingspforte wird eingeweiht.

21. März 1973: Die Kattwykbrücke über die Süderelbe wird freigegeben.

Insgesamt wurde, mit langen Unterbrechungen während der Kriegs- und Nachkriegszeit, im Zuge der schrittweisen Erweiterung des Hamburger Schnellbahnnetzes fast ein halbes Jahrhundert an diesem Schnellbahnknoten gebaut. 1927 begannen die Bauarbeiten für den damaligen U-Bahnhof Jungfernstieg der »Kelljunglinie« vom Jungfernstieg zur Kellinghusenstraße, der 1934 als damals

Eröffnung des Schnellbahnknotens Jungfernstieg am 30. Mai 1975. Schauspielerin Helga Feddersen tauft den ersten Zug mit Alsterwasser auf den Namen »Alster«.

erster Unterwasserbahnhof Europas in Betrieb genommen wurde. Eine technische Herausforderung waren die Bauarbeiten am Jungfernstieg in jeder Phase dieses Jahrhundert-Projekts. Die Dimensionen der Baustelle erforderten zum größten Teil die offene Bauweise. Internationale Experten sprachen immer wieder voller Bewunderung von einem »Abenteuer mit Beton und Wasser«. Es gab zahlreiche mehr oder minder gefährliche Zwischenfälle. Besonders dramatisch war am 2. Januar 1933 ein schwerer Wassereinbruch, der nur durch den Einsatz von Tauchern beseitigt werden konnte. Es gelang ihnen unter Lebensgefahr, die Leckagen abzudichten.

14. September 1974: In der Kunsthalle wird die große Caspar-David-Friedrich-Ausstellung eröffnet. 225.000 Besucher.

Bei den Bauarbeiten stieß man im Alstergrund auf die Überreste eines um 1250 erbauten Stauwehrs des Alstermühlendamms, wie dieser Vorläufer des Jungfernstiegs einst hieß. Einer der damals freigelegten Eichenpfähle steht als Bildsäule auf dem Bahnsteig der Linie U1, mit einem plattdeutschen Vers von Hermann Claudius. Erst 1955 konnte der weitere Ausbau mit dem Beginn der Bauarbeiten für die Messbergstrecke als Teil der 1963 vollendeten, in die Walddörfer führenden Wandsbeker U-Bahn fortgesetzt werden. 1973 wurde die Linie U2 zwischen Hauptbahnhof Nord und Gänsemarkt mit dem erweiterten Unterwasserbahnhof Jungfernstieg eröffnet, und am 1. Juni 1975 wurde der Schnellbahnknoten Jungfernstieg in seiner heutigen Form mit der Eröffnung der City-S-Bahn zwischen den Haltestellen Hauptbahnhof und Landungsbrücken in Betrieb genommen. Mit der neuen Linie U4 vom Jungfernstieg in die HafenCity, deren Fahrplanbetrieb im Herbst 2012 beginnt, wird der Schnellbahnknoten im Herzen der City erneut ein zusätzliches Verkehrsaufkommen erhalten.

20. September 1974: Die Köhlbrandbrücke wird als neues Wahrzeichen Hamburgs feierlich eröffnet.

33.

Drei Jahrhundert-Bauwerke – das Stadtbild verändert sich

Der Wiederaufbau der Stadt, den der legendäre Nachkriegsbürgermeister Max Brauer vor allem mit dem Wohnungsbau forciert hat, wird in den 60er Jahren mit Großprojekten im Stadtbild sichtbar. Am 19. Juni 1968 beginnt die moderne Verkehrsanbindung des Südens mit dem nördlichen Hamburg. Bundesverkehrsminister Georg Leber (SPD) und Hamburgs Erster Bürgermeister Herbert Weichmann (SPD) geben mit einem Rammschlag den Startschuss für das größte Bauprojekt in Hamburg. Die Bundesautobahn Westliche Umgehung Hamburg erhält ihre unterirdische Elbquerung: den zweiten Elbtunnel. 3.200 Meter Trasse müssen geschaffen werden, davon 2.650 Meter unter der Elbe. Die Kosten für das Projekt von 380 Millionen DM teilen sich Stadt und Bund im Verhältnis 40 zu 60.

22. Juli 1975: Zugunglück in Hausbruch mit elf Todesopfern.

Eine so genannte Schildvortriebsmaschine frisst sich nun täglich vier Meter durch das Erdreich von Waltershof auf die gegenüberliegende Elbseite bis hinter die Bernadottestraße. »Otto« wird das Vortriebsschild von Bürgermeister-Gattin Elsbeth Weichmann getauft. »Willi« und »Max« kommen dazu – die Maschinen, die den Weg für die beiden anderen Röhren freiräumen. Die geplante Bauzeit von fünf Jahren kann nicht eingehalten werden. Die Arbeiten dauern insgesamt sieben Jahre: Am 10. Januar 1975 wird die neue Elbunterquerung von Bundeskanzler

Zur Eröffnung des neuen Elbtunnels am 10. Januar 1975 schaltet Helmut Schmidt die Signale auf Grün. Im Hintergrund Bürgermeister Hans-Ulrich Klose.

Beim Bau der Köhlbrandbrücke am 8. Oktober 1973.

2. November 1975: Ein Großfeuer vernichtet die Werkstätten der Staatsoper. Ursache: Brandstiftung.

Helmut Schmidt eröffnet. Der Tunnel soll den Verkehr entlasten, der in den vergangenen Jahren ständig zugenommen hat. 1950 wurden auf der damals einzigen mehrspurigen Elbquerung, den Norderelbbrücken, 16.000 Fahrzeuge täglich gezählt. Zehn Jahre später, 1960, sind es rund 70.000 PKW pro Tag. Die drei Tunnelröhren sind – so die Planung – ursprünglich für nur 65.000 Fahrzeuge täglich ausgelegt. Schnell gerät diese sechsspurige Elbquerung an ihre Grenzen. Staus sind an der Tagesordnung. Eine vierte Tunnelröhre, die am 27. Oktober 2002 eröffnet wird, soll für Entlastung sorgen. Allerdings werden nach Eröffnung der vierten Röhre umfangreiche Sanierungs- und Brandschutz-Arbeiten an den alten Tunnelröhren notwendig, so dass der Verkehr in der Regel weiter nur sechsspurig unter der Elbe rollt.

Ein weiteres Großprojekt wird 1970 in Angriff genommen: die Köhlbrandbrücke. Mit dem seit 1968 ständig anwachsenden LKW-Verkehr in den und aus dem Freihafen wird eine Verbindung vor allem zur Autobahn 7, der Nord-Süd-Trasse, notwendig. Die Brücke aus 81.000 Kubikmetern Stahl wird am 20. September 1974 pünktlich um 10.30 Uhr von Bundespräsident Walter Scheel eröffnet. Mit einem Zitat des Sachsenkönigs Friedrich August gibt er die Brücke frei: »Nu, denn latschen wir mal nieber!« Und dies tun rund 600.000 Hamburger, sie nutzen den Tag, um die 3.618 Meter lange Brücke über den Köhlbrand zu besichtigen. Familien, Hafenarbeiter, sogar Menschen in Rollstühlen sind unterwegs auf dem neuen Wahrzeichen der Hansestadt. Die Stadt hatte mit solch einem Ansturm nicht gerechnet. Auf der Waltershofer Seite werden Erinnerungsmedaillen ausgegeben – viel zu wenige für die Massen von Menschen. Es kommt zur Drängelei, dabei gehen Stühle und Tische des improvisierten Standes zu Bruch. Zwei ältere Menschen erleiden Herzanfälle, die Rettungswagen können sich nur mühsam einen Weg durch die Menge bahnen. Die Bilanz der Polizei nach diesem Tag: Zwölf Menschen sind verletzt. Zum Glück nur leicht! Die Gelegenheit, die Brücke zu Fuß zu überqueren, kommt erst 25 Jahre später wieder, denn die Brücke ist für Fußgänger gesperrt.

Ihre Zukunft ist ungewiss, denn der Zahn der Zeit und vor allem der stetig wachsende LKW-Verkehr haben »Little Golden Gate«, wie sie die Hamburger damals nennen, zugesetzt. Spätestens 2020 muss über eine Sanierung oder über Abriss und Neubau einer Elbquerung entschieden werden.

Ein weiteres Wahrzeichen Hamburgs entsteht ab 1965. An der Renzelstraßenbrücke wächst der Fernsehturm jede Woche 10 Meter in die Höhe. Als Fernmeldeturm der Post konzipiert, soll er mit Antenne 271,50 Meter in den Hamburger Himmel wachsen. Lange hatten Bundespost und Bundesfinanzministerium um die Finanzierung des 27-Millionen-DM-Projekts gestritten, bis die Post schließlich einlenkt und bezahlt. Die Auseinandersetzung mit

Am 22. März 1967 wird eine Bauplattform an Stahltrossen am Fernsehturm in Hamburg-Rotherbaum abgeseilt.

3. Januar 1976: Sturmflut mit der höchsten jemals in Hamburg gemessenen Flutwelle. Die Deiche halten, keine Todesopfer, mehr als 340 Personen werden in Sicherheit gebracht. Schwere Flutschäden im Hafen.

9. Januar 1976: Kesselexplosion in dem Containerschiff »Anders Maersk« bei Blohm + Voss. 27 Tote, 17 Schwerverletzte.

7. Juli 1977: Europas größter Rangierbahnhof wird in Maschen eröffnet.

1977: Im »Verein geborener Hamburger« werden erstmals Frauen als Mitglieder zugelassen.

der Hamburger Baubehörde über die Gestaltung des Turmes betrifft vor allem das Restaurant. Die Hamburger würden es nicht verstehen, wenn der Turm kein Café bekäme, so Oberbaudirektor Prof. Werner Hebebrand. Das Restaurant kommt, doch bis die Hamburger ihren Kaffee in 127 Metern Höhe genießen können, dauert es noch drei Jahre. Denn der Bau verläuft nicht ohne Zwischenfälle. Im Januar 1965 fangen bei Schweißarbeiten in 100 Metern Höhe Planen und Holz Feuer. Eine dicke Rauchwolke zieht aus der Turm-Baustelle. Erst nach 15 Minuten gelingt es den Bauarbeitern, das Feuer zu löschen. Die Arbeiten werden dadurch allerdings kaum verzögert. Am 12. April 1965 wird der Fernsehturm eingeweiht. Die Hamburger stehen Schlange, um mit einem der zwei Aufzüge in 24 Sekunden auf die 124 Meter hohe Aussichtsplattform zu kommen. Das Restaurant ein Stockwerk darüber wird am 11. Mai eröffnet.

Der Turm wird nach dem in Hamburg geborenen Physiker Heinrich Hertz (1857–1894) benannt. Er erfüllt auch heute, im Zeitalter von Glasfaserkabeln und Satellitenkommunikation, wichtige Fernmeldefunktionen. So wären Mobilfunkverkehr, das Festnetz, Fernsehen, Polizei- und Zollfunk weitgehend lahmgelegt ohne die technischen Einrichtungen auf dem Turm. Die Gastronomie- und Aussichtsplattform ist seit dem 1. Januar 2001 geschlossen. Nachdem der Turm wegen Asbestbelastung saniert werden muss, kann die Eigentümerin – die Deutsche Funkturm (DFMG), ein Tochterunternehmen der Deutschen Telekom – keinen neuen Mieter für die Räumlichkeiten finden. Heute müssen die ehemals öffentlichen Räume zudem an verschärfte Rettungsweg-Bestimmungen angepasst werden – Treppen und Aufzüge entsprechen nicht mehr den modernen Sicherheitsstandards. Ein neuer Pächter, der diese Millionen-Investitionen tätigt, ist trotz intensiver Bemühungen des Bezirksamtes Mitte nicht in Sicht.

34.

Schneechaos im Norden

Am Donnerstag, dem 28. Dezember 1978, gibt das Deutsche Hydrographische Institut eine Sturmflutwarnung für die gesamte Ostseeküste heraus. Dieses Hochwasser, mit Wasserständen bis zu 1,50 Meter über Normalnull, tritt auch ein. Aber es ist nur eine Begleiterscheinung für ein Wettergeschehen, das innerhalb von wenigen Stunden zur Katastrophe wird: Ein Kältegebiet über Nordrussland und Nordskandinavien mit Temperaturen von verbreitet unter minus 30 Grad stößt über der Ostsee auf ein Tiefdruckgebiet mit milder, feuchter Atlantikluft. Ein eisiger Nordoststurm fegt über Schleswig-Holstein und Hamburg. An diesem 28. Dezember beginnt es im nördlichen Landesteil nachmittags zu schneien, während es im Süden zunächst noch regnet.

Das extreme Wetter führt dazu, dass in vielen Städten und Gemeinden das Verhängnis mit dem Ausfall der Stromversorgung beginnt: An den Freileitungen haben sich dicke Eispanzer gebildet. Erst reißen die Drähte. Dann halten die Masten der Eislast nicht mehr stand. Die Folgen sind verheerend. In den Wohnhäusern fallen die Ölheizungen aus, in den Viehställen der Bauern kann nicht mehr maschinell gemolken werden. In der Nacht zum 29. Dezember wird aus dem Schneegestöber ein Schneesturm mit Windstärke 10, der fünf Tage hindurch anhält. Die Behörden haben Katastrophenalarm ausgelöst, meterhohe Schneeverwehungen türmen sich überall. Auf den Autobahnen und Bahnlinien kommt der Verkehr völlig zum Erliegen. Hubschrauberflüge zur Reparatur der Stromleitungen sind, wenn überhaupt, nur unter Lebensgefahr für die Besatzungen möglich. Selbst Räumpanzer der Bundeswehr kommen nur mühsam durch die Schneemassen, um liegengebliebene Züge und Fahrzeuge zu erreichen. Abgelegene Höfe sind völlig auf sich selbst gestellt, auch die Inseln können nicht mehr versorgt werden. In den Häfen türmen sich die Eisschollen übereinander, der Schiffsverkehr ruht völlig. Da die Milch in vielen Landesteilen nicht mehr abgeholt werden kann, lassen die Bauern sie auf Plastikplanen im Schnee gefrieren. Den zivilen Rettungsdienst muss die Bundeswehr übernehmen, die auch Funknetze aufbaut, da die Telefonverbindungen ausgefallen sind. Bundeswehr-Hubschrauber fliegen Hochschwangere in die Krankenhäuser. Erst nach mehreren Tagen sind die wichtigsten Verkehrswege notdürftig wieder befahrbar.

2. Januar 1978: Die Staatsoper feiert ihr 300-jähriges Bestehen.

In Hamburg kommt es in diesen Tagen des Schneechaos zu erheblichen Verkehrsproblemen. Da die Stromschienen der S-Bahn vereist und zugefroren sind, wird mit Diesellokomotiven ein Notbetrieb aufrechterhalten. Nach einer Woche normalisiert sich die Lage langsam, und nun werden die Folgen

Bürgermeister Hans-Ulrich Klose bei der Schneeräumung 1979.

20. Juni 1978: Die Bürgerschaft billigt den Antrag des Senats, ihrem langjährigen Präsidenten Herbert Dau (SPD) die Ehrenbürgerwürde zu verleihen.

sichtbar. Es sind Todesopfer zu beklagen. In einer Regierungserklärung zieht Ministerpräsident Gerhard Stoltenberg (CDU) am 30. Januar eine Bilanz der Katastrophe. Ein solches Unwetter habe es in Schleswig-Holstein noch nie gegeben. Erste Priorität habe die Rettung von Menschenleben gehabt, gefolgt von der Wiederherstellung der Stromversorgung und der Räumung der Verkehrswege. Die Landesregierung stellt rund 56 Millionen Mark an Sondermitteln für die Beseitigung der Schäden, zum Ausgleich von Einnahmeverlusten und für ähnliche Zwecke zur Verfügung. Der Bund verzichtet auf die Kostenerstattung für den Einsatz der Bundeswehr und des Bundesgrenzschutzes. Was niemand zu diesem Zeitpunkt für möglich gehalten hat, tritt wenige Wochen später, am 13. Februar 1979, ein: Durch eine fast identische Wetterlage wie Ende 1978 kommt es in ganz Norddeutschland erneut zu meterhohen Schneeverwehungen mit den gleichen Folgen wie zuvor, mit Katastrophenalarm in allen Landkreisen Schleswig-Holsteins. Jedoch sind die Folgen diesmal dank der inzwischen gewonnenen Erfahrungen besser beherrschbar. Viele Bauern haben zum Beispiel Notstromaggregate installiert. Wieder dauert es eine Woche, bis sich die Lage langsam normalisiert. Die schreckliche Bilanz dieser beiden Wintereinbrüche in den norddeutschen Bundesländern: mindestens 30 Tote. Einige Opfer werden erst gefunden, als Tauwetter einsetzt.

35.

Die Giftfabrik des Dr. Stoltzenberg

Das Unfassbare beginnt mit einem tragischen Unglücksfall: Am 6. September 1979 werden Polizei und Feuerwehr zu einem Einfamilienhaus am Lüdersring 137 in Lurup gerufen. Im Keller hat sich eine Explosion ereignet – ausgelöst durch drei Kinder, die mit Chemikalien hantiert haben. Der achtjährige Oliver Ludwig wird getötet, sein 13-jähriger Bruder Thomas und der zehnjährige Stephan Behrmann werden schwer verletzt. Die Mordkommission übernimmt die Ermittlungen. Sie konzentriert sich zunächst darauf, wie die Kinder an dieses explosive Material gelangen konnten.

Die Aussagen der beiden verletzten Jungen ergeben eine »heiße Spur«. Sie führt zum Farnhornstieg in Eidelstedt. Dort stehen die Beamten am frühen Morgen des 10. September vor einem verwahrlosten, rund 2.000 Quadratmeter großen Grundstück. Auf diesem Areal befindet sich ein Gerümpel aus Holzkisten, Tanks, Fässern und Säcken – die Hinterlassenschaft der nicht mehr produzierenden Chemischen Fabrik Dr. Hugo Stoltzenberg. Die Beamten alarmieren Spezialisten der Kripo und der Feuerwehr. Deren anfängliches Erstaunen wird zum Entsetzen. Einer von ihnen, der Feuerwerker Manfred Schubert, formuliert den offenkundigen Handlungsbedarf: »Hier muss sofort und grundlegend etwas passieren.«

Experten der Baubehörde und der ebenfalls eingeschalteten Bundeswehr beginnen mit der Räumung des Geländes. Unter schärfsten Sicherheitsvorkehrungen werden rund 80 Tonnen hochgiftige Chemikalien und Sprengstoffe abtransportiert. Die ausführliche Berichterstattung in den Medien bringt die Hansestadt in den Ruf, ein apokalyptisches Arsenal beherbergt zu haben. Die Bilder der Kampfmittel-Experten mit übergestülpten Gasmasken inmitten des Stoltzenberg-Gerümpels und der von Polizeifahrzeugen mit Blaulicht eskortierten Bundeswehr-Transporte auf dem Weg nach Munster, wo die Kampfmittel vernichtet werden, gehen um die Welt. Die Eidelstedter Todeschemikalien befanden sich nur einige hundert Meter vom Volksparkstadion entfernt und mitten in einem Gewerbegebiet mit benachbarter Wohnbebauung. Zehntausende hätte dieses Gift- und Munitionslager das Leben kosten können. Völlig ungesichert lagerten dort tödlich wirkende Gifte wie Tabun, Schwefellost, Strychnin, Fluorwasserstoffsäure und Senföl, Phosphor und andere hoch giftige Chemikalien.

Der Fall entwickelt sich zum bundesweit schlimmsten Umweltskandal. Der als Gutachter eingeschaltete Experte Walter Kaminsky kommt in seiner Analyse des Gefahrenpotenzials auf dieser Gifthalde zu dem Ergebnis: Wäre nur eine der jeweils mit vier Litern Tabun gefüllten acht Gasgranaten ausgelaufen, die auf dem Stoltzenberg-Gelände gefunden wurden, so wäre eine Gaswolke mit mehr als 800 Metern Durchmesser entstanden. Viele Anwohner wären schwersten Gesundheitsgefahren ausgesetzt gewesen. Und wenn nur 10 Prozent der aufgefundenen Nebelmunition in Brand geraten wären, so hätten im Umkreis von mehr als 700 Metern die davon in Mitleidenschaft gezogenen Menschen Lungenverbrennungen mit tödlichem Ausgang erlitten.

26. Juli 1978: Das Landgericht Hamburg weist eine Sexismus-Klage der Journalistin Alice Schwarzer gegen den Verlag Gruner + Jahr und den Chefredakteur des »Stern«, Henri Nannen, zurück.

1. Oktober 1978: Auf der Linie 2 fährt zum letzten Mal eine Straßenbahn in Hamburg.

Wie ist es möglich, dass in einem Stadtstaat mit engmaschigen Verwaltungsstrukturen ein derartiger Gefahrenherd entstehen konnte? Noch vor dem Abschluss der Räumungsarbeiten wird diese Frage zu einem Politikum ersten Ranges. Welche Behörden haben wann was gewusst und dann offenkundig nichts unternommen – Polizei und Feuerwehr, die Baubehörde, die Umweltbehörde, das Bezirksamt, die Gewerbeaufsicht, um nur diesen Teil des Staatsapparates zu nennen? Von Tag zu Tag wird deutlicher: Das Krisenmanagement des Ersten Bürgermeisters Hans-Ulrich Klose (SPD) ist dieser Herausforderung nicht nur politisch, sondern auch administrativ nicht gewachsen. Die beste Figur unter den Rathausregenten macht noch Bausenator Volker Lange (SPD), der vor Ort die Räumungsarbeiten leitet. Am 14. September bestellt der Senat den Juristen Peter Rabels (SPD), Staatsrat der Justiz- und der Umweltbehörde, zum Untersuchungsführer mit weitreichenden Vollmachten. Eine Woche später tritt die Bürgerschaft zusammen und setzt einen Untersuchungsausschuss ein. Rabels legt bereits am 18. September seinen Bericht vor: Die Gefahrenlage und als deren Folge das Unglück seien auf behördliche Fehleinschätzungen, mangelhafte Prüfungen und unterlassene Abwehrmaßnahmen zurückzuführen. Die beteiligten Behörden hätten ihre Aufgaben nur unzureichend wahrgenommen.

Eine weitere unbegreifliche Dimension erhält der Fall Stoltzenberg, als sich herausstellt, dass diese Firma schon während der Weimarer Republik für heftige öffentliche Diskussionen und politische Verwicklungen gesorgt hatte. Am 20. Mai 1928 war auf dem damals in Wilhelmsburg gelegenen Betriebsgelände ein Kesselwagen mit rund 10.000 Litern Phosgen explodiert. Eine Wolke des Giftgases zog in die Wohngebiete und forderte mindestens 10 Todesopfer, mehr als 150 Menschen erkrankten. Dieses Unglück enthüllte, dass die Firma Stoltzenberg schon seit Jahren an chemischen Rüstungsprojekten für die Reichswehr beteiligt war.

Das ganze Ausmaß des Skandals enthüllt jedoch erst der Abschlussbericht des Untersuchungsausschusses am 18. Mai 1980: Zuständigkeitswirrwarr, Kompetenzstreitereien, bürokratische Sturheit und simple Behördenschlamperei treten zu Tage. Die zuständigen Behörden waren schon seit geraumer Zeit über die Zustände auf dem Gelände in Eidelstedt informiert und haben gleichwohl nichts unternommen, obwohl die Anwohner immer wieder Hinweise auf Gefahrenquellen gegeben und zum Teil massive Beschwerden erhoben haben. Der Ausschussvorsitzende, der Rechtsanwalt Gerd Weiland (SPD), erklärt nicht ohne

Tausende von Nebeltöpfen quellen aus offenen Fässern auf dem Gelände der Firma Stoltzenberg. Spielende Kinder hatten die Giftchemikalien entdeckt. Die Aufnahme entstand am 13. September 1979.

Sarkasmus, zwar wolle der Ausschuss nicht die »totale Ineffizienz der öffentlichen Verwaltung« feststellen. Aber »nicht mehr tragbar und vor dem Bürger nicht zu verantworten« seien schwere organisatorische Mängel, unzureichende Gesetzeskenntnis und fehlendes Bewusstsein für eine Gesamtverantwortung. Es seien dringliche Maßnahmen erforderlich. Sechs hamburgische Behörden und elf Dienststellen mit mehr als 600 Beamten waren seit dem Kriegsende mit der Firma Stoltzenberg befasst. Es ist ein insgesamt verheerender Befund. Er führt zur Einsetzung einer Expertenkommission unter Leitung des Staatsrates Diether Haas, die Vorschläge für eine grundlegende Reform der hamburgischen Verwaltung erarbeiten soll. Ihr umfangreicher Bericht wird »politisch bewertet« und verschwindet damit in der Ablage. Die Forderungen des Untersuchungsausschusses bleiben ebenfalls weitgehend ohne Folgen. Für die in einem solchen Fall unausweichlichen personellen Konsequenzen definiert Bürgermeister Hans-Ulrich Klose eine »Messlatte« – ein »persönlich zurechenbares Fehlverhalten«. Klose untersteht das Senatsamt für den Verwaltungsdienst. Er trägt damit die politische Verantwortung für den gesamten Behördenapparat. Einen Rücktritt, den er zunächst erwägt, schließt er gleichwohl aus. Aber unter Anwendung der »Messlatte« entschließt der Senatschef sich zu einem Bauernopfer: Justizsenator Frank Dahrendorf (SPD) muss sein Amt aufgeben, weil er vor Jahren als Staatsrat der Innenbehörde im Zusammenhang mit der Firma Stoltzenberg nach Aktenlage eine Unbedenklichkeitsbescheinigung unterschrieben hat. Ermittlungen gegen elf hamburgische Beamte wegen des Verdachts der fahrlässigen Tötung, Körperverletzung und der Herbeiführung einer Sprengstoffexplosion werden 1983 eingestellt. Auch disziplinarrechtliche Konsequenzen bleiben aus, denn man habe die schwerwiegenden Vorwürfe »nicht punktuell lokalisieren« können, wie der Senat erklärt. Der Inhaber der Firma Stoltzenberg, der Chemotechniker Martin Leuschner, wird wegen seines angegriffenen Gesundheitszustandes außer Verfolgung gesetzt. Er stirbt 1982. Das Unternehmen wird geschlossen, das Gelände wird aufwändig entseucht und saniert.

13. Oktober 1979: In Hamburg eröffnet die Initiative Kommunales Kino Hamburg e.V. das Metropolis-Kino.

36.

Aufstieg und Fall eines Hoffnungsträgers

Rund 150 junge Leute haben sich vor der Hamburger SPD-Zentrale im Stadtteil St. Georg versammelt. Es sind Jungsozialisten, im Parteijargon Jusos genannt. Sie sind empört und rufen zu den hell erleuchteten Fenstern hinauf: »Alle wollen dasselbe, Spalter in die Elbe, alle wollen noch mehr: Klose wieder her!« Es ist der 25. Mai 1981, kurz vor Mitternacht. Am Vormittag dieses dramatischen Tages ist Bürgermeister Hans-Ulrich Klose, 43, zurückgetreten. Der Juso-Protest ist der lautstarke Abgesang auf einen Hoffnungsträger der Parteilinken, dessen Aufstieg zum Regierungschef zu den bemerkenswertesten Rathaus-Karrieren der Nachkriegszeit gehört. Der damalige Innensenator Hans-Ulrich Klose(1) war erst 37 Jahre alt, als er am 12. November 1974 zum Nachfolger von Peter Schulz(2) als Erster Burgermeister gewählt wurde. Ein Heimatvertriebener aus Breslau, in Bielefeld aufgewachsen, Volljurist. Mit kräftiger Nachhilfe durch die Medien, die er virtuos zu nutzen verstand, avancierte er rasch zu einem Publikumsliebling, der sehr geschickt seine eigene Nachdenklichkeit kultivierte und öffentlich einzusetzen verstand. Dazu gehörte seine in die Medien transportierte Traumvorstellung von einem Leben als »Pastor in Morsum auf Sylt«, seine Bewunderung für den so exzentrischen wie genialen Graphiker Horst Janssen (1929–1995) und manches andere. Die eigene Partei, die Rathausjournalisten, die gesamte Öffentlichkeit bewunderten seine scharfsichtigen Analysen. Und ein brillanter Vortrag, den er im Juli 1975 vor der Evangelischen Akademie Tutzing über die »Unregierbarkeit der Städte« hielt, verlieh ihm auch bundesweit Profil.

Hamburgs Wählerschaft gewann den Eindruck, dass sich die Regierungspartei SPD nach den Turbulenzen um Kloses Amtsvorgänger Peter Schulz wieder gefangen hatte. Die Tatsachen entsprachen dieser Einschätzung auch. Klose handelte – in der Haushaltspolitik, die Schulz zum Verhängnis geworden war, im Hochwasserschutz (die Sturmflut von 1976 brachte noch höhere Wasserstände als 1962, aber Todesopfer waren nicht zu beklagen), und selbst bei einem öffentlich heftig umstrittenen Projekt wie der Umgestaltung des Rathausmarktes setzte er seine Entscheidung gegen massive Widerstände durch – zu Recht. Die allgemeine Wahrnehmung war: Hamburg ist auf gutem Wege. Politisch verbucht wurde das weitgehend zugunsten der Regierungspartei SPD und ihres Bürgermeisters, während der linksliberal dominierte Koalitionspartner FDP vor allem als »Opposition in der Koalition« wahrgenommen wurde – eine Rolle, die den Elbliberalen weithin verübelt wurde. Das Ergebnis dieser Konstellation war ein strahlender SPD-Sieg in der Bürgerschaftswahl vom 4. Juni 1978: 51,5 Prozent der Stimmen, 69 Mandate, die

Bürgermeister Hans-Ulrich Klose (Mitte) und Wirtschaftssenator Jürgen Steinert (links neben Klose) geben am 10. Februar 1981 den Senatsbeschluss bekannt, dass sich Hamburg nur dann am Kernkraftwerk Brokdorf beteiligen werde, wenn der Bau um drei Jahre verschoben wird. Links neben Steinert Senatssprecher Manfred Bissinger, rechts neben Klose der Vorsitzende der Landespressekonferenz, Claus Wernicke (dpa).

FDP mit 4,8 Prozent nicht mehr im Parlament. Der Wahlsieger Klose am Wahlabend vor laufenden Kameras: »So schön kann das Leben sein.«

Doch nun begannen die Mühen der Ebene. Erst weckte der hanebüchene Umweltskandal Stoltzenberg massive Zweifel an der Kompetenz Kloses und seines SPD-Alleinsenats, schwere Krisensituationen zu bewältigen. Noch verhängnisvoller aber war, dass Klose, der bisherige Karriere-Politiker, sich öffentlich linken Positionen annäherte. Die junge Protestgeneration und die grüne Bewegung im Blick, verwarf er den Extremistenbeschluss, der Radikale aus dem öffentlichen Dienst fernhalten wollte (er hatte ihn selbst mit herbeigeführt), und bekannte nun: »Lieber stelle ich 20 Kommunisten ein, als dass ich 200.000 junge Menschen verunsichere.« Er bekundete Verständnis für die marxistische Theorie vom »Staatsmonopolistischen Kapitalismus« (Stamokap), deren Verfechter er kurz zuvor noch von der SPD fernhalten wollte, und verkündete: »Wir betätigen uns ziemlich handfest als Reparaturbetrieb des Kapitalismus.« Vor allem aber schlug er sich ostentativ auf die Seite der Kernenergie-Gegner innerhalb und außerhalb der eigenen Partei und sprach sich nun gegen den Bau des Kernkraftwerks Brokdorf an der Unterelbe aus, das er vorher befürwortet hatte. Die Hamburgischen Electricitätswerke, eines der lukrativsten öffentlichen Unternehmen der Stadt, waren an diesem Projekt beteiligt.

Klose hatte für diesen Kurs eine Mehrheit in der Parteibasis, wie ein Sonderparteitag im Februar 1981 klar gezeigt hatte. Vier von sieben SPD-Kreisen standen hinter ihm. Aber die übrigen drei Kreise waren mächtige Bastionen des Mitte-Rechts-Lagers in der Partei, und Spitzengenossen wie der Landesvorsitzende Werner Staak, dessen unverändert einflussreicher Vorgänger Oswald Paulig und der Fraktionschef Ulrich Hartmann wurden zu erbitterten Klose-Gegnern.

30. Mai 1980: Großbrand im Altonaer Museum.

Vor allem diesen drei SPD-Politikern und ihren Anhängern gilt an diesem Abend des 25. Mai 1981 der zornige Protest der Jungsozialisten. Die Jusos und mit ihnen die Parteilinken insgesamt werfen Staak, Hartmann und Paulig vor, Klose systematisch in die Enge und schließlich zur Demission getrieben zu haben. »Ich habe mich entschieden«, so Klose in seinem Demissionsschreiben, »den Konflikt auf die einzige mir konsequent erscheinende Weise zu lösen: durch meinen Rücktritt.«

Es ist eine der schwersten Krisen in der Nachkriegsgeschichte der Hamburger SPD. Ein Jahr vor der nächsten Bürgerschaftswahl beginnt nun die Suche nach einem Nachfolger. Sicher ist: Er kann nicht aus dem Führungspersonal der Partei in der Hansestadt kommen. Eine Einigung der verfeindeten Flügel, die sich gegenseitig blockieren, auf einen gemeinsamen Kandidaten erscheint ausgeschlossen. Diese Zerreißprobe der Partei in ihrer traditionellen Hochburg Hamburg beschäftigt auch die Bonner SPD-Führung. Vor allem Fraktionschef Herbert Wehner sieht den Konflikt mit großer Sorge und beschließt, die Sache in die Hand zu nehmen. Auf der Suche nach einem möglichen Nachfolger, der die politische Statur hat, um die zerstrittenen Flügel wieder zurück zur Sachpolitik und damit auch in die bevorstehende Bürgerschaftswahl zu führen, lädt er den Staatsminister im Auswärtigen Amt Klaus von Dohnanyi (SPD) zum Frühstück in seinen Bungalow ein. Es wird eine folgenschwere Unterredung. Dohnanyi[(3)] hat bisher mit der Hamburger SPD keinerlei Erfahrung, aber auch keinerlei Konflikte – er ist SPD-Landesvorsitzender in Rheinland-Pfalz. Also ist er für die Partei in der Hansestadt »neutral«. Das spricht für ihn. Er stammt aus einer berühmten Familie. Und, sehr wichtig: Er ist in Hamburg geboren. Seine Eltern haben einige Jahre in der Elbmetropole gelebt – vielleicht waren es die glücklichsten Jahre ihres Lebens. Dohnanyi, Jurist wie sein Vater, kann also hanseatisches Flair entwickeln. Hilfreich ist auch, dass sein Bruder Christoph von Dohnanyi Intendant der Hamburger Staatsoper und Generalmusikdirektor des Philharmonischen Staatsorchesters ist. Es gelingt Herbert Wehner, seinen Kandidaten nicht zu überreden, aber zu überzeugen. Dohnanyi weiß, dass er ein schweres Erbe antritt. Der Konflikt um das Kernkraftwerk Brokdorf ist ja

Vereidigung von Klaus von Dohnanyi vor der Übernahme des Bürgermeister-Amtes, 24. Juni 1981.

durch Kloses Rücktritt nicht gelöst, ja nicht einmal entschärft. Und die zerstrittenen Flügel und Gruppen in der Hamburger SPD zeigen keinerlei Bereitschaft, aufeinander zuzugehen. Aber der Hamburg-Neuling hat eiserne Nerven. Und: Mit ihm hat die Hamburger SPD die letzte Chance. Wenn er scheitert, ist die Partei in der Hansestadt definitiv am Ende. Faktisch stärkt das seine Position.

Am 20. Juni 1981 stellt Klaus von Dohnanyi sich auf einem Sonderparteitag in der stillgelegten Kesselschmiede auf Finkenwerder der Partei und der Öffentlichkeit vor. Das Klima ist meteorologisch kühl, politisch frostig. Aber ihm gelingt ein überzeugender Auftritt. Am 24. Juni 1981, einen Tag nach seinem 53. Geburtstag, wählt die Bürgerschaft diesen absolut parkettsicheren, weltgewandten und selbstbewussten Politiker mit allen 69 SPD-Stimmen in den Senat, dieser kürt ihn zum Ersten Bürgermeister. Es ist eine deutliche Zäsur für die hamburgische Politik. Dieser Regierungschef stellt Ansprüche – an sich, seine Mitarbeiter, seine Partei, an das Parlament, an die Öffentlichkeit. Er erweist sich als ein häufig ungeduldiger, nicht selten aufbrausender Detailfanatiker. Aber er scheut sich nicht, seine Partei auch vor laufenden Kameras zur Ordnung zu rufen: »Die Leute haben eure Streitereien satt, bis hier oben!« Er will den »sozial gesteuerten Strukturwandel« vorantreiben. Und er weiß: Für Erfolge bleibt ihm wenig Zeit – in knapp einem Jahr wird gewählt.

Anmerkungen

(1) Hans-Ulrich Klose, 1937 in Breslau geboren, ist in Bielefeld aufgewachsen. Er studierte Rechtswissenschaften in Freiburg im Breisgau und Hamburg. Nach beiden juristischen Staatsexamina war er zunächst in der Hansestadt als Jugendstaatsanwalt tätig, später als Regierungsdirektor. K. trat 1964 in die SPD ein, wurde 1970 in die Hamburgische Bürgerschaft gewählt und war von 1972 bis 1973 SPD-Fraktionsvorsitzender. 1973 wurde er Innensenator, 1974 als Nachfolger von Peter Schulz Erster Bürgermeister. Nach seinem Rücktritt als Regierungschef wurde K. 1983 in den Deutschen Bundestag gewählt, dem er seither ohne Unterbrechung angehört. Im November 1991 wurde er Nachfolger von Hans-Jochen Vogel als SPD-Fraktionsvorsitzender. Nach der Bundestagswahl 1994 gab er dieses Amt an den damaligen SPD-Vorsitzenden Rudolf Scharping ab. Von 1994 bis 1998 war K. Vizepräsident des Bundestages und übernahm von 1998 bis 2002 den Vorsitz im Auswärtigen Ausschuss.

(2) Peter Schulz, 1930 in Rostock geboren, in sozialdemokratischer Familientradition aufgewachsen, begann seine politische Karriere 1961 als SPD-Bürgerschaftsabgeordneter. 1966 zunächst Justiz- und ab 1970 Schulsenator. 1971 als Nachfolger von Herbert Weichmann zum Ersten Bürgermeister gewählt. Nach massiven Konflikten mit der eigenen Partei 1974 Rücktritt. Von 1978 bis 1986 mit halbjähriger Unterbrechung 1982 Bürgerschaftspräsident, Anwalt in Hamburg.

(3) Klaus von Dohnanyi, 1928 in Hamburg geboren, entstammt einer berühmten Familie. Sein Vater war der Jurist Hans von Dohnanyi, der 1945 kurz vor Kriegsende vom NS-Regime im KZ Sachsenhausen ermordet wurde. Seine Mutter Christine, geborene Bonhoeffer, war die Tochter des bedeutenden Psychiaters Karl Bonhoeffer und die Schwester des ebenfalls vom NS-Regime hingerichteten evangelischen Theologen und Widerstandskämpfers Dietrich Bonhoeffer. Sein Großvater väterlicherseits war der Komponist und Pianist Ernst von Dohnanyi, sein Bruder ist der Dirigent Christoph von Dohnanyi. D. legte 1946 das Abitur am Benediktinerkloster St. Ottilien ab, schloss 1949 das Studium der Rechtswissenschaften mit dem Ersten Staatsexamen ab und promovierte »magna cum laude« mit einer Dissertation über die Grundstücksteilung. Nach Studienaufenthalten an mehreren amerikanischen Elite-Universitäten und bei den Ford-Werken in Detroit und Köln legte D. 1957 das Zweite juristische Staatsexamen ab und trat 1960 in die Leitung des Marktforschungsinstituts Infratest ein. Seit 1957 Mitglied der SPD, wurde er 1968 beamteter Staatssekretär des Bundeswirtschaftsministeriums unter Karl Schiller, 1969 parlamentarischer Staatssekretär beim Bundesminister für Bildung und Wissenschaft und 1972 Minister dieses Ressorts. Mit dem Rücktritt Willy Brandts als Bundeskanzler 1974 schied auch D. aus der Bundesregierung aus. Im Dezember 1976 wurde er als Staatsminister in das Auswärtige Amt berufen. Aus diesem Amt schied er mit der Wahl zum Ersten Bürgermeister der Hansestadt Hamburg am 24. Juni 1981 aus. Nach seinem Rücktritt 1988 war er unter anderem von 1990 bis 1994 als Beauftragter der Treuhandanstalt für die Privatisierung ostdeutscher Kombinate tätig.

37.

Hamburger Verhältnisse

Der Wahlkampf zur Bürgerschaftswahl 1982 wird zu einem »Duell der Nadelstreifen«. Denn nicht nur der sozialdemokratische Bürgermeister Klaus von Dohnanyi, sondern auch sein christdemokratischer Herausforderer Walther Leisler Kiep[1] stammt aus einer bekannten, in Hamburg verwurzelten Familie. Beide gehen betont hanseatisch miteinander um – fair, bei aller Härte in der Sache sehr höflich, gelassen und jedenfalls alles andere als verbissen. Das zahlt sich vor allem für den Herausforderer Kiep aus. Der Wahlabend am 6. Juni 1982 wird zu einem Desaster für die SPD, die erdrutschartige Verluste hinnehmen muss – einen Stimmenrückgang von 51,5 auf 42,7 Prozent. Und, noch schlimmer für die Sozialdemokraten: Der CDU-Spitzenkandidat holt mit 43,2 Prozent das bis dahin beste Nachkriegsergebnis für die Union. Die CDU hat die SPD, wenn auch nur leicht, überflügelt. Die CDU hat 56, die SPD hat nur noch 55 Mandate, ist also ohne Mehrheit im Landesparlament. Die FDP ist abermals mit 4,9 Prozent an der Fünf-Prozent-Hürde gescheitert, scheidet also für beide Volksparteien als Koalitionspartner aus. Statt der Elbliberalen ist nun erstmals eine ganz neue Gruppierung im Parlament vertreten: die Grün-Alternative Liste, ein Bündnis des Hamburger Landesverbands der Grünen und der Alternativen Liste (GAL), auf der sich linksaußen angesiedelte, schroff antibürgerlich auftretende junge

Walther Leisler Kiep 1981 bei einem Gespräch mit dem Nachrichtenmagazin »Der Spiegel«.

Leute versammelt haben. Mit 7,7 Prozent und neun Mandaten ist der GAL auf Anhieb der Einzug in die Bürgerschaft gelungen. Angeführt von Thea Bock und Thomas Ebermann, gewinnen die Parlamentsneulinge rasch Medienpräsenz.

Der SPD-Senat ist zwar ohne Mehrheit, aber da die Amtszeit der Landesregierung nicht an die Legislaturperiode gebunden ist (»ewiger Senat«), ist sie nicht lediglich geschäftsführend, sondern ohne Einschränkungen im Amt. Die CDU könnte diesen Senat nur durch ein konstruktives Misstrauensvotum stürzen. Dazu bedürfte sie eines Bündnispartners. Die SPD lehnt eine Große Koalition strikt ab. Ein Bündnis der CDU mit der GAL scheidet aus nahezu allen denkbaren Gründen aus. Bürgermeister Klaus von Dohnanyi regiert also zunächst mit einem Minderheitssenat. Rechnerisch wäre zwar eine rot-grüne Rathaus-Allianz möglich, politisch aber ist sie in der SPD nicht durchsetzbar, und auch Dohnanyi lehnt eine solche Koalition ab. Allenfalls eine Tolerierung durch die GAL erscheint für ihn denkbar. Gespräche darüber mit den »Turnschuh-Parlamentariern«, die von Sozialdemokraten des Mitte-Rechts-Lagers als »Fliegenschwarm« tituliert werden, erweisen sich als außerordentlich zähflüssig und werden nach insgesamt mehr als 50 Stunden beendet. Auch der Wahlsieger Kiep hat keine praktikablen Vorschläge für konstruktive Lösungen. Es ist eine verfahrene Situation. Die Hansestadt droht unregierbar zu werden – ein Zustand, der bundesweit Aufsehen erregt. Das Schlagwort von den »Hamburger Verhältnissen« entsteht und wird zum Synonym für politischen und parlamentarischen Immobilismus.

15. Mai 1981: Im Museum für Kunst und Gewerbe wird die Ausstellung mit Grabfunden des ägyptischen Königs Tutanchamun eröffnet. Sensationeller Erfolg: rund 620.000 Besucher.

25. Mai 1981: Bürgermeister Hans-Ulrich Klose (SPD) tritt nach innerparteilichen Auseinandersetzungen um die Energiepolitik zurück.

Dem CDU-Bürgermeisterkandidaten Kiep und seiner Partei gelingt es nicht, den Vertrauensvorschuss der Wähler aus der Wahl vom 6. Juni zu nutzen und den politischen Vorsprung vor der SPD auszubauen. Stattdessen punktet Dohnanyi seinen Herausforderer Kiep immer wieder durch Herrschaftswissen und präzise Detailkenntnis aus und wartet im Übrigen den günstigsten Zeitpunkt für Neuwahlen ab. Zwar besagen Meinungsumfragen, das Wählerverhalten werde sich im Vergleich zur Wahl vom 6. Juni nur unwesentlich ändern, und erneut sei nicht mit einer klaren Mehrheit zu rechnen. Doch Dohnanyi geht dieses Risiko ein, es kommt zu vorgezogenen Neuwahlen, die am 19. Dezember 1982 stattfinden. Das Ergebnis ist sensationell: Die SPD erobert mit 51,3 Prozent die absolute Mehrheit zurück, die CDU kommt nur noch auf 38,6 Prozent, die GAL auf 6,8 Prozent. Auf den Status einer Splitterpartei wird die Hamburger FDP reduziert: 2,6 Prozent, das schlechteste Ergebnis ihrer Geschichte.

Wahlanalysen belegen, dass dieses Resultat wesentlich durch den Machtwechsel in Bonn beeinflusst wurde, denn kurz zuvor war Helmut Schmidt, der prominenteste Hamburger Sozialdemokrat, als Bundeskanzler durch ein konstruktives Misstrauensvotum gestürzt worden, und Helmut Kohl (CDU) war nun mit Hilfe der FDP an die Macht gekommen. Offenkundig haben viele Wählerinnen und Wähler sich von dem Wunsch nach einer politischen »Wiedergutmachung« für Helmut Schmidt leiten lassen. Das erklärt auch das verheerende Abschneiden der Elbliberalen, die stellvertretend für ihre Bundespartei »abgestraft« werden.

Klaus von Dohnanyi (re.) und Walther Leisler Kiep am Wahlabend des 19. Dezember 1982 im Hamburger Rathaus. In der Mitte CDU-Fraktionschef Hartmut Perschau.

Jedenfalls sind die Hamburger Verhältnisse bis auf weiteres beendet, die SPD hat einen eindeutigen Regierungsauftrag, und Klaus von Dohnanyi, der strahlende Wahlsieger, bildet einen sozialdemokratischen Senat. Walther Leisler Kieps Gastspiel auf der politischen Bühne der Hansestadt ist beendet.

Anmerkung

(1) Walther Leisler Kiep, 1926 in Hamburg geboren, stammt aus einer hamburgischen Großbürgerfamilie. Sein Vater war Vorstandsmitglied der Hamburg-Amerika-Linie. Als wohlhabender Versicherungskaufmann wurde K. 1965 für die CDU Mitglied des Deutschen Bundestages, dem er bis 1976 angehörte. Von 1971 bis 1992 war er Bundesschatzmeister der CDU. Er gehörte zu der kleinen Gruppe von Unionsabgeordneten, die 1972 im Bundestag für die Ostverträge der Regierung Brandt gestimmt haben. 1976 wechselte K. nach Niedersachsen in die Landespolitik – zunächst als Wirtschaftsminister und von 1976 bis 1980 als Finanzminister. 1980 kehrte er noch einmal für zwei Jahre als Bundestagsabgeordneter der CDU auf die Bonner Bühne zurück. Nach seiner vergeblichen Bürgermeister-Kandidatur in Hamburg war er von 1984 bis 2000 Vorsitzender der einflussreichen Atlantik-Brücke, einer Vereinigung zur Stärkung der deutsch-amerikanischen Partnerschaft. Seit 2004 ist er Ehrenvorsitzender dieser Organisation. Als Bundesschatzmeister der CDU war K. in mehrere Parteispendenaffären verwickelt.

38.

Die Neue Heimat – Alptraum des DGB

Am 1. Februar 1982 ist die Welt der deutschen Gewerkschaftsbewegung noch in Ordnung – festgefügt und durch nichts zu erschüttern. Mächtige Organisationen, mächtige Funktionäre, mächtige Manager in mächtigen Konzernen der Gemeinwirtschaft. Nur wenige Tage später, am 8. Februar, ist nichts mehr wie es Jahrzehnte hindurch war – der Anfang vom Ende der Gemeinwirtschaft ist gekommen. An diesem Montag erscheint im Nachrichtenmagazin »Der Spiegel« eine 14 Seiten umfassende, penibel recherchierte Titelgeschichte über das Flaggschiff der gewerkschaftseigenen Unternehmen: »Neue Heimat – die dunklen Geschäfte von Vietor und Genossen«. Es geht um den größten europäischen Baukonzern mit rund 400.000 Wohnungen, fast 6.000 Mitarbeitern und mehr als 100 Tochtergesellschaften im In- und Ausland.

15. August 1981: Schweres Unglück auf dem Dom: Ein mit 28 Personen besetztes Flugkarussell kollidiert mit einem Baukran: sieben Tote, 16 Verletzte.

Die NH-Zentrale hat ihren Sitz in Hamburg. Hier entstand der Konzern. 1926 hatte der damalige Allgemeine Deutsche Gewerkschaftsbund (ADGB) die Gemeinnützige Kleinwohnungsbaugesellschaft Groß-Hamburg (GKB) gegründet. 1939 wurde daraus auf Betreiben der vom NS-Regime gesteuerten Deutschen Arbeitsfront die Neue Heimat Hamburg (NHH), die 1952 dem DGB übertragen wurde. Nun begann eine stürmische Entwicklung, auch durch die Eingliederung anderer gewerkschaftseigener Wohnungsbauunternehmen. In zahlreichen

Blick auf die Konzernzentrale der Neuen Heimat am Steindamm, 1970.

Albert Vietor im Jahr 1982.

deutschen Städten wurde die Neue Heimat zur treibenden Kraft im Wohnungsbau – in der Hansestadt zum Beispiel mit der Gartenstadt Farmsen und den Wohnsiedlungen in Lohbrügge und Karlshöhe. Zugleich machte der Konzern mit bedeutenden Gewerbebauten von sich reden, zum Beispiel mit dem Elbe-Einkaufszentrum und dem Kongresszentrum CCH.

21. Mai 1982: Der neugestaltete Rathausmarkt wird eingeweiht.

Doch nicht diese Leistungen der Vergangenheit beherrschen die Titelgeschichte des Nachrichtenmagazins. Der »Spiegel« enthüllt die ausgeklügelten Methoden, mit denen das Top-Management des Konzerns, dirigiert von seinem überall nur »King Albert« genannten Vorstandsvorsitzenden Albert Vietor (1922–1984), über viele Jahre hinweg mit Hilfe von Strohmännern und Privatfirmen mit dem Gewerkschaftskonzern millionenschwere Geschäfte gemacht und äußerst lukrativ in die eigene Tasche gewirtschaftet hat. Zum Beispiel mit der Heizungsfirma tele-therm, an der NH-Vorstandsmitglieder verdeckt beteiligt sind. Das Unternehmen beliefert die riesigen NH-Siedlungen zu hohen Preisen mit Heizwärme. Die NH-Chefs kassieren also die Mieter des Konzerns zum eigenen Vorteil ab. Weitere illegale Geschäfte der Manager betreffen Antennenanlagen, Grundstücke und Tankstellen.

Die massiven, hinreichend belegten Vorwürfe lösen ein für die Gewerkschaften verheerendes Medienecho aus. In der Öffentlichkeit und von der Politik werden drängende Fragen gestellt: Wer hat von diesen Machenschaften im Gewerkschaftskonzern gewusst – und womöglich absichtlich weggesehen? Welche Rolle hat der NH-Aufsichtsrat mit seinem Vorsitzenden, dem DGB-Chef Heinz Oskar Vetter, gespielt? Und wer hat den »Spiegel« über diesen beispiellosen Skandal informiert? Die DGB-Führung verfällt zunächst in eine Art Schockstarre, erkennt dann jedoch sehr schnell, dass sie unverzüglich handeln muss.

Nur vier Tage nach Erscheinen des Artikels ist der komplette NH-Vorstand entlassen oder beurlaubt. DGB-Chef Vetter und der gesamte NH-Aufsichtsrat beteuern, vom NH-Management getäuscht worden zu sein. Der Informant des Nachrichtenmagazins gerät durch eine Indiskretion ins öffentliche Rampenlicht: John Siegfried Mehnert, der frühere NH-Pressesprecher, ist nach seiner Entlassung Gerüchten über skandalöse Nebengeschäfte von NH-Managern nachgegangen, hat sich Zugang zu den entsprechenden Akten verschafft, sie fotokopiert und dieses brisante Material der Illustrierten »Stern« und dem »Spiegel« angeboten. Dessen Chefredaktion griff zu.

Der NH-Skandal weitet sich aus. DGB-Chef Vetter verzichtet auf dem DGB-Kongress im Mai 1982 in Berlin auf eine erneute Kandidatur. Einer der Gründe dafür: Kurz zuvor ist bekannt geworden, dass auch er in dubiose Vorgänge im Zusammenhang mit der Neuen Heimat verwickelt ist. Vor den Delegierten versucht er sich mit dem Argument zu rechtfertigen, er habe im Hinblick auf teure Sicherheitsvorkehrungen an seinem Wohnhaus »besondere Finanzierungswege« suchen müssen. Der Fall Neue Heimat gewinnt eine weitere brisante Dimension, als sich herausstellt, dass das NH-Management nicht nur illegale Privatgeschäfte betrieben, sondern den Konzern durch einen Schuldenberg von mehreren hundert Millionen DM auch in eine gefährliche wirtschaftliche Schieflage gebracht hat. Horrende Verluste entstanden vor allem im Auslandsgeschäft, so in Malaysia, Afrika, Südamerika und in den Vereinigten Staaten. Um die entstandenen Löcher zu stopfen, wurden unter anderem Instandhaltungs-Pauschalen zweckentfremdet, die für den inländischen Wohnungsbestand bestimmt waren, viele NH-Wohnungen verfielen. Jedoch war das für die gewerkschaftlichen Eigentümer des Konzerns kein Grund, einzuschreiten, auch nicht für die zuständigen staatlichen Instanzen, von denen der Konzern Jahr um Jahr hohe Wohnungsbau-Subventionen und im Hinblick auf den Status der Gemeinnützigkeit auch erhebliche Steuererleichterungen erhielt. Einer der Gründe für dieses Stillhalten war das politische Netzwerk, das NH-Chef Albert Vietor durch ein ausgedehntes System von bezahlten Beiräten und Beratern aufgebaut hat. Im Oktober 1981 spitzte sich die finanzielle Lage des Konzerns so zu, dass die gewerkschaftlichen Eigentümer dem kriselnden Unternehmen 160 Millionen Mark zur Verfügung stellen mussten.

3. März 1983: Die »Galleria« wird als achte Einkaufspassage der Innenstadt eröffnet.

6. Mai 1983: Das Bundeskriminalamt gibt gemeinsam mit dem Bundesarchiv bekannt, dass die am 25. April von der Illustrierten »Stern« präsentierten Hitler-Tagebücher gefälscht sind.

Nach der Entlassung des alten Vorstands versuchen die Gewerkschaften zunächst, den taumelnden Koloss Neue Heimat durch einen rigorosen Sanierungskurs zu stabilisieren und damit zu retten. Neuer Vorstandschef wird der Banker Diether Hoffmann. Am 7. Dezember 1982 gibt der Konzern die Unternehmenszahlen für 1981 bekannt: Umsatz rund 6,4 Milliarden DM, Verluste bei der Neuen Heimat 193 Millionen DM und bei der Neuen Heimat Städtebau 562 Millionen DM. Am 25. Januar 1983 veröffentlicht der NH-Konzern Auszüge aus einem Gutachten der Wirtschaftsprüfungsgesellschaft »Treuarbeit«. Daraus geht hervor, dass der frühere NH-Chef Albert Vietor durch seine Privatgeschäfte für das Unternehmen einen Verlust von 105 Millionen DM verursacht hat. Die gewerkschaftlichen

22. November 1983: Altbundeskanzler Helmut Schmidt (SPD) wird der 21. Ehrenbürger seiner Heimatstadt Hamburg.

1983: Ein Exportkaufmann, der anonym bleiben will, spendet vier Millionen Mark für die Sanierung der Hauptkirche St. Michaelis.

Eigentümer versuchen nun, die für eine Sanierung des Konzerns erforderlichen Mittel durch einen Teilverkauf des riesigen Wohnungsbestandes zu erwirtschaften. Das misslingt weitgehend: Die Immobilienpreise fallen, vor allem aber misstrauen die Bundesländer, die als Käufer in Betracht kommen, den NH-Angaben über den Sanierungsbedarf. Daraufhin fordert die SPD schließlich von der Bundesregierung unter Bundeskanzler Helmut Kohl (CDU) Zuschüsse aus dem Bundeshaushalt für das hoch verschuldete Gewerkschaftsunternehmen. Das lehnt vor allem der Koalitionspartner FDP kategorisch ab. Da die Neue Heimat keine staatlichen Sanierungshilfen bekommt, verkauft der DGB das gewerkschaftseigene Wohnungsbauunternehmen am 18. September 1986 nach zähen Verhandlungen zum symbolischen Preis von einer Mark an die Firma DNG Vermögensbildung GmbH des Berliner Bäckerei-Unternehmers Horst Schiesser. Er übernimmt den größten Teil des hoch verschuldeten Wohnungsbaukonzerns. Diese Transaktion stößt in der Öffentlichkeit weitgehend auf Unverständnis. Schiessers Sanierungsplan gilt allgemein als nicht tragfähig.

Wenig später, im Oktober 1986, ist die Neue Heimat erneut in den Schlagzeilen: Auf dem Gewerkschaftstag der IG Metall in Hamburg verhaftet die Polizei den Finanzchef des DGB, Alfons Lappas, der zugleich Chef der Gewerkschaftsholding BGAG ist. Lappas hat vor einem Untersuchungsausschuss des Bundestages, der die Vorgänge bei der Neuen Heimat aufklären soll, die Aussage verweigert. Daraufhin hat der Ausschuss beschlossen, den DGB-Spitzenfunktionär in Beugehaft nehmen zu lassen. Dieser Haftbefehl wird nun vollstreckt. Die Delegierten des Gewerkschaftskongresses sind empört.

Die Sanierung des NH-Konzerns kommt nicht voran. Die Gläubigerbanken akzeptieren den Sanierungsplan Schiessers nicht. Am 12. November 1986 wird der Kaufvertrag mit weiteren Verlusten für die Gewerkschaften rückabgewickelt. Es kommt zu längeren Prozessen. Schiesser erhält eine millionenschwere Abfindung, die jedoch überwiegend der Bezahlung von Anwaltshonoraren dient. Der DGB bestellt nun einen unabhängigen Liquidator, den Banker Heinz Sippel. Er verkauft den Wohnungsbestand nach dem aktuellen Marktwert vor allem an die Bundesländer. Der DGB bleibt auf Verbindlichkeiten von rund drei Milliarden Mark sitzen. Da die Gläubigerbanken hart bleiben und zum Forderungsverzicht nicht bereit sind, muss der DGB weitere gemeinwirtschaftliche Unternehmen veräußern – vor allem die Bank für Gemeinwirtschaft und die Volksfürsorge. In erneute Turbulenzen geraten die Gewerkschaften, als 1988 der gewerkschaftseigene Handelskonzern coop am Ende ist. Bilanzmanipulationen und Betrügereien des Vorstands werfen erneut die Frage nach einer wirksamen Kontrolle durch die Eigentümer auf und diskreditieren die Gemeinwirtschaft zusätzlich. Die Abwicklung des Falles Neue Heimat zieht sich bis zum Jahr 1998 hin. Größenwahn, Missmanagement, dazu eklatante Sanierungsfehler haben der wirtschaftlichen Kraft und dem Ansehen der deutschen Gewerkschaftsbewegung schweren Schaden zugefügt.

39.

Elder Statesman Helmut Schmidt

Es ist Helmut Schmidts erster Auftritt als Bundeskanzler a.D. vor der Hamburger SPD. Da trifft es sich gut, dass die Partei soeben mit 51,3 Prozent der Stimmen einen grandiosen Wahlsieg errungen und die Hamburger Verhältnisse, das Regieren ohne parlamentarische Mehrheit, beendet hat. Am 21. Dezember 1982 mahnt er die SPD seiner Vaterstadt auf einem Landesparteitag, endlich ihre internen Streitereien zu beenden: »Wenn die SPD beginnt, wieder mit den Flügeln zu schlagen – und das mögen sich die Wortführer der Flügel hinter die Ohren schreiben – dann würde ihr das die Wählerschaft nicht verzeihen!« Einer, dem diese Mahnung ganz besonders gilt, ist Ortwin Runde, der Wortführer der Parteilinken aus dem Kreis Nord. Der Altbundeskanzler weiß, und jeder Delegierte im Saal ist sich darüber klar, dass dieser Wahlsieg des 19. Dezember 1982 auch eine »Wiedergutmachung« der Wählerschaft für die Abwahl des Hamburgers Helmut Schmidt aus dem Kanzleramt ist. Die vernichtenden 2,6 Prozent, mit denen die FDP abgestraft wurde, sind einer der Belege dafür, wie die Hamburgerinnen und Hamburger die Rolle der Liberalen bei diesem Bonner Machtwechsel beurteilen. Helmut Schmidt, auch in dieser Parteitagsrede stets beherrscht, gestattet sich, für einen Augenblick nur, Gefühl zu zeigen und spricht von »unserer schmerzlich geliebten Partei«. Alle wissen, wen und was er damit meint: Die SPD hat diesem Kanzler längst die politische Gefolgschaft aufgekündigt. Es ist vor allem der von ihm herbeigeführte Nato-Doppelbeschluss zur Aufstellung von Mittelstreckenraketen in Mitteleuropa bei gleichzeitigem Verhandlungsangebot an die Sowjetunion, der ihn in der eigenen Partei völlig isoliert hat. Die Hamburger SPD marschiert dabei in der vordersten Reihe seiner Gegner und Widersacher. Das zeigt sich in aller Deutlichkeit auf dem Kölner SPD-Bundesparteitag am 18. und 19. November 1983: Von den rund 400 Delegierten stimmen nur 14, darunter Schmidt selbst und sein früherer Verteidigungsminister, der Hamburger Hans Apel, für diese Sicherheitspolitik, die im Dezember 1987, von der Bundesregierung unter Helmut Kohl (CDU) konsequent fortgesetzt, eine glänzende Rechtfertigung erfahren wird: durch den Vertrag von Reykjavik, in dem beide Supermächte sich zum Abbau aller Mittelstreckenraketen in Europa verpflichten.

3. Mai 1984: Finanzsenator Jörg König (SPD) tritt zurück, weil er einen Verkehrsunfall mit Sachschaden, den er selbst mit seinem Dienstwagen verursacht hat, erst am Tag darauf der Polizei gemeldet hat.

Das ist der Hintergrund für das zutiefst ambivalente Verhältnis der Hamburger SPD zu diesem Politiker aus ihren Reihen, der zum Staatsmann von Weltrang wurde. Landesvorsitzender ist nach dem Wechsel des Bergedorfers Jörg König (Bergedorf ist der angestammte Wahlkreis des Bundestagsabgeordneten

Am 9. Mai 1983 feiert Altbundeskanzler Helmut Schmidt gut gelaunt seinen Einstand als Mitherausgeber der Wochenzeitung »Die Zeit«.

Helmut Schmidt) in den Senat der Linke Ortwin Runde, den mit der »Schmidt-SPD«, so der abschätzige Jargon des linken Parteiflügels, wenig verbindet. Jedoch ist auch ihm, vor allem aber Bürgermeister Klaus von Dohnanyi, klar, dass sich die Hamburger SPD bewegen und ein Zeichen der jedenfalls persönlichen Aussöhnung mit dem Sozialdemokraten Helmut Schmidt setzen muss. Und so kommt es am 22. Dezember 1983, einen Tag vor dem 65. Geburtstag des Altbundeskanzlers, zu einer bewegenden Sondersitzung der Bürgerschaft: Das Landesparlament stimmt dem Antrag des Senats zu, Helmut Schmidt für »seine staatsmännischen Verdienste um die Bundesrepublik Deutschland und um das Gemeinwohl Hamburgs« die Ehrenbürgerwürde der Freien und Hansestadt Hamburg und damit die höchste Auszeichnung des Stadtstaates zu verleihen.

In der Urkunde heißt es: »In dieser Ehrung kommt der Dank der Vaterstadt dafür zum Ausdruck, dass Helmut Schmidt über Jahrzehnte in der Pflicht politischer Arbeit das internationale Ansehen unseres Landes gefestigt hat und maßgeblich dazu beitrug, dass die Bundesrepublik Deutschland heute eine starke Demokratie und eine führende Industrienation ist. Seinem Wirken haben Hamburgs Bürgerinnen und Bürger viel zu verdanken.« Bürgermeister Klaus von Dohnanyi stellt in seiner Laudatio fest: »Einen hamburgerischen Bürger Hamburgs als Helmut Schmidt kann man sich kaum vorstellen.« Dohnanyi verschweigt in seiner Rede nicht den Konflikt mit der sozialdemokratischen Mehrheit, »auch in dieser Bürgerschaft« und in der Hamburger SPD wegen der Stationierung von Mittelstreckenraketen in Europa. Dieser Dissens werde aber weder den Sozialdemokraten Helmut Schmidt von seiner Hamburger SPD noch umgekehrt diese »von ihrem bedeutenden Genossen« trennen. Lediglich die Grün-Alternative Liste (GAL) verweigert ihre Zustimmung. Zur Begründung wirft der GAL-Abgeordnete Thomas Ebermann in einem längeren polemischen Auftritt Schmidt »Lust an der Diffamierung anderer« und »Lust am Krisenstaat« vor und beschuldigt ihn, er habe das Leben des von der RAF entführten Arbeitgeberpräsidenten Hanns Martin Schleyer »aus Staatsräson geopfert«. Das Lob für Schmidt lasse ihn »schaudern«.

2. Oktober 1984: Schweres Barkassenunglück im Hamburger Hafen mit 19 Toten.

Der neue Ehrenbürger, seit Mai 1983 Mitherausgeber der Wochenzeitung »Die Zeit«, in seinem langen politischen Leben durch Parteitags-Polemiken und Bundestags-Debatten abgehärtet, kleidet auf einem anschließenden Senatsempfang im Festsaal des Rathauses seine Replik in die denkbar höflichste Form. Er dankt für Lob und Polemik gleichermaßen, denn Letztere sei genauso wichtig wie Zuspruch. Hamburg habe auch nach schweren Schicksalsschlägen immer wieder die Kraft gefunden, neu anzufangen. »Wenn ich sehe, wie vom Schicksal ungeprüfte junge Leute heute lamentieren, sich voll Selbstmitleid ihren Ängsten hingeben und demonstrieren«, habe er gleichwohl die Hoffnung, dass sie in Zeiten der Not zupacken würden. Die rot gesiegelte Pergamentrolle der Urkunde in der Hand, blickt er über die vielen hundert Gäste im Festsaal des Rathauses und bekennt: »Warum sollte ich Ihnen gegenüber meine Freude verbergen? Ich freue mich über die Ehrung durch meine Heimatstadt. Innerlich habe ich Hamburg nie verlassen.« Nicht nur Helmut Schmidt, auch vielen Gästen ist bei diesen Sätzen die innere Bewegung anzumerken.

40.

Das RAF-Depot im Sachsenwald

Ein kalter Herbsttag im Sachsenwald vor den Toren Hamburgs, in der Nähe von Friedrichsruh. Es ist 12.30 Uhr. Ein Jogger in blauer Sportkleidung steigt von einem Damenfahrrad, stellt es an einem Baum ab und läuft scheinbar ziellos durch ein Waldstück. 350 Polizeibeamte des Bundeskriminalamts und der Spezialeinsatzkommandos aus Schleswig-Holstein und Niedersachsen verfolgen, gut getarnt, jede seiner Bewegungen. In einem günstigen Augenblick springt einer der Beamten aus dem Versteck hervor, die Maschinenpistole im Anschlag, und ruft: »Hinlegen!«

8. Mai 1985: Am Stephansplatz wird das Gegendenkmal des österreichischen Bildhauers Alfred Hrdlicka zum 76er-Ehrenmal enthüllt. Es bleibt unvollendet, weil der Bildhauer sich mit der Stadt nicht über seine Honorarforderung einigen kann.

1. Juni 1985: Die U-Bahnlinie U2 nimmt den Betrieb bis zur Endstation Niendorf auf.

Der Jogger ist mit einem durchgeladenen »Colt Commander« bewaffnet. Aber er erkennt, dass er keine Chance mehr hat, und lässt sich auf den Waldboden fallen. Der Einsatzleiter befiehlt ihm, sich nackt auszuziehen und sich, in Decken gehüllt, auf eine Matte zu legen. Der Top-Terrorist wollte aus einem Erddepot der Rote Armee Fraktion (RAF) Geld holen, das aus einem von der RAF verübten Bankraub stammte. Nach einem ersten Verhör wird er unter schärfsten Sicherheitsvorkehrungen mit dem Hubschrauber nach Karlsruhe geflogen, wo ihm der Ermittlungsrichter des Bundesgerichtshofes einen 25 Seiten umfassenden Haftbefehl verkündet. Die Nachrichtenagenturen melden: »Christian Klar gefasst«. Es ist Dienstag, der 16. November 1982.

Die Festnahme des nach dem Urteil der Terrorfahnder gefährlichsten RAF-Mitglieds ist das Ergebnis einer Meisterleistung der Spurenauswerter im Bundeskriminalamt: Es gelang ihnen, kodierte Papiere zu entschlüsseln, die in einem Terroristen Depot in der Nähe von Frankfurt gefunden worden waren. Das Ergebnis waren genaue Lagebeschreibungen von 13 Erddepots der RAF im gesamten Bundesgebiet, ausnahmslos in Wäldern. Seit Oktober wurde jedes einzelne Versteck von Antiterror-Spezialisten der Eliteeinheit GSG 9 des Bundesgrenzschutzes und der Mobilen Einsatzkommandos der Länder observiert. In der Nähe von Frankfurt gingen den Fahndern die Terroristinnen Brigitte Mohnhaupt und Adelheid Schulz ins Netz, nun im Sachsenwald, am RAF-Depot »Daphne«, eine Woche später Christian Klar. Generalbundesanwalt Kurt Rebmann zeigt sich erleichtert: »Die Festnahme von Christian Klar ist aus meiner Sicht für die Strafverfolgungsbehörden nach mancher Enttäuschung ein geradezu erlösender und für die Kommandos der RAF ein geradezu katastrophaler Schlag.« Enttäuschend war für die Terrorfahnder, dass Klar ihnen mehrfach, unter anderem in Hamburg, in letzter Minute entkommen war.

Der RAF-Terrorist Christian Klar wird nach seiner Festnahme im Hamburger Sachsenwald in Handschellen dem Ermittlungsrichter am Bundesgerichtshof vorgeführt, 16. November 1982.

Der zu diesem Zeitpunkt 30-Jährige stammt aus dem Bildungsbürgertum. Sein Vater ist Vizepräsident des Oberschulamtes Karlsruhe, seine Mutter ist Gymnasiallehrerin. Nach dem Abitur studierte Christian Klar in Heidelberg ein paar Monate Geschichte und Philosophie. 1973 zog er in eine Wohngemeinschaft in Karlsruhe, die dem terroristischen Umfeld zuzurechnen war. Im Oktober 1974 beteiligte er sich an der Besetzung des Hamburger Büros von Amnesty International, um gegen die Haftbedingungen von RAF-Terroristen zu protestieren. 1976 schloss er sich selbst der RAF an und wurde nach den Erkenntnissen der Sicherheitsbehörden rasch zu einer Führungsfigur der »zweiten RAF-Generation« nach Ulrike Meinhof und Andreas Baader. Seine Tatbeteiligung an den RAF-Morden des Jahres 1977, denen Generalbundesanwalt Siegfried Buback am 7. April, der Chef der Dresdener Bank Jürgen Ponto am 30. Juli und Arbeitgeber-Präsident Hanns Martin Schleyer am 18. Oktober zum Opfer fielen, und an weiteren RAF-Attentaten ist die Grundlage für den Prozess vor dem Oberlandesgericht Stuttgart. Er wird 1985 wegen gemeinschaftlich verübten, neunfachen Mordes und elffachen versuchten Mordes zu lebenslänglicher Haft verurteilt. Am 19. Dezember 2008 wird er aus der Justizvollzugsanstalt Bruchsal entlassen.

41.

Schneller nach Berlin

1985: Ida Ehre wird die erste Ehrenbürgerin der Hansestadt.

1985: Auf die Stromleitung des Kernkraftwerks Krümmel wird ein Sprengstoffanschlag verübt.

Meteorologisch ist das Klima rau und unfreundlich, mit Regen- und Sturmböen. Politisch aber lugt hinter den dunklen Wolkenbänken der Teilung ein wenig die Sonne deutsch-deutscher Gemeinsamkeit hervor, als am 20. November 1982, vormittags um 10 Uhr, die Transit-Autobahn Hamburg–Berlin ihrer Bestimmung übergeben wird. Am Abend zuvor wurde die bisherige Transitstrecke zwischen beiden Metropolen auf der Fernstraße 5 mit ihren zahlreichen Ortsdurchfahrten geschlossen. Durchschnittlich eineinhalb Stunden beträgt der Zeitgewinn für die Berlin-Reisenden. Zu einer gemeinsamen Eröffnung der neuen Verbindung nach Berlin kommt es an diesem Tag nicht – das geben die Temperaturen im innerdeutschen Verhältnis noch nicht her. In Witzhave, auf der westlichen Seite der innerdeutschen Grenze, ist Bundesverkehrsminister Werner Dollinger (CSU) erschienen, begleitet vom Kieler Wirtschaftsminister Jürgen Westphal und dem Hamburger Bürgermeister-Kandidaten Walther Leisler Kiep (beide CDU), um mit der obligaten Schere das schwarz-rot-goldene Band zu durchschneiden. Dollingers DDR-Kollege Otto Arndt (SED) tut das Gleiche im neuen DDR-Grenzübergang Zarrentin. Er hält eine kurze Rede: »Liebe Bauschaffende! Sie haben durch Ihre gute Qualitätsarbeit und durch die Termintreue dazu beigetragen, dass die zwischen der Regierung der DDR und der Regierung der BRD getroffenen Regelungen termingerecht erfüllt wurden.« Anschließend treffen sich die beiden Verkehrsminister im Dienstgebäude des Zolls und des Bundesgrenzschutzes in Gudow zu einem kurzen Gespräch, das bei einem »Gegenbesuch« Dollingers in der DDR mit einem Mittagessen in der Raststätte Stolpe fortgesetzt wird.

Es gibt viel zu bereden zwischen der Bundesregierung und der DDR-Regierung. Nicht nur deshalb, weil inzwischen in Bonn Bundeskanzler Helmut Kohl (CDU) im Amt ist. Zwar hat der neue Kanzler in seiner Regierungserklärung eine weitgehende Kontinuität der Bonner Deutschland-Politik zugesagt, doch die SED-Führung ist misstrauisch. SED-Chef Erich Honecker besteht darauf, die bisherige Abgrenzungspolitik fortzusetzen, und so bleiben Fortschritte im innerdeutschen Verhältnis bei dem Gespräch in Stolpe aus. Weder bei den 1980 drastisch heraufgesetzten Mindestumtauschsätzen für Besucher aus dem Westen noch im Hinblick auf den umstrittenen Grenzverlauf auf der Elbe bewegt sich der Minister aus Ostberlin. Das SED-Politbüro hat ihm kategorisch jedes Zugeständnis untersagt. Beim Thema Mindestumtausch bleibt Arndt bei der bisherigen Position der DDR, dieser Zwangsumtausch für West-Besucher sei

Bundesverkehrsminister Werner Dollinger (Mitte) eröffnet die neue Autobahn Hamburg–Berlin. Links der Kieler Wirtschaftsminister Dr. Jürgen Westphal.

so lange notwendig, wie die beiden deutschen Währungen nicht gleich, also im Verhältnis 1:1, bewertet würden.

Stattdessen trägt Arndt seinem Bonner Kollegen Wunschprojekte der DDR vor, die sämtlich eines gemeinsam haben: Die DDR möchte bauen, die Bundesregierung soll zahlen – zum Beispiel für die Elektrifizierung von Bahnstrecken auf DDR-Gebiet, die vor allem für den Berlin-Verkehr wichtig sind. Der DDR geht es um eine Fortsetzung der Politik, die mit dem Bau der Autobahn nach Berlin aus ihrer Sicht so hoffnungsvoll begonnen hat. Dieses Projekt ist das Ergebnis komplizierter Verhandlungen, in die sich Bundeskanzler Helmut Schmidt (SPD) persönlich eingeschaltet hat. Rund 1,2 Milliarden Mark hat die Bundesregierung für die vierjährigen Bauarbeiten an die DDR überwiesen. Hinzu kommen 260 Millionen Mark für das Teilstück von Hamburg bis zur Grenze. Für beide Seiten hat die neue Autobahn übrigens auch militärische Bedeutung – nicht nur als Rollbahn für Truppen- und Nachschubtransporte, sondern auch als Start- und Landebahn für Kampfjets.

Auf westdeutscher Seite mussten indessen Widerstände überwunden werden, mit denen sich die DDR-Regierung nicht auseinanderzusetzen brauchte: Umweltschützer suchten den Bau mit dem ganzen Instrumentarium des verwaltungsrechtlichen Widerstands zu verhindern. Besonders umstritten war dabei die Trasse durch den Sachsenwald, und die Eigentümerfamilie von Bismarck war ganz vorn in der Phalanx der Autobahn-Gegner. Alle Zusagen, die neuesten Erkenntnisse des Umweltschutzes zu berücksichtigen, fruchteten ebenso wenig wie der Appell an die politische Einsicht, die neue Autobahn werde die für Berlin lebenswichtigen Verbindungen zum Bundesgebiet nachhaltig stärken.

Die Planungen für eine Autobahn zwischen Hamburg und Berlin reichen bis in die Anfangsjahre des NS-Regimes zurück. In Hamburg-Altona wurde eine Oberste Bauleitung eingerichtet, der mehrere regionale Bauleitungen unterstanden. Vorbereitende Bauarbeiten, auch die Errichtung von Brückenbauwerken, wurden 1939 durch den Kriegsausbruch zeitlich gestreckt, 1940 weiter verzögert und 1941 offiziell unterbrochen. Als Folge der deutschen Teilung ruhte das Projekt faktisch bis zum Abschluss eines entsprechenden Abkommens zwischen der Bundesrepublik und der DDR über den Bau einer Transitautobahn im Jahr 1978. Die Regierung in Ostberlin hat für West-Reisende strenge Bestimmungen erlassen: Treffen mit DDR-Bürgern sind verboten. Die Autobahn darf nicht verlassen werden, auch nicht für Ausflüge. Zivile Streifen der Polizei und des Staatssicherheitsdienstes überwachen die Parkplätze und die gesamte Transitstrecke, zum Teil mit westdeutschen Fahrzeugen und westdeutschen Kennzeichen. Die Geschwindigkeitsbegrenzung von 100 Stundenkilometern wird rigoros überwacht.

18. April 1986: Deutschland-Premiere des Musicals »Cats« im ehemaligen Operettenhaus. Es wird ein »Dauerbrenner« und läuft sieben Jahre.

Dem Bundesverkehrsminister Werner Dollinger verhilft die neue Transitautobahn zu einer Erkenntnis, die nichts mit dem deutsch-deutschen Verhältnis zu tun hat. In seinem Dienstwagen verfolgt der Minister auf der Fahrt zum Mittagessen mit seinem Amtskollegen Arndt das Verkehrsgeschehen und kommt zu dem Schluss, ein Tempolimit sei eher nachteilig für die Verkehrssicherheit. Nach dem Treffen mit Arndt in der Raststätte Stolpe fährt Dollinger weiter nach Berlin. Unterwegs überholt seinen Dienstwagen eine schwere Limousine mit Ostberliner Kennzeichen, deren Fahrer sich nicht im Geringsten an die vorgeschriebene Höchstgeschwindigkeit hält. Im Fond sitzt ein Herr, der Dollinger jovial zuwinkt. Es ist DDR-Verkehrsminister Otto Arndt.

42.

Fälschung – die Hitler-Tagebücher

Es ist der 25. April 1983: Das Nachrichtenmagazin »Stern« bittet zu einer internationalen Pressekonferenz ins Verlagshaus an der Außenalter. 15 Fernsehteams sind gekommen, dazu Hunderte von Reportern aus aller Welt. Auf dem Podium haben Chefredakteur Peter Koch, Redakteur Thomas Walde und Chefreporter Gerd Heidemann Platz genommen. Ergänzt wird die Runde von einem britischen Historiker, dem Hitler-Experten Hugh Trevor-Roper, und dem amerikanischen Geschichtsprofessor Gerhard Ludwig Weinberg. Was die Herren präsentieren, ist im Hintergrund dekoriert: An der Wand hängen überdimensional große Titelblätter der neuesten Ausgabe des »Stern«. Ihre Schlagzeile: »Hitlers Tagebücher entdeckt«.

25. Mai 1986: Erster »Hanse-Marathon« mit fast 8.300 Teilnehmern.

Reporter Heidemann präsentiert 62 schwarz eingebundene Kladden, die angeblich die privaten und politischen Gedanken Adolf Hitlers enthalten. Die Tagebücher seien im Wrack eines Ende des Zweiten Weltkriegs abgestürzten Flugzeuges entdeckt worden. Bei Börnersdorf in Sachsen sei die Maschine geborgen worden. Ein korrupter DDR-General habe den Fund – die Tagebücher – in den Westen verschoben. Hier seien sie über einen Gewährsmann dem Reporter angeboten worden. So die Version des Gerd Heidemann. Die »Stern«-Chefredaktion ist begeistert und lässt die Leser wissen: »Große Teile der deutschen Geschichte müssen umgeschrieben werden!« Innerredaktioneller Widerstand gegen das Projekt wird im Keim erstickt. Wer an den Tagebüchern zweifle, befinde sich beim falschen Blatt, lässt die Chefredaktion mitteilen. Dabei gibt es schon länger berechtigte Zweifel an der Echtheit der Tagebücher. Bereits im Mai 1981 hatte ein ehemaliger SS-Offizier, dem Heidemann aus den Tagebüchern vorgelesen hatte, auf sachliche Fehler hingewiesen. Dagegen stehen Gutachten von Schriftexperten und Historikern wie Trevor-Roper, die die Authentizität der Kladden bestätigten. Auch die Tatsache, dass die Kladden mit den Initialen FH statt AH für Adolf Hitler gekennzeichnet waren, können Reporter und Chefredakteur schnell erklären: FH sollte für Führer Hitler stehen, vielleicht aber auch für »Führer Hauptquartier« – festlegen will man sich nicht.

29. Mai 1986: Die chinesische Stadt Shanghai wird Hamburgs Partnerstadt.

Zentrale Figur des Skandals ist der Hamburger Gerd Heidemann, der sich in den vergangenen Jahren einen legendären Ruf als Sensations-Reporter des Blattes erarbeitet hatte. Sein Nazi-Tick ist bekannt, dem wird jedoch in der Redaktion mit Nachsicht begegnet. Seit Mitte der 70er Jahre ist er, wie ihm später das Hamburger Landgericht attestiert, »vom Thema Nationalsozialismus besessen«. Damals kauft der 1931 in Altona geborene Heidemann die Yacht des Reichs-

Gerd Heidemann präsentiert am 25. April 1983 die angeblichen Hitler-Tagebücher.

marschalls Hermann Göring. Das Schiff ist teuer, zu teuer für den »Stern«-Fotografen und Reporter. Obwohl die Redaktion ihm einen Vorschuss zahlt, plant er wenig später, die »Carin II« wieder zu verkaufen.

Heidemann recherchiert schon seit Jahren, er ist auf der Spur eines verschollenen Flugzeugs. Die Maschine soll am Abend des 23. April 1945 in Berlin-Gatow gestartet sein. Ihr Ziel: Salzburg. An Bord sollen sich nach Informationen von Ex-Generalleutnant Hans Baur, dem Chefpiloten Hitlers, »wichtige Unterlagen, die der Nachwelt nach Hitlers Worten zum Verständnis seiner Handlungen und Entscheidungen dienen sollten«, befinden.(1) Er wisse jedoch nicht, was aus der Maschine geworden ist. Aber ihm ist der Pilot bekannt: Major Friedrich Gundlfinger. Heidemann liest dies alles und recherchiert die Absturzstelle: Börnersdorf bei Dresden. Dort findet er die Gräber von Gundlfinger und den anderen Besatzungsmitgliedern. Als er die Geschichte im Verlag G+J vorträgt, ist man wie elektrisiert, zumal die Quellenlage gut ist und sich nicht allein auf Recherchen des eigenen Reporters stützt. Heidemann kann weiter recherchieren.

Er gerät auf diesem Weg an einen Sammler, der ihm angeblich von Adolf Hitler verfasste Tagebuch-Seiten zeigt. Heidemann findet heraus, woher das

Material kommt. Von Konrad Fischer alias Kujau. Der Sachse handelt mit NS-Devotionalien und ist unter anderem wegen Urkundenfälschung vorbestraft. Er erkennt schnell seine Chance: Als ihm Heidemann von dem Flugzeug und den verschollenen Aufzeichnungen erzählt, verspricht er, er könne das Material aus der DDR in den Westen holen.

Insgesamt liefert Kujau in mehr als zwei Jahren 62 Kladden. Kujau arbeitet fleißig am Nachschub, schreibt alles selbst, allerdings sehr lustlos und mitunter falsch aus den Geschichtsbüchern ab. Gruner + Jahr bezahlt dafür 9,34 Millionen Mark. Die vom Verlag geforderten Schriftproben Hitlers aus den 40er Jahren liefert ebenfalls Kujau. Sie sind genauso gefälscht wie die Tagebücher selbst. Vom Verlag bestellte Gutachter bestätigen deshalb auch die Übereinstimmung zwischen Schriftproben und Tagebüchern.

Erst nach der Veröffentlichung werden die Bedenken laut. Mehrere deutsche Historiker zweifeln an der Echtheit der Tagebücher, der Kölner Historiker Andreas Hillgruber fordert gegen den massiven Widerstand des »Stern« eine chemisch-physikalische Echtheitsprüfung der Dokumente. Das Gutachten des Bundeskriminalamtes und der Bundesanstalt für Materialforschung und -prüfung ist eindeutig: Das verwendete Papier enthält Weißmacher, die erst seit 1950 in der Papierherstellung verwendet werden. Zudem enthalten die roten Siegelkordeln einen Farbstoff, der erst seit 1965 in Gebrauch ist. Eine Woche nach der Sensations-Pressekonferenz ist die »Stern«-Redaktion mitten in der größten Affäre der deutschen Medien-Geschichte. Die Chefredaktion entschuldigt sich bei der Öffentlichkeit für die Fälschung und tritt geschlossen zurück. Heidemann wird fristlos gekündigt, er wird später zu vier Jahren und acht Monaten Haft verurteilt. Nach Ansicht des Gerichts soll er 4,39 Millionen Mark Verlagsgelder veruntreut haben. Konrad Kujau muss wegen Betruges und Urkundenfälschung für viereinhalb Jahre ins Gefängnis. Er stirbt 2000 in Stuttgart.

28. Mai 1987: Der 19-jährige Sportpilot Mathias Rust aus Wedel landet auf dem Roten Platz in Moskau und düpiert damit die sowjetische Luftverteidigung.

31. Oktober 1987: Dresden und Hamburg vereinbaren eine Städtepartnerschaft.

»Die Vernunft blieb draußen, jede kritische Distanz ging verloren. Das war ein Psycho-Krimi von suggestiver Raffinesse«, sagt »Stern«-Herausgeber Henri Nannen später über die größte Affäre des Blattes.

Anmerkung

(1) Im Buch »Die Katakombe« von Bahnsen/O'Donnell ist die Geschichte um das verschwundene Flugzeug aufgezeichnet.

43.

Start in ein neues Medienzeitalter

11. Mai 1988: Bürgermeister Klaus von Dohnanyi (SPD) tritt zurück. Spekulationen, der Grund sei die nicht befriedete Hafenstraße, weist er zurück. Nachfolger wird Henning Voscherau (SPD).

Am letzten Tag des Jahres 1986 vollzieht sich eine medienpolitische Revolution: Nach 35 Jahren öffentlich-rechtlichem Rundfunk und Fernsehen beginnt am 31. Dezember 1986 um 11 Uhr das Zeitalter des privaten Rundfunks in der Stadt. Im »Hamburger Hof« drückt der Erste Bürgermeister der Freien und Hansestadt, Klaus von Dohnanyi, gemeinsam mit Radio-Hamburg-Gründungsdirektor Rainer M. Cabanis symbolisch den Roten Knopf zum Sendestart. In einem provisorischen Studio am Speersort begrüßen die Moderatoren zum ersten Mal ihre Hörer, danach singt Bruce Springsteen »Glory Days«. Erst im November hat die Redaktion mit der Arbeit begonnen. Im zweiten Stock des Hauses am Speersort teilt man sich drei Büros: fünf Redakteure, dazu Techniker, Sekretärin und ein Chef vom Dienst. Der SPD-Senat hatte zuvor mit dem neuen Hamburger Mediengesetz die Voraussetzungen für die privaten Hörfunk- und Fernsehsender geschaffen und damit die Zulassung privater Rundfunkveranstalter genehmigt.

Namhafte Zeitungs- und Zeitschriftenverlage stehen hinter Radio Hamburg: Die Hamburger Verlage Axel Springer, Heinrich Bauer, Morgenpost und die Lühmanndruck Harburger Zeitungsgesellschaft halten Anteile an der Radio Hamburg GmbH & Co. KG. Der Name Radio Hamburg wurde bereits nach dem Ende des Zweiten Weltkriegs von einer Rundfunkstation der britischen Besatzungsmacht geführt, dem späteren NWDR. 1986, kurz vor Sendestart des neuen Privatsenders, gibt der NDR den Namen frei. Wenig später etablieren sich weitere private Radiostationen. Die privaten überregionalen TV-Anbieter wie Sat1 und RTL bauen in der Stadt Regionalstudios auf. 1995 nimmt der regionale TV-Anbieter Hamburg 1 seinen Sendebetrieb auf.

Ende der 80er Jahre ist Hamburg die unumstrittene Medienhauptstadt Deutschlands. Der Norddeutsche Rundfunk mit seinen Fernseh- und Radioprogrammen ist trotz privater Konkurrenz insgesamt die Nummer eins in Hamburg. Die Radioprogramme des öffentlich-rechtlichen Senders haben sich allmählich auf die privaten Anbieter eingestellt und den Konkurrenzkampf aufgenommen. Heute liefern sich Radio Hamburg und das Hamburger Landesprogramm NDR 90,3 einen fairen Wettbewerb um die Spitzenposition auf dem Hamburger Markt. Auch große Zeitungs- und Zeitschriftenverlage haben in den 80er Jahren ihren Hauptsitz an der Elbe. Der Axel-Springer-Verlag beschäftigt mehr als 4.000 Menschen in der Hansestadt. Deutschlands auflagenstärkste Boulevard-Zeitung »Bild« entsteht hier.

Bürgermeister Klaus von Dohnanyi drückt am 31. Dezember 1986 den Startknopf zum Sendebeginn von Radio Hamburg. Neben ihm der Programmdirektor des ersten Privatrundfunksenders der Hansestadt, Rainer M. Cabanis.

Mit der Deutschen Einheit und der Etablierung Berlins als Bundeshauptstadt beginnt die Abwanderung der Redaktionen dorthin. Der Axel-Springer-Verlag, dessen Konzernzentrale seit 1967 bereits in Berlin ist, zieht zunächst 1993 mit großen Teilen der überregionalen Tageszeitung »Die Welt« nach Berlin. 2007 folgen die Redaktionen der »Bild« und der »Bild am Sonntag«. Tausende von Mitarbeitern verlassen damit Hamburg. 2011 hat der Axel-Springer-Verlag in Hamburg noch ca. 1.700 Beschäftigte.

Der Verlag Gruner + Jahr, in dem unter anderem der »Stern« erscheint, hat erst 2009 eine Hamburg-Garantie abgegeben. Man werde an der Elbe bleiben, lässt der Verlag mitteilen. Wichtiger Faktor am Medienstandort Hamburg ist die Filmwirtschaft. Das 1947 als Realfilm gegründete Studio Hamburg, eine Tochter des NDR, baut den Standort Hamburg aus. Die Firma ist heute Stammsitz eines internationalen Dienstleistungs-Netzwerkes rund um Film, Fernsehen und Neue Medien. Mehr als 900 Mitarbeiter arbeiten europaweit für das Unternehmen in Jenfeld.

44.

Ein Einsatz, der misslang

Die verheerende Katastrophe, die sich am 26. April 1986 im Block 4 des ukrainischen Kernkraftwerks Tschernobyl ereignet hat, liegt erst wenige Wochen zurück. In ganz Europa sind die Menschen verunsichert, auch in Hamburg. Messgeräte sind knapp geworden. Gemüse kann nur noch bedingt kontrolliert werden, und bei Regen bleibt man wegen der Radioaktivität in der Atmosphäre am besten zu Hause. Das Unheil verschärft die ohnehin emotional aufgeladene Energiedebatte weiter. Welche Sprengkraft der Glaubenskrieg um die friedliche Nutzung der Kernenergie zu entwickeln vermag, haben die Hamburger Politik und vor allem die Regierungspartei SPD schon einige Jahre vor dieser Reaktorkatastrophe erfahren. Am 25. Mai 1981 war Bürgermeister Hans-Ulrich Klose (SPD) zurückgetreten, weil er den von ihm propagierten Ausstieg aus der Kernenergie in der Parteiführung nicht durchsetzen konnte. Es ging vor allem um das im Bau befindliche Kernkraftwerk Brokdorf an der Unterelbe, an dem das Staatsunternehmen Hamburgische Electricitätswerke (HEW) ebenso beteiligt ist wie an den Atommeilern Stade, Brunsbüttel und Krümmel.

Dieser innerparteiliche Konflikt, den die Hamburger SPD unter Kloses Nachfolger Klaus von Dohnanyi zwar zu entschärfen, aber nicht beizulegen vermochte, wird durch die Schreckensnachrichten aus Tschernobyl neu entfacht. Was sich dort ereignet hat, führt bundesweit und damit auch in Hamburg zu einem Meinungs- und Verlautbarungschaos, bei dem die Befürworter der Kernenergie den Gegnern Panikmache vorwerfen, was diese mit Vokabeln wie Vertuschung und Verharmlosung beantworten. Dieses Durcheinander herrscht sogar im Senat. Der parteilose Wissenschaftssenator Professor Klaus Michael Meyer-Abich, der dem HEW-Aufsichtsrat angehört, gibt öffentlich zu Protokoll, ein vergleichbarer Reaktorunfall könne sich auch in der Bundesrepublik jederzeit ereignen, gegenteilige Äußerungen seien »Schutzbehauptungen«. Das löst eine scharfe Reaktion des für die Katastrophenabwehr zuständigen Innensenators Rolf Lange und seines Staatsrats Peter Rabels (beide SPD) aus. Sofort nach den Horrormeldungen aus Tschernobyl hatte Rabels erklärt, die Katastrophenschutzpläne bei Störfällen in Kernkraftwerken seien für die Hansestadt umfassend, detailliert und würden ständig den neuesten Erkenntnissen angepasst. In eisiger Tonlage rügte Rabels den engagierten Naturphilosophen Meyer-Abich: »Zuständig für die Katastrophenabwehr ist die Behörde für Inneres. Herr Senator Professor Meyer-Abich ist möglicherweise nicht genau über die entsprechenden Pläne informiert.« Offenkundig um diesen Streit zu entschärfen, beschließt der Senat, vorsorglich die Katastro-

Junggewerkschafter protestieren auf dem Bundeskongress des DGB in Hamburg gegen die Atomkraft, 25. Mai 1986.

phenschutzpläne zu überprüfen. Und Bürgermeister Klaus von Dohnanyi (SPD) gibt zu bedenken, er »glaube nicht, dass man sagen kann, bei deutschen Reaktoren sei jeder Unfall vollkommen ausgeschlossen«.

In den Apotheken werden zahlreiche Kunden mit Wünschen wie »Haben Sie Jodtabletten? Ich muss nämlich nach Polen« vorstellig. Umweltsenator Wolfgang Curilla und Gesundheitssenatorin Christine Maring (beide SPD) veröffentlichen unterdessen von Tag zu Tag die jeweils neuesten Messergebnisse der Luft und des Erdbodens, Letztere erhoben im Wald in Wohldorf, Eißendorf und Hausbruch. Diese Daten lösen sogleich neuen Expertenstreit über Grenzwerte und Tolerierbarkeit aus. Die Gesundheitssenatorin empfiehlt, angesichts der Gefahr des radioaktiven Fallouts sollten Kinder bis auf Weiteres nicht in direkten Kontakt mit dem Erdboden kommen, also nicht in Sandkisten spielen oder auf Rasenflächen herumtollen. Obst und Gemüse solle man vor dem Verzehr unter fließendem Wasser abwaschen, Blattgemüse aus dem Freiland sollten die Verbraucher vorerst meiden, der Verzehr von Milch sei aber bedenkenlos, »wenn sie aus einer Molkerei stammt«. Natürlich ist eine Hotline geschaltet, »besetzt während der Dienstzeiten«.

Als beunruhigend empfindet die Bevölkerung indessen die Nachricht, dass die Gesundheitsbehörde zunächst nur ein Dutzend Lebensmittelproben am Tag prüfen kann – es steht ihr nur ein Messgerät, ein sogenanntes Gamma-Spektrometer, zur Verfügung, bis die Bundesforschungsanstalt für Fischerei die Mitnutzung ihres Geräts gestattet. Die Universität stellt ebenfalls ihr Gerät zur Verfügung, es muss jedoch noch umgerüstet werden. Angesichts dieser Sachlage erklärt die Gesundheitssenatorin, es sei nicht möglich, »jeden Salatkopf einzeln zu beproben«. Ein generelles Vermarktungsverbot für »nicht beprobtes Gemüse« sei eine fragwürdige Sache. Abgerundet wird dieses Krisenszenario durch die Nachricht, dass die Umweltbehörde die Luftbelastung in Hamburg nur an einer Stelle untersucht – auf dem Dach der Hygieneanstalt in Lokstedt. Der Deutsche Wetterdienst, der bundesweit mit zwölf Messstationen für die Überwachung der radioaktiven Luftbelastung zuständig ist, erhebt in Hamburg überhaupt keine diesbezüglichen Daten.

April 1989: Hamburg wird in den Kleinen Grenzverkehr nach Schwerin einbezogen.

Tschernobyl hat einen völlig neuen Katastrophenhorizont entstehen lassen, der die amtlichen Stellen zunächst erkennbar überfordert. Am 14. Mai bemüht sich Bürgermeister Klaus von Dohnanyi in einer Regierungserklärung um eine Art energiepolitische Leitlinie: »Der Reaktorunfall bestätigt den Senat in der Auffassung, dass längerfristig der Ausstieg aus der Nuklearenergie vorzubereiten ist.« Bis wann und wie aber der Einstieg in den Ausstieg vollzogen werde, solle eine Kommission klären. Trotz der HEW-Beteiligung an den Kernkraftwerken rings um Hamburg könne der Senat eine Stilllegung nur im Zusammenwirken mit den Genehmigungs- und Aufsichtsbehörden in Niedersachsen (KKW Stade) und Schleswig-Holstein (KKWe Krümmel, Brunsbüttel und Brokdorf) erreichen. In diesen Ministerien hält man jedoch vom Ausstieg nichts.

Anfang Mai 1989: Die Hansestadt feiert 800 Jahre Hafen Hamburg.

Es vergehen nur ein paar Wochen, bis die Hamburger Politik erneut die politische Explosivität der Kernenergie zu spüren bekommt. Das Kernkraftwerk Brokdorf soll am 8. Oktober 1986 ans Netz gehen. Dagegen wollen rund 10.000 Kernenergiegegner aus Hamburg am 7. Juni in Brokdorf protestieren. In der Nähe der Gemeinde Kleve bei Itzehoe wird dieser Demonstrationszug von der Polizei durch eine Straßensperre gestoppt. Es kommt zu heftigen Zusammenstößen. Den Kernkraftgegnern gelingt es nicht, die Absperrungen der Polizei zu durchbrechen. Sie kehren unverrichteter Dinge nach Hamburg zurück. Für diesen Fall haben sie eine Demonstration auf dem Heiligengeistfeld im Hamburger Stadtteil St. Pauli verabredet, die am nächsten Tag, einem Sonntag, in der Mittagszeit stattfinden soll. Dies ist der Polizei bekannt. Die Hamburger Polizeiführung beschließt, hart durchzugreifen und ein Exempel zu statuieren, um erneuten Ausschreitungen und vor allem einer »Schneise der Gewalt« in der Stadt vorzubeugen. Dieser 8. Juni 1986 wird zu einem einschneidenden Datum in der hamburgischen Nachkriegsgeschichte.

Gegen 12.15 Uhr haben sich auf dem Heiligengeistfeld vor dem Bunker an der Feldstraße etwa 860 Demonstranten eingefunden. Diese Versammlung ist nicht angemeldet. Die Polizei hat fast 500 Beamte mit Schutzhelmen, Schildern und Schlagstöcken zusammengezogen und aus den benachbarten Bundesländern weitere 600 Polizisten angefordert, die im Anmarsch sind. Um 12.22 Uhr ordnet der Einsatzleiter an: »Abteilungen fertigmachen zum Einschließen. Versammlung ist notfalls unter Benutzung des Schlagstocks einzuschließen.« Innerhalb von sechs Minuten ist diese Einkreisung vollzogen. Auf eine Aufforderung, die Versammlung aufzulösen, hat der Einsatzleiter verzichtet. Fragen der Demonstranten, weshalb sie auf diese Weise festgesetzt werden, beantworten die Polizisten entweder überhaupt nicht oder mit höhnischen Redensarten. Innensenator Rolf Lange und sein Staatsrat Peter Rabels haben zu diesem Zeitpunkt, wie sie später erklären werden, »Erkenntnisse« über die Demonstranten: »Anarchistische Gruppen, polizeibekannte Sympathisanten der RAF, Leute aus der Hafenstraße und sogenannte Autonome.«

Mindestens die Einordnung als Gewalttäter hätte aber zur Voraussetzung haben müssen, dass an diesem Sonntag von den eingekesselten Demonstranten tatsächlich Gewalttaten oder andere Straftaten ausgehen. Doch davon kann, wie die späteren Ermittlungen zeigen, keine Rede sein. Etwa 15 Minuten nach Bildung des Kessels versuchen einige der Eingeschlossenen, mit der Polizei über einen freien Abzug zu verhandeln. Zu einem solchen Gespräch mit dem Einsatzleiter kommt es erst gegen 14 Uhr. Er nimmt die Forderung nach freiem Abzug »zur Kenntnis« und wiederholt im Übrigen die offizielle Begründung für den gesamten Polizeieinsatz. Dieser Kontakt führt jedoch für die Eingeschlossenen nicht etwa zu einer Erleichterung ihrer Lage, sondern das Gegenteil tritt ein: Die Polizei bildet eine weitere Kette, der Kessel wird noch enger gezogen, und eine Einheit des Bundesgrenzschutzes marschiert in voller Montur für Demonstrationseinsätze auf. Rund 1.200 Beamte sind nun im Einsatz. Mehrfache Versuche, mit dem Innensenator und seinem Staatsrat zu sprechen, scheitern. Der Einsatzleiter fordert die Kernkraftgegner unterdessen auf, den Kessel einzeln zur Feststellung der Personalien zu verlassen. Rund 40 Personen tun das.

Ab 16 Uhr lässt der Einsatzleiter kleine Gruppen von Demonstranten in Mannschaftswagen zu mehr als zwanzig Revierwachen im gesamten Stadtgebiet und in den Vororten transportieren. Jedoch geschieht dies so schleppend, dass gegen 20 Uhr noch immer rund die Hälfte der Demonstranten im Kessel ausharren muss, die letzten bis zwei Uhr nachts. Am frühen Abend kommt es, wie nicht anders zu erwarten war, im Stadtteil St. Pauli zu schweren Ausschreitungen. Beteiligt sind daran vor allem Sympathisanten der Hafenstraße, RAF-Anhänger und Gewalttäter unterschiedlicher Couleur, also Randalierer, von denen die Polizeiführung fälschlich behauptet hat, sie stellten das Gros der Eingekesselten. Nun entsteht tatsächlich jene »Schneise der Gewalt«, die der Innensenator und sein Staatsrat doch hatten verhindern wollen. Schlimmer noch: Das Einsatzkonzept der Polizei verstößt gegen elementare rechtsstaatliche Erfordernisse. Stundenlang wird den eingepfercht stehenden Demonstranten sogar der Gang zur

Am 8. Juni 1986 werden etwa 800 Demonstranten gegen die Kernenergie bis zu 15 Stunden von der Polizei auf dem Heiligengeistfeld festgehalten – der »Hamburger Kessel«.

Toilette verweigert, was im Kessel zu menschenunwürdigen Szenen und zu den entsprechenden Kommentaren der Polizisten führt. Schließlich wird das Aufsuchen der Toilette erlaubt, aber einzeln, unter Bewachung und bei geöffneter Tür. Eine Versorgung mit Verpflegung und Getränken erlaubt der Einsatzleiter erst gegen Abend, und auch das erst nach langen Verhandlungen. Auf den Polizeiwachen ist die Behandlung unterschiedlich. Es gibt durchaus Beamte, die sich korrekt verhalten, jedoch kommt es auch zu höchst fragwürdigen Leibesvisitationen, und mit dem Wunsch der Demonstranten, wenigstens ihre Familienangehörigen anrufen zu können, geht die Polizei durchaus willkürlich um.

Der »Hamburger Kessel« führt zu einer schweren Krise in der Regierungspartei SPD. Während Bürgermeister Klaus von Dohnanyi sich zunächst noch hinter die Polizei stellt, die einen »schwierigen Einsatz gegen die Gewalttäter« habe meistern müssen, kündigen mehrere Senatsmitglieder des linken SPD-Flügels dem Innensenator in offenen Briefen die Gefolgschaft auf. Schweren Schaden nimmt auch das Ansehen der Polizei. Glaubwürdige Zeugen untermauern mit eidesstattlichen Erklärungen die Schilderung menschenverachtender Äußerungen von Polizeibeamten, die am »Hamburger Kessel« beteiligt waren.

Der 8. Juni 1986 auf dem Heiligengeistfeld wird für die Hamburger Polizei zu einem völligen Fiasko – tatsächlich, politisch und juristisch. Das Verwaltungsgericht erklärt das Vorgehen der Polizei für rechtswidrig. Das Landgericht spricht den Eingekesselten 200 Mark Schadensersatz pro Person zu – die Anwälte hatten nur 100 Mark verlangt. Vier für den Kessel verantwortliche Polizeiführer werden vom Landgericht wegen 861-facher Freiheitsberaubung verwarnt, eine Verurteilung zur Geldstrafe bleibt vorbehalten. Innenstaatsrat Peter Rabels tritt zurück, der Innensenator bleibt vorerst im Amt und erwirbt sich einen Spitznamen: Rolf »Rambo« Lange.

45.

Der Fall Pinzner

Es ist eine gespenstische Szene: Im ehrwürdigen Phönix-Saal des Hamburger Rathauses erscheinen in den Mittagsstunden des 29. Juli 1986 Innensenator Rolf Lange, Justizsenatorin Eva Leithäuser (beide SPD), Polizeipräsident Dieter Heering und der Chef der Kripo-Fachdirektion 65, Wolf Plewka, um sich vor den Journalisten der Landespressekonferenz zu einem beispiellosen Vorgang zu äußern. Drei Stunden zuvor hat der gefürchtete Kiez-Killer Werner »Mucki« Pinzner (39) im Polizeipräsidium am Berliner Tor bei Beginn einer Vernehmung den ermittelnden Staatsanwalt Wolfgang Bistry (40) niedergeschossen (er stirbt am nächsten Tag im Krankenhaus) und anschließend erst seine Frau, dann sich selbst getötet. Zugetragen hat sich diese Bluttat im Zimmer 418 des Sicherheitstraktes.

Wie war das möglich, und vor allem: Wie konnte Pinzner, einer der am besten bewachten Häftlinge Deutschlands, an eine Schusswaffe gelangen, einen schweren Smith & Wesson-Revolver? Die beiden Senatsmitglieder, der Polizeipräsident und der Kriminaloberrat, zuständig für die Bekämpfung der organisierten Kriminalität, sitzen mit betretenen Gesichtern vor den Rathaus-Korrespondenten. Sie reden viel und sagen wenig, müssen immer wieder Antworten schuldig bleiben – wegen der »laufenden Ermittlungen«, wie sie nicht müde werden zu betonen. Doch schon jetzt ist offenkundig, dass Pinzner sich eine schwere Sicherheitslücke zunutze gemacht hat.

4. September 1989: Das von dem Mäzen Kurt A. Körber gestiftete Kunstzentrum in den Deichtorhallen wird eröffnet.

Während die Ärzte um das Leben des Staatsanwalts kämpfen, liegen die beiden Leichen zum Zeitpunkt der Pressekonferenz noch im Tatzimmer 418. Die Beamten der Mordkommission versuchen den Ablauf dieses dramatischen Tages zu rekonstruieren: Gegen 9 Uhr ist Kriminalkommissar Timo Schultz im Sicherheitstrakt der Untersuchungshaftanstalt erschienen, um den zuvor gründlich durchsuchten Häftling Pinzner zur Vernehmung im Polizeipräsidium abzuholen. Mit der Handfessel an den Beamten gekettet, besteigt Pinzner eine Kripo-Limousine, der ein Wagen des Mobilen Einsatzkommandos folgt. Polizei und Staatsanwaltschaft befürchten, Pinzners Auftraggeber aus dem Rotlicht-Milieu könnten versuchen, ihn zum Schweigen zu bringen, um belastende Aussagen zu verhindern. Im Polizeipräsidium wird Pinzner sofort in den Sicherheitstrakt gebracht. Eine Kontrolle findet nicht statt, denn der Kriminalkommissar wird, den Vorschriften entsprechend, nicht durchsucht, und Pinzner ist ja bereits im Untersuchungsgefängnis gründlich überprüft worden.

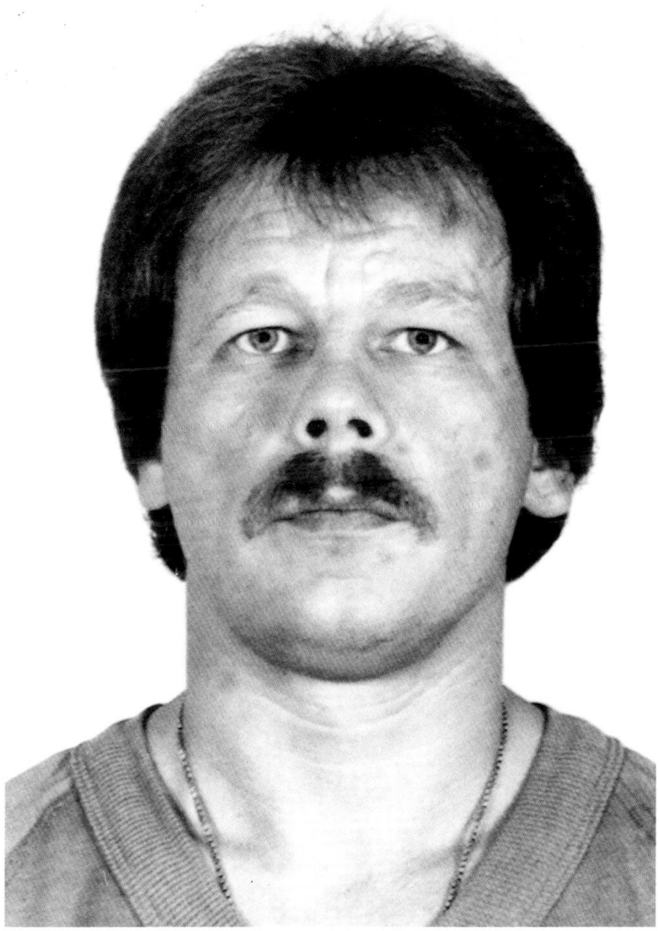

Der Auftrags-mörder Werner »Mucki« Pinzner.

Am Eingang zum Sicherheitstrakt warten in einem Besucherzimmer Staatsanwalt Bistry, Pinzners Verteidigerin Isolde Öchsle-Misfeld und seine 39-jährige Ehefrau Jutta Pinzner, eine unbescholtene Phonotypistin. Sie ist als »Beistand« nach der Strafprozessordnung bei den Vernehmungen zugelassen. Pinzner hat seine Bereitschaft, über eine Serie von Auftragsmorden »auszupacken«, die ihm vorgeworfen werden, von ihrer Anwesenheit abhängig gemacht. Bistry kennt beide Frauen aus früheren Vernehmungen Pinzners und betritt gemeinsam mit ihnen den Sicherheitsbereich. Eine Kontrolle findet nicht statt – bei der Verteidigerin ohnehin nicht, weil die Vorschrift das nicht vorsieht, bei der Ehefrau nicht, weil sie in Begleitung des Staatsanwalts ist. Bistry weist die für eine Durchsuchung zuständigen Polizisten nicht darauf hin, dass die Ehefrau nicht kontrolliert worden ist, und die Beamten bestehen, offenkundig aus Respekt vor dem Staatsanwalt, ebenfalls nicht auf einer Überprüfung der Ehefrau. Tödliche Fehler, wie sich wenige Minuten später zeigen wird. Denn Jutta Pinzner hat in der

Unterwäsche einen in ein Geschirrhandtuch eingewickelten Revolver versteckt, den sie von der Anwältin für den geplanten gemeinsamen Selbstmord des Ehepaares erhalten hat, und in ihrer Handtasche befindet sich ein Wollstrumpf mit zwölf Patronen. Vor dem Beginn der Vernehmung sucht Jutta Pinzner eine Toilette auf.

Im Vernehmungszimmer 418 halten sich nun der Staatsanwalt, Pinzner und seine Verteidigerin, seine Ehefrau, zwei Polizeibeamte und eine Schreibkraft auf. Nicht die Polizei, sondern die Staatsanwaltschaft ist in diesem Stadium Herrin des Verfahrens. Es ist die letzte der zu diesem Tatvorwurf vorgesehenen Vernehmungen. Sie beginnt kurz nach 10 Uhr. Der Staatsanwalt belehrt den Beschuldigten Pinzner zunächst, wie vorgeschrieben, abermals über seine Rechte, und die Protokollführerin tippt in die Maschine: »Herr Pinzner wird auf seine Rechte hingewiesen.« Staatsanwalt Wolfgang Bistry sagt in jovialer Tonlage: »So, Herr Pinzner, und nun schießen Sie mal los.« Die junge Frau an der Schreibmaschine legt die Hände in Erwartung des ersten Satzes auf die Tasten. Es ist 10.20 Uhr. In diesem Augenblick greift Pinzner in die Handtasche seiner Frau, zieht den Revolver und sagt ruhig: »So, meine Herren, das ist eine Geiselnahme.« Der Staatsanwalt springt auf, die Hände nach vorn gestreckt, und sackt Sekunden später, im Brustkorb und im Kopf von zwei Schüssen aus Pinzners Waffe getroffen, mit einem Aufschrei zusammen. Die beiden Polizeibeamten retten sich auf den Flur. Die Protokollführerin sucht hinter dem Schreibtisch Deckung, die Anwältin unter einem Tisch. Beamte des Mobilen Einsatzkommandos, Notärzte und Rettungssanitäter werden alarmiert. Pinzner verbarrikadiert sich unterdessen im Vernehmungszimmer, indem er einen Schreibtisch vor die Tür schiebt. Dann ruft er seine Tochter an, um sich von ihr zu verabschieden, reicht den Hörer an seine Frau weiter, und Jutta Pinzner sagt: »Was jetzt geschieht, haben wir so gewollt.« Dann kniet sie in der Mitte des Zimmers nieder. Ihr Mann schiebt ihr den Lauf der Waffe in den Mund und drückt ab. Nun kniet er neben der Leiche seiner Frau nieder und tötet sich selbst ebenfalls durch einen Schuss in den Mund. Kurz darauf stürmt ein MEK-Kommando das Zimmer. Notärzte begleiten den Abtransport des Staatsanwalts. Die Rechtsanwältin und die Protokollführerin verlassen zitternd den Raum. Nachdem die beiden Frauen sich etwas gefasst haben, beginnen die Vernehmungen zum Tathergang. Die Verteidigerin verschweigt den Beamten ihre Beteiligung an der Bluttat, die sich erst aus den Ermittlungen der nächsten Tage ergibt. Isolde Öchsle-Misfeld wird verhaftet und in einem Aufsehen erregenden Prozess wegen fahrlässiger Tötung, Beihilfe zur Tötung auf Verlangen und Verstoßes gegen das Betäubungsmittelgesetz in erster Instanz zu fünf Jahren und neun Monaten Freiheitsstrafe verurteilt. Sie hatte offenbar, ebenso wie Jutta Pinzner, den drogensüchtigen Auftragsmörder in der Untersuchungshaftanstalt mit Rauschgift versorgt.

Mitte November 1989: Nach der Öffnung der Mauer und der innerdeutschen Grenze wird Hamburg das bevorzugte Besuchsziel der DDR-Bürger in Norddeutschland.

Der Fall Pinzner offenbart so gravierende Sicherheitsmängel bei der Polizei und in den Haftanstalten, dass die beiden politisch verantwortlichen Senatsmit-

Auf ihrem Weg durch den Gerichtsflur im Hamburger Landgericht werden die Juristin Isolde Öchsle-Misfeld und ihr Anwalt Wolf Römmig von Reportern mit Kameras und Mikrofonen umlagert.

glieder nicht mehr zu halten sind. Der Innensenator steht ohnehin wegen des »Hamburger Kessels« vom 8. Juni 1986 im Zentrum öffentlicher und auch innerparteilicher Kritik, während die Amtsführung der Justizsenatorin Thema eines parlamentarischen Untersuchungsausschusses zum Hamburger Strafvollzug ist. Rolf Lange und Eva Leithäuser treten am 6. August 1986 zurück.

46.

Erneut Hamburger Verhältnisse

Die Hamburger SPD-Führung ist sich darüber im Klaren, dass so spektakuläre Ereignisse wie der »Hamburger Kessel« und der Fall Pinzner bei der nächsten Bürgerschaftswahl nicht ohne Folgen bleiben werden. Aber am Wahlabend des 9. November 1986 ist die Betroffenheit dennoch groß: Nur noch 41,7 Prozent für die SPD, ein erdrutschartiger Verlust von fast zehn Prozent. Die absolute Mehrheit ist verloren. Und: Wieder gelingt der CDU, diesmal mit dem Spitzenkandidaten Hartmut Perschau, mit 41,9 Prozent ein erstklassiges Ergebnis, das die SPD knapp auf den zweiten Platz verweist. Erneut herrschen nun Hamburger Verhältnisse, und Bürgermeister Klaus von Dohnanyi (SPD) muss wieder versuchen, sich mit einer Landesregierung ohne parlamentarische Mehrheit über Wasser zu halten, während die CDU ihren Wahlerfolg nicht umzusetzen vermag – es fehlt der Koalitionspartner. Die FDP ist knapp an der Fünf-Prozent-Hürde gescheitert.

Von der Verfassungslage des »ewigen Senats« begünstigt, der nur durch einen neuen Senat aus dem Amt gebracht werden kann, verlegt Dohnanyi sich mit dem Ziel, Zeit zu gewinnen, auf Gespräche – über eine Tolerierung mit der GAL und über eine Koalition mit der CDU. Sie scheitern aus unterschiedlichen Gründen. Der Bürgermeister zeigt Nervenstärke, wie schon bei der gleichartigen Konstellation im Sommer 1982, und riskiert wie damals einen erneuten Wahlgang. Als am Abend des 17. Mai 1987 das Ergebnis feststeht, hat die SPD sich auf 45 Prozent verbessert, verfehlt allerdings klar die angestrebte absolute Mehrheit. Die CDU fällt leicht auf 40,5 Prozent zurück, die GAL muss mit sieben statt vorher 10,4 Prozent deutliche Verluste hinnehmen, während bei den Elbliberalen großer Jubel herrscht: Die FDP kommt auf 6,5 Prozent und kehrt mit ihrem Spitzenkandidaten Professor Ingo von Münch ins Rathaus zurück.

Das Ergebnis dieser Konstellation ist eine sozialliberale Koalition, mit der beide Parteien an eine gefestigte Tradition in der hamburgischen Politik anknüpfen können. Jedoch erweist sich der Weg dahin als überaus mühselig: Die Koalitionsverhandlungen verlaufen ungewöhnlich zäh und zeitraubend. Mehr als 150 Stunden ringen die Unterhändler beider Seiten miteinander. Eine Einigung kommt nur zustande, weil die Verhandlungsführer die Lösung der schwierigsten Probleme in die gemeinsame Regierungszeit verschieben. Das betrifft vor allem den Ankauf von rund 41.600 Wohnungen aus dem Bestand des gewerkschaftseigenen Pleite-Konzerns Neue Heimat. Für die SPD ist das ein Kardinalpunkt, denn sie hat den Mietern Zusagen gegeben und setzt den Erwerb der Wohnun-

Ein Teddy mit Polizeimütze auf den Barrikaden in der Hafenstraße vom 14. November 1987.

gen im Prinzip durch. Aber gestritten wird weiter über den tatsächlichen Wert, die auf dem Bestand lastenden Schulden und den Sanierungsaufwand. Die Elbliberalen wollen unter allen Umständen verhindern, dass Hamburgs Steuerzahler den angeschlagenen Gewerkschaften mit indirekten Zahlungen aus dem Sumpf der zutage getretenen Misswirtschaft heraushelfen. Auch das von der SPD verkündete Ziel, innerhalb von zehn Jahren aus der Kernenergie auszusteigen, stößt bei der FDP auf äußerste Skepsis. Die Sozialdemokraten hingegen misstrauen den FDP-Forderungen nach drastischer Senkung der Gewerbesteuer, nach energischer Privatisierung von Staatsvermögen, um mit den Erlösen den Haushalt zu konsolidieren, und nach massiven Einsparungen im Etat.

Jede Menge Zündstoff steckt zudem in einem Thema, das auch innerhalb der Regierungspartei SPD hart umstritten ist: Seit Jahren sind die Zustände an der Hafenstraße im Stadtteil St. Pauli eine zunehmende Belastung der Inneren Sicherheit in der Hansestadt. Entstanden ist das Problem im Oktober 1981, als Gruppen von jungen Leuten anfangs sehr unterschiedlicher Provenienz ohne irgendeine Rechtsgrundlage in die der Stadt gehörenden, abbruchreifen Häuser einzogen. Es war ganz wesentlich dem Einfluss des neu ins Amt gekommenen Bürgermeisters Klaus von Dohnanyi (SPD) zuzuschreiben, dass dieser rechtswidrige Zustand toleriert wurde – das offenkundige Motiv dafür waren wahltaktische Rücksichten im Hinblick auf das Wählerpotenzial der GAL. In den folgenden Jahren verfestigten sich in diesen Häusern linksextremistische Strukturen mit RAF-Sympathisanten und militanten Autonomen, denen der Staat mit einem inkonsequenten, häufig hilflos wirkenden Schlingerkurs zwischen Nachgiebigkeit und harten Sanktionsdrohungen beizukommen suchte. Räumungstitel wurden erstritten, aber nicht durchgesetzt. Immer wieder sorgten seither schwere Krawalle zwischen den Besetzern sowie deren Sympathisanten und der Polizei für Schlagzeilen. Dohnanyis Kurs, der auf eine »friedliche Lösung« abzielt, stößt auch innerhalb der SPD auf massive Widerstände. Vor allem der SPD angehörende Polizeibeamte und deren Gewerkschaften protestieren gegen den »rechtsfreien Raum«, die »Zementierung eines kriminellen Milieus« und warnen, sie hätten die »Grenze der Loyalität« erreicht. Sprecher dieser parteiinternen Kritiker ist vor allem SPD-Fraktionschef Henning Voscherau. Zwischen ihm und dem Bürgermeister kommt es zu einem erregten Wortwechsel, in dessen Verlauf Dohnanyi ihm den Satz entgegenschleudert: »Du kannst meinen Stuhl haben und dann eine Koalition mit der CDU oder der GAL machen!« Voscherau verlässt demonstrativ die Sitzung.

Dohnanyi setzt ein Modell zur »Befriedung der Hafenstraße« durch, dem in den Koalitionsverhandlungen auch die Elbliberalen zustimmen: Die umstrittenen Häuser werden nicht geräumt und abgerissen, sondern an einen Verein aus Bewohnern und Vertretern der Stadt verpachtet, der das alternative Wohnprojekt verwalten soll. In Selbsthilfe und mit Steuergeldern sollen die Häuser hergerichtet werden. Im Mitte-Rechts-Lager der SPD stößt dieses Konzept auf massiven Widerstand. Am 2. September 1987 wählt die Bürgerschaft den neuen sozialliberalen Senat unter Bürgermeister Klaus von Dohnanyi (SPD) und seinem Stellvertreter Professor Ingo von Münch (FDP). Die politische Lage in der Stadt ist angespannt.

47.

Der Hafenrand brennt

Der neue sozialliberale Senat tritt zu einer Sondersitzung zusammen. Es ist der 2. Oktober 1987. Bürgermeister Klaus von Dohnanyi (SPD) legt der von ihm geführten Landesregierung zwei Verträge vor, die die juristische Grundlage für die von ihm angestrebte »friedliche Lösung« des Dauerkonflikts am Hafenrand sein sollen – den »Pachtvertrag zwischen Verein Hafenstraße e.V. und der Freien und Hansestadt Hamburg (Verpächterin)« und die »Satzung des Vereins Hafenstraße e.V.«. Am 6. Oktober leitet der Staatsrat der Senatskanzlei, Hans-Joachim Kruse, das von ihm paraphierte Vertragswerk an den Hafenstraßen-Anwalt Rainer Blohm weiter. Das Anschreiben des Staatsrats enthält drei Forderungen, die von den Wortführern der Hafenstraße als Ultimaten aufgefasst werden: Bis zum 20. Oktober 1987 soll die Hafenstraße ihre Mitglieder für den Verein benennen, bis zum 31. Oktober sollen die Befestigungen in und an den Häusern beseitigt werden, und bis zum 17. November 1987 soll der Pachtvertrag durch den Verein paraphiert werden. Nachdem diese drei Bedingungen erfüllt sind, soll die Zustimmung der Bürgerschaft eingeholt werden. Die Stadt will jedoch die erwirkten Räumungstitel auch nach Vertragsabschluss nicht zurückgeben und

Am 14. November 1987 versammeln sich rund 3.000 Demonstranten in der Hafenstraße, nachdem eine Kundgebung in der Innenstadt verboten worden war.

besteht darauf, dass schon vor Vertragsabschluss die Häuser für Bedienstete der Hansestadt frei zugänglich sind. Der Staatsrat lässt keinen Zweifel daran, dass dies »der letzte Versuch des Senats zu einer vertraglichen Lösung« ist. Verweigert sich die Hafenstraße, so »würde der Senat den Weg der Räumung beschreiten«.

1989: Das japanische Osaka und die Stadt Leon in Nicaragua werden Partnerstädte Hamburgs.

31. Dezember 1989: Großfeuer in den historischen Alsterarkaden.

Der Konflikt eskaliert. Die Hafenstraße befestigt die Häuser weiter, um die drohende Räumung zu verhindern, mobilisiert ihre zahlreichen Unterstützer in der Stadt und nimmt eine eigene Rundfunkstation, den Piratensender »Radio Hafenstraße«, auf 96,8 MHz in Betrieb. Dieser Sender berichtet über an- und abrückende Polizeieinheiten, deren Bewegungen von Fahrwachen überall in der Stadt erkundet werden, über die aktuelle politische Entwicklung und über Solidaritätsbekundungen. Die Polizeiführung bereitet unterdessen logistisch die Räumung vor. Die Verhandlungen zwischen dem Senat und der Hafenstraße geraten in eine schwere Krise, da die Landesregierung weiterhin den Abbau aller Befestigungen verlangt, während die Bewohner nur bereit sind, die Stacheldrahtrollen von den Dächern zu nehmen. Das genügt Bürgermeister Klaus von Dohnanyi nicht.

Am 10. November 1987 erklärt der Senat angesichts dieser Sachlage die Vertragslösung für erledigt und zieht am nächsten Tag in der Bürgerschaft auch den Antrag zurück, die Vertragslösung zu billigen. Die gewaltsame Räumung scheint unvermeidlich. An den Hafenstraßen-Häusern versammeln sich Tausende von Sympathisanten und Unterstützern. Sie errichten in der Nacht vom 11. zum 12. November in der Hafenstraße, in der Bernhard-Nocht-Straße und in mehreren angrenzenden Stadtteilen Barrikaden und setzen sie in Brand. Auf der Reeperbahn kommt es zu Sympathiekundgebungen für die Hafenstraße. Die Polizei hat einige Tausend Beamte zusammengezogen, darunter auch Einsatzkräfte aus verschiedenen Bundesländern und vom Bundesgrenzschutz, und hält schweres Räumgerät bereit. Bürgermeister Klaus von Dohnanyi gerät gleich von mehreren Seiten unter Druck. Einflussreiche SPD-Politiker, auch Senatsmitglieder, verlangen von ihm die endgültige Bereinigung der Lage am Hafenrand durch Räumung und Abriss der Häuser. Einer seiner schärfsten Kritiker ist der SPD-Fraktionsvorsitzende Henning Voscherau. Der Koalitionspartner FDP ist gegen eine Räumung, die auch von einem großen Teil der Wirtschaft abgelehnt wird – der Einzelhandel fürchtet um das Weihnachtsgeschäft. Eine für den 14. November geplante Großdemonstration vom Bahnhof Sternschanze zum Hafenrand wird von der Polizei verboten, von den Teilnehmern jedoch dadurch unterlaufen, dass sie in unterschiedlich großen Gruppen zur Hafenstraße ziehen und sich vor den Häusern versammeln. Am Hafenrand drohen bürgerkriegsähnliche Zustände. Alle Häuser sind von Barrikaden umgeben.

Den Höhepunkt erreicht der Konflikt um die besetzten Häuser am Dienstag, dem 16. November 1987. Nach einer dramatischen Senatssitzung gibt Bürgermeister Klaus von Dohnanyi den Bewohnern sein Ehrenwort (»Ich verpfände mein Amt …«), auf eine Räumung zu verzichten und den Vertrag zu unterzeich-

Vermummte Sympathisanten der autonomen Szene schüren die Flammen einer brennenden Barrikade, 14. Mai 1990.

nen, wenn bis zum nächsten Tag, Mittwoch 14 Uhr, die Barrikaden beseitigt sind, wenn ferner bis Donnerstag, 14 Uhr, die »volle Zugänglichkeit der Häuser« gewährleistet wird und die »bis dahin beseitigbaren Befestigungen« entfernt sind. Ein unverzüglich von den Bewohnern zu benennender Vertrauens-Architekt soll dies gemeinsam mit einem Senatsvertreter bis zum Donnerstagnachmittag überprüfen. Dohnanyi lässt zugleich keinen Zweifel daran, dass die Räumung der Häuser unausweichlich ist, wenn die Bewohner auf dieses Angebot nicht eingehen.

Die Hafenstraße beugt sich dem Ultimatum. Am Mittwoch früh beginnen der Abbau der Barrikaden und die »Entfestigung« der Häuser. Der Vertrauens-Architekt und der Senatsbeauftragte stellen am Donnerstag um 15 Uhr fest, dass die Häuser und Wohnungen zugänglich sind. Kurz darauf erscheinen Beamte der Polizei und der Staatsanwaltschaft mit Durchsuchungsbefehlen und überprüfen Häuser und Wohnungen. Am Donnerstagabend beschließt der Senat die Vertragslösung. Dohnanyi und der Hafenstraßen-Anwalt Rainer Blohm unterzeichnen den Pachtvertrag, der endgültig am 1. Januar 1988 in Kraft tritt, wenn bis dahin auch die restlichen Befestigungen entfernt sind.

Der Konflikt ist mit dieser »Vertragslösung« jedoch nicht beigelegt. Im Februar 1988 werden die Häuser vorübergehend der Lawaetz-Stiftung übertragen, die eine Grundsanierung vornehmen soll. Es kommt immer wieder zu Zwischenfällen und massiven Polizeieinsätzen. Im Mai 1988 tritt Bürgermeister Klaus von Dohnanyi wegen der in der Hamburger SPD anhaltenden Auseinandersetzungen über die Hafenstraße zurück. Nachfolger wird Henning Voscherau(1). Für Empörung sorgt Ende August 1988 die weithin sichtbare Parole auf der Wand eines Hafenstraßen-Hauses: »Boykottiert Israel-Waren, Kibbuzim und Strände«. Der Senat lässt diese Aufschrift unter Protest der Bewohner (»Eine Schandtat«) übermalen. Die Durchsetzung von Gerichtsurteilen wegen verweigerter Mietzahlungen, Maßnahmen der Strafverfolgung, zum Beispiel wegen Stromdiebstahls, Gewaltakte und ähnliche Anlässe sorgen immer wieder für Unruhe am Hafenrand. Die Verfolgung von Straftaten ist nur unter massivem Polizeieinsatz möglich. 1995 werden die bunt bemalten Häuser, die inzwischen zu einer Touristenattraktion geworden sind, an die Genossenschaft »Alternativen am Elbufer« verkauft. Entscheidungsgremium ist unverändert das Hafenstraßen-Plenum, dem Bewohner, Anwohner und jeweils Betroffene angehören. Die Tatsache, dass die Stadt Jahr für Jahr gerichtlich erwirkte Räumungstitel nicht hat vollstrecken lassen und auch auf die Durchsetzung anderer Maßnahmen verzichtete, obwohl die Rechtsgrundlage völlig eindeutig war, hat die öffentliche Kritik am »rechtsfreien Raum Hafenstraße« immer wieder aufflammen lassen.

Anmerkung

(1) Henning Voscherau, 1941 in Hamburg als Sohn des Schauspielers Carl V. geboren. Langjährige Tätigkeit als Notar in der Hansestadt. Seit 1974 SPD-Bürgerschaftsabgeordneter, von 1982 bis 1987 Vorsitzender der SPD-Bürgerschaftsfraktion, 1988 als Nachfolger von Klaus von Dohnanyi zum Ersten Bürgermeister gewählt. Am Wahlabend 1997 Verzicht auf das Amt des Regierungschefs, weil seine Partei zu einer rot-grünen Koalition entschlossen war, die V. nicht guthieß. Im Konflikt um die Hafenstraße war V. ein konsequenter Gegner der von seinem Amtsvorgänger von Dohnanyi betriebenen Politik des Entgegenkommens.

48.

St. Pauli – der Kiez verändert sich

»SOS St. Pauli« heißt es im Oktober 2011. Rund 300 Teilnehmer der 1. Stadtteilversammlung machen Front gegen die Luxussanierung. Der Stadtteil am Hafen verändert sich. Rund um die Reeperbahn, das Herz des Rotlicht- und Vergnügungsviertels, entstehen Hotels und Luxuswohnungen. Das »Empire-Riverside-Hotel« des Immobilien-Imperiums von Willy Bartels wird 2006 gebaut. Es soll die Gegend aufwerten. Wenig später steigen die Mieten in der Bernhard-Nocht-Straße und den angrenzenden Straßen. Besonders die nebenan entstehenden Neubauten sind für die alteingesessenen St. Paulianer nicht mehr bezahlbar. Wer seine Wohnung verliert, findet im Stadtteil nur schwer eine neue, die er sich leisten kann. Das St. Pauli des Jahres 2011 ist lebenswerter geworden, sagen Politiker. Und die englische Zeitung »The Guardian« kürt St. Pauli zu einem der fünf lebenswertesten Plätze der Welt. Besonders der alternative Lebensstil und das breit gefächerte Kulturangebot sprächen für St. Pauli. Die Bewohner fürchten um eben diesen alternativen Lebensstil und um bezahlbaren Wohnraum. »Es regnet Kaviar«, sagen die engagierten St. Paulianer und fordern ein Ende der Schickimicki-Veredlung. Sie wollen unter anderem Bestandsschutz für Sozialwohnungen.

Die Große Freiheit im Zentrum von St. Pauli.

Bürgervereine haben gute Tradition auf St. Pauli: Der erste Hamburger Bürgerverein wird 1843 hier gegründet – mit dem Ziel, sich um die Belange der Bewohner vom »Hamburger Berg« und seinem Kirchspiel St. Pauli zu kümmern. 1949 tritt Willy Bartels diesem Bürgerverein bei. Mit dem Erbe des Vaters im Hintergrund ist Willy Bartels einer der Bauherren der ersten Stunde auf dem Kiez. Zunächst nicht immer ganz legal, wie in der Großen Freiheit 11. Dort baut er das zerstörte Haus wieder auf, eine Baugenehmigung folgt erst viel später. Bartels kauft halb St. Pauli, in der Drosselstraße entstehen auf seinem Grundstück 50 Sozialwohnungen, die ersten in Hamburg. Der St. Paulianer aus Leidenschaft baut nicht nur, er kämpft gleichzeitig für eine Imageverbesserung des Stadtteils und der Vergnügungsmeile. In den 50er Jahren hat die Unterwelt die Oberhand auf der »sündigsten Meile der Welt«. Touristen, die von Türstehern in die Lokale gezerrt und dort zu einem Bier für 1.000 Mark genötigt werden, sind keine Seltenheit. Schlägereien sind an der Tagesordnung. Nach schlechten Erfahrungen bleiben zunehmend die Touristen weg.

Der Bürgerverein ist alarmiert – die Wirte vom Kiez sollen an einen Tisch, um einen Verhaltenskodex zu erarbeiten und auch die Werbung anzukurbeln. Gemeinsam mit dem Bezirksamt Mitte sollen die Etablissements auf St. Pauli klare Regeln bekommen. Einer der Betroffenen dieser Regeln ist in den 60er Jahren Willy Bartels selbst. In einem seiner Amüsier-Betriebe, der »Jungmühle«, rückt die Polizei an: die Fotos in den Schaukästen seien zu freizügig. Die Bilder werden beschlagnahmt, Bartels muss, wie viele andere seiner Wirtskollegen, Strafe zahlen – 400 Mark. Diese Aktion geht als »Bildersturm« in die Geschichte von St. Pauli ein.

Auch in den 80er Jahren ist St. Pauli eines der Problemviertel der Stadt. In der Hafenstraße residiert ab 1981 die Hausbesetzer-Szene, später werden Häuser am Pinnasberg und in der Wohlwillstraße besetzt. Die Besetzerszene der 80er Jahre, das waren »hauptsächlich spät geborene 68er, die meinten, ihre Vorstellungen von Freiheit und Recht dort verwirklichen zu müssen« (v. Dohnanyi im »Stern«). Heute wohnen etwa 120 Menschen aller Altersstufen dort. Die Hafenstraßenhäuser sind immer noch fester Bestandteil der Stadtrundfahrten – eine der Touristenattraktionen am Hafen.

Eine Entscheidung zu Beginn der 90er Jahre ist wegweisend für die weitere Entwicklung des Viertels. Im Oktober 1990 erhält Willy Bartels vom Senat den Zuschlag für den Kauf der legendären Kiez-Restauration »Zillertal«. Das Konzept hat überzeugt. Eine Betreibergruppe, unter anderem mit Corny Littmann, verspricht Kultur auf dem Kiez. Das, was 1986 mit dem Musical »Cats« im Operettenhaus begonnen hat, soll fortgesetzt werden. Bereits am 8. August 1988 eröffnet Corny Littmann als künstlerischer Leiter das Schmidt Theater, am 1. September 1991 folgt nun Schmidts Tivoli in einstigen »Zillertal« am Spielbudenplatz. Littmann wird als »Herr Schmidt« auch bundesweit bekannt. Von 2003 bis 2010 widmete er sich zudem einer anderen Leidenschaft als Präsident des Kiezvereins FC St. Pauli.

Willi Bartels (li.) und Corny Littmann mit dem Entwurf von »Schmidts Tivoli« vor dem ehemaligen Vergnügungshaus »Zillertal« am Spielbudenplatz, 18. Juni 1990.

Der Kiez etabliert sich mehr und mehr als Zentrum für Musik, Theater und Comedy und lockt damit zunehmend Touristen und auch Hamburger an. Und auch das Wohnen auf St. Pauli ist wieder schick. Die zentrale Lage in der Nähe von Stadtzentrum und Elbe lockt Investoren. Baulücken werden geschlossen und Traditionseinrichtungen wie die Esso-Tankstelle an der Reeperbahn müssen Neubauten weichen.

Ob der alternative Lebensstil auf St. Pauli erhalten bleibt, das wird die zukünftige Stadtentwicklungspolitik zeigen. Anwohner vom Kiez fordern Mietpreisbindung und nur noch öffentlich geförderten oder günstigen Mietwohnungsbau unter Beteiligung von Anwohner-Initiativen. Demgegenüber stehen wirtschaftliche Interessen von Bauherren. Das Gespenst oder die Chance Gentrifizierung – die Umstrukturierung von St. Pauli ist in vollem Gang. Ergebnis offen.

49.

Acht Jahrhunderte Hafen Hamburg

Im Großen Festsaal des Rathauses hat sich das maritime Hamburg eingefunden. Es ist eine Versammlung, in der viele illustre Namen vertreten sind – rund 1.200 Gäste sind erschienen. Der Stadtstaat mit seinen ausgeprägten republikanischen Traditionen huldigt an diesem Tag einer Königlichen Hoheit: Kronprinz Harald von Norwegen, der der Hansestadt mit Kronprinzessin Sonja die Ehre gibt. Es ist der 4. Mai 1989. Hamburg feiert die Eröffnung der Feierlichkeiten zum 800. Hafengeburtstag am 7. Mai. Das Auditorium bereitet den Ehrengästen aus Norwegen einen begeisterten Empfang. Bürgermeister Henning Voscherau heißt sie in der »südlichsten Metropole Skandinaviens« willkommen – nicht nur aus diplomatischer Höflichkeit, sondern auch im Hinblick auf die historisch engen Beziehungen, die Hamburg mit diesen Ländern verbindet.

Kronprinz Harald, der zuvor mit der Kronprinzessin die norwegische Seemannskirche besucht hat, erweist sich in seiner auf Englisch gehaltenen Rede als ausgesprochener Hamburg-Fan. Er würdigt den bedeutenden Beitrag der Hansestadt zur wirtschaftlichen und kulturellen Entwicklung Norwegens. Als Beispiel für diese Verbindungen erwähnt er die Wikinger, was manchem in der hamburgischen Stadtgeschichte bewanderten Zuhörer Anlass zu nachdenklichen Betrachtungen gibt. Denn leider ist nicht zu bestreiten, dass die Wikinger im Mittelalter unter den Einwohnern des aufblühenden Hamburg immer wieder für Angst und Schrecken gesorgt haben. Bürgermeister Henning Voscherau bügelt diesen historischen Schnitzer des Ehrengastes elegant aus, würdigt die bedeutenden Persönlichkeiten, die den Ruf des Hamburger Hafens begründet haben, hebt die Rolle der Sponsoren für dieses Jubiläum hervor und verweist auf die Mühsal und die großen Leistungen der Hafenarbeiter. Die Bedeutung des Hafens für das hanseatische Gemütsleben beschreibt er mit einer einprägsamen Formulierung: »Der Hafen ist Hamburgs Lebensgefühl.« Dann tritt einer ans Rednerpult, der dieses Lebensgefühl verkörpert: Hein Hümpel, Stauervize. Er zeigt sich erfreut darüber, dass er in diesem illustren Ambiente das Wort ergreifen darf und verweist auf den stürmischen Wandel im Hafen durch den Siegeszug des Containers: Früher sei die Hafenarbeit »noch richtig auf unsere Knochen gegangen«. Den versammelten Firmenchefs und den Stadtvätern verspricht er: »Wir Hafenarbeiter sind dabei, jetzt und im gemeinsamen Binnenmarkt!« Seine kernige, handfeste Rede schließt er mit einem Gruß an das Nadelstreifen-Auditorium, der hanseatischer nicht sein kann: »Hummel, Hummel!« Die Antwort kommt wie aus einem Munde: »Mors, Mors!«

Anlässlich des 800. Hafengeburtstages organisiert der ADAC ein Treffen von Schwimmautos im Hamburger Hafen, 15. Mai 1989.

Michael Otto, Vorsitzender des Ehrenkomitees, beschreibt die Befindlichkeit der Hansestadt mit der fröhlichen Feststellung: »Hamburg ist hellwach und putzmunter!« Diese Formulierung wirkt so, als ob sie die Hamburger aufmuntern soll, und so ist sie offenkundig auch gemeint. Der weltweit operierende Versandhaus-Unternehmer zählt den Rang und die Ressourcen des Stadtstaates auf, verweist darauf, dass die Hansestadt nicht nur Welthafen, sondern auch Medienmetropole und Hightech-Standort sei, Zentrum der Luft- und Raumfahrt und der Werbewirtschaft, Schauplatz kultureller Vielfalt mit 120 Musiklokalen. Dieser Appell an das hanseatische Selbstbewusstsein hat einen ernsten Hintergrund – das unbestreitbare Süd-Nord-Gefälle. In den süddeutschen Bundesländern ist die wirtschaftliche Dynamik deutlich stärker als in den Küstenländern. Diese Diskrepanz droht sich auszuweiten. Eine der Folgen: Aus konjunkturellen wie aus strukturellen Gründen geht der Hafenumschlag seit einigen Jahren langsam zurück, wenngleich auf vergleichsweise hohem Niveau. Im August 1988 war diese Entwicklung Thema eines von der Handelskammer veranstalteten Wirtschaftsforums »Zukunftsstandort Küste – viel mehr als Meer«, zu dem die komplette Führungsetage der deutschen Industrie angereist war.

Außenminister Hans-Dietrich Genscher (FDP), der auf diesem 800. Hafengeburtstag die Bundesregierung vertritt, stellt den Festtag in den Zusammenhang der europäischen Politik: »In der EG entfaltet sich die faszinierendste Dynamik in der Welt!« Unverzichtbar sei dabei ein freier Kapitalmarkt mit europäischer Zentralbank. Und dann wagt der Chef der deutschen Außenpolitik eine Voraussage, von der er an diesem Tag nicht ahnen kann, wie rasch sie sich erfüllen wird: Er weist auf die Chancen für Hamburg hin, wenn »der Eiserne Vorhang rostet und zerfällt«. Dafür gibt es erste Anzeichen: Am 2. Mai haben ungarische Grenzsoldaten mit dem Abbau des Stacheldrahtzaunes an der Grenze zu Österreich begonnen. Und am 7. Mai finden in der DDR Kommunalwahlen statt, die wie üblich von der SED manipuliert werden. Doch diesmal kann die Einheitspartei den Protest der Bürgerrechtsbewegung nicht mehr verhindern. Es ist der Anfang vom Ende der DDR. Genscher schließt seine Rede mit einem Geburtstagswunsch, mit dem er seinen Zuhörern aus dem Herzen spricht: »Hamburg, hol die stief!« Kulinarisch wird der Auftakt zum Hafenjubiläum zünftig mit Labskaus, Bier und Korn im Ratsweinkeller fortgesetzt.

Dieser 800. Hafengeburtstag stützt sich auf eine Überlieferung. Danach hat Kaiser Friedrich Barbarossa (1122–1190) am Beginn eines Kreuzzugs nach Palästina am 7. Mai 1189 in Neuburg an der Donau eine Urkunde mit Privilegien für die damalige Neustadt, die Keimzelle Hamburgs, unterzeichnet: freie Schifffahrt bis zur Elbmündung, freier Fischfang zwei Meilen beiderseits der Stadt und eine Meile auf der Bille, ein Burgenbauverbot im Umkreis von zwei Meilen, dazu die Befreiung von der Heerfolge. Das Dokument ist nicht überliefert. Ersatzweise verwahrt das Hamburger Staatsarchiv eine um 1265 entstandene Urkunde, die diese Privilegien enthält. Sie wurde wahrscheinlich vom Hamburger Rat veranlasst, stammt jedenfalls mit Sicherheit nicht aus der Zeit des Kaisers Barbarossa, wie die Schrift und das Siegel belegen. Das wurde erst 1907 aufgedeckt. Jedoch ist anzunehmen, dass die Privilegien von 1189 darin richtig aufgeführt sind. Erwiesen ist, dass Graf Adolf III. von Schauenburg den Schiffern und Kaufleuten der Neustadt viele Vergünstigungen gewährte. Hamburg jedenfalls nimmt das Barbarossa-Privileg für historisch bare Münze und feiert in jedem Jahr mit dem Hafengeburtstag das inzwischen weltweit größte Hafenfest.

In diesem Jubiläumsjahr 1989 kommen vom 3. bis zum 7. Mai rund drei Millionen Gäste in den Hafen. Das Festprogramm ist besonders umfangreich: rund 200 Veranstaltungen, die sich über das ganze Jahr erstrecken, vom internationalen Festival »Theater der Welt« und der Kunsthallen-Ausstellung zur französischen Revolution »Europa 1789« bis zum »längsten Pflasterbild der Welt« auf Fußgängerwegen der Innenstadt, geschaffen von Hamburger Schulkindern. Höhepunkt der Festlichkeiten ist am 23. Juli die Auslaufparade von 215 Segelschiffen, darunter zahlreichen Großseglern. Trotz des Regens haben sich im Hafen und entlang der Elbe rund 2,6 Millionen Zuschauer eingefunden. Die Windjammer aus aller Herren Länder sind zum internationalen Segelschiffstreffen »Sail 89« nach Hamburg gekommen, das am 13. Juli begonnen hat. Die Sowjetunion präsentiert dabei das weltweit größte Segelschiff, die 122 Meter lange und fast 15 Meter breite »Sedov«. Eine erste Auslaufparade am 16. Juli wird für die Veranstalter zu einer Enttäuschung, denn um ein Chaos zu vermeiden, hat die Polizei das ganze Gebiet um den Hafen und die Elbe weiträumig abgesperrt. Statt der erwarteten drei Millionen kommt nur eine halbe Million Besucher. Für die Abschlussparade am 23. Juli wird nun auf Absperrungen weitgehend verzichtet.

Es kommt zu weiteren Pannen: Am 8. und 9. August wollen nur 15.000 Zuschauer die vier Spiele um den Fußball-Hafenpokal sehen. Einige Veranstaltungen

Beim Eröffnungsfeuerwerk zum Hafengeburtstag am 4. Mai 1989 erhellen Raketen den nächtlichen Himmel. Die Landungsbrücken und die fahrenden Schiffe erstrahlen in der Dunkelheit.

müssen aus finanziellen Gründen ganz gestrichen werden, so ein »Störtebeker-Epos«, das als »Seeräuberleben in zwölf Bildern« auf der Binnenalster stattfinden sollte. Ein lebhaftes Publikumsinteresse findet dagegen die opulent gestaltete Ausstellung »Die Hanse – Lebenswirklichkeit und Mythos«, die vom 25. August bis zum 25. November im Museum für Hamburgische Geschichte gezeigt wird. Sie enthält Leihgaben von Archiven und Museen aus elf europäischen Staaten und dokumentiert im Querschnitt das Leben in den Hansestädten, aber auch den nachwirkenden Mythos der Hanse.

In der Blütezeit dieses Städtebundes gab Lübeck politisch und wirtschaftlich den Ton an. Hamburg war Lübecks Nordseehafen. Das änderte sich: Lübeck wurde Hamburgs Ostseehafen. Die Teilung Europas durch den Eisernen Vorhang seit dem Ende des Zweiten Weltkriegs hat den Hamburger Hafen in eine Randlage gebracht, die der Senat durch eine geduldige und zähe Handelsdiplomatie zu mildern sucht. Der Ausbau des Hafens zu einem der modernsten und schnellsten Häfen der Welt wird von allen Parteien im Landesparlament getragen und mit massiven Investitionen vorangetrieben. Die Erfolge bleiben nicht aus. Das 1914 erreichte Rekordergebnis des Hafenumschlags, 25 Millionen Tonnen, hat sich 1977 auf 51,5 Millionen Tonnen verdoppelt und ist inzwischen um weitere zehn Millionen auf rund 60 Millionen Tonnen gestiegen. Dennoch bleibt wahr, was Hamburgs ehemaliger Wirtschaftssenator Professor Karl Schiller (SPD) Anfang der 50er Jahre sehr anschaulich mit der Feststellung beschrieben hat: Als Folge der Teilung habe Hamburg einen Hafen, der »nur auf einem Lungenflügel atmet«. Mehr als vier Jahrzehnte hindurch war das die Realität. Keiner der 1.200 Gäste im Großen Festsaal des Rathauses ahnt an diesem 4. Mai 1989, wie schicksalhaft dieses Jahr enden und wie dramatisch sich Hamburgs Randlage verändern wird. Die Hansestadt wird zum großen Gewinner der deutschen Einheit.

50.

Start in die Zukunft

9. April 1990: Nach Schleswig-Holstein und Niedersachsen weist auch Hamburg sein Wattenmeer im Mündungsbereich der Elbe als Nationalpark mit strengen Naturschutzauflagen aus.

Ende Mai 1990: Häftlingsrevolte in der Justizvollzugsanstalt Fuhlsbüttel. Ende nach fünf Tagen.

29. Juni 1990: Premiere des Musicals »Phantom der Oper« in der »Neuen Flora«. Es kommt zu teilweise gewalttätigen Protesten.

1990: Prag wird Hamburgs siebte Partnerstadt.

Ein milder Herbstabend. Auf dem Hamburger Rathausmarkt, in den angrenzenden Straßen der Innenstadt und an der Binnenalster haben sich Hunderttausende versammelt. Die Stimmung lässt sich am besten so beschreiben: Diese Menschen spüren, dass sie Zeugen eines welthistorischen Ereignisses sein werden. Es ist der 3. Oktober 1990. Um Mitternacht schlägt die »Stunde null« des wiedervereinigten Deutschlands. Mit dem Beitritt der DDR zur Bundesrepublik wird die deutsche Teilung Vergangenheit. Nicht laute Begeisterung, sondern eher ein Gefühl der Ergriffenheit und der Dankbarkeit prägt diesen Abend. Auf einer Großbildleinwand können die Hamburger die Festveranstaltungen in Berlin und der Partnerstadt Dresden sowie ein Konzert der Hamburger Philharmoniker und der Dresdener Staatskapelle im Rathaus miterleben. Bürgermeister Henning Voscherau und Bürgerschaftspräsidentin Helga Elstner (beide SPD) stellen in ihren Festreden, die von kluger Nachdenklichkeit geprägt sind, die deutsche Einheit in den größeren Kontext der europäischen Einigung. Voscherau ist der erste und bedauerlich lange einer der wenigen prominenten Sozialdemokraten, die ehrliche Freude über die deutsche Einheit zum Ausdruck bringen. Er hat im November 1989 sehr früh die welthistorische Dimension der Vorgänge an der Berliner Mauer erkannt. Und er hat sehr deutlich auf die wirtschaftsgeografischen und politischen Konsequenzen und Herausforderungen hingewiesen, die damit für Hamburg, die pulsierende Wirtschaftsmetropole, verbunden sind. Seine Rede an diesem Abend ist ein großer Auftritt: »Ich sehe die Einheit als besondere Freude, als besondere Chance, gerade für Hamburg, schließlich gewinnen wir unsere vertraute [...] Nachbarschaft zu den Bürgern von Mecklenburg zurück, mit einer Zukunft für Hamburg – im Herzen Europas ohne Grenzen.« Um Mitternacht läuten die Kirchenglocken, anschließend wird über der Binnenalster ein Feuerwerk gezündet. Die Polizei hat an neuralgischen Stellen der Innenstadt rund 2.000 Beamte mit Wasserwerfern zusammengezogen, doch die befürchteten Ausschreitungen linksradikaler Demonstranten bleiben aus.

Hamburg hat sich schon frühzeitig nach dem Fall der Mauer in der DDR und vor allem in Dresden engagiert. Die Städtepartnerschaft zwischen beiden Elbmetropolen hatten Bürgermeister Klaus von Dohnanyi (SPD) und der Dresdener Oberbürgermeister Wolfgang Berghofer (SED) Mitte Dezember 1987 besiegelt. Anfang Januar 1990 flog eine Wirtschaftsdelegation unter Leitung von Bürgermeister Henning Voscherau und Handelskammer-Präses Peter Möhrle mit dem ersten Lufthansa-Direktflug seit dem Zweiten Weltkrieg nach Dresden,

Der Dresdner Oberbürgermeister Wolfgang Berghofer (li.) und Bürgermeister Henning Voscherau in dessen Amtszimmer im Hamburger Rathaus, 11. Januar 1990.

um Möglichkeiten für eine intensive wirtschaftliche Zusammenarbeit zu erkunden. Natürlich war das strategische Ziel die Öffnung des ostdeutschen Marktes für Hamburger Unternehmen. Angesichts der in der DDR zu diesem Zeitpunkt noch fortbestehenden starren Zentralverwaltungswirtschaft und der planwirtschaftlichen Mentalität blieben die Ergebnisse zunächst unbefriedigend. Die Einführung der D-Mark im Rahmen der Wirtschafts-, Währungs- und Sozialunion am 1. Juli 1990 und die damit verbundene Begründung fester marktwirtschaftlicher Strukturen brachten einen Durchbruch. Mit Beschluss vom 17. Juli 1990 ernannte der Senat einen »Beauftragten der Freien und Hansestadt Hamburg in Dresden und Sachsen«, den früheren Staatsrat Helmut Bilstein (SPD). Damit wurde die langfristige Verwaltungshilfe Hamburgs auf eine feste Grundlage gestellt. Vergleichbare Hilfestellung leistet die Hansestadt inzwischen auch für Mecklenburg-Vorpommern.

Oktober 1991: Beamte der Wasserschutzpolizei entdecken im Hafen eine Waffenlieferung des Bundesnachrichtendienstes an den israelischen Geheimdienst Mossad, die als »landwirtschaftliches Gerät« deklariert war.

1991: Die US-Fluggesellschaft PanAm stellt nach mehr als vier Jahrzehnten die Linienflüge zwischen Hamburg und den USA ein.

Parallel dazu investiert die Hamburger Wirtschaft massiv in den neuen Bundesländern – und kehrt damit in ihr traditionelles Hinterland zurück. Schon Mitte 1991 zeigt sich: Hamburg ist der große Gewinner der deutschen Einheit. Im Jahr 1990 hat der Einzelhandel um zwölf Prozent zugelegt, die Industrie um elf Prozent, das Ausbau-Handwerk um über 20 Prozent und im ersten Quartal

10. November 1992: Die UNESCO erkennt das Hamburgische Wattenmeer als Biosphärenreservat an.

21. November 1992: Auf St. Pauli wird das Erotic Art Museum eröffnet.

1992: In Ottensen protestieren orthodoxe Juden gegen den Bau eines Einkaufszentrums auf dem Gelände eines früheren jüdischen Friedhofs und erregen damit weltweites Aufsehen. Nach einem Kompromiss kann gebaut werden.

1991 sogar um rund 33 Prozent. Der Katalog-Riese Otto-Versand zum Beispiel hat seit der Mauer-Öffnung bis zum Februar 1991 in der ehemaligen DDR ein Umsatzplus von mehr als einer Milliarde DM erwirtschaftet. Das gesamte Wirtschaftswachstum in der Hansestadt liegt mit über fünf Prozent an der Spitze aller Bundesländer.

Jedoch beruhen diese Daten nicht nur auf dem Nachfragesog der Märkte in den neuen Bundesländern. Dank seiner nun überaus günstigen wirtschaftsgeografischen Lage wird Hamburg für ausländische Unternehmen, vor allem aus Asien, als »Eurogate« immer interessanter – als zentraler Standort, um von hier aus den europäischen Binnenmarkt und zugleich die neuen Märkte in Osteuropa zu erobern. Seit der Öffnung der Mauer haben sich mehr als 150 Firmen in Hamburg neu angesiedelt. Die Stadt wird das »Tor zum Osten«. Bürgermeister Henning Voscherau findet dafür eine einprägsame Formulierung: »Von Prag bis Hamburg, vom Baltikum bis Hamburg.« Wirtschaftshistoriker stellen fasziniert fest, dass die jahrhundertealten Handelswege der Hanse wieder aufleben. Das steigende Volumen des Welthandels, vor allem der rasante wirtschaftliche Aufstieg Chinas, Hamburgs Rückkehr auf seine traditionellen Märkte im Herzen des Kontinents, die EU-Osterweiterung 2004, die Erschließung neuer Märkte im Ostseeraum rings um das »Mare Balticum« – all das schlägt sich in den Umschlagszahlen des Hamburger Hafens mit eindrucksvollen Steigerungsraten nieder. Im Jahr 1990 liegt die gesamte Umschlagsleistung bei 61,4 Millionen Tonnen. Bis 2005, innerhalb von nur 15 Jahren, wird sich diese Zahl mehr als verdoppeln – auf 125,7 Millionen Tonnen. Hamburg nach dem Ende der deutschen Teilung: eine Erfolgsgeschichte ohne Beispiel in den Annalen der Hansestadt.

Die Reden von Bürgerschaftspräsidentin Helga Elstner und Bürgermeister Henning Voscherau am 3. Oktober 1990 auf dem Rathausmarkt.

51.

Lotse der Kirche am Strom

Für die rund 400.000 Katholiken in Norddeutschland ist es ein großer Tag. Am 7. Januar 1995 wird in einem feierlichen Gottesdienst in der Domkirche St. Marien im Stadtteil St. Georg die Errichtung des Erzbistums Hamburg vollzogen. Der Apostolische Nuntius Lajos Kada führt Erzbischof Ludwig Averkamp, den bisherigen Bischof von Osnabrück, in sein Amt ein und überreicht ihm die Insignien, das Brustkreuz und den Bischofsring. Das neue Erzbistum, nach der Fläche das größte in Deutschland, umfasst die Bundesländer Hamburg, Schleswig-Holstein und den Landesteil Mecklenburg des Bundeslandes Mecklenburg-Vorpommern. Damit ist die Hansestadt seit über 1100 Jahren wieder Sitz eines Erzbischofs. Die Errichtung des neuen Erzbistums hängt eng mit dem Ende der deutschen Teilung und der damit verbundenen kirchlichen Neuordnung auf dem Gebiet der ehemaligen DDR zusammen.

25. März 1993: Letzter Zapfenstreich der Hamburger »Hausbrigade«, der Panzergrenadierbrigade 17, die im Rahmen der Umstrukturierung der Bundeswehr aufgelöst wird.

4. Mai 1993: Das Hamburgische Verfassungsgericht erklärt die Bürgerschaftswahl 1991 wegen schwerwiegender Demokratiedefizite bei der Kandidatenaufstellung der CDU für nichtig und ordnet Neuwahlen an.

Im Jahr 831 war der Benediktinermönch Ansgar[1] zum ersten Bischof des neu errichteten Bistums Hamburg geweiht worden. Papst Gregor IV. erhob Hamburg zum Erzbistum und ernannte Ansgar zum Erzbischof. Allerdings amtierte er nur 14 Jahre in Hamburg, denn der verheerende Überfall der Wikinger im Jahr 845 zwang ihn zur Flucht nach Bremen. Im Jahr 848 wurde das dortige Bistum mit dem Erzbistum Hamburg vereinigt, Sitz wurde Bremen. In Hamburg

Der katholische Erzbischof Ludwig Averkamp (li., mit Bischofsstab) und Weihbischof Hans-Jochen Jaschke, 7. Januar 1995.

gab es, sozusagen als erzbischöfliche Außenstelle, ein mit Sonderrechten ausgestattetes Domkapitel.

In der Reformation erloschen die katholischen Bistümer in Skandinavien und in Norddeutschland. Seit dem Ende des 16. Jahrhunderts war die päpstliche Nuntiatur in Köln für die Katholiken in Norddeutschland zuständig. Es gab immer wieder Versuche, für die katholischen Gläubigen in der norddeutschen Diaspora neue kirchliche Verwaltungsstrukturen zu entwickeln. So wurden 1670 die Regionen Hamburg, Schleswig-Holstein und Mecklenburg, also das Gebiet des heutigen Erzbistums Hamburg, dem »Apostolischen Vikariat der Nordischen Missionen« zugeordnet, zu dem ganz Nordeuropa gehörte. Das Jahr 1868 brachte wieder eine Neuordnung, denn nun gehörten Alt-Hamburg, Teile des heutigen Schleswig-Holsteins und Mecklenburg zum »Apostolischen Vikariat der norddeutschen Missionen«. Daneben wurde eine »Apostolische Präfektur Schleswig-Holstein« errichtet, zu der die preußischen Gebiete Hamburgs gehörten, also die Stadtteile, die 1937 unter das Großhamburg-Gesetz fielen. Nachdem Preußen und der Heilige Stuhl 1929 ein Konkordat zur Regelung ihrer Beziehungen abgeschlossen hatten, wurden 1930 Hamburg (ohne Harburg und Wilhelmsburg), Schleswig-Holstein und Mecklenburg in das Bistum Osnabrück eingegliedert. Schon damals und später in der Nachkriegszeit gab es Überlegungen, für diese Gebiete ein eigenes Bistum zu errichten. Sie wurden aber zurückgestellt, weil damit die staatsrechtliche Anerkennung der DDR verbunden gewesen wäre, die der Vatikan vermeiden wollte. Diese Ausgangslage änderte sich 1990 mit dem Ende der DDR. Nach langwierigen Beratungen empfahl die Herbstvollversammlung der Deutschen Bischofskonferenz dem Vatikan im September 1992 im Rahmen einer kirchlichen Neuordnung in Deutschland die Errichtung eines Bistums im Norden mit Sitz in Hamburg. Die Verhandlungen mit den Landesregierungen in Hamburg, Schleswig-Holstein und Mecklenburg-Vorpommern im Frühjahr 1994 verliefen zügig, auch die Zustimmung der Landesparlamente warf keine großen Probleme auf, und so konnten am 4. November 1994 in der Apostolischen Nuntiatur in Bonn die Ratifikationsurkunden des Errichtungsvertrages zwischen den beteiligten Bundesländern und dem Heiligen Stuhl ausgetauscht werden. Zugleich gab der Vatikan die Ernennung des Osnabrücker Bischofs Ludwig Averkamp zum Erzbischof des neuen Erzbistums bekannt.

12. September 1994: Innensenator Werner Hackmann (SPD) tritt zurück. Anlass sind massive Vorwürfe gegen die Hamburger Polizei wegen angeblicher Ausländerfeindlichkeit mit rechtsextremistischem Hintergrund, die jedoch einer objektiven Überprüfung nicht standhalten.

1994: Chicago wird die achte Partnerstadt Hamburgs.

Nach der feierlichen Amtseinführung am 7. Januar 1995 in der Domkirche St. Marien findet im Rathaus der Hansestadt ein großer Empfang statt. Bürgermeister Henning Voscherau (SPD) würdigt in seiner Begrüßungsrede die Ehre und Auszeichnung für seine Stadt: »Die Kirche am Strom hat wieder einen Lotsen.« Bei manchen Protestanten in der Nordelbischen Kirche stößt diese Bemerkung auf Kritik, und die protestantische Bischöfin Maria Jepsen meldet auch sogleich ihren Gleichberechtigungsanspruch an: »Auf Ansgars Stuhl sitzen nun eine Bischöfin und ein Bischof geschwisterlich und einträchtig beieinander.« In Wahrheit sind dies zwei Nachfahren Ansgars, wie sie gegensätzlicher nicht sein

Maria Jepsen, die erste lutherische Bischöfin weltweit, im Jahr 1995.

können: der konservative katholische Theologe Averkamp(2), ein Bauernsohn aus dem Münsterland, glaubensfest und dem Papst ergeben. Und die betont liberale, feministische Theologin Jepsen, die sich für Randgruppen engagiert, die für eine liberalere Drogenpolitik eintritt und den kirchlichen Segen für homosexuelle Ehen befürwortet.

14. Juni 1995: Der 26. Deutsche Evangelische Kirchentag beginnt mit mehr als 120.000 Teilnehmern.

Die Wahl dieser Theologin zur weltweit ersten lutherischen Bischöfin am 4. April 1992 hat weit über den kirchlichen Bereich hinaus auch international Beachtung gefunden. Die Synode hatte zu entscheiden, ob diese zierliche Harburger Pröbstin oder der souveräne, stets druckreif formulierende Hauptpastor an St. Michaelis, Helge Adolphsen, die Nachfolge des Bischofs Peter Krusche antreten sollte. Diese beiden Kandidaturen standen durchaus für innerkirchliche Gegensätzlichkeit: Adolphsen, eher konservativ geprägt, einige Jahre

Militärdekan, exzellenter Theologe und Prediger, unterlag dennoch überraschend deutlich. Maria Jepsen, Jahrgang 1945, war nach dem Studium der Altphilologie und der Evangelischen Theologie zunächst Vikarin in Hamburg, dann Gemeindepastorin in Meldorf. Von 1977 bis 1990 amtierte sie als Pastorin in Leck, seit 1991 als Pröpstin in Hamburg-Harburg. In ihr Amt als Bischöfin wurde sie am 30. August 1992 eingeführt. Nach der Wiederwahl für eine zweite zehnjährige Amtszeit im Jahr 2002 wird Maria Jepsen als Folge der Strukturveränderungen in der Nordelbischen Kirche ab 1. Oktober 2008 Bischöfin des Sprengels Hamburg-Lübeck. Der Katholizismus – das ist für sie »Rom«. Sie engagiert sich gleichwohl intensiv in der christlichen Ökumene und dem interkirchlichen Dialog. Ihre zweite Amtszeit wird als Folge des Missbrauchsskandals vorzeitig enden. Sie tritt zum 1. September 2010 zurück, da ihr in Medienberichten vorgeworfen wird, sie sei bereits 1999 über sexuelle Übergriffe eines Pastors aus Ahrensburg auf Minderjährige informiert worden und habe nichts dagegen unternommen. Nachfolgerin wird 2011 wieder eine Frau – Bischöfin Kirsten Fehrs.

27. November 1995: Uwe Seeler wird Präsident des HSV.

Anmerkungen

(1) Ansgar (801–865), Erzbischof und Kirchgenheiliger, gilt als »Apostel des Nordens«.

(2) Ludwig Averkamp, Jahrgang 1927, nach Studium der Theologie und Philosophie mit Promotionsabschluss 1954 Priesterweihe in Rom. Zunächst Kaplan, dann Präses des Bischöflichen Gymnasiums und Studienkonvikts Collegium Johanneum, anschließend Direktor des Bischöflichen Theologiekonvikts Collegium Borromaeum in Münster. Von 1971 bis 1973 Leiter des dortigen Bischöflichen Predigerseminars. 1973 Weihbischof in Münster, dann Regionalbischof der Region Niederrhein, von 1987 bis 1995 Bischof von Osnabrück. Erzbischof des Erzbistums Hamburg bis zum Amtsverzicht zum 75. Geburtstag im Jahr 2002. Nachfolger wurde Erzbischof Werner Thissen.

52.

Mord am Mittag

Lisa Dabelstein, 73, wundert sich. Die Ehefrau des Lebensmittelhändlers Willi Dabelstein, 73, der ein kleines, nostalgisches und deshalb sehr beliebtes Feinkostgeschäft im Hamburger Stadtteil Tonndorf betreibt, hat ihren Mann zum Mittagessen gerufen. Sie hat sein Lieblingsgericht gekocht: Birnen, Bohnen und Speck. Da er nicht kommt, geht sie durch den kleinen Flur, der zum Laden führt, und findet ihren Mann. Er liegt blutüberströmt auf dem Fußboden und ist tot. Es ist der 29. Juni 1998, kurz nach 13 Uhr.

Zwei Jugendliche, der 16-jährige Christian L. und der ein Jahr ältere Patrick E., haben Willi Dabelstein kurz zuvor mit äußerster Brutalität in seinem Laden überfallen. Der eine greift in die Ladenkasse, der andere sticht auf den Kaufmann ein. Gemeinsam ziehen sie dem Sterbenden das Portemonnaie aus der Tasche und flüchten mit ihrer Beute: 220 Mark. Es ist keine spontane, sondern eine kaltblütig geplante Tat. Die beiden Jugendlichen, seit langem polizeibekannt, gelten als Intensivtäter mit einer langen Liste von Delikten. Man hat sie in einer offenen, betreuten Jugendeinrichtung untergebracht. Dort lernten sie sich kennen und verabredeten das Verbrechen. In einem Einkaufszentrum besorgten sie sich ein Messerset und ein Paar Nylonstrümpfe. Sie werden rasch gefasst.

25. März 1996: Der Literaturwissenschaftler und Multimillionär Jan Philipp Reemtsma wird entführt und nach fünf Wochen gegen ein Lösegeld von 30 Millionen Mark freigelassen. Die Entführer werden gefasst.

1996: Die Sanierung der Hauptkirche St. Michaelis wird nach 13 Jahren abgeschlossen. Die Kosten betragen mehr als 26 Millionen Mark.

Das Verbrechen löst bundesweit Entsetzen und hitzige Diskussionen aus und wird über Nacht zum Politikum. Es geht darum, wie der Staat mit jugendlichen Schwerkriminellen umgehen soll und wie die Bevölkerung vor solchen Gewalttätern geschützt werden kann. Vor dem Geschäft von Willi Dabelstein versammeln sich Hunderte von Menschen und verlangen Konsequenzen: Sie fordern nicht Täterschutz, sondern Opferschutz.

In Hamburg regiert seit der Bürgerschaftswahl 1997 eine rot-grüne Koalition unter Bürgermeister Ortwin Runde(1) (SPD). Der linke SPD-Flügel ist tonangebend in diesem Senat. Jugendkriminalität ist nach Auffassung dieser Sozialdemokraten eine Folge sozialer Defizite, für die die Gesellschaft verantwortlich sei und mit deren Folgen sie leben müsse. Es gilt daher der Grundsatz: Therapieren statt wegsperren, Menschen statt Mauern. Die Arbeits- und Sozialsenatorin Helgrit Fischer-Menzel (SPD), eine Soziologin, ist eine fast schon messianisch argumentierende Wortführerin dieser Position. Der Fall Dabelstein ist für sie kein Anlass zu selbstkritischen Fragestellungen.

Innensenator ist seit dem 21. September 1994 der vormalige Finanzstaatsrat Hartmuth Wrocklage (SPD), ein exzellenter Haushaltsexperte, der allerdings im Innenressort ohne Fortune amtiert und immer wieder aus Ungeschicklichkeit

Der Feinkosthändler Willi Dabelstein in seinem Laden in Tonndorf, in dem er am 29. Juni 1998 überfallen und erstochen wird.

Februar 1997: Die Galerie der Gegenwart, eine Museumserweiterung der Hamburger Kunsthalle für moderne Kunst, wird eröffnet.

Anlass zu negativen Schlagzeilen bietet. Immerhin hat Wrocklage jedoch im Gegensatz zu seiner Partei erkannt, dass der Umgang der SPD und ihres Senats mit der Kriminalität und den öffentlich zutage tretenden Erscheinungen sozialer Verwahrlosung in der Bevölkerung zunehmend auf Unverständnis, Unmut und auch auf Empörung stößt. Er hat daher in seiner Behörde 1996 eine umfangreiche Drucksache über »Maßnahmen gegen die Unwirtlichkeit der Stadt« erarbeiten lassen. Dieses Papier behandelt aggressive Bettelei, Vandalismus, Graffiti-Schmierereien und ähnliche Erscheinungen, aber auch Drogenkonsum und Alkoholismus auf offener Straße, Kleinkriminalität eingeschlossen. Es geht darum, wie diesen großstädtischen Sozialproblemen zu begegnen ist. Grundlage sind »Erhebungen« der Polizeireviere, dazu eine ergänzende »kriminologische

Regionalanalyse« der besonders belasteten Stadtteile, vor allem St. Georg und St. Pauli, die das Landeskriminalamt beigesteuert hat.

Das Ergebnis ist ein vorwiegend ordnungsrechtlicher Maßnahmenkatalog, vom Aufenthaltsverbot bis zum Verbringungsgewahrsam. Die Drucksache geht in die Behördenabstimmung und gewinnt eine politische Brisanz, die nur mit den fortwährenden Streitereien innerhalb der Regierungspartei SPD zu erklären ist. Wrocklage muss sich mit massiven Attacken seiner Senatskollegin Fischer-Menzel auseinandersetzen, die den »sehr geehrten Herrn Kollegen« in einem ideologischen Frontalangriff belehrt: »Sogenannte Randständigkeit, Bettelei, Suchtkrankheit und psycho-soziale Verwahrlosung gelten nach bisherigem sozialdemokratischem Verständnis als Ausdruck und Konsequenz materieller und sozialer Ungerechtigkeit, mangelnder Chancengleichheit und defizitärer bzw. fehlgeschlagener primärer und sekundärer Sozialisationsprozesse«. Hamburg würde »mit Blick auf die von Ihnen [...] vorgeschlagenen neuen spezialrechtlichen Normen als erstes deutsches Bundesland auf die Spitze treiben, was an den oft zitierten Stammtischen und von manchen ultrakonservativen Kreisen schon seit geraumer Zeit postuliert wird«. Das Schreiben schließt mit der »eindringlichen« Aufforderung, den »vorliegenden Entwurf dem Senat nicht zuzuleiten«.

April 1998: In Hamburg wird eine unabhängige Polizeikommission eingesetzt, die den Polizeiapparat überwachen soll. Hintergrund sind Vorwürfe wegen angeblicher Misshandlung von Ausländern durch Polizeibeamte.

Ende April 1998: Der Centre Court, die Tennis Arena am Rothenbaum, wird nach einer umfassenden Sanierung, die 52 Millionen Mark gekostet hat, wieder eröffnet.

Innensenator Hartmuth Wrocklage am 19. März 1998.

23. Oktober 1999: Bei der Elbvertiefung wird ein 217 Tonnen schwerer, 4,50 Meter hoher Findling gehoben. Er wurde vor 400.000 Jahren durch skandinavische Gletscher nach Norddeutschland transportiert. Der riesige Granitblock wird zum Ausflugsziel. Die Hamburger taufen ihn auf den Namen »Alter Schwede«.

Nach allerlei Rückzugsgefechten wird die »Bettler-Drucksache«, wie sie in der Öffentlichkeit genannt wird, erst entschärft und dann kassiert. Das Thema verläuft im Sande – jedenfalls senats- und parteiintern. Der Innensenator setzt sich einer solchen Konfrontation nicht noch einmal aus. Aber damit verschwindet das Problem nicht aus dem Bewusstsein der Bevölkerung und auch nicht aus der öffentlichen Diskussion – im Gegenteil. Am 28. Mai 2001 tritt Hartmuth Wrocklage zurück. Die Auseinandersetzungen um die »Bettler-Drucksache«, die ihm aufgenötigten Sparzwänge für die Polizei, Krach mit den Medien – vieles kommt zusammen. Nachfolger wird Olaf Scholz (SPD). Der neue Innensenator hat noch knapp vier Monate Zeit, um verlorenes Terrain zurückzugewinnen. Am 23. September 2001 wird eine neue Bürgerschaft gewählt.

Anmerkung

(1) Ortwin Runde, 1944 im ostpreußischen Elbing geboren, Diplomsoziologe, einer der Sprecher des linken SPD-Flügels in Hamburg. 1974 SPD-Bürgerschaftsabgeordneter, von 1988 bis 1993 Senator für Arbeit, Gesundheit und Soziales, bis 1997 Finanzsenator, bis 2001 Erster Bürgermeister und Chef der rot-grünen Koalition mit der GAL.

53.

Terrorzelle Marienstraße

Niemand hat das für möglich gehalten: Am 13. September 2001, zwei Tage nach den verheerenden Anschlägen auf das World Trade Center in New York und das Pentagon in Washington, verdichten sich Hinweise aus der US-Administration zur Gewissheit, dass die Spur der Terroristen nach Hamburg führt, in den Stadtteil Eißendorf im Bezirk Harburg. In der Marienstraße 54 hat der Student an der Technischen Universität Hamburg-Harburg Mohammed Atta, der Anführer einer Gruppe von radikal-islamischen Muslimen, mit Mittätern in einer nun leeren Mietwohnung gelebt und die Anschläge geplant. Die Tatsache, dass dies unter den Augen des Hamburger Verfassungsschutzes geschehen konnte, setzt zunächst den Sicherheitsapparat der Hansestadt unter Druck, der offensichtlich keine oder jedenfalls keine hinreichenden Erkenntnisse über die Umtriebe der radikalen Islamisten in der Stadt hat. Jedoch stellt sich rasch heraus, dass es bei den US-Geheimdiensten ähnliche Defizite gab: Mohammed Atta, der eine Passagiermaschine in den Nordturm des World Trade Center lenkte, konnte ebenso

8. April 2000: In Hamburg wird die bundesweit erste Babyklappe eingerichtet, bei der neugeborene Kinder anonym abgegeben werden können.

6. Juli 2000: Der Weltfußballverband FIFA vergibt die Austragung der Weltmeisterschaft 2006 an Deutschland. Hamburg wird einer der Spielorte sein.

Am 13. September 2001 sperrt die Polizei die Marienstraße in Harburg. Im Haus Nr. 54 lebten die Attentäter der Anschläge u.a. auf das World Trade Center in New York, die fünf Tage zuvor verübt worden waren.

13. Juli 2000: Der für seine harten Urteile bekannte Amtsrichter Ronald Barnabas Schill gründet die Partei Rechtsstaatlicher Offensive.

2000: Der Senat beschließt den Bau einer Mehrzweckhalle für Sportveranstaltungen und Großkonzerte.

wie die anderen Todespiloten Marwan Alshehhi und Ziad Jarrah in Florida zur Vorbereitung auf die Anschläge eine Flugausbildung absolvieren. Beamte des Hamburger Verfassungsschutzes haben zwar im Februar 1999 bei einem abgehörten Telefongespräch von der Adresse Marienstraße 54 und mehreren Namen erfahren, doch sie konnten diese Informationen nicht zuordnen. Mohammed Atta war im November 1998 zusammen mit seinen Gesinnungsfreunden Said Bahaji und Ramzi Binalshibh in die Wohnung in der Marienstraße 54 eingezogen.

Die Existenz dieser Terrorzelle in Hamburg, die als Bestandteil des Terror-Netzwerkes Al-Qaida identifiziert wird, führt dazu, dass auch die Hamburger Al-Quds-Moschee im Stadtteil St. Georg in der Nähe des Hauptbahnhofs schärfer überwacht wird. Diese 1993 eröffnete Moschee diente mehreren der Attentäter des 11. September als regelmäßiger Treffpunkt. Am 9. August 2010 werden die Räumlichkeiten auf Anweisung des Hamburger Innensenators Christoph Ahlhaus (CDU) wegen radikalislamistischer Aktivitäten von der Polizei durchsucht, das Gebetshaus wird anschließend endgültig geschlossen. Der Trägerverein wird verboten, das Vereinsvermögen wird beschlagnahmt. Auch weil sie in Hamburg geplant wurden, lösen die Terroranschläge von New York und Washington in der Öffentlichkeit der Hansestadt eine überwältigende Anteilnahme und Hilfsbereitschaft aus, die in den Vereinigten Staaten dankbar wahrgenommen wird. Die Hamburger stehen in diesen tragischen Wochen fest an der Seite der Amerikaner.

54.

Ein Paukenschlag

Nach einem klassischen Lagerwahlkampf der bislang regierenden SPD-GAL-Koalition gegen drei bürgerliche Parteien wählt Hamburg am 23. September 2001 ein neues Landesparlament. Der Wahltag selbst verläuft eher ruhig, die Wahlbeteiligung liegt bei 71 Prozent. Der Wahlabend aber wird ungewöhnlich dramatisch und endet mit einem Paukenschlag. Zwar kann die SPD unter ihrem Spitzenkandidaten, Bürgermeister Ortwin Runde, mit 36,5 Prozent einen leichten Zugewinn verbuchen (1997: 36,2) und ihre Stellung als stärkste politische Kraft in der Stadt behaupten. Die CDU, angeführt von ihrem Fraktionsvorsitzenden Ole von Beust, kommt nach 30,7 Prozent bei der Wahl 1997 nun nur noch auf magere 26,2 Prozent. Auch die GAL, auf die 1997 noch 13,9 Prozent der Stimmen entfielen, muss mit nur noch 8,6 Prozent kräftig Federn lassen, während der FDP mit 5,1 Prozent denkbar knapp die Rückkehr in das Rathaus gelingt.

14. Februar 2001: Der Schriftsteller Siegfried Lenz wird Ehrenbürger der Freien und Hansestadt Hamburg.

3. April 2001: Der 1999 aus der Elbe geborgene, 1,8 Milliarden Jahre alte Findling »Alter Schwede« wird zum Naturdenkmal erklärt.

Die Sensation dieses Wahlabends aber sind die aus dem Stand erzielten 19,4 Prozent für die Partei Rechtsstaatlicher Offensive mit ihrem Spitzenkandidaten, dem früheren Amtsrichter Ronald Barnabas Schill. Die bisherige Koalition hat nach dieser Wahl nur noch 57 Sitze, während das Bürgerbündnis aus CDU, Schill-Partei und FDP auf 64 Mandate kommt. Damit sind die Voraussetzungen für den Machtwechsel gegeben.

Ausschlaggebend für dieses Wahlergebnis sind drei Faktoren: eine latente Wechselstimmung nach 44 Jahren ununterbrochener SPD-Herrschaft, die auch aus dem Unbehagen über politischen Stillstand resultiert, ferner das mangelnde Charisma des Bürgermeisters Ortwin Runde, dem in der Bevölkerung kein Amtsbonus gutgebracht wird, vor allem aber gravierende Defizite des rot-grünen Senats und der ihn tragenden Parteien in der Inneren Sicherheit. Zwar hat der bisherige Innensenator Olaf Scholz (SPD) in der kurzen Zeit bis zur Wahl einen Kurswechsel versucht, indem er zum Beispiel den zwangsweisen Einsatz von Brechmitteln zur Beweissicherung bei Drogendealern anordnete. Jedoch war diese Maßnahme umstritten (sie wurde später vom Europäischen Gerichtshof für Menschenrechte als rechtswidrig verurteilt), und sie stieß auch bei den Wählerinnen und Wählern nicht auf die von Scholz erhoffte Zustimmung.

Der spektakuläre Erfolg der erst ein Jahr zuvor gegründeten Schill-Partei, die für Wähler aus allen gesellschaftlichen Gruppen attraktiv ist, beruht vor allem auf Schills Wahlversprechen. Der frühere Strafrichter, der durch extrem harte Urteile von sich reden machte, hat im Wahlkampf die Halbierung der Gewaltkriminalität binnen 100 Tagen angekündigt, sofern er in einer Koalition die dafür

Ole von Beust und Ronald B. Schill am Wahlabend des 23. September 2001.

erforderlichen Maßnahmen durchsetzen könne. Er fordert dazu die Einstellung von 2.000 zusätzlichen Polizisten. Ferner verlangt er, dass nicht therapierbare Sexualstraftäter erst dann wieder auf freien Fuß kommen, wenn sie sich zuvor einer freiwilligen Kastration unterzogen haben. SPD und GAL nennen diese Forderungen »rechtspopulistisch«, aber in der Wählerschaft finden sie beträchtliche Resonanz, und zwar in Stadtteilen, die bisher vor allem CDU-Hochburgen waren, ebenso wie in den sozialen Brennpunkten.

Am 31. Oktober 2001 wählt die bürgerliche Koalition aus CDU, Schill-Partei und FDP den CDU-Fraktionsvorsitzenden Ole von Beust[(1)] zum Ersten Bürgermeister. Der neue Regierungschef ernennt Schill zum Zweiten Bürgermeister und Innensenator. Ole von Beust betrachtet das Bündnis mit Schill, wie er später erklären wird, als »machtpolitisches Kalkül«, Schill selbst als »Mittel zum Zweck«, um die SPD als Regierungspartei abzulösen.

Nach Kurt Sieveking, der von 1953 bis 1957 amtierte, ist damit zum zweiten Mal ein Christdemokrat Präsident des Senats der Freien und Hansestadt Hamburg. Die Sozialdemokraten versuchen, dies als »politischen Betriebsunfall« zu relativieren. Doch Ole von Beust wird für ein ganzes Jahrzehnt die hamburgische Politik prägen und ein ganz spezifisches, urbanes Lebensgefühl verkörpern.

Anmerkung

(1) Ole von Beust, mit vollständigem Namen Carl-Friedrich Arp Ole Freiherr von Beust, wurde 1955 in Hamburg geboren. Sein Vater Achim-Helge Freiherr von Beust, langjähriger Leiter des Bezirksamts Wandsbek, war einer der Mitbegründer der Hamburger CDU. B. studierte in Hamburg Rechtswissenschaften und ist seit 1983 als Rechtsanwalt zugelassen. Seine politische Karriere begann er 1973 als Assistent der Hamburger CDU-Bürgerschaftsfraktion. 1978 wurde er Mitglied der Hamburger Bürgerschaft, 1993 CDU-Fraktionsvorsitzender. Nach der Bürgerschaftswahl 2001 wurde B. am 31. Oktober 2001 zum Ersten Bürgermeister gewählt. Von diesem Amt trat er am 25. August 2010 zurück.

55.

Ein Leitbild als Brücke in die Zukunft

Hanseatischer können das Auditorium und das Ambiente nicht sein, nicht der Redner und sein Thema: Am 2. April 2003 spricht Finanzsenator Wolfgang Peiner (CDU) vor dem Übersee-Club im Reimarus-Saal der ehrwürdigen Patriotischen Gesellschaft über seine Vision für die Hansestadt und über das, was der Senat zu tun gedenkt, um sie umzusetzen: »Metropole Hamburg – Wachsende Stadt«. Auch viele Mitglieder des Konsularkorps sind erschienen.

Der Chef der Finanzbehörde, nicht nur wegen dieses Querschnittsressorts der mächtigste Fachsenator, spricht über »sein« Thema, denn er hat schon als Berater des CDU-Spitzenkandidaten Ole von Beust (CDU) vor der Bürgerschaftswahl 2001 darauf gedrängt, für die künftige Senatspolitik ein solches Leitbild zu entwickeln.

Hamburg als wachsende Stadt – einerseits ist das keine neue Vorstellung, denn auch frühere Senate und die Handelskammer haben sich damit beschäftigt. Doch erst jetzt, nach dem Machtwechsel, wird daraus konkrete Senatspolitik. Bürgermeister Ole von Beust hat diese langfristige Strategie in seiner Regierungserklärung am 14. November 2001 als Richtschnur formuliert, und im Sommer 2002 hat der Senat sie konkretisiert. Wolfgang Peiner präsentiert seinen Zuhörern zunächst eine kritische Bestandsanalyse mit bitteren Wahrheiten. Dazu gehört die hamburgische Neigung zum selbstzufriedenen Stolz auf das Bestehende – einen der weltweit modernsten Containerhäfen, den bedeutenden Luftfahrtstandort, die Medienmetropole, die Millionenstadt mit hoher Lebensqualität. Zugleich stellt der Finanzsenator jedoch kühl fest: Hamburg hat als Standort deutliche Defizite. Keine Zentrale der weltweit 100 größten Dienstleistungsfirmen hat ihren Sitz in der Hansestadt. Hamburg spielt keine wesentliche Rolle bei der Steuerung der internationalen Finanzmärkte, und die Stadt ist nicht in einen größeren Raum exportorientierter Produktion eingebettet, hat auch innerhalb Deutschlands geografisch keine Zentrallage, grenzt nicht unmittelbar an andere deutsche oder europäische Metropolregionen, und die nächsten großen Ballungsräume liegen 300 Kilometer entfernt, im Osten Berlin, im Südwesten das Ruhrgebiet. Für die Einbindung in den Weltmarkt sind das strategische Nachteile. Und selbst dort, wo die Hansestadt besondere Stärken aufweist, zum Beispiel in der Medienwirtschaft, hat sie keine Muttergesellschaft eines global tätigen Unternehmens in ihren Mauern. Die Folge ist, dass Hamburg als Metropole im weltweiten Vergleich viertklassig ist. Die Spitzengruppe bilden London, New York und Hongkong. In einer zweiten Gruppe folgen Weltstädte wie Paris, Singapur und Tokio. In der dritten Gruppe sind Mailand, Frankfurt, Madrid, Zürich, Brüssel und Amsterdam zu finden. In der vierten und

Wolfgang Peiner am 1. Mai 2005.

letzten Gruppe werden zum Beispiel Düsseldorf, Stockholm, Kopenhagen, Berlin, München, Warschau, St. Petersburg, Wien, Prag, Budapest und eben auch Hamburg zusammengefasst.

Ende Oktober 2002: In Altenwerder nimmt der Container Terminal, weltweit eine der modernsten Umschlagsanlagen, den Betrieb auf.

8. November 2002: Die Color Line Arena (heute O2 World Hamburg) wird eröffnet.

Der Finanzsenator verweist auf die gezielten Wachstumsstrategien, mit denen etwa Barcelona, Wien, Kopenhagen mit der Öresund-Region und Toronto innerhalb weniger Jahrzehnte eindrucksvolle wirtschaftliche Zuwachsraten generieren konnten. Hamburg war, wie Peiner seinen Zuhörern darlegt, schon einmal auf dem Weg zur wachsenden Stadt. Der Aufbauplan von 1960 kam zu dem Ergebnis, es könnten unter Berücksichtigung der modernen städtebaulichen Erkenntnisse Wohnbaugebiete für insgesamt 2,2 Millionen Menschen ausgewiesen werden. Aber dazu kam es nicht. Die 1,9 Millionen Einwohner des Jahres 1964 waren der historische Höchststand, und diese Einwohnerzahl konnte nicht gehalten werden – warum nicht?

Peiner zählt die Gründe auf, schwerwiegende strategische Fehler, der Verzicht auf generationenübergreifende Großprojekte: Die Option auf einen »Tiefwasserhafen Cuxhaven« hat der damalige SPD-Senat Ende der 70er Jahre aufgegeben, und wenig später die Option auf einen Großflughafen Kaltenkirchen nicht wahrgenommen. Die Folge war, dass nicht Hamburg, sondern Kopenhagen das Luftkreuz Nordeuropas wurde. In welchem Ausmaß eine Metropole von der Einbindung in das weltweite Luftverkehrssystem profitiert, wurde seither in der Großregion München deutlich, die den Mut zu einem internationalen Großflughafen hatte und damit zum Luftkreuz des Südens avancierte. Hamburg hat, wie Peiner seinem Auditorium weiter vorträgt, keinen Autobahnring, und die Hafenquerspange, die Autobahnverbindung zwischen der A7 und der A1, kommt seit 30 Jahren über das Planungsstadium nicht hinaus. Harburg und Wilhelmsburg sind nur

Ein Entwurf für die neue Hafencity, 12. Januar 2001.

unzureichend an die Innenstadt angeschlossen. Es mangelt an schnellen Bahnverbindungen ins Ruhrgebiet, nach Holland und Berlin. Das Projekt Transrapid Hamburg–Berlin wurde ohne großen Widerstand seitens der Stadt aufgegeben. Die Hamburger Messe belegt bestenfalls einen Mittelplatz unter den deutschen Messestandorten. Die meisten Ausstellungen haben nur regionale Ausstrahlung. Als internationaler Kongressstandort hat Hamburg sich von Wien überholen lassen. Bundesweit hat die Hansestadt die höchsten Ausgaben pro Schüler, bei den PISA-Vergleichen ist der Stadtstaat jedoch abgeschlagen. Als Hochschulstandort hat Hamburg nur ein geringes Profil, mit Ausnahme einiger weniger Fächer sowie der TU Harburg, der Musikhochschule und inzwischen auch der Bucerius Law School. Es fehlt an Bildungseinrichtungen für Spitzenleistungen und an privaten Universitäten. Und es mangelt an international bedeutenden Großveranstaltungen. Die Entscheidungsstrukturen in der Stadt sind aus der Sicht des Finanzsenators viel zu schwerfällig: »Der Faktor Zeit scheint für die Verwaltung keine Rolle zu spielen – für die Wirtschaft ist er sehr wichtig, manchmal überlebenswichtig.«

Das alles hat Folgen, und der Chef der Finanzbehörde erspart sie seinem Auditorium nicht: die Abwanderung von vor allem mittelständischen Firmen ins Umland, weil in Hamburg nicht genügend Flächen angeboten wurden. Und parallel dazu der permanente Bevölkerungsverlust zugunsten der Umlandgemeinden – es sind vor allem junge Familien mit Kindern in den mittleren bis höheren Einkommensgruppen. Die Umzüge in die benachbarten Bundesländer haben in den 90er Jahren kontinuierlich zugenommen. 1991 waren es 18.900, im Jahr 1999 schon 26.600. Ohne energische Gegensteuerung werde Hamburg, so sagen die Experten, einen Bevölkerungsrückgang auf 1,6 Millionen Einwohner hinnehmen müssen. Peiner warnt vor den Folgen für die soziale Stabilität der

Stadt, die in Gefahr geraten müsse, wenn die Mittelschicht ins Umland abwandert und die sozial Schwachen in der Stadt bleiben.

Die zwingende Schlussfolgerung ist: Der Stadtstaat muss dem Beispiel anderer Metropolen folgen, eine gezielte Wachstumsstrategie entwickeln und entschlossen umsetzen. Sie hat, wie Peiner seinen Zuhörern darlegt, vier Säulen: Ausbau der Metropolfunktion, und zwar regional wie international. Überdurchschnittliches Wirtschafts- und Beschäftigungswachstum, Erhöhung der Einwohnerzahl, Sicherung der Lebensqualität und der Zukunftsfähigkeit der Hansestadt. Nach dem Ende der deutschen Teilung und angesichts der EU-Osterweiterung hat Hamburg die große Chance, zur zentralen Drehscheibe für Mittel- und Osteuropa zu werden. Für internationale Konzerne ist das ein verlockender Gesichtspunkt, aber Hamburg müsse, wie Peiner in seinem Vortrag mahnend erklärt, deutlich mehr als bislang dafür tun. Und auch regional müsse die Stadt ihre Metropolfunktion noch stärker wahrnehmen, vor allem durch den »Sprung über die Elbe«. Der Chef der Finanzbehörde: »Wir müssen das Großhamburg-Gesetz von 1937[1] auch mental vollziehen [...] Hamburg ist nicht nordelbisch. Seit 1937 fließt die Elbe durch Hamburg – Wilhelmsburg, Harburg und der ganze Süderelberaum gehören auch zu Hamburg. Die Hamburger müssen Harburg mitzählen, und die Harburger müssen sich als Hamburger fühlen [...] Es gilt also, Hamburg zu beiden Seiten der Elbe zu entwickeln, und dazu gehört, dass eine Achse von der Innenstadt über die HafenCity nach Wilhelmsburg entwickelt wird. Ohne öffentliche Investitionen vor Ort wird es nicht funktionieren, eine gemeinsame Identität zwischen den Menschen südlich und nördlich der Elbe zu entwickeln.« Auch diese Stadtentwicklungsstrategie ist, wie das Konzept der »wachsenden Stadt«, nicht völlig neu, aber erst jetzt wird sie zum festen Bestandteil der Senatspolitik.

12. April 2003: Hamburg unterliegt Leipzig bei der deutschen Bewerbung für die Ausrichtung der Olympischen Sommerspiele 2012.

24. Mai 2003: Nach zweijähriger Bauzeit wird der neue Hamburger Zentral-Omnibus-Bahnhof (ZOB) eröffnet. Die Baukosten betrugen rund 20 Millionen Euro.

Der Finanzsenator räumt mit der Vorstellung auf, die noch das Stadtentwicklungskonzept aus dem Jahr 1996 prägte, dass es in Hamburg einen erheblichen Engpass an Flächen gebe: »Hamburg ist einer der am dünnsten besiedelten Ballungsräume der Welt. Berlin ist knapp 20 Prozent größer als Hamburg und hat doppelt so viele Einwohner, und dennoch empfindet man Berlin nicht als eine Stadt, in der man vor lauter Steinen keinen Baum mehr sehen kann. Es wird deshalb in erster Linie darauf ankommen, das vorhandene Potenzial richtig zu nutzen.« Dabei geht es vor allem um zwei Stadtentwicklungsprojekte, die weit über Hamburg hinaus das Interesse auch internationaler Stadtplaner finden: die HafenCity und das Leitprojekt »Sprung über die Elbe«, mit dem die zentral gelegenen, aber lange vernachlässigten Stadtteile im Hamburger Süden in das Zentrum der Stadtentwicklung gerückt werden sollen.

Die HafenCity entsteht auf einer Gesamtfläche von 157 Hektar, davon 126 Hektar Landfläche, zwischen der historischen Speicherstadt und der Elbe als völlig neuer Stadtteil, der die Hamburger City um rund 40 Prozent erweitern wird. 5.800 Wohnungen und mehr als 45.000 Arbeitsplätze, rund zehn Kilometer neue Wasserlagen mit Promenaden und Plätzen, rund 26 Hektar öffentliche Parkan-

Das Baufeld 1–4, Am Sandtorkai in der Hafencity, 28. Juli 2003.

lagen, Plätze und Promenaden sollen eine dichte urbane Mischung aus Wohnen, Dienstleistung, Handel, Kultur, Freizeit und Tourismus ergeben. Die hafentypischen Strukturen sollen dabei erhalten bleiben. Für die Verkehrserschließung der HafenCity wird die U-Bahnlinie U4 gebaut, die im Herbst 2012 den Betrieb aufnimmt. Verantwortlich für das gesamte Entwicklungsmanagement ist die HafenCity Hamburg GmbH, eine 100-prozentige Tochter der Freien und Hansestadt Hamburg. Der Entwicklungszeitraum für das gesamte Projekt reicht bis in das Jahr 2025. Das Investitionsvolumen beträgt rund 10,4 Milliarden Euro. Davon entfallen rund 8 Milliarden Euro auf private und 2,4 Milliarden Euro auf öffentliche Investitionen, die überwiegend durch die Erlöse aus Grundstücksveräußerungen des städtischen Sondervermögens Stadt und Hafen finanziert werden. Die politischen Weichen für dieses imposante Projekt hatte in den 90er Jahren unter strikter Geheimhaltung der damalige Bürgermeister Henning Voscherau (SPD) gestellt, der diese Pläne Anfang Mai 1997 öffentlich ankündigte. Im Jahr 2000 beschloss der rot-grüne Senat unter Bürgermeister Ortwin Runde (SPD) einen Masterplan als Grundlage für Infrastrukturmaßnahmen, Flächenräumungen und Betriebsverlagerungen. Die Hochbaumaßnahmen begannen 2003 mit dem Quartier Am Sandtorkai/Dalmannkai. Die HafenCity gilt inzwischen als Vorzeige-Projekt internationaler Waterfront-Entwicklung. Die künftige Elbphilharmonie (s. Seite 273) wird das prominenteste Bauwerk des neuen Stadtteils sein.

Mit dem »Sprung über die Elbe« wagt sich der von Bürgermeister Ole von Beust geführte bürgerliche Koalitionssenat auf ein politisch hochsensibles Terrain. Faktisch seit Erlass des Großhamburg-Gesetzes halten sich in den Stadtteilen südlich der Elbe tief sitzende Ressentiments gegen die damals zwangsweise durchgesetzte Eingliederung in das neue Groß-Hamburg. Schon bald nach Kriegsende wurden Forderungen nach Sonderrechten bis hin zur Zugehörigkeit zu Niedersachsen laut, übrigens ähnlich im zuvor preußischen Altona, das staatsrechtlich zu Schleswig-Holstein gehörte. Sie korrespondierten stets mit Beschwerden über Vernachlässigung der Lebensbedingungen durch den Hamburger Senat. Beispielsweise erklärte der Verein »Zukunft Elbinsel Wilhelmsburg e.V.« in einer Verlautbarung aus dem Jahr 2002: »Schluss mit der hundert Jahre langen Rolle als Hinterhof, Abfallplatz und Flächenreserve für Containerstapel, Logistik und Verkehrstrassen!« Der Verein verlangt und betreibt den Paradigmenwechsel vom »Raum für den ungeliebten Rest« zu einem »attraktiven Standort für Wohnen, Leben, Arbeit, Freizeit und Naherholung«.

26. November 2003: Uwe Seeler, Fußball-Idol, wird als erster Sportler Ehrenbürger der Freien und Hansestadt Hamburg.

Der Senat möchte einen Bewusstseinswandel als Folge besserer Lebensbedingungen erreichen. Diesem Ziel sollen vor allem zwei Projekte mit jeweils langem Planungsvorlauf dienen: die Internationale Bauausstellung und die Internationale Gartenschau, beide mit dem Realisierungsjahr 2013, konzipiert als Motor für den »Sprung über die Elbe«. Es geht darum, die Attraktivität der stadtnahen Quartiere südlich der Elbe durch innovative Architektur und Freiflächengestaltung zu stärken. Profitieren sollen davon in erster Linie Veddel, Wilhelmsburg und der gesamte Bereich des Harburger Binnenhafens. Hier sollen Entwürfe für die Zukunft der Metropole realisiert werden, die zeigen, wie Hamburg auf die Herausforderungen der Globalisierung, der Polarisierung und des Klimawandels reagieren kann. Das Leitbild »Wachsende Stadt«, das Wolfgang Peiner Anfang April 2003 skizzierte, soll erzeugen, woran es bislang in Hamburg gefehlt hat: Aufbruchstimmung, Mut zur Zukunft.

Anmerkung

(1) Das am 1. April 1937 von der Reichsregierung erlassene »Gesetz über Groß-Hamburg und andere Gebietsbereinigungen«, kurz »Großhamburg-Gesetz« genannt, erweiterte das hamburgische Staatsgebiet um volkswirtschaftlich und stadtentwicklungspolitisch wichtige Gebiete aus dem benachbarten Umland. Dazu gehörten die bislang preußischen Städte Wandsbek, Harburg-Wilhelmsburg und Altona, zwölf Gemeinden aus dem ebenfalls preußischen Kreis Stormarn und weitere Gemeinden südlich der Elbe. Im Gegenzug trat Hamburg das Amt Ritzebüttel, die Stadt Cuxhaven und die Insel Neuwerk an die preußische Provinz Hannover sowie Geesthacht, Großhansdorf und Schmalenbeck an die preußische Provinz Schleswig-Holstein ab. Durch das Großhamburg-Gesetz vergrößerte sich das hamburgische Staatsgebiet von 415 auf 745 Quadratkilometer, die Einwohnerzahl erhöhte sich von 1,19 auf 1,68 Millionen. Das Gesetz wurde bis zum 1. April 1938 vollzogen und beendete langwierige Bemühungen, durch Verhandlungen eine bessere Zusammenarbeit zwischen Hamburg und Preußen vor allem in der Hafenpolitik zu erreichen.

56.

Das Ende eines politischen Senkrechtstarters

In der rund 100-jährigen Geschichte des Hamburger Rathauses haben sich viele dramatische Situationen ereignet. Aber so etwas hat es bislang noch nicht gegeben: Am Vormittag des 19. August 2003 empfängt Bürgermeister Ole von Beust (CDU) in seinem Amtszimmer den Zweiten Bürgermeister und Innensenator Ronald Barnabas Schill, der um dieses Gespräch gebeten hat. Thema ist der Innenstaatsrat Walter Wellinghausen, den der Bürgermeister entlassen will, weil er neben seinem Amt als Staatsrat zugleich als Anwalt und Aufsichtsrat einer Klinik unerlaubten Nebentätigkeiten nachgegangen und deshalb in die Schlagzeilen geraten ist. Der Regierungschef betrachtet dies als inakzeptables Dienstvergehen. Schill will diese Entscheidung verhindern. Es kommt zu einer heftigen Auseinandersetzung, in deren Verlauf der Bürgermeister den Innensenator auffordert, unverzüglich sein Amtszimmer zu verlassen. Anschließend macht Ole von Beust von seinem verfassungsmäßigen Recht Gebrauch, über die personelle Zusammensetzung des Senats zu entscheiden, und entlässt Schill und seinen Staatsrat

Ronald B. Schill nach seiner Entlassung aus dem Amt des Innensenators am 19. August 2003.

mit sofortiger Wirkung aus ihren Ämtern. Kurz nach diesem Eklat schildert der Bürgermeister auf einer eilig einberufenen Pressekonferenz, was sich an diesem Vormittag zugetragen hat: »In einem Vier-Augen-Gespräch drohte er mir, für den Fall der Entlassung des Staatsrates öffentlich publik zu machen, dass ich meinen angeblichen Lebenspartner, den Justizsenator Dr. Kusch, zum Senator gemacht habe und damit Privates und Politisches verquickt habe.« Der Regierungschef fügt hinzu: »Seine Behauptung ist falsch und die Drohung ist ungeheuerlich.« Er sei zu der sofortigen Entlassung gezwungen gewesen, weil Schill offenkundig charakterlich nicht geeignet sei, die Innenbehörde zu führen.

13. April 2004: Am neuen Kreuzfahrtterminal, dem Hamburg Cruise Center, am Grasbrook, legt das erste Kreuzfahrtschiff an.

Der seines Amtes enthobene Innensenator dementiert die Sachdarstellung des Bürgermeisters über den Gesprächsverlauf nicht, sieht in seinem Verhalten allerdings keine Drohung oder Erpressung. Am späten Nachmittag sucht er sich in einer Fernsehsendung zu rechtfertigen: »Ich hätte so etwas niemals in die Öffentlichkeit gebracht.« Es habe aber seinem Gerechtigkeitsgefühl widersprochen, dass der (von der Schill-Partei gestellte) Bausenator Mario Mettbach vor eineinhalb Jahren in die öffentliche Kritik geraten sei, weil er seine Lebensgefährtin als persönliche Referentin eingestellt habe, während von Beust seinen Lebensgefährten Roger Kusch zum Justizsenator ernannt habe. Hier werde mit zweierlei Maß gemessen.

Die sofortige Entlassung Schills hat zwei bemerkenswerte Folgen: Das Ansehen des Bürgermeisters in der Bevölkerung steigt beträchtlich. Und sowohl von Beust wie Kusch bekennen sich zu ihrer Homosexualität, bestreiten aber kategorisch die von Schill behauptete Lebenspartnerschaft; sie seien lediglich Studienfreunde, und Kusch sei Mieter einer von Beust gehörenden Wohnung. Zum neuen Innensenator ernennt der Bürgermeister den von der Schill-Partei nominierten Juristen Dirk Nockemann.

Obwohl Schill sich zunächst weiter in seiner Partei betätigt, ist seine Entlassung das faktische Ende seiner politischen Laufbahn. Sein nun völlig zerrüttetes Verhältnis zu Bürgermeister Ole von Beust hatte schon vorher durch politische und persönliche Eskapaden des Innensenators Schaden genommen. Das betraf insbesondere einen skandalösen Auftritt Schills im Bundestag am 29. August 2002. In einer Debatte zur Beseitigung der durch die Flutkatastrophe angerichteten Schäden in Ostdeutschland übte Schill heftige Kritik an der Ausländerpolitik der rot-grünen Bundesregierung und warf ihr vor, statt Rücklagen für Katastrophenfälle zu bilden, sei zu viel für Zuwanderer gezahlt worden. Als Bundestagsvizepräsidentin Anke Fuchs (SPD) ihm wegen Überschreitung der Redezeit das Wort entzog und schließlich das Saalmikrofon abstellen ließ, behauptete Schill, sein Rederecht sei »unbegrenzt«. Der Bürgermeister war über Schills Verhalten empört und stellte umgehend klar: »Wer im Bundestag oder Bundesrat spricht, hat für das Land zu sprechen, nicht als Parteivorsitzender.« Schill habe nicht im Auftrag des Hamburger Senats gesprochen. Zuvor hatte schon der Verdacht des Kokain-Konsums, in den Schill durch einen Bericht des NDR-Fernsehmagazins

Wahlplakate zur Bürgerschaftswahl am 29. Februar 2004. Spitzenkandidaten waren Ole von Beust für die CDU (re.) und Thomas Mirow für die SPD.

»Panorama« geraten war, das Verhältnis zwischen beiden Senatsmitgliedern belastet, da die Staatsanwaltschaft Hamburg gegen den Innensenator ein förmliches Ermittlungsverfahren einleitete, das allerdings wieder eingestellt wurde.

In der Schill-Partei kommt es nach der Entlassung des Parteigründers aus dem Senat zu heftigen internen Auseinandersetzungen. Die Folge ist, dass die bürgerliche Koalition ohne Schill und seine Anhänger in der Partei Rechtsstaatlicher Offensive keine eigene Mehrheit mehr hat. Daraufhin erklärt Bürgermeister Ole von Beust am 9. Dezember 2003 das Regierungsbündnis aus CDU, FDP und Schill-Partei für beendet. Als Termin für die Neuwahlen wird der 29. Februar 2004 festgesetzt. Schill kündigt an, sich völlig aus dem politischen Leben zurückzuziehen und Deutschland zu verlassen. Die Hamburger CDU-Führung entschließt sich zu einem strikt personalisierten Wahlkampf mit eingängigen Parolen wie »Michel Alster Ole« und »Ole wählen. Konsequent.Fair.Engagiert«.

Der Wahlabend wird zu einem Triumph für den CDU-Spitzenkandidaten, Bürgermeister Ole von Beust: Die Union kann ihr Ergebnis von 2001 um 21 Prozentpunkte verbessern und erringt mit 47,2 Prozent ihr mit Abstand bestes Nachkriegsergebnis. Die Sozialdemokraten, die mit dem bisherigen Wirtschaftssenator Thomas Mirow als Spitzenkandidaten angetreten waren, müssen dagegen mit 30,5 Prozent einen historischen Tiefstand hinnehmen. Die GAL kann sich auf 12,3 Prozent verbessern, während die Elbliberalen mit 2,8 Prozent an der Fünf-Prozent-Hürde scheitern. Die Schill-Partei, von der sich ihr Gründer inzwischen getrennt hat, wird mit 0,4 Prozent marginalisiert. Die Partei Pro Deutsche Mitte – Initiative Pro D-Mark, Schills neue politische Heimat, erzielt mit 3,1 Prozent einen Achtungserfolg, scheitert jedoch ebenfalls an der Fünf-Prozent-Sperrklausel. Die Untersuchung der Wählerwanderungen ergibt, dass mehr als 80.000 frühere Schill-Anhänger diesmal die CDU gewählt und damit die Grundlage für deren absolute Mehrheit geschaffen haben. Die Union kann nun mit 63 Mandaten allein regieren.

30. September 2005: Die Unternehmer und Mäzene Professor Helmut Greve und Professor Hannelore Greve werden mit der Ehrenbürgerwürde der Freien und Hansestadt Hamburg ausgezeichnet.

Ole von Beust gibt durch die Berufung von vier parteilosen Senatsmitgliedern zu erkennen, dass die neue Landesregierung zwar CDU-geführt, aber nicht CDU-hörig sein soll. In der Öffentlichkeit der Hansestadt wird das mit breiter Zustimmung aufgenommen. Hamburg gilt als »boomtown«: Das Leitbild »Wachsende Stadt« wird entschlossen umgesetzt. Die Wirtschaftskraft des Stadtstaates und die Bevölkerung wachsen im Vergleich zur Bundesrepublik insgesamt überdurchschnittlich. Die Betreuung in den Kindertagesstätten wird ausgebaut. Der Senat leitet energische Maßnahmen zur Haushaltskonsolidierung ein, die Nettokreditaufnahme sinkt kontinuierlich und erreicht 2007 und 2008 den Stand Null. Aber dieser Senat hat auch offene Flanken, zunächst personell: Am 27. März 2006 sieht der Bürgermeister sich gezwungen, Justizsenator Roger Kusch (CDU) zu entlassen, weil die Justizbehörde rechtswidrig in den Besitz vertraulicher Unterlagen eines Parlamentarischen Untersuchungsausschusses gelangt ist und diese weitergegeben hat.

Ende 2006 scheidet mit Finanzsenator Wolfgang Peiner (CDU) der engste politische Berater des Bürgermeisters aus. Peiner hat weit über seine Funktion als Finanzchef des Senats hinaus die strategischen Ziele dieser Landesregierung geprägt und definiert. Sein Nachfolger in der Finanzbehörde, der bisherige Stadtentwicklungssenator Michael Freytag, vermag weder in dieser Position noch als Ratgeber des Bürgermeisters an Peiners Rolle anzuknüpfen. Hinzu kommt, dass er sich am 15. September 2007 darauf eingelassen hat, zugleich das Amt des CDU-Landesvorsitzenden zu übernehmen. Als Parteichef ist er damit Adressat von Forderungen, die er als Finanzsenator nicht erfüllen kann – wie sich bald zeigen wird, eine politisch riskante Konstellation. Zugleich stoßen Sachentscheidungen des Senats auf zum Teil massiven Widerstand. Das betrifft nicht nur Ausgabenkürzungen im Zuge der Haushaltskonsolidierung, sondern vor allem die Teilprivatisierungen öffentlicher Unternehmen, so des Landesbetriebs Krankenhäuser, der bis auf einen Anteil von 25,1 Prozent an den privaten Klinikbetreiber Asklepios veräußert wird. Die Entscheidung, rund 30 Prozent des städtischen Hafenkonzerns HHLA zu veräußern, löst sogar Protestdemonstrationen aus. Auch das Jahrhundert-Projekt Elbphilharmonie wird wegen offenkundiger Planungsmängel und explodierender Kosten Gegenstand breiter öffentlicher Kritik. Insgesamt kann die CDU jedoch auf eine positive Bilanz ihrer vier Jahre Alleinregierung verweisen.

57.
Das Experiment Schwarz-Grün

Die Versöhnung von Ökonomie und Ökologie, abgebildet in einer Koalition der CDU mit den Grünen – für Bürgermeister Ole von Beust (CDU) ist das seit geraumer Zeit mehr als ein Gedankenspiel. Aufmerksam beobachtet der Regierungschef, wie solche Bündnisse in anderen Bundesländern auf zunächst kommunaler Ebene sich anlassen. Und er hat dafür gesorgt, dass sie auch in der Hansestadt als politischer Testlauf eine Chance haben, sich zu bewähren – in den Bezirken Harburg und Altona. Die Ergebnisse sind hoffnungsvoll, beide Parteien arbeiten gut zusammen, auch dank diskreter Förderung durch den CDU-Senat. Der Bürgermeister sieht darin eine strategische Option, um die Möglichkeiten seiner Partei für Koalitionen zu erweitern. Auf einer Klausurtagung im niedersächsischen Jesteburg beschließt die CDU-Führung für den Wahlkampf zur Bürgerschaftswahl 2008 erneut ein personalisiertes Wahlkampfkonzept: »Allianz für Ole« lautet das zentrale Motto. Das CDU-Regierungsprogramm verspricht: »In guten Händen. Grundlagen für Hamburgs Erfolg«.

Am Wahlabend des 24. Februar 2008 wird zur Gewissheit, was die Meinungsforscher zuvor bereits ermittelt haben: Die CDU kann ihre absolute Mehrheit nicht verteidigen und fällt auf 42,6 Prozent der Wählerstimmen zurück. Zwar ist das noch immer ein sehr respektables Ergebnis, aber die Union ist nun auf einen Koalitionspartner angewiesen. Die Sozialdemokraten können sich mit ihrem Spitzenkandidaten, dem früheren Staatsminister Michael Naumann, auf 34,1 Prozent verbessern, während die GAL auf 9,6 Prozent zurückfällt. Ursächlich dafür sind Wählerverluste an die SPD und mehr noch an die Linkspartei, die mit 6,4 Prozent problemlos den Einzug in das Landesparlament schafft, während die FDP mit 4,8 Prozent abermals knapp an der Fünf-Prozent-Hürde scheitert. 56 Mandate für die CDU, 45 für die SPD, 12 für die GAL und 8 für die Linkspartei – das ist eine Konstellation, die ein rot-grünes Bündnis nur mit Duldung der Linkspartei ermöglicht. In eine solche Abhängigkeit aber wollen sich weder die Sozialdemokraten noch die Grünen begeben. Eine Große Koalition wird sowohl von der CDU wie von der SPD ausgeschlossen.

31. Januar 2006: Das Bürogebäude Dockland an der Elbe, herausragendes Beispiel für moderne Architektur in Hamburg, wird eingeweiht.

Es kommt zu Koalitionsverhandlungen der CDU mit der GAL, die am 17. April 2008 zu einer grundsätzlichen Einigung über eine Regierungszusammenarbeit führen, auch wenn die GAL sich schwertut, Projekte wie die Elbvertiefung und den Bau des Kohlekraftwerks Moorburg mitzutragen. Auf allen übrigen Politikfeldern aber ist die CDU der GAL weit entgegengekommen. Das gilt vor allem für die Bildungspolitik: Beide Parteien verständigen sich auf die

Christa Goetsch von der GAL (li.) und Ole von Beust besuchen gemeinsam den Christopher Street Day in Hamburg, 8. August 2009.

19. April 2006: Erster Spatenstich für die Startbahnverlängerung des Airbus-Werks in Finkenwerder um fast 600 Meter. Die Verlängerung soll regelmäßige Starts und Landungen des Großraumflugzeugs A380 ermöglichen.

Einführung einer verbindlichen sechsjährigen Grundschule, der Primarschule. Der CDU-Landesvorsitzende, Finanzsenator Michael Freytag, bringt die hoch gespannten Erwartungen beider Seiten auf die Formel, diese Koalition sei »der Beginn einer wunderbaren Freundschaft«. Die CDU-Bundesvorsitzende, Bundeskanzlerin Angela Merkel, betrachtet diese erste schwarz-grüne Koalition auf Landesebene als Test für ein denkbares Bündnis im Bund. Das sieht die Parteiführung der Grünen im Bund zwar nicht so, doch gibt sie der GAL in der Hansestadt freie Hand. Dabei spielt eine wichtige Rolle, dass man in der GAL nicht vergessen hat, mit welcher hochfahrenden Herablassung führende SPD-Politiker der Hansestadt die GAL in der Zeit der rot-grünen Koalition von 1997 bis 2001 behandelt haben – psychologische Fehler, die Ole von Beust und die CDU konsequent vermeiden.

Am 7. Mai 2008 wird der bisherige Regierungschef von der Bürgerschaft erneut zum Ersten Bürgermeister gewählt. Er erhält 69 von 121 Stimmen bei 52 Gegenstimmen und keiner Enthaltung und hat damit mindestens eine Stimme auch aus der Opposition erhalten. Der neue schwarz-grüne Senat hingegen muss bei der gemeinsamen Bestätigung durch das Landesparlament mit 67 Stimmen bei 54 Gegenstimmen auf eine Stimme aus den Reihen der Koalition verzichten. Das wird als ein Indiz für nicht ausgeräumte Widerstände in der GAL gegen das neue Bündnis gewertet. Die Zusammenarbeit beider Partner im Senat und in der Bürgerschaft verläuft betont konstruktiv und einvernehmlich. Konflikte werden diskret und politisch geräuschlos erledigt. In der Öffentlichkeit hat diese Koalition einen guten Start. Die Hoffnungen, dass in der Wirtschaftsmetropole Hamburg die Versöhnung von Ökonomie und Ökologie gelingen kann, sind weit verbreitet.

58.

Ein Schritt zum Weltstadt-Niveau

2. Juni 2006: Das Bismarck-Denkmal wird 100 Jahre alt.

6. Dezember 2006: Der Hamburger Hauptbahnhof besteht 100 Jahre.

Der fahrplanmäßige Betriebsbeginn der neuen Flughafen-S-Bahn am 11. Dezember 2008 ist weit mehr als der Ersatz der provinziellen Buslinie 110 vom Bahnhof Ohlsdorf zum Flughafen Fuhlsbüttel. Es ist die Beseitigung eines Zustands, der Hamburgs Ruf als moderne Metropole unter Flugpassagieren aus aller Welt von Jahr zu Jahr mehr in Mitleidenschaft zu ziehen drohte. Die im Wesentlichen als Tunnelbauwerk errichtete, rund drei Kilometer lange Strecke verbindet als Teil der S-Bahnlinie S1 den Flughafen mit der City. Die aus Richtung Innenstadt kommenden Züge werden im Bahnhof Ohlsdorf geteilt. Der vordere Zug fährt weiter zum Flughafen, der hintere Teil auf der bisherigen Strecke der S1 zum Endbahnhof Poppenbüttel. Stadteinwärts werden die Züge entsprechend zusammengekuppelt. Die Fahrzeit vom Hauptbahnhof zum Flughafen beträgt 25 Minuten.

Ein direkter Anschluss des Hamburger Flughafens an das Schnellbahnnetz des Hamburger Verkehrsverbundes wurde seit den 60er Jahren vor allem von

Der neue S-Bahntunnel zur Anbindung des Flughafens Fuhlsbüttel an das Hamburger Schnellbahnnetz.

2. Januar 2007: Weitgehende Lockerung der Ladenschlusszeiten in der Hansestadt.

7. Mai 2007: Der Tierpark Hagenbeck besteht 100 Jahre. Ende Mai wird das neue Tropen-Aquarium für die Besucher geöffnet.

der Wirtschaft gefordert. Entscheidungen stießen jedoch immer wieder auf Einwände – vor allem wegen der geplanten Verlagerung des Flughafens nach Kaltenkirchen. Erst nachdem dieses Projekt nicht weiter verfolgt wurde, kamen die Planungen voran. Jedoch bestand der SPD-Senat darauf, dass zuvor der strukturelle Ausgleich des Betriebshaushalts erreicht sein müsse. Faktisch war das eine Blockade, die erst beseitigt werden konnte, als die Handelskammer im Zusammenhang mit dem Ausbau des Flughafens Ende der 90er Jahre Vorschläge für ein konkretes Finanzierungs- und Betriebskonzept der Flughafen-S-Bahn vorlegte. Die Baukosten von rund 280 Millionen Euro übernahm zu 60 Prozent der Bund. Verwaltungsgerichtliche Klagen von Anwohnern führten dazu, dass die Bauarbeiten erst am 11. April 2001, mit rund zweijähriger Verzögerung, beginnen konnten. Technische Probleme, unter anderem Wassereinbrüche während der Bauarbeiten im Jahr 2004, verzögerten die ursprünglich für 2007 geplante Fertigstellung weiter. Planungen für eine durchgehende Schnellbahnlinie vom Kieler Hauptbahnhof über den Flughafen Fuhlsbüttel zum Hamburger Hauptbahnhof sehen einen Anschluss der Flughafen-S-Bahn an das Streckennetz der Regionalbahngesellschaft Altona–Kaltenkirchen–Neumünster (AKN) vor.

59.

Ein Wahrzeichen in neuem Glanz

Es ist ein großer Tag in der 400-jährigen Geschichte der Hauptkirche St. Michaelis. Am 29. November 2009, dem ersten Advent, wird die umfangreiche Sanierung des Gotteshauses, die 1983 begonnen hatte, mit einem Festakt offiziell abgeschlossen. Bürgermeister Ole von Beust (CDU) spricht den 3.000 Besuchern in der überfüllten Kirche aus dem Herzen: »Mein Gott, ist unser Michel schön geworden.« Bischöfin Maria Jepsen weiht das neue Orgel-Fernwerk ein: »Die Orgeln von St. Michaelis stellen nun einen Klang her, der uns mitnehmen will in geradezu himmlische Sphären.« Hauptpastor Alexander Röder bleibt etwas nüchterner: Der Michel sei »in ein neues musikalisches Zeitalter eingetreten«. Kirchenmusikdirektor Christoph Schoener spielt die Toccata aus der 5. Orgelsymphonie von Charles-Marie Widor. Die Hauptkirche St. Michaelis besitzt fünf Orgeln: die große Steinmeyer-Orgel auf der West-Empore, erweitert durch eine unsichtbare Orgel unter dem Dachgewölbe, das sogenannte Fernwerk, ferner die Marcussen-Orgel auf der Konzert-Empore, die »Carl-Philipp-Emanuel Bach-Orgel« auf der Süd-Empore, dazu eine romantische Orgel in der Krypta. Im Jahr 2009 wurden die Orgeln durch die Firma Freiburger Orgelbau Hartwig und Tilman Späth und die Bonner Traditions-Manufaktur Orgelbau Klais restauriert. Auf der West-Empore wurde ein neuer zentraler Spieltisch eingerichtet.

7. Juni 2007: Ballettdirektor John Neumeier wird 33. Ehrenbürger der Freien und Hansestadt Hamburg.

10. Juni 2007: Hamburgs Schrebergärtner feiern das 100-jährige Bestehen dieser Kleingärten in der Hansestadt.

Der »Michel« in der südlichen Neustadt ist nicht nur die bedeutendste Barockkirche Norddeutschlands und mit seinem charakteristischen, 132 Meter hohen Turm ein weltweit bekanntes Wahrzeichen der Hansestadt. Dieses Gotteshaus ist im öffentlichen Bewusstsein weit über kirchliches Bekenntnis hinaus emotional tief verwurzelt. Das hängt auch mit den Erlebnissen der Kriegsgeneration zusammen. Viele Menschen haben in den Bombennächten, vor allem bei den Großangriffen im Sommer 1943, die die Kirche wie durch ein Wunder überstand, in ihren Gewölben Zuflucht und Schutz gesucht und gefunden. Für den »Michel« öffnen die Hamburgerinnen und Hamburger nicht nur ihre Herzen, sondern auch ihre Geldbörsen. Das hat sich gezeigt, als Anfang der 80er Jahre der Sanierungsbedarf unabweisbar geworden war. Diese Arbeiten dauerten 26 Jahre und begannen mit der grundlegenden Erneuerung des Turmes. Dann wurden die Krypta, die Außenfassade und das Dach und schließlich der Kirchenraum saniert. Insgesamt 33 Millionen Euro hat all das gekostet. Allein die Arbeiten im Innenraum einschließlich der Orgeln kosteten 12,8 Millionen Euro.

4. Juli 2007: Eröffnung des Auswanderermuseums BallinStadt.

Die rundum sanierte St.-Michaelis-Kirche am 23. November 2009.

16. Juli 2007: Übergabe der verlängerten Start- und Landebahn im Airbus-Werk Finkenwerder.

1. Mai 2008: Schwere Krawalle in Barmbek, wo eine bundesweite Demonstration von Rechtsextremisten und eine linke Gegendemonstration aufeinandertreffen.

Das war nur möglich dank einer überwältigenden Spendenbereitschaft vieler Bürger und Firmen. Unzählige kleine und mittlere Spenden, dazu einige Millionen-Beträge kamen zusammen. Der Festakt an diesem Adventssonntag soll auch den Dank an diejenigen zum Ausdruck bringen, die sich so eindrucksvoll engagiert haben. Das gilt besonders für das Hamburger Ehepaar Günter und Lieselotte Powalla. Beide haben nach und nach eine zweistellige Millionensumme zur Verfügung gestellt. Bürgermeister Ole von Beust ehrt das Ehepaar mit der Biermann-Ratjen-Medaille des Senats. Günter Powalla muss diese Auszeichnung für seine Frau entgegennehmen – sie hat diesen Tag nicht mehr erlebt.

Zu den herausragenden Ereignissen dieser 26 Jahre gehört die »Jahrtausendglocke« als Ersatz für die große Michel-Glocke, die 1917 abgehängt, eingeschmolzen und für Kriegszwecke verwendet worden war. Eine Abordnung der Kirchengemeinde St. Michaelis war dabei, als am 31. März 2000 in der Heilbronner Glockengießerei Andreas Bachert die größte der Michel-Glocken gegossen wurde – nach alter Tradition an einem Freitag um 15 Uhr, zur Sterbestunde Jesu. Ein Hamburger Kaufmann, der bis heute nicht genannt werden will, hatte die Mittel für dieses bedeutende Projekt gestiftet. Gestaltet hatte die Glocke der Hamburger Architekt und Künstler Paul-Gerhard Scharf. Sie trägt die gleiche Inschrift wie ihre 1917 abgehängte Vorgängerin: »Aus der Tiefe rufe ich, Herr, zu Dir. Denn bei Dir ist die Vergebung; dass man Dich fürchte«. Das Wappen der Freien und Hansestadt Hamburg und der Erzengel Michael, der Namenspatron der Kirche, zieren die Glocke.

Am 11. Juni 2000, dem Pfingstsonntag, hat die Gemeinde St. Michaelis die »Jahrtausendglocke« feierlich in Empfang genommen. Nach dem Hauptgottesdienst zogen die Besucher mit vielen anderen Hamburgern von der Kirche zur Helgoländer Allee, um die Glocke, die gerade aus Heilbronn eingetroffen war, abzuholen. Festlich mit Girlanden geschmückt, wurde die Glocke über die für den Verkehr gesperrte Ludwig-Erhard-Straße von einer großen Menschenmenge begleitet, auf dem Kirchplatz aufgestellt und liturgisch mit Dank und Gebeten begrüßt. Am 19. Juni wurde sie mit einem Teleskopkran auf den Glockenboden gebracht und im Glockenstuhl aufgehängt. Am Abend des 24. Juni 2000, dem Johannistag, fand die feierliche Glockenweihe statt. Auf dem Kirchplatz und in der Umgebung hatte sich eine riesige Menschenmenge eingefunden, um das erste Läuten der Jahrtausendglocke mitzuerleben. Nach 83 Jahren erklang zum ersten Mal wieder das volle Geläut von St. Michaelis. Die Chronik der Kirche beschreibt den großen Augenblick: »Zuerst läutete die kleinste Glocke. Nacheinander fiel dann jeweils die nächst größere Glocke ein, bis schließlich die neue und größte Glocke mit ihrem tiefen f den bisher

4. Juni 2008: Die Laeiszhalle, auch bekannt als Musikhalle, besteht 100 Jahre.

2008: Abschluss der Bauarbeiten am Hamburg Airport und Eröffnung der Shopping Plaza.

Die Gemeinde St. Michaelis nimmt am 11. Juni 2000 die »Jahrtausendglocke« feierlich in Empfang.

fehlenden Grundton erklingen ließ und das Geläut in seiner wunderbaren Schönheit zu hören war.«

18. November 2009: Die Gegner der vom Senat beschlossenen sechsjährigen Primarschule der Volksinitiative »Wir wollen lernen« setzen einen verbindlichen Volksentscheid durch.

Leider blieb es nicht so. Anfang 2006 zeigten sich in der »Jahrtausendglocke« Spannungsrisse. Sie wurde im März 2006 außer Betrieb genommen und 2008 für den Neuguss eingeschmolzen. Diese neue Glocke, ebenfalls gegossen in der Manufaktur Bachert, diesmal in Karlsruhe, ist mit über 9.000 Kilogramm erheblich schwerer. Das machte statische Untersuchungen im Turm erforderlich. Die Inschrift, das Hamburger Wappen und das Bildnis des Erzengels Michael wurden mit Abdrucken übernommen. Seit 2008 ist das Geläut von St. Michaelis, neben zwei kleineren Uhrenglocken sechs Läuteglocken, wieder vollständig.

60.

Ein Bündnis zerbricht

Im Festsaal des Hotels »InterContinental« nahe der Außenalster ist die Stimmung alles andere als festlich. Die Mitgliederversammlung der Hamburger CDU nimmt an diesem 1. März 2010 konsterniert zur Kenntnis, was der Landesvorsitzende, Finanzsenator Michael Freytag, in einer emotionalen und deshalb auch durchaus authentischen Rede verkündet: den Rücktritt von allen politischen Ämtern, als Parteichef sofort, als Finanzsenator zum 17. März. Zu diesem Termin will Freytag auch sein bislang wegen der Zugehörigkeit zum Senat ruhendes Bürgerschaftsmandat aufgeben. Es ist ein vollständiger Rückzug aus der Politik. Die Umstände wirken überstürzt, fast fluchtartig.

Michael Freytag begründet dieses selbst gewählte Ende seiner politischen Laufbahn mit einem Rückblick auf seine Amtszeit als Finanzsenator, die von drei großen Problemen geprägt gewesen sei: »Die existenzielle Krise von Hapag Lloyd. Das Schicksal der HSH Nordbank hing monatelang am seidenen Faden. Dann kam der nächste Einschlag, die schlimmste Krise des Haushalts mit über sechs Milliarden Euro wegbrechenden Steuereinnahmen bis 2013. Eine solche Herausforderung hat es für Finanzsenatoren noch nicht gegeben.« Er sei dabei »durchs Feuer gegangen, das war ein Leben im permanenten Ausnahmezustand«. Der scheidende Parteichef warnt die Hamburger CDU vor einem »Rechtsruck«. Die Union müsse für die Mehrheit der Hamburgerinnen und Hamburger wählbar bleiben, sonst drohe ihr der Absturz in die Opposition.

Die Rede stößt bei den rund 500 erschienenen Parteimitgliedern einerseits auf Verständnis, weil sie Ehrlichkeit erkennen lässt, und zugleich auf Besorgnis, weil Michael Freytag seiner Partei einen Berg von Problemen hinterlässt. Ein Jahr vor der nächsten Bürgerschaftswahl lassen die Meinungsumfragen einen dramatischen Vertrauensverlust der CDU in der Wählerschaft erkennen – einen Rückgang um fast zwölf Prozentpunkte auf nur noch 31 Prozent. Vor allem die geplante Einführung der Primarschule, also der sechsjährigen Grundschule, stößt bei den CDU-Anhängern auf große Skepsis, zum Teil auch auf massiven Widerstand. Michael Freytag ist als Landesvorsitzender nicht so unsensibel, dass ihm diese Ablehnung verborgen bleibt. Aber er bringt nicht die politische Kraft auf, seine Bedenken gegenüber Bürgermeister Ole von Beust, einem engagierten Primarschulbefürworter, und gegenüber dem Koalitionspartner GAL zur Geltung zu bringen. Für die GAL ist die Primarschule der Einstieg in die »Schule für alle« und damit ein zentrales Vorhaben grüner Bildungs- und Gesellschaftspolitik.

Am 3. März 2010 kommt es in der Bürgerschaft zu einem seltenen Vorgang: Nachdem Kompromissgespräche der schwarz-grünen Koalition mit den Primarschul-Gegnern der Volksinitiative »Wir wollen lernen« gescheitert sind, verabschiedet das Landesparlament mit den Stimmen aller Fraktionen eine Änderung des Schulgesetzes, mit der die Primarschule eingeführt wird. Damit setzen sich die Abgeordneten über die Tatsache hinweg, dass die Primarschul-Gegner um den Rechtsanwalt Walter Scheuerl rund 180.000 Unterschriften gegen diese Schulreform vorweisen und damit einen Volksentscheid durchsetzen können. Diese Abstimmung findet am 18. Juli nach emotionalisierten Kampagnen beider Seiten statt und führt zu einem Sieg der Primarschul-Gegner: 276.304 Stimmen, rund 58 Prozent der Abstimmungsberechtigten, lehnen die Primarschule ab, nur 45,5 Prozent sind dafür. Dieser Tag hat weitreichende politische Folgen: Eine halbe Stunde vor der Schließung der Wahllokale gibt Bürgermeister Ole von Beust auf einer eilig einberufenen Pressekonferenz im Rathaus seinen Rücktritt mit Wirkung zum 25. August 2010 bekannt. Auch sein engster Mitarbeiter, der Staatsrat der Senatskanzlei Volkmar Schön, und Kultursenatorin Karin von Welck (parteilos) scheiden mit ihm aus ihren Ämtern.

Als neuen Regierungschef nominiert der CDU-Landesvorstand einstimmig den bisherigen Innensenator Christoph Ahlhaus[1]. Diese Personalentscheidung ist das Ergebnis parteiinterner Machtstrukturen (Ahlhaus ist Vorsitzender des einflussreichen CDU-Kreisverbandes Nord). Seine Wahl zum Ersten

Die Grünen-Politiker Katharina Fegebank und Anjes Tjarks (re.) überreichen Bürgermeister Christoph Ahlhaus zu dessen Amtsantritt am 25. August 2010 ein T-Shirt.

Bürgermeister durch die schwarz-grüne Mehrheit der Bürgerschaft ist für den 25. August 2010 vorgesehen. Jedoch gibt es in der GAL Vorbehalte gegen Ahlhaus: Er sei politisch zu konservativ und biete keine Gewähr für eine erfolgreiche Fortsetzung der Koalition mit der GAL. Daraufhin stellt Ahlhaus sich ohne Einschränkung hinter dieses Bündnis und erklärt sich bereit, die gegen ihn bestehenden Widerstände in einem direkten Gespräch mit der GAL-Basis auszuräumen. Zu diesem Treffen kommt es am 18. August. Die Ergebnisse werden auf einem Parteitag der GAL diskutiert. Eine deutliche Mehrheit spricht sich für eine Fortsetzung der Koalition mit der CDU unter einem Bürgermeister Ahlhaus aus. Bei der Neuwahl des Ersten Bürgermeisters am 25. August 2010 kommt es zu einem überraschenden Wahlergebnis: Ahlhaus erhält im ersten Wahlgang mit 70 Stimmen zwei Stimmen mehr als die schwarz-grüne Koalition Abgeordnete stellt. Es müssen also auch Stimmen aus der Opposition, der SPD und der Linkspartei, für ihn abgegeben worden sein.

1. März 2010: Der CDU-Landesvorsitzende und Finanzsenator Michael Freytag erklärt überraschend seinen Rückzug von allen politischen Ämtern – als Parteichef sofort, als Präses der Finanzbehörde und als Bürgerschaftsabgeordneter mit ruhendem Mandat zum 17. März.

Der neue Regierungschef vermag diesen Vertrauensvorschuss jedoch nicht politisch umzumünzen. Falsche Personalentscheidungen wie das Festhalten an dem umstrittenen Finanzsenator Carsten Frigge (CDU), der Ende März die Nachfolge des zurückgetretenen Michael Freitag angetreten hatte, obwohl er in eine Parteispenden-Affäre der CDU Rheinland-Pfalz verwickelt ist und deshalb am 24. November 2010 aus dem Senat ausscheidet, die Ernennung des vormaligen Staatsrats Reinhard Stuth (CDU) zum neuen Kultursenator, dessen Person und Politik in der Kulturszene auf zum Teil massive Ablehnung stoßen, einschneidende Sparbeschlüsse zur Haushaltskonsolidierung, die jedoch sozial unausgewogen sind, dazu persönliche Ungeschicklichkeiten des neuen Bürgermeisters führen zu drastisch sinkenden Umfragewerten. In der GAL-Führung löst diese Entwicklung die Befürchtung aus, in den Negativtrend des Koalitionspartners CDU hineingezogen zu werden und angesichts der gescheiterten Primarschule dann auch noch vor den eigenen Wählern mit leeren Händen dazustehen. Um dem Volksentscheid Rechnung zu tragen, hat die Bürgerschaft am 15. September, abermals einstimmig, eine erneute Änderung des Schulgesetzes verabschiedet, mit der die Primarschule wieder abgeschafft wird. Am 28. November 2010 beschließen die GAL-Bürgerschaftsfraktion, die GAL-Senatsmitglieder und der GAL-Landesvorstand das vorzeitige Ende der Koalition, das dem Bürgermeister ohne vorheriges Gesprächsangebot telefonisch mitgeteilt wird. Daraufhin entlässt der Regierungschef am nächsten Tag, dem 29. November, die Senatoren und Staatsräte der GAL mit sofortiger Wirkung aus ihren Ämtern und führt nun zunächst einen CDU-Minderheitssenat. CDU-Senatoren übernehmen zusätzlich die bisher von der GAL geleiteten Ressorts. Sozialsenator Dietrich Wersich zum Beispiel wird zugleich Bildungssenator.

Als Termin für die vorzeitige Neuwahl der Bürgerschaft wird der 20. Februar 2011 festgesetzt. Die CDU nominiert Christoph Ahlhaus erneut für das Amt des Regierungschefs. Er tritt gegen den SPD-Landesvorsitzenden und Bundestags-

Olaf Scholz als Wahlsieger auf der SPD-Wahlparty in der »Fabrik« in Altona, 20. Februar 2011.

abgeordneten Olaf Scholz[2] an, der die zerstrittene Hamburger SPD seit dem 6. November 2009 mit straffer Hand führt. Unter seiner Leitung hat eine Führungskräftekonferenz der Hamburger SPD ein Wahlprogramm erarbeitet, das sich konsequent am politisch Machbaren orientiert, die Haushaltskonsolidierung in den Mittelpunkt stellt und den Wählerinnen und Wählern »ordentliches Regieren« verspricht. Der Wahlabend des 20. Februar wird zu einem Triumph für die frühere langjährige Regierungspartei SPD und zu einem Desaster für die CDU: Die Sozialdemokraten werden mit 48,4 Prozent mit weitem Abstand die stärkste politische Kraft in der Hansestadt, stellen 62 der 121 Abgeordneten und können künftig allein regieren. Die CDU muss eine erdrutschartige Niederlage hinnehmen und kommt nur noch auf 21,9 Prozent. Das entspricht einem Verlust von 20,7 Prozentpunkten. Die GAL kann sich zwar leicht von 9,6 auf 11,2 Prozent verbessern, ist nun aber ebenfalls Oppositionspartei. Die Elbliberalen schaffen mit 6,7 Prozent die Rückkehr ins Rathaus, was sicher auf Wählerwanderungen aus dem bisherigen CDU-Potential zurückzuführen ist, und die Linkspartei bleibt mit 6,4 Prozent bei ihrem bisherigen Stand. Die Burgerschaft ist nun ein Fünf-Parteien-Parlament. In der konstituierenden Sitzung der neuen Volksvertretung wird Olaf Scholz am 7. März 2011 mit 62 von 118 Stimmen zum Ersten Bürgermeister gewählt. Da ein SPD-Abgeordneter nicht rechtzeitig von einer Auslandsreise zurückkehrt, bekommt Scholz mindestens eine Stimme aus den Reihen der Opposition. Drei Tage später legt er sein Bundestagsmandat nieder. Anders als seine Amtsvorgänger verzichtet der neue Regierungschef darauf, unmittelbar nach seiner Wahl und Vereidigung seinen Senat zu berufen und dessen Bestätigung durch die Bürgerschaft zu beantragen. Das geschieht erst zwei Wochen später, am 23. März 2011. Mit Wirtschaftssenator Frank Horch und Kultursenatorin Barbara Kisseler gehören der neuen SPD-Landesregierung zwei parteilose Mitglieder an. Auch das ist neu: Olaf Scholz bleibt als Erster Bürgermeister zugleich SPD-Landesvorsitzender. Der traditionelle parteiinterne Grundsatz des »Eisernen Dreiecks«, bestehend aus dem Bürgermeister, dem Landesvorsitzenden und dem SPD-Fraktionschef, gilt nicht mehr. Olaf Scholz ist der seit langer Zeit mächtigste Regierungschef der Hansestadt. Sein Gegenspieler als Oppositionsführer ist der neue CDU-Fraktionschef Dietrich Wersich[3].

Zeitzeugen

An seinen triumphalen Sieg in der Bürgerschaftswahl vom 20. Februar 2011 erinnert sich Bürgermeister **Olaf Scholz** zum Jahresende 2011:

»Der Wahlkampf zu Beginn dieses Jahres war kurz und intensiv. Es war zu spüren, dass Hamburg politisch in Bewegung war. Alle Umfragen deuteten auf eine Wechselstimmung in der Stadt hin. Ich hatte schon viele Wahltage erlebt. Und

ich hatte mich schon viermal unmittelbar zur Wahl gestellt – als Abgeordneter des Wahlkreises Altona. Dieses Mal wollte ich als Spitzenkandidat meiner Partei Bürgermeister der Stadt Hamburg werden, der Stadt, in der ich aufgewachsen bin. Nachdem ich am Vormittag meine Stimme in der Gewerbeschule in Altona abgegeben hatte, verbrachte ich den Tag im Hause. Und ich habe mit meiner Frau und Freunden zu Mittag gegessen. Das halten wir schon lange an Wahltagen so. Eine eigenartige Stimmung des Innehaltens prägt diese Momente. Der Wahlkampf ist vorbei, das Wahlergebnis liegt noch nicht vor. Am späten Nachmittag traf sich dann der SPD-Landesvorstand in der Altonaer Geschäftsstelle. Dort war allen die Spannung anzumerken. Viele drückten auf ihren Handys herum, einige rechneten, andere schickten Kurznachrichten. Es zeichnete sich bald ab, dass die SPD ein sehr gutes Ergebnis erzielen könnte. Vielleicht sogar eines, das einen Senat ohne Koalitionspartner möglich machte. Bald war klar: Die Hamburger SPD wird die Wahl gewinnen. Mehr als 48 Prozent der Stimmen für die SPD – ein bemerkenswertes Ergebnis. Als eine Prognose dieses zum ersten Mal andeutete, war ich für einen Moment sprachlos und sehr bewegt.

Ich habe den Wahlsieg nie als Triumph empfunden; nicht als Triumph über die anderen Parteien, nicht als Triumph für die Hamburger SPD und erst recht nicht als Triumph für mich persönlich. Dieser beeindruckende Vertrauensvorschuss erforderte einen angemessenen Umgang mit dem Wahlergebnis, das man nicht feiert wie den Sieg einer Fußballmannschaft. Nachdem die ersten Hochrechnungen über die Fernsehsender veröffentlicht wurden und klar war, dass es für eine absolute Mehrheit in der Bürgerschaft reichen sollte, fuhr ich zusammen mit meiner Frau zur Wahlparty in die Altonaer ›Fabrik‹, um zuerst diejenigen zu begrüßen, die in den Wochen davor so engagiert für den Wahlsieg gearbeitet hatten. Dort herrschte natürlich eine außergewöhnliche Stimmung. Es waren – das erfuhr ich in den Gesprächen hinterher – nicht nur SPD-Mitglieder und Wahlhelfer, sondern auch viele Bürgerinnen und Bürger dort, die vorbeigekommen waren. Ihnen allen habe ich gesagt: ›An die Arbeit!‹ Spätabends bin ich dann noch einmal in die ›Fabrik‹ gefahren und habe ein Bier getrunken. Im Medienzentrum im CCH traf ich in den Wahlstudios der Fernsehanstalten auf den Spitzenkandidaten der CDU, Christoph Ahlhaus. In den Minuten bevor wir auf Sendung gingen, hatten wir Gelegenheit, uns kurz zu unterhalten. Wir waren uns darüber einig, dass es insgesamt ein fairer Wahlkampf gewesen war und dass wir ordentlich miteinander umgegangen waren. Und so sollte es auch an diesem Abend sein. Ich glaube, dass das von Politikern auch erwartet wird.«

Zum Jahresende 2011 erinnert **Dietrich Wersich** sich an den schmerzlichen Abschied von der Macht:

»Rückblende: Es war der 30. November 2010, als die Nachricht mich per SMS erreicht: GAL beendet Koalition. Aus heiterem Himmel, ohne Warnungen. Die folgenden drei Monate sind für mich überaus arbeitsreich. Neben der Sozial-

bin ich auch noch Senator der Schulbehörde. Das bedeutet: Im Crashkurs einen Überblick gewinnen, die wichtigsten Akteure kennenlernen und die dringlichsten Dinge entscheiden, für guten Unterricht und funktionierende Schulen. Volldampf – und doch ständig gegen den Wind, denn von Anfang an ist klar: Die Aussichten der CDU, den Senat zu stellen, sind gering. Aufgeben? Nein. Bis zum Schluss das Beste geben und mit erhobenem Kopf gehen. In beiden Behörden arbeiten die Mitarbeiter konzentriert und loyal. Aber im Wahlkampf erscheint alles negativ. Die gute Entwicklung Hamburgs in den letzten zehn Jahren, die wachsende Stadt, das Ende des Dornröschenschlafs – alles zählt nicht mehr. Die Umfragen werden schlechter, die fehlende Machtperspektive der CDU stärkt SPD und FDP. Scholz demütigt die GAL.

Innerlich nehme ich Abstand vom Amt, nach sieben Jahren als Staatsrat und Senator. Der Senator ist eben der auf Zeit gewählte Bürger an der Spitze der Verwaltung. Ich bin sogar etwas erleichtert: kein Skandal, keine unehrenhafte Entlassung, die das Amt beendet, sondern ein normaler demokratischer Vorgang. Trotzdem Wehmut, denn ich bin überzeugt, die CDU hat für Hamburg viel Gutes auf den Weg gebracht. Der 20. Februar, Wahlabend: Das Wunder bleibt aus, das Ergebnis ist eine Katastrophe für die CDU. Aber die Krise ist auch Chance, wenn wir verstehen, lernen und uns verändern. Und es hat sogar gute Seiten: Die SPD allein regierend! Weder personell noch inhaltlich kann es da in den nächsten vier Jahren Entschuldigungen geben. Etwas Schadenfreude ist dabei – die Flucht der GAL wird nicht belohnt, Gerechtigkeit siegt. Natürlich beschäftigt mich die Frage: Was werde ich machen? Zurück in meinen Beruf als Arzt? Dann ein Anruf aus Berlin: Dort könnte sich etwas Spannendes ergeben. Doch auch in Hamburg sucht die CDU Personen, denen man den Wiederaufbau zutraut. Mein Entschluss fällt nach vielen guten Gesprächen für Hamburg: Ich finde, die CDU hat es Scholz zu leicht gemacht, ins Amt zu kommen. Jetzt will ich daran arbeiten, dass es für ihn nicht leicht wird, im Amt zu bleiben. Am 7. März tritt die Bürgerschaft zusammen, ich will nicht auf den neuen Bürgermeister warten. Schon mittags übergibt mir »mein« Bürgermeister die Entlassungsurkunde. Christoph Ahlhaus hat bis zum Wahltag – wenn auch glücklos – gekämpft und nie aufgegeben. Eine Tugend, die ich ihm bis heute anrechne. Die CDU-Fraktion wählt mich zum Vorsitzenden. Wir 28 Abgeordneten schalten um: Opposition als Wächteramt. Wir werden verteidigen, was für Hamburg gut ist, wie die »wachsende Stadt«. Wir wollen neue Ideen und Konzepte entwickeln. Und wir passen auf, dass Hamburg nicht wieder im alten Filz versinkt.«

(Beide Texte entnommen aus: »Die Welt«, 29. Dezember 2011, S. 30)

Anmerkungen

(1) Christoph Ahlhaus, Jahrgang 1969, stammt aus Heidelberg und war dort zunächst Rechtsanwalt und CDU-Kommunalpolitiker. Von 2001 bis 2006 Landesgeschäftsführer der Hamburger CDU, 2004 CDU-Bürgerschaftsabgeordneter, 2006 Staatsrat der Behörde für Inneres, 2008

Innensenator, 2010 als Nachfolger von Ole von Beust Erster Bürgermeister. Nach der Aufkündigung der schwarz-grünen Koalition durch die GAL Ende November 2010 Chef eines CDU-Minderheitssenats bis zur Bürgerschaftswahl am 20. Februar 2011. Nach der Wahlniederlage Rückzug aus der aktiven Politik.

(2) Olaf Scholz, 1958 in Osnabrück geboren, in Hamburg aufgewachsen, ist Rechtsanwalt, seit 1975 SPD-Mitglied, von 2000 bis 2004 und seit 2009 SPD-Landesvorsitzender in Hamburg, von 1998 bis 2001 und von 2002 bis 2011 SPD-Bundestagsabgeordneter, 2002 bis 2004 SPD-Generalsekretär, 2007 bis 2009 Bundesminister für Arbeit und Soziales. Seit 2011 Erster Bürgermeister.

(3) Dietrich Wersich, 1964 in Hamburg geboren und aufgewachsen, nach Medizinstudium Krankenhausarzt in der Hansestadt, nebenberuflich Theatermanager, von 1997 bis 2004 und seit 2011 CDU-Bürgerschaftsabgeordneter, von 2004 bis 2008 Staatsrat und anschließend bis 2011 Senator für Gesundheit und Soziales, von November 2010 bis 2011 zugleich Senator für Schule und Berufsbildung und Zweiter Bürgermeister. Seit 7. März 2011 als CDU-Fraktionsvorsitzender Oppositionsführer in der Hamburger Bürgerschaft.

61.

Stiftungsmetropole Hamburg

Joachim Herz Stiftung

Für die Hamburger Unternehmerfamilie Herz, eine der reichsten in Deutschland, ist der 31. Mai 2008 ein trauriger Tag. Joachim Herz kommt in der Nähe von Atlanta im US-Bundesstaat Georgia, wo er eine Farm besitzt, bei einem tragischen Badeunfall ums Leben. Der 66-jährige Multimillionär, mit seinen drei Brüdern Günter, Michael, Wolfgang Herz, der Schwester Daniela Herz-Schnoeckl und der Mutter Ingeburg Herz Erbe des 1965 gestorbenen Tchibo-Gründers Max Herz, hat testamentarisch die Errichtung einer Stiftung verfügt, der sein gesamtes Vermögen, über eine Milliarde Euro, zufließen soll. Den Vorstandsvorsitz soll seine Ehefrau Petra Herz übernehmen. So geschieht es. Am 24. Juli 2008 stellt Bürgermeister Ole von Beust (CDU) gemeinsam mit Petra Herz und zwei weiteren Vorstandsmitgliedern im Kaisersaal des Rathauses die an diesem Tag von der Justizbehörde genehmigte, gemeinnützige Joachim Herz Stiftung vor. Sie soll nach dem Willen des Stifters Bildung, Wissenschaft und Forschung in der Volks- und Betriebswirtschaft, der Rechtswissenschaft, der Medizin, der Physik und Chemie und der Biologie fördern. Auch die Unterstützung von Lehreinrichtungen und Schülern im Rahmen der allgemeinen Schulbildung ist vorgesehen. Für die Arbeit der Stiftung werde jährlich, so Petra Herz, ein zweistelliger Millionenbetrag zur Verfügung stehen. Die Joachim Herz Stiftung ist die 1.100. in der Hansestadt errichtete Stiftung. Ende 2008 sind es 1.131, Ende 2011 bereits über 1.200 Stiftungen mit einem Gesamtvermögen von mehr als sieben Milliarden Euro. Hamburg ist damit Spitzenreiter: Kein anderes Bundesland zählt so viele Stiftungen bürgerlichen Rechts pro 100.000 Einwohner.

Joachim Herz ist mit der Errichtung seiner Stiftung, die vor allem bei jungen Menschen Eigeninitiative und Selbstverantwortung fördern soll, einer in der Hansestadt historisch tief verwurzelten Tradition gefolgt. Wirtschaftlicher Erfolg und aktiver Gemeinsinn sind in Hamburg seit Jahrhunderten zwei Seiten ein und derselben Medaille. Die älteste hamburgische Stiftung, das Hospital zum Heiligen Geist, geht auf das Jahr 1227 zurück. 1248 wurde das Gast- und Krankenhaus gegründet. Es entstand aus dem mittelalterlichen Gasthaus für Pilger und arme Reisende und betreute ab 1632 ausschließlich arme Kranke. Zu den frühen Stiftungen gehören auch das St.-Gertrud-Stift von 1454 und das Hiob-Hospital von 1505. Waren diese Stiftungen ausschließlich in der Armenpflege tätig, so entstanden im 19. Jahrhundert vor allem karitative Stiftungen mit religiöser Bindung, so 1839 das Israelitische Krankenhaus, das Krankenhaus Bethesda (1856), die aus den Alsterdorfer Anstalten (1863) hervorgegangene Evangelische Stiftung Alsterdorf, 1867 die Diakonissenanstalt Alten Eichen, 1890 das Krankenhaus Elim.

Heute sind die in der Hansestadt ansässigen Stiftungen mehr als jemals zuvor nicht nur wirkungsvolle, sondern längst unverzichtbare Akteure der Zivilgesellschaft. Ihr Spektrum ist außerordentlich vielfältig und reicht von sozialen Hilfen für Benachteiligte über den Umweltschutz und die Förderung der Wissenschaften bis zur Völkerverständigung. Stiftungen betreiben in der Hansestadt Hochschulen und Museen, Alten- und Pflegeheime, eröffnen Kindern und Jugendlichen neue Perspektiven, gewähren Stipendien, verleihen Preise und betätigen sich als gesellschaftspolitische Impulsgeber. Grundsätzlich zu unterscheiden sind reine Förderstiftungen und operative Stiftungen, die zur Erfüllung des Stiftungszwecks selbst Projekte realisieren. Große Stiftungen tun zumeist beides. Hier einige Beispiele: Die Joachim Herz Stiftung will überwiegend mit eigenen Programmen operativ tätig sein und arbeitet dabei auch mit Institutionen aus dem Stiftungs-, Bildungs- und Wissenschaftsbereich zusammen. Die Stiftung fördert darüber hinaus die allgemeine Schulbildung und entwickelt nationale und internationale Stipendien-Programme für Schüler, Studenten und Nachwuchswissenschaftler. Sie setzt damit eine Grundüberzeugung des Stifters Joachim Herz um: »Junge Menschen müssen über den Tellerrand schauen.« Wirtschaftsthemen lagen Joachim Herz besonders am Herzen. Daran anknüpfend vermittelt die Stiftung durch eigene Bildungsangebote vor allem Schülern ein tieferes Verständnis für wirtschaftliche Zusammenhänge.

18. Juli 2010: Volksentscheid über die Primarschule. 276.304 Stimmen gegen, 218.065 Stimmen für die sechsjährige Grundschule, die damit gescheitert ist. Eine halbe Stunde vor Schließung der Abstimmungslokale erklärt Bürgermeister Ole von Beust seinen Rücktritt mit Wirkung zum 25. August.

ZEIT-Stiftung Ebelin und Gerd Bucerius

Dem leidenschaftlichen zivilgesellschaftlichen Engagement des Verlegers, Publizisten und Anwalts Gerd Bucerius (1906–1995) weiß sich die 1971 von ihm eingerichtete, gemeinnützige ZEIT-Stiftung Ebelin und Gerd Bucerius verpflichtet. Das Stiftungsvermögen beträgt rund 730 Millionen Euro, der Jahresetat liegt bei rund 23 Millionen Euro. Vorstandsvorsitzender ist Professor Michael Göring. Die Stiftung ist Erbin des gesamten von Gerd Bucerius und seiner zweiten Frau Gertrud Ebel (1911–1997) hinterlassenen Privatvermögens. Einer der Schwerpunkte der ZEIT-Stiftung ist die Hochschul-Förderung. Die Gründung der ersten privaten Hochschule für Rechtswissenschaft in Deutschland, der von der Stiftung getragenen Bucerius Law School in Hamburg, war im Jahr 2000 ein Meilenstein auf diesem Weg.

Die ZEIT-Stiftung engagiert sich ebenso nachdrücklich für Bildende Kunst, Literatur und Musik sowie für das Theater- und Operngeschehen. In dem im Oktober 2002 errichteten Bucerius Kunst Forum am Hamburger Rathausmarkt ermöglicht sie Jahr für Jahr drei bis vier große Kunstausstellungen und zahlreiche musikalische und literarische Veranstaltungen. Die Stiftung fördert darüber hinaus Ausstellungen, Konzerte, Lesungen und Kulturfestivals und trägt dazu bei, bedeutende archivalische Bestände und Kulturdenkmäler zu sichern. Die von Helmut Schmidt angeregte, von der Stiftung betreute Buchreihe »Hamburger Köpfe« will vor allem der jungen Generation bedeutende Persönlichkeiten der hamburgischen Stadtgeschichte in straff gehaltenen Einzelporträts nahebringen. Die ZEIT-Stiftung betätigt sich auch international, so 2005 gemeinsam mit der Alfried Krupp von Bohlen und Halbach Stiftung bei der Gründung des Deutschen Historischen Instituts Moskau.

Körber-Stiftung

Einem ähnlichen gesellschaftspolitischen Ansatz widmet sich die 1959 von dem Industriellen und Mäzen Kurt A. Körber (1909–1992) gegründete Körber-Stiftung, die 1981 mit der Hauni-Stiftung zusammengeführt wurde. Die Stiftung ist Alleinaktionärin der Körber AG. Das Stiftungsvermögen beträgt rund 510 Millionen Euro. Vorsitzender des für die operative Arbeit zuständigen Vorstands ist Christian Wriedt. Die Körber-Stiftung betätigt sich in den Bereichen Internationale Politik, Bildung, Wissenschaft und Gesellschaft und will mit ihrer Arbeit Menschen verschiedener politischer, sozialer und kultureller Herkunft zusammenführen. Hier ein kleiner Ausschnitt der vielfältigen Stiftungsaktivitäten: Im »Bergedorfer Gesprächskreis« diskutieren internationale Politiker und Experten in kleiner Runde über Grundfragen deutscher und europäischer Außen- und Sicherheitspolitik. Im Körber-Netzwerk Außenpolitik spricht ein fester Kreis junger Außenpolitiker mit Entscheidungsträgern der internationalen Politik. In dem von der Körber-Stiftung getragenen »Geschichtswettbewerb des Bundespräsidenten – Jugendliche forschen vor Ort« gehen Kinder und Jugendliche selbstständig den historischen Spuren aktueller Probleme nach. Das Körber-Netzwerk Geschichtsdidaktik verbindet Universitäten, die sich einer praxisorientierten Geschichtslehrerausbildung widmen. Mit dem Körber-Preis für die Europäische Wissenschaft, der mit einem Preisgeld von 750.000 Euro dotiert ist, werden jährlich in Europa tätige einzelne Wissenschaftler für herausragende Forschungsarbeiten ausgezeichnet. Den Deutschen Studienpreis vergibt die Körber-Stiftung für Dissertationen in Deutschland, die nicht nur fachlich, sondern auch im Hinblick auf ihre gesellschaftliche Relevanz erstklassig sind. Und auch das gehört zu den Aktivitäten der Körber-Stiftung: Sie zeichnet jährlich eine junge Schauspielerin oder einen Schauspieler hamburgischer Bühnen mit dem Boy-Gobert-Preis aus. Das Internationale Opernstudio vergibt gemeinsam mit der Hamburgischen Staatsoper ein zweijähriges Stipendium an junge Sängerinnen und Sänger. Und der Körber-Fond »ZukunftsMusik« will durch neue Konzepte der Musikvermittlung ein junges Publikum auf die Elbphilharmonie vorbereiten.

Alfred Toepfer Stiftung F.V.S.

Auch Stiftungen sind gegen Krisen und Herausforderungen nicht gefeit. Das zeigt das Beispiel der Alfred Toepfer Stiftung F.V.S. deutlich. Diese zum Jahresende 1931 von dem Hamburger Großkaufmann und Naturschützer Alfred

Toepfer (1894–1993) gegründete gemeinnützige Stiftung engagiert sich für die Förderung der europäischen Einheit unter Wahrung der kulturellen Vielfalt und für die Verständigung unter den Völkern Europas. Sie betätigt sich in den Bereichen Kunst und Kultur, Wissenschaft, Naturschutz und Jugend. Die Frage, ob die Abkürzung F.V.S. sich auf den preußischen Reformer Freiherrn vom Stein oder auf Friedrich von Schiller bezieht, wurde nie geklärt, weil der Stifter sie nie beantwortet hat. Die Probleme der Alfred Toepfer Stiftung resultierten aus dem Verhalten ihres Gründers während der NS-Zeit. Angesichts scharfer öffentlicher Auseinandersetzungen (der 1962 ins Leben gerufene Straßburg-Preis für Beiträge zur deutsch-französischen Verständigung musste 1996 wegen anhaltender Proteste eingestellt werden) beschloss die Stiftung, eine unabhängige Historiker-Kommission einzusetzen. Deren im Jahr 2000 übergebener Bericht stellte fest, Toepfer habe nie die »zentralen Ziele und Motive der führenden Nationalsozialisten geteilt«. Rassismus und Antisemitismus hätten ihm ferngelegen. Jedoch habe er durch die Vergabe von Kulturpreisen eine deutliche Nähe zur nationalsozialistischen Volkstumspolitik erkennen lassen.

Im Jahr 2004 begann der Stiftungsvorstand mit einer Reform der Stiftungsaktivitäten, die vor allem auf eine Straffung der zahlreichen historisch gewachsenen Preise und Stipendien abzielte. Diese Umstrukturierung war im Jahr 2007 beendet. Als Ergebnis verleiht die Toepfer-Stiftung, deren operative Arbeit vom Vorstand unter Ansgar Wimmer geleitet wird, jetzt nur noch vier Preise: Der mit 75.000 Euro dotierte KAIROS-Preis ist ein europäischer Kulturpreis für Künstler, Kulturschaffende und Kulturvermittler, der erstmals am 28. Januar 2007 zum 75. Jubiläum der Stiftung vergeben wurde. Zum Toepfer-Preisprogramm gehören ferner der Freiherr-vom-Stein-Preis für gesellschaftliche Innovation, der Max-Brauer-Preis für Verdienste um das kulturelle, wissenschaftliche und geistige Leben Hamburgs und der Alfred-Toepfer-Preis für Agrar, Forst und Naturschutz.

Diese vier Preise entsprechen den Schwerpunkten der Stiftung, die mit der Reform neu definiert wurden: »In Menschen investieren«, Gegenwartsfragen, Gesellschaftliche Innovation, »Hamburger Momente« und Naturschutz, Land- und Forstwirtschaft. Die Toepfer-Stiftung unterhält dafür ein umfangreiches Stipendien- und Förderprogramm.

Peter Tamm sen. Stiftung

Auch Peter Tamm, einer der prominenten Mäzene der Hansestadt, hat sich wegen der von ihm 2008 gegründeten gemeinnützigen Peter Tamm sen. Stiftung öffentlicher Angriffe erwehren müssen. Der langjährige Vorstandsvorsitzende des Axel-Springer-Verlages, der mit zahlreichen nationalen und internationalen Orden und Auszeichnungen geehrt wurde, hat seit seiner Kindheit die weltweit größte private Sammlung zur Schifffahrts- und Marinegeschichte zusammengetragen. Sie umfasst etwa 25.000 kleine und 900 große Schiffsmodelle, 50.000 Konstruktionspläne, 120.000 Bücher und Atlanten, rund 5.000 Gemälde, unzählige

Dokumente, historische Marineuniformen, Orden und Auszeichnungen, Waffen, nautische Geräte, aber auch Porzellan, Speisekarten, Briefmarken und mehr als eine Million Fotos. Bis 2008 im Institut für Schifffahrts- und Marinegeschichte an der Elbchaussee, wurden diese Bestände in das neue Internationale Maritime Museum (IMM) überführt. Es wurde am 25. Juni 2008 im von Grund auf sanierten Kaispeicher B in der HafenCity eröffnet. Peter Tamm hat seine Sammlung der Stiftung kostenlos überlassen. Der Senat stellte der Stiftung im Gegenzug den Kaispeicher B für 99 Jahre unentgeltlich zur Verfügung. Die Stadt bleibt also Eigentümerin des Speichers, für dessen aufwändige Sanierung sie der Stiftung 30 Millionen Euro mit der Maßgabe bewilligte, den Speicher nach den Anforderungen für einen modernen Museumsbetrieb umzubauen. Das ist mit bemerkenswerter Kosten- und Termindisziplin geschehen. Der Speicher wurde zu einem Juwel der HafenCity.

25. August 2010: Die schwarz-grüne Mehrheit der Bürgerschaft wählt Innensenator Christoph Ahlhaus (CDU) zum Ersten Bürgermeister.

Das Museum ist und bleibt nach dem Willen seines Gründers eine private Institution, die keinerlei staatliche Subventionen erhält und dementsprechend auch frei von jeglicher staatlichen Einflussnahme bleiben soll. Darin liegt eine permanente Herausforderung, die das Museum zwingt, sich mit einem attraktiven Angebot in der hamburgischen und der nationalen Museumslandschaft zu behaupten. Diese klare Konzeption hat es dem Museumsgründer nicht erspart, sich mit zum Teil auch gehässigen persönlichen Angriffen auseinandersetzen zu müssen. Es geht dabei vornehmlich um zwei Vorwürfe: Die Sammlung enthalte Militaria, sei einseitig, ja tendenziös, leiste nationalistischen und militaristischen Tendenzen Vorschub und werde dafür auch noch mit 30 Millionen Euro aus Steuermitteln gefördert. Beides ist falsch. Die Hansestadt hat nicht die Sammlung, sondern die Sanierung des Speichers ermöglicht, der weiterhin städtisches Eigentum bleibt. Die inhaltliche Kritik beruht häufig auf Unkenntnis der im IMM gezeigten Exponate und verkennt, dass Schifffahrtsgeschichte ohne die militärische und politische Nutzung des Meeres nicht darstellbar ist. Das würde im Übrigen auch dem Selbstverständnis des Sammlers und anerkannten Schifffahrtshistorikers Peter Tamm widersprechen, der sich ausschließlich der historischen Wahrheit verpflichtet fühlt und diesen Grundsatz auch für die von ihm gegründete Stiftung bindend vorgegeben hat. Seine Arbeit zielt darauf ab, das Angebot des Internationalen Maritimen Museums vor allem für die steigende Zahl der Hamburg-Touristen zu entwickeln. Da das Haus auch künftig als privates Museum geführt werden soll, ist es von großer Bedeutung, dass dieses Besucherpotenzial kontinuierlich erschlossen wird. Damit das Museum dauerhaft unabhängig von staatlichen Zuschüssen bleiben kann, hat sich ein Freundeskreis des IMM gebildet, der sich dieser Aufgabe verpflichtet weiß.

Werner Otto Stiftung

Zu den großen Mäzenen der Hansestadt gehörte auch der Versandhaus-Gründer Werner Otto (1909–2011), und sein Sohn Michael Otto folgt diesem

Beispiel. Die Werner Otto Stiftung wurde 1969 aus privaten Mitteln als rechtsfähige Stiftung bürgerlichen Rechts errichtet und vom Senat als gemeinnützig anerkannt. Stiftungszweck ist die Förderung der medizinischen Forschung an hamburgischen Krankenhäusern, insbesondere am Universitätsklinikum Eppendorf (UKE) durch geldliche Zuwendungen. Oberstes Prinzip der Stiftung ist es, dort zu helfen, wo andere Mittel nicht ausreichend oder nicht rechtzeitig zur Verfügung stehen. Geschäftsführer der Werner Otto Stiftung ist Dr. Jürgen Bersuch.

Die bislang wichtigsten und größten Aktivitäten der Stiftung sind das Werner Otto Institut der Evangelischen Stiftung Alsterdorf und das wissenschaftliche Behandlungszentrum für Krebskrankheiten im Kindesalter am UKE. Im Werner Otto Institut wurden bislang mehr als 45.000 Kinder vom Säuglings- bis ins Schulalter, die mit Behinderungen geboren wurden oder zum Beispiel durch Verkehrsunfälle schwere und schwerste Schädigungen davongetragen haben, von erfahrenen Ärzten und Therapeuten behandelt. Im Jahr 2010 wurden in diesem Institut rund 28.000 Behandlungseinheiten durchgeführt. Jährlich kommen mehr als 1.300 neue Fälle hinzu. Die Arbeit am Werner Otto Institut konzentriert sich vor allem auf Verfahren der Frühdiagnose und Frühbehandlung.

Am Krebs-Behandlungszentrum für Kinder im UKE werden pro Quartal rund 600 kleine Patienten ständig betreut. Jährlich kommen rund 120 Fälle von Neuerkrankungen hinzu. Seit den 70er Jahren haben neue Behandlungsmethoden bei den Krebskrankheiten des Kindes- und Jugendalters einen Durchbruch zu hohen Heilungsraten ermöglicht, die heute je nach Krankheitsbild zwischen 50 und mehr als 95 Prozent liegen.

Für hervorragende wissenschaftliche Leistungen verleiht die Stiftung alle zwei Jahre den Preis der Werner Otto Stiftung zur Förderung der medizinischen Forschung in Kliniken und Instituten. Für den medizinisch-wissenschaftlichen Nachwuchs vergibt die Stiftung seit 1996 das Werner Otto Stipendium. Es wird zeitlich besonders aufwändigen und wissenschaftlich anspruchsvollen Dissertationen gewidmet, die an einer Institution des Fachbereichs Medizin angefertigt werden. Die Stiftung stellt dafür einen Gesamtförderungsbetrag von jährlich einer Million Euro zur Verfügung.

Michael Otto Stiftung

Die Grundsatzentscheidung, in der Geschäftspolitik seines Hauses konsequent ökologischen Aspekten einen hohen Stellenwert einzuräumen, setzt der Unternehmer Michael Otto auch in der 1993 von ihm gegründeten Michael Otto Stiftung für Umweltschutz um. Ihr Sitz ist Hamburg. Stiftungszweck ist die Förderung des Natur- und Umweltschutzes, insbesondere des Schutzes von Meeren, Gewässern, Feuchtgebieten und Trinkwasserressourcen. Ihre vielfältigen, auch internationalen Projekte lassen sich in den drei Schwerpunkten Förderung, Bildung und Dialog zusammenfassen. Die Stiftung finanziert große Naturschutzvorhaben in Deutschland, Osteuropa, in Nord- und Zentralasien. Gefördert werden derzeit vor allem der Schutz von Fließgewässern und der nachhaltige Umgang mit Flusslandschaften. Ein Beispiel für diese Aktivitäten ist die Lenzener Elbtalaue. Mit Hilfe der Stiftung wurden die Elbdeiche zurückverlegt, damit der Fluss bei Hochwasser mehr Überschwemmungsfläche bekommt.

Der Auwald wurde durch Anpflanzung von Eichen, Ulmen, Weiden, Eschen, Pappeln und anderen Gehölzen wiederhergestellt. Damit entstand ein Biotop, in dem sich zahlreiche Vogelarten angesiedelt haben. Kindern, Jugendlichen und jungen Erwachsenen bietet die Stiftung die Möglichkeit, eigene Projekte für den nachhaltigen Umgang mit der Ressource Wasser zu entwickeln. Mit der Einrichtung von Stiftungsprofessuren, der Unterstützung von Forschungs- und Bildungszentren sowie dem Bildungsprojekt »Aqua-Agenten« fördert die Stiftung die Voraussetzungen fur umweltgerechtes Handeln. Zugleich engagiert sich die Stiftung gemeinsam mit Entscheidern aus Naturschutz, Politik, Wissenschaft und Wirtschaft, um konstruktive Lösungen für Umweltprobleme zu entwickeln. Die Stiftung will damit Zeichen setzen und Motivation für weitere beispielhafte Umweltschutz-Initiativen schaffen.

Jung-Stiftung

Den medizinischen Fortschritt fördert auch die in Hamburg ansässige Jung-Stiftung für Wissenschaft und Forschung. Der Stifter Ernst Jung (1896–1976) stammte aus Ostpreußen. Seine Eltern wollten mit ihren fünf Kindern nach Amerika auswandern. Aber dieser Plan zerschlug sich, der Einschiffungshafen wurde zur Endstation, die Familie fand in Hamburg eine neue Heimat. Ernst Jung gründete nach dem Ersten Weltkrieg eine eigene Firma und wurde ein erfolgreicher Unternehmer und Reeder. Seine Ehe blieb kinderlos. Mitte der 60er Jahre begann er, den Ertrag seiner Arbeit in Stiftungen einzubringen. Er errichtete 1967 neben zwei Stiftungen für Altenheime die ab 1975 ausschließlich der Humanmedizin gewidmete Jung-Stiftung für Wissenschaft und Forschung. Sie vergibt in der Regel jährlich den mit 300.000 Euro dotierten Ernst Jung-Preis für Medizin. Gefördert wird damit die medizinische Forschung in Bereichen, in denen sich die Resultate in klinisch wirksame Möglichkeiten der Therapie umsetzen lassen. Voraussetzung für die Verleihung des Preises ist ein bereits nachgewiesenes hohes Forschungsniveau und die günstige Perspektive für ihre Fortsetzung. In diesem Sinne soll der Preis ein auf die Zukunft gerichteter Impuls sein. Nach dem Willen des Stifters ist die Auswahl der Preisträger weltoffen und international, und zwar ohne fachliche Festlegungen. Mit der 1990 zum ersten Mal verliehenen Ernst Jung-Medaille für Medizin in Gold würdigt die Stiftung das Lebenswerk von Medizinern, das sie als führende Forscher und Kliniker ausweist und als wesentlicher Gesamtbeitrag zum Rang und Fortschritt ihres Faches gelten darf. Mit einem begleitenden Stipendium gibt die Stiftung dem Preisträger die Möglichkeit, einen Nachwuchs-Wissenschaftler seiner Wahl vorzuschlagen und damit einen jungen Forscher am Anfang seiner Laufbahn zu unterstützen. Über die Höhe des Stipendiums entscheidet der Vorstand nach Maßgabe der stiftungsinternen Stipendienrichtlinien.

Der Nachwuchsförderung dient auch der Ernst Jung-Karriere-Förder-Preis für medizinische Forschung. Er ist für erfolgreiche junge Mediziner bestimmt, die nach mindestens zweijähriger Forschungsarbeit im Ausland zurückkehren, um an einer deutschen Klinik vertieft wissenschaftlich zu arbeiten und gleichzeitig die Facharzt-Ausbildung anzustreben. Die Auszeichnung, die seit 2006 verliehen wird, ist mit einem Betrag in Höhe von 210.000 Euro dotiert, der für einen Zeitraum von drei Jahren bestimmt ist.

Projekt »Candy«

Die eigenen Kräfte zu bündeln und so Synergie-Effekte zu schaffen, ist für die in der Hansestadt ansässigen Stiftungen mittlerweile ein erprobtes Mittel, um gemeinsam mehr zu erreichen. So haben sich sieben Hamburger Stiftungen für das Projekt »Candy« zusammengetan, um die Universität Hamburg zu unterstützen. Die Fördersumme von einer Million Euro ermöglicht Projekte, die die Qualität der Lehre verbessern und den wissenschaftlichen Nachwuchs fördern sollen. Das Kürzel »Candy« steht für »Centrum für akademische nachhaltige demokratische Lehre – und den y-Faktor«. Dazu der Initiator, Universitätspräsident Professor Dieter Lenzen: »Das ist der Überraschungsfaktor. Er steht für unkonventionelle Ideen und Zugänge.«

28. November 2010: Die GAL verkündet das Ende der Koalition mit der CDU. Bürgermeister Christoph Ahlhaus wird telefonisch informiert und entlässt daraufhin die Senatoren und Staatsräte der GAL aus ihren Ämtern. Die Stadt wird bis zu den Neuwahlen von einem CDU-Minderheitssenat regiert.

In der Lehre geht es darum, bestehende Methoden zu verbessern und neue zu entwickeln. Mit Unterstützung der beteiligten Stiftungen wird zum Beispiel das »Schreiblabor Mehrsprachigkeit« realisiert. Lehramts-Studierende mit Migrationshintergrund sollen dabei das Verfassen wissenschaftlicher Texte trainieren. Ein weiteres Projekt, der »Fonds für Nachwuchsförderung«, soll jungen Wissenschaftlern und Wissenschaftlerinnen die Teilnahme an Tagungen für den fachlichen Austausch ermöglichen. Auch Brückenkurse zwischen Abitur und Studium werden im Rahmen der »Candy«-Initiative realisiert. Der Einladung des Universitätspräsidenten, sich gemeinsam für die Universität zu engagieren, sind bis jetzt die Joachim Herz Stiftung, die ZEIT- und die Körber-Stiftung, die Toepfer Stiftung, die Hamburgische Stiftung für Wissenschaften, Entwicklung und Kultur Helmut und Hannelore Greve, die Hamburgische Wissenschaftliche Stiftung und die Hermann-Reemtsma-Stiftung gefolgt. Professor Michael Göring, der Vorstandsvorsitzende der ZEIT-Stiftung, hat das gemeinsame Ziel prägnant beschrieben: »Die Universität Hamburg verdient die Unterstützung der Bürgergesellschaft. Sie wurde 1919 dank des Engagements von Hamburger Bürgern gegründet. Ich hoffe, die Hamburger entdecken jetzt die große Liebe zu ihrer Universität.«

62.

Der Hamburger Hafen

Die Zukunft des Hamburger Hafens beginnt 1968: Im Mai macht das erste Vollcontainerschiff am Burchardkai fest, die »American Lancer« der USL. 1.178 Standardcontainer werden mit der neuen Containerbrücke gelöscht. Der Siegeszug der stählernen Kisten beginnt. Hamburgs Wirtschaftssenator Helmuth Kern setzt auf Container und startet damit – gegen manchen Widerstand auch in den eigenen SPD-Reihen – die Erfolgsgeschichte des Hafens. Noch im selben Jahr wird eine zweite Containerbrücke gebaut. Insgesamt werden im gesamten Jahr eins des Containerzeitalters 32.000 Standardcontainer umgeschlagen. 43 Jahre später, im ersten Halbjahr 2011, werden daraus 4,3 Millionen Standardcontainer!

Nicht nur der Containerumschlag wächst, auch der Stückgutumschlag legt um 15,4 Prozent gegenüber dem Vorjahreszeitraum zu: 44,7 Millionen Tonnen werden von Januar bis Juni 2011 umgeschlagen. Der Hafen ist heute mehr denn je der Wachstumsmotor der Stadt. Seine besondere Bedeutung für die Stadt ist seit 1952 in der Hamburger Verfassung verankert: »Die Freie und Hansestadt Hamburg hat als Welthafenstadt eine ihr durch die Geschichte und Lage zugewiesene besondere Aufgabe gegenüber dem deutschen Volk zu erfüllen. Sie will im Geiste des Friedens eine Mittlerin zwischen allen Erdteilen und Völkern der Welt sein.« (Präambel zur Verfassung der Freien und Hansestadt Hamburg)

Angesichts von zyklisch wiederkehrenden Wirtschafts- und Finanzkrisen sind Politik und Wirtschaft einmal mehr aufgerufen, einen Masterplan für die zukünftige Hafenentwicklung zu erstellen. Dieser Hafenentwicklungsplan soll die Marschroute bis 2025 vorgeben, eine strategische Planung, die die Weichen zu Wasser und zu Lande stellt und dabei mögliche Krisen nicht außer Acht lässt. Deutschlands größter Universalhafen setzt dabei vor allem auf den Containerumschlag. In den vergangenen Jahren sind neue Terminals entstanden. Im einstigen Hafenerweiterungsgebiet in Altenwerder steht mit dem CTA (Container Terminal Altenwerder) heute die modernste Anlage dieser Art in Hamburg. Die guten Umschlagzahlen bringen Geld in die Hamburger Steuerkasse. Der Hafen ist auch Jobmotor: Derzeit sind 11,8 Prozent der Hamburger Erwerbstätigen hafenabhängig beschäftigt. Das sind fast 134.000 Menschen (Zahlen von 2010). Somit geht in etwa jeder achte Arbeitsplatz in Hamburg auf wirtschaftliche Aktivitäten rund um den Hamburger Hafen zurück.

Die Steigerungsraten bringen aber auch Probleme. Eines davon, die Fahrrinnenanpassung der Elbe, scheint nach der Zustimmung aus Niedersachsen auf gutem Weg. Bereits heute sind mehr als 100 Frachter im Einsatz, deren Kapazität

Der Container Terminal Altenwerder am 21. Februar 2005.

Das Kreuzfahrtschiff »Golden Princess« hat am Kreuzfahrtterminal Hamburg Cruise Center festgemacht.

10.000 Standardcontainer übersteigt. Weitere 100 solcher Schiffe, für die die Tiefe der Elbe derzeit nicht ausreicht, sind im Bau und sollen in den kommenden Monaten in Dienst gestellt werden. Eine Vertiefung der Fahrrinne ist für die Hafenwirtschaft ein erster Schritt in Richtung Wachstumssicherung. Ein weiterer ist der Ausbau der Infrastruktur: Wie kann der An- und Abtransport der Container reibungslos über Straßen und Schienen geleitet werden? Diese Frage treibt die Hafenunternehmen um, denn sie sehen bedrohliche Engpässe. Vor allem die Köhlbrandbrücke als Nadelöhr zwischen den Kaianlagen und der Autobahn 7 ist dem Verkehr nicht mehr gewachsen und zudem durch die schweren LKW reparaturbedürftig. In den kommenden fünf Jahren wird darüber entschieden, ob die Brücke renoviert oder abgerissen wird. Eine neue Elbquerung kann dann auch den Erfordernissen der neuen Containerschiffe angepasst und entsprechend hoch gebaut werden.

Der Weitertransport der Container über die Straße belastet den Hamburger Innenstadtverkehr. Denn eine Querverbindung der Autobahnen 1 und 7 (Hafenquerspange) ist zwar geplant, selbst der Trassenverlauf im Süden von Moorburg nach Stillhorn steht fest. Mit einer Fertigstellung ist allerdings kaum vor 2031 zu rechen. Auch der Schienenverkehr ist heute den Erfordernissen der Zukunft nicht gewachsen. Bis 2025 sollen auf der Schiene 5,7 Millionen Standardcontainer in den und aus dem Hafen transportiert werden. Das wären 400 Züge täglich. Auf dem heutigen Schienennetz ginge das nur, wenn der Personenverkehr nach Hannover, Berlin und in den Norden stark reduziert würde, so Berechnungen des Unternehmensverbandes Hafen Hamburg.

20. Februar 2011: Wahl zur hamburgischen Bürgerschaft. Die SPD unter ihrem Spitzenkandidaten Olaf Scholz erringt die absolute Mehrheit und kann allein regieren. SPD 48,4%, CDU 21,9%, GAL 11,2%, FDP 6,7%, Linkspartei 6,4%, NPD 0,9%

7. März 2011: Die SPD-Mehrheit der Bürgerschaft wählt Olaf Scholz zum Ersten Bürgermeister.

10.106 Seeschiffe haben 2011 den Hamburger Hafen angelaufen, davon fast 7.000 Containerschiffe – Tendenz steigend. Dem wachsenden Kreuzfahrttourismus trägt Hamburg mit neuen Terminals Rechnung. In Altona ist nach dem Hamburg Cruise Center in der HafenCity ein zweiter Anlaufpunkt für die Kreuzfahrtschiffe entstanden. Rund 400.000 Passagiere werden an beiden Terminals 2012 abgefertigt. Ein dritter Terminal soll Engpässe beseitigen.

»Hamburg hält Kurs – der Hamburger Hafenentwicklungsplan bis 2025 ist klar darauf ausgerichtet, die Wachstumspotenziale für den Hamburger Hafen durch die richtigen Weichenstellungen, z.B. hinsichtlich zukünftiger Kapazitätsentwicklung, Flächenstrategie und Verkehrsanbindung, zu nutzen und die Wettbewerbsposition des Hafens langfristig zu sichern und zu stärken. Oberstes Ziel der Hafenentwicklung muss aus meiner Sicht sein, die vielfältigen Arbeitsplätze im Hafen zu sichern und die Wertschöpfung in Hamburg zu steigern«, so der Hamburger Wirtschaftssenator Frank Horch (parteilos). Ob sich die Prognosen bewahrheiten und die Anstrengungen zur Zukunftssicherung des Hamburger Hafens erfolgreich sein werden, hängt nicht zuletzt auch von den Mitbewerbern ab. Der Jade Weser Port in Wilhelmshaven wird gerade im Kerngeschäft des Hamburger Hafens tätig – im Containerumschlag. Die kommenden Jahre werden zeigen, wie sich die Reeder entscheiden.

63.

Wohin führt Hamburgs Weg?

Konzepte für die künftige Entwicklung eines Gemeinwesens zu entwickeln, ist eine elementare Aufgabe seiner politischen Führung. Der Erste Bürgermeister Olaf Scholz (SPD) hat das für den Senat in seiner Regierungserklärung vom 23. März 2011 ausdrücklich anerkannt. Da die Wählerinnen und Wähler der SPD den alleinigen Regierungsauftrag erteilt haben, ist die Verantwortung dieser Partei und der von ihr gestellten Landesregierung für Hamburgs Zukunft besonders groß. Zu Recht hat Bürgermeister Olaf Scholz darauf hingewiesen, dass sich in den Städten entscheidet, wie die Welt des 21. Jahrhunderts aussieht: »Städte sind Laboratorien der Moderne.« Für die Hansestadt gilt das exemplarisch. In diesem Ballungszentrum haben sich die Probleme und Herausforderungen, mit denen sich die Politik auseinanderzusetzen hat, deutlicher gezeigt als anderswo. Umso wichtiger waren und sind klare Vorstellungen über Hamburgs Weg in diesem Jahrhundert.

Nach dem Machtwechsel im Jahr 2001 hat der CDU-geführte Senat unter Bürgermeister Ole von Beust diese Aufgabe angenommen. Der damalige Finanzsenator Wolfgang Peiner (CDU) war die treibende Kraft bei der Entwicklung des Leitbildes »Metropole Hamburg – Wachsende Stadt«. Er konnte sich dabei auf konzeptionelle Überlegungen stützen, die zuvor bereits in den Gremien der Handelskammer, insbesondere von dem langjährigen Chef der Landesbank, dem früheren Staatsrat Hans Fahning (SPD), entwickelt worden waren. Diese Feststellung schmälert indessen Peiners Verdienst nicht im Geringsten. Es ging ihm darum, in der Hansestadt schlummernde Kräfte freizusetzen und so Hamburgs Zukunftsfähigkeit langfristig zu sichern. Sein Ausgangspunkt war, dass die Globalisierung, die Öffnung des Ostens und zugleich der zunehmende Konkurrenzdruck unter den Wirtschaftsregionen die Rahmenbedingungen für die hamburgische Standortpolitik völlig verändert haben. Bis zum Jahr 2001 gab es, von den Aufbauplänen der Nachkriegszeit abgesehen, kein im öffentlichen Bewusstsein der Stadt verankertes Leitbild für Hamburgs Entwicklung. Auch deshalb nicht, weil die langjährige Regierungspartei SPD auf vielen Politikfeldern einen Stillstand zugelassen hatte, der in der Stadt beträchtliche Unzufriedenheit entstehen ließ. Sie wurde auch von prominenten SPD-Politikern artikuliert, so von Helmut Schmidt. Überlegungen über das Hamburg der Zukunft hat vor allem Bürgermeister Klaus von Dohnanyi (SPD) in seinen drei Grundsatz-Reden vor dem Übersee-Club angestellt. Sein Amtsnachfolger Henning Voscherau (SPD) nahm 1989 die Öffnung der Mauer und 1997 die Präsentation des Projekts

Hans-Jörg Schmidt-Trenz, Hauptgeschäftsführer der Hamburger Handelskammer, und der Präses der Handelskammer Karl-Joachim Dreyer (r.) stellen am 28. September 2004 das Entwicklungskonzept für die Elbinsel vor.

HafenCity ebenfalls zum Anlass für konzeptionelle Aussagen zu diesem Thema. Beide waren aber Ausnahmen im sozialdemokratischen Regierungslager.

Peiners Generalthese war, die Stadt müsse sich immer wieder neu für den weltweiten Standortwettbewerb rüsten. Tatsächlich war aber in vielen Bereichen das Gegenteil geschehen – zum Beispiel ein verhängnisvoller wirtschaftlicher Erosionsprozess, der den viel zitierten »Speckgürtel« ringsum die Metropole entstehen ließ und parallel dazu eine ständige Abwanderung vor allem von jungen Familien in die Umlandgemeinden. Beides mit überaus nachteiligen Folgen vor allem für das Steueraufkommen der Hansestadt. Das zentrale Ziel, dem das Leitbild »Wachsende Stadt« dienen sollte, lässt sich in einem Begriff zusammenfassen: Aufbruchstimmung. Sie sollte erreicht werden durch zahlreiche sorgfältig aufeinander abgestimmte Maßnahmen, mit deren Umsetzung die Hansestadt zur Metropole Nordeuropas aufsteigen sollte. Zugleich sollte Hamburg sich über seinen Status als Stadtstaat hinaus zum Kern einer Metropolregion auf beiden Seiten der Elbe entwickeln und mit der Metropolregion Berlin verzahnt werden. Das Leitbild definierte attraktive Rahmenbedingungen für Unternehmen, Bildungseinrichtungen und Dienstleister, aber auch für Mäzenatentum und

Stiftungen. Energischer Ausbau der Verkehrsinfrastruktur zur besseren Vernetzung mit den europäischen Märkten, bildungspolitische Reformen mit mehr Autonomie und Wettbewerb zur Profilierung der Bildungseinrichtungen auch im internationalen Maßstab, Stärkung der wirtschaftlichen Wachstumskräfte durch Abbau von Bürokratie und Stimulierung unternehmerischer Initiative, Nutzung der Konversionsflächen für Wohnen, Gewerbe und Industrie, vor allem aber Bevölkerungswachstum durch Förderung junger Familien und durch eine gezielte Zuwanderungspolitik: Hamburg sollte nach diesem Konzept quantitativ und qualitativ wachsen, und die Stadt sollte das durch eine nachhaltige, private Investitionen stimulierende Haushaltspolitik unterstützen. Dieses Leitbild vermochte auch eine beträchtliche emotionale Sog- und Tiefenwirkung zu erzeugen.

Was ist davon geblieben? Bedauerlich wenig. Die CDU hat es als Regierungspartei nicht vermocht, diesem Konzept zu politischer Dauerhaftigkeit zu verhelfen. Es wurde schon verwässert, als der Koalitionspartner GAL 2009 die Formulierung »Hamburg. Wachsen mit Weitsicht« durchsetzte. Die Prägnanz und das Visionäre des bisherigen Leitbildes wurden damit ohne Not einer fragwürdigen parteipolitischen Profilierungssucht geopfert. Als die CDU 2011 nach einer Serie von schweren Fehlern, zu denen auch die Vernachlässigung des Wohnungsbaus gehörte, abgewählt wurde, verschwand auch die »Wachsende Stadt« aus dem Begriffsrepertoire der politischen Agenda.

Die Regierungspartei SPD nähert sich der Frage nach dem künftigen Weg Hamburgs mit einem ganz anderen Ansatz. Im Vordergrund steht für Bürgermeister Olaf Scholz zunächst das Versprechen, die Stadt »ordentlich zu regieren«. Das stößt in der Wählerschaft als Reflex auf den Wirrwarr, mit dem die schwarzgrüne Koalition zu Ende ging, auf große Zustimmung. Aber ohne ein Leitbild kommt auch dieser Bürgermeister nicht aus, wie man in seiner Regierungserklärung nachlesen kann: »Wir haben eine klare Vorstellung, wie sich Hamburg entwickeln soll. Unser Leitbild lautet: Wir wollen die moderne Stadt schaffen.« Was darunter zu verstehen ist, hat Olaf Scholz so formuliert: »Eine Verwaltung, die Bürgern und Unternehmen zur Seite steht. Eine Infrastruktur, die Wirtschaft und Lebensqualität fördert. Kitas, Schulen und Hochschulen, die allen jungen Menschen beste Bildung vermitteln. Exzellente Forschungseinrichtungen, die Innovationen zum Alltag machen. Soziale und gesundheitliche Dienstleistungen, auf die man sich verlassen kann. Ein öffentlicher Nahverkehr, der sauber, sicher und zuverlässig ist. Und Stadtquartiere, die der bunten Vielfalt eine Heimat sind.« Im Wesentlichen bedeutet das die Optimierung der bestehenden Strukturen. Hamburg soll die modernste deutsche Metropole werden. Das ist ein ehrgeiziges Konzept. Aber nichts daran ist auf Hamburg zugeschnitten, auf seine Probleme, seine Herausforderungen und Chancen. Auf diese Weise könnte man genauso gut Berlin modernisieren, oder München, Frankfurt und Köln. Ein Defizit hat Olaf Scholz ehrlich benannt: »Ich weiß: Es gibt glamourösere Leitbilder. Aber es gibt keine besseren oder erfolgversprechenderen.« Der erste Satz in dieser Aussage ist sicher zutreffend, den zweiten darf man bezweifeln. Ein Leitbild muss die Menschen imaginieren und inspirieren, muss neue Horizonte aufzeigen. Hamburg, die Metropole Nordeuropas – das war eine solche Vision.

Den bislang ehrgeizigsten und sicherlich im Hinblick auf den Erkenntnisgewinn ertragreichsten Versuch, Hamburgs Weg in die Zukunft zu vermessen, hat im Jahr 2011 die Handelskammer Hamburg mit dem Projekt »Hamburg 2030« unternommen. Die Kammer ließ sich dabei von einem Befund des berühmten amerikanischen Nationalökonomen Mancur Olson (1932–1998) leiten: »Der Aufstieg oder Niedergang einer Nation hängt davon ab, inwieweit die Gesellschaft zu institutionellem Wandel fähig ist.« Im Grundsatz gilt das auch für ein Gemeinwesen wie die Hansestadt Hamburg. Das Zukunftsbild »Hamburg 2030« wurde von rund 700 Unternehmerinnen und Unternehmern in den Gremien der Kammer erarbeitet und beruht überdies auf detaillierten Befragungen und Erhebungen unter den Mitgliedsfirmen. Es umfasst fünf Themenfelder: »Miteinander leben in Qualität«, »Politische Handlungsfähigkeit stärken«, »Metropole des Wissens gestalten«, »Nachhaltige Infrastruktur schaffen« und »Konkurrenzfähigkeit im globalen Wettbewerb sichern«.

Aus diesen Themenfeldern hat die Kammer Handlungsfelder entwickelt. Das Ergebnis war ein »Wunsch-Szenario 2030«, das nach Auffassung der Kammer und ihrer Mitgliedsunternehmen erreichbar ist, wenn »heute die Weichen richtig gestellt werden«. Und so wünscht sich die Wirtschaft das Hamburg des Jahres 2030: Die Hansestadt ist die Hauptstadt eines Nordstaates, bestehend aus den Küstenländern, und hat sich auch deshalb zur führenden Metropole Nordeuropas entwickelt. Norddeutsche Interessen werden in Berlin und Brüssel nachdrücklich vertreten. Das Wahlrecht sichert klare politische Mehrheiten. In den zentralen Fragen herrscht im Landesparlament Konsens. Wirtschaft und Politik verfolgen gemeinsam klare und langfristige Ziele. Die verantwortlichen Politiker besitzen eine hohe Wirtschaftskompetenz. Politische Entscheidungsprozesse verlaufen unkompliziert und zügig. Die Neuverschuldung liegt bei Null, die Gesamtverschuldung von derzeit 28 Milliarden Euro konnte um 20 Prozent gesenkt werden. Das ist insbesondere deshalb gelungen, weil in der Landesverfassung eine Ausgabenbremse und eine Tilgungsverpflichtung verankert wurden. Die Staatsausgaben wurden umstrukturiert zugunsten höherer Investitionen in Bildung und Infrastruktur. Der Wirtschaftsstandort Hamburg wird durch eine serviceorientierte Verwaltung gestützt, die sich an Problemlösungen orientiert und führend im E-Government ist. Ein exzellenter Technologietransfer steigert die Innovationskraft von Hamburger Unternehmen. Gefördert wurde dies auch durch die Ausweisung eines ganzen Netzes von Technologieparks in der Stadt, in denen sich viele erfolgreiche Hochschul-Spin-offs angesiedelt haben. Hamburg ist so ein führender Technologiestandort geworden. In der Stadt herrscht Aufbruchstimmung. Der Hafen behauptet sich als industriebezogener Universalhafen und ist führend im Containerumschlag in Westeuropa. Wesentlicher

Erfolgsfaktor ist der reibungslos funktionierende Hinterlandverkehr mit einem bedarfsgerecht ausgebauten Autobahn- und Schienennetz in und um Hamburg herum.

Die Hansestadt Hamburg hat zwei Millionen Einwohner. Der Standort hat Magnetcharakter, gespeist vor allem durch Weltoffenheit, Familienfreundlichkeit, ein hohes Umweltbewusstsein, ein exzellentes Bildungssystem und Kulturangebote auf Weltniveau. Die Elbphilharmonie gilt als weltweit führendes Konzerthaus. Die Einwohner mit Migrationshintergrund sind sehr gut integriert. Maßgeblich dafür sind kostenlose Sprachkurse, Bildungsgutscheine auf jeder Stufe für alle Hamburger und eine konsequente Integrationspolitik des Forderns und Förderns. Die Schere zwischen Arm und Reich ist relativ gering. Generationenübergreifendes Leben und Wohnen ist Normalität. Funktionierende Stadtteilpatenschaften von ansässigen Unternehmen fördern die regionale Identität. Der soziale Frieden ist stabil. Die Attraktivität des Standortes beruht wesentlich auf einer hervorragend ausgebauten Infrastruktur. Jedem ansiedlungswilligen Unternehmen können attraktive Gewerbeflächen angeboten werden. Energie ist zuverlässig und zu wettbewerbsfähigen Preisen verfügbar. Darin zeigt sich auch Hamburgs starke Stellung bei den Erneuerbaren Energien. Die Hansestadt ist eine Hochburg der Elektromobilität. Im öffentlichen Personen-Nahverkehr werden ausschließlich Wasserstoff-Busse eingesetzt.

Hamburg ist die sicherste Metropole Deutschlands mit einem sauberen Stadtbild und wurde als familienfreundlichste Großstadt Europas ausgezeichnet. Möglich geworden ist dies durch die flächendeckende Einführung von echten Ganztagsschulen. Sie bringen in PISA-Vergleichstests regelmäßig die besten Schulabsolventen der gesamten Bundesrepublik hervor. Das beruht unter anderem auf einem Qualitätsmanagement-System, das nach einheitlichen Standards entwickelt wurde. Alle Erstklässler können Deutsch. Technik und Wirtschaft sind Schulfächer. Lehrer werden nach Leistung bezahlt. Hamburg hat das beste Stipendiensystem in Europa. Eliten werden gefördert. Viele Familien können sich Wohnraum in der Innenstadt leisten. Die Wohneigentumsquote liegt bei über 50 Prozent. Hamburg ist das Zentrum der privaten Hochschulen in Europa. 25 Prozent der Studenten kommen aus dem Ausland. Die Hansestadt gehört im wissenschaftlichen Bereich zur Weltspitze, hat bereits drei Nobelpreisträger hervorgebracht und beherbergt drei Fraunhofer-Forschungsinstitute. Die Hälfte der Führungspositionen in der Wirtschaft ist mit Frauen besetzt. Hamburg richtet die Olympischen Sommerspiele 2028 aus und erreicht touristisch die »Augenhöhe« mit Berlin. München wurde bereits 2020 eingeholt. Soweit das Wunsch-Szenario 2030 der Wirtschaft.

Natürlich sind das ehrgeizige Ziele, und ob sie erreicht werden, hängt auf einigen dieser Handlungsfelder nicht nur von Hamburg ab. Ein Nordstaat zum Beispiel, bestehend aus den fünf Küstenländern, wird so lange nicht zustande kommen, wie es etwa in Bremen zum Stadtpatriotismus gehört, unter allen

Eine Kupfersäule mit dem Logo der Kampagne für die Hamburger Bewerbung um die Austragung der Olympischen Sommerspiele 2012.

Umständen an der Selbstständigkeit dieses Stadtstaates festzuhalten, mag er auch noch so verschuldet sein. Auch Niedersachsen ist in dieser Hinsicht ein durchaus unsicherer Partner, denn der südliche Teil dieses Bundeslandes empfindet sich keinesfalls als Küsten-, sondern als Binnenland. Und Hamburgs 2003 auf der nationalen Ebene gescheiterte Olympia-Bewerbung hat gezeigt, wie schwierig ein solches Projekt umzusetzen ist. Initiator war die Handelskammer, die damit einmal mehr unter Beweis stellte, dass sie ihren gesetzlichen Auftrag, das Gesamtinteresse der gewerblichen Wirtschaft in der Hansestadt zu vertreten, mit der Bereitschaft verbindet, dabei auch neue Horizonte zu eröffnen. Die Stadt insgesamt hat davon profitiert, nicht nur die Unternehmen. Die hamburgische Nachkriegsgeschichte bietet dafür viele Beispiele. Die schwierige Rückkehr Hamburgs auf die Märkte der Welt wäre ohne die Kammer so erfolgreich, wie sie vonstatten ging, nicht möglich gewesen. Und hätte die Kammer nicht Ende der 90er Jahre dem damaligen rot-grünen Senat ein überzeugendes Konzept für die Betriebskosten-Finanzierung der Flughafen-S-Bahn präsentiert, dem sich die Landesregierung nicht mehr verweigern konnte, – die »Anbindung« des aus allen Nähten platzenden Flughafens an das HVV-Schienennetz bestünde wohl noch heute in dem Bus-Pendelverkehr zum Bahnhof Ohlsdorf.

Hamburgs Olympia-Bewerbung 2003 mit der knappen Niederlage gegen den Rivalen Leipzig war ein besonders lehrreiches Beispiel für die konstruktive Rolle der Handelskammer bei solchen Großprojekten. Das betraf nicht nur die dafür unerlässliche Logistik und Finanzierung, sondern auch seine Verankerung im öffentlichen Bewusstsein. Die gelang eindrucksvoll und führte zu einer Olympia-Begeisterung in der Stadt, die schon für sich genommen zu einem Standort-Faktor wurde. Das war vor allem dem Kammerpräses Karl-Joachim Dreyer zu verdanken, der auf offener Bühne wie hinter den Kulissen unablässig und mit diplomatischem Geschick für Olympische Spiele 2012 in Hamburg warb. Bezeichnend für die Zähigkeit, die er dabei an den Tag legte, war der Appell der Hamburger Wirtschaft an das Nationale Olympische Komitee (NOK), Hamburg als einzigen deutschen Bewerber für die Ausrichtung der Olympischen Sommerspiele bis 2028 ins Rennen zu schicken: Das City-Konzept mit Spielen am Wasser sei so schlüssig und ausgereift, dass bei einer Entscheidung für die Spiele 2016 gegen Deutschland Hamburg auch bei den Bewerbungen für 2020, 2024 und 2028 bereitstehe. Kammerpräses Dreyer damals: »Hamburg will unbedingt die Spiele, wir sind dazu jederzeit bereit, haben aber auch Geduld und einen langen Atem.« Den zeigte der damalige Bürgermeister Ole von Beust (CDU) ebenfalls. Er schrieb dem NOK Präsidenten Klaus Steinbach: »Der Senat verbindet seine Vision von Hamburg als einer internationalen Metropole klar mit der Bewerbung für Olympische Spiele – im Rahmen einer langfristig angelegten Strategie [...] es liegt mir sehr daran, diese Strategie mit dem NOK abzustimmen und weiter zu entwickeln.«

Nun bestimmt die SPD Hamburgs Politik. Was wird also aus der »langfristigen Strategie«, die Ole von Beust angekündigt hat? Bürgermeister Olaf Scholz hat das Thema Olympia-Bewerbung in seiner Regierungserklärung nicht erwähnt. Das war kein Zufall. Er hält eben nichts von »neuen Leuchttürmen«. Im Arbeitsprogramm des Senats kommt das Stichwort Olympia ebenfalls nicht vor. Stattdessen berief der auch für den Sport zuständige Innensenator Michael Neumann (SPD) eine »Zukunftskommission Sport«, und die legte ein Strategiepapier mit dem Titel »HAMBURGmachtSPORT« vor. Diese so genannte »Dekadenstrategie« bis zum Jahr 2020 umfasst zehn Themenfelder, zum Beispiel »Investition in die Zukunft der Sportanlagen« und die »Weiterentwicklung des Sports für Alle«. Zwar findet sich darin das Themenfeld »Konzentriert an die Spitze«, aber eine erneute Olympia-Bewerbung Hamburgs fehlt auch hier: »Konkrete Entscheidungen über die Bewerbung Hamburgs um Multi-Sportveranstaltungen des internationalen Spitzensports wie Olympische Spiele, Olympische Jugendspiele oder Universiaden für den Zeitraum nach 2020 stehen derzeit nicht an.« Jedoch spricht manches dafür, dass diese eher starre Position des Senats sich ändern könnte. Denn Thomas Bach, der Präsident des Deutschen Olympischen Sportbundes (DOSB), gab Ende 2011 öffentlich zu Protokoll, er könne sich eine erneute Bewerbung Hamburgs gut vorstellen. Bürgermeister Olaf Scholz habe ihm erklärt, er wolle »zu gegebener Zeit Mittel für eine Bewerbung Hamburgs bereitstellen«. Begeisterung des Senatschefs spricht aus einer solchen Bemerkung nicht gerade, eher die Skepsis dieses Bürgermeisters gegenüber »neuen Projektnebelkerzen«, die er in seiner Regierungserklärung zum Ausdruck brachte. Immerhin hat Hamburg gemeinsam mit dem DOSB nach der Abschlussfeier der Sommerspiele in London ein Zeichen gesetzt: Die deutschen Olympia-Teilnehmer gingen an Bord des

Kreuzfahrtschiffes »Deutschland«, und Hamburg hat sie einige Tage später mit einem Feuerwerk willkommen geheißen. Jedenfalls wird sich auch dieser Senat, wie seine Vorgänger, einer erneuten Bewerbung Hamburgs um Olympische Sommerspiele, vielleicht die des Jahres 2024, nicht verschließen. Hamburgs Konzept für die Spiele 2012 aus dem Jahr 2003 könnte, aktualisiert und fortgeschrieben, noch attraktiver werden. Eine unverzichtbare Voraussetzung ist und bleibt die breite Zustimmung der Bevölkerung. Daran wird es, wie sich 2003 gezeigt hat, sicherlich nicht fehlen. Hamburgs Weg in das 21. Jahrhundert wird über Olympische Sommerspiele führen, wenn der Senat, die Bürgerschaft und die ganze Stadt sich darin einig sind, sie wirklich zu wollen, und wenn sie dieses Ziel mit Realismus, Überzeugungskraft und Diplomatie, vor allem aber mit Geduld und Zähigkeit verfolgen.

64.

Hamburgs neues Wahrzeichen: Ausdruck eines Lebensgefühls

Zum Wahrzeichen einer Metropole wird ein Bauwerk, wenn es wie das Brandenburger Tor in Berlin, der Eiffelturm in Paris, die Freiheitsstatue in New York, die Oper in Sydney drei Voraussetzungen erfüllt: Es muss weithin sichtbar sein. Seine äußere Gestalt muss ein »Solitär« sein, einmalig und deshalb unverwechselbar. Und, genauso wichtig: Es muss eine Identität stiftende Symbolkraft besitzen, in gewisser Weise eine Magie verkörpern. Die Hauptkirche St. Michaelis, der »Michel«, ist für Hamburg ein solches Wahrzeichen, und mit der Elbphilharmonie, die eines der besten Konzerthäuser der Welt werden soll, entsteht in der HafenCity ein weiteres Bauwerk, das diesem Anspruch gerecht wird.

Wofür steht dieses Konzerthaus? Hamburg besinnt sich mit der Elbphilharmonie auf seine maritimen Wurzeln. Der imposante Bau entsteht an der prominentesten Stelle des Hafens. Hier stand früher der weltweit berühmte »Kaiserspeicher«

Ein Blick von Süden über die Speicherstadt mit dem Kaispeicher A, dem Binnenhafen und dem Zollkanal bis zur Innenstadt, Juni 1986.

auf dem Kaiserhöft zwischen Grasbrook- und Sandtorhafen – Symbol und Mittelpunkt des schnellen Stückguthafens, der Weltruf erlangte. Zugleich verkörpert die Elbphilharmonie aber die lange und reiche musikalische Tradition, die in der Hansestadt stets lebendig war. In Hamburg wurde schon 1678 mit der Oper »Adam und Eva« das erste deutsche Opernhaus eröffnet – eine Bürgeroper, nicht durch einen Herrscher, sondern privat finanziert. Vor allem aber steht dieses Jahrhundert-Projekt für die völkerverbindende Kraft der Musik. Daniel Barenboim, der international gefeierte Pianist und Dirigent, hat dazu wunderbare Sätze gesagt: »Musik ist doch nichts für den Elfenbeinturm! Musik soll mit der ihr innewohnenden geistigen Kraft Wirkungen entfalten, die unserem Leben eine andere Richtung geben und unsere Welt zum Besseren verändern.« Darin liegt zugleich ein Bekenntnis zu einem Grundgedanken der Hamburger Verfassung. Deren Präambel besagt, Hamburg wolle »im Geiste des Friedens eine Mittlerin zwischen allen Erdteilen und Völkern der Welt« sein. Das ist die zentrale Botschaft dieses Bauwerks. Man kann sie nicht besser beschreiben als Professor Elmar Lampson, Präsident der Hochschule für Musik und Theater in Hamburg: »Die Elbphilharmonie macht einer ganzen Generation von jungen Musikerinnen und Musikern Mut, weil die Stadt Hamburg ihrem Wahrzeichen, dem Hafen, mit diesem kühnen Bauwerk eine künstlerische Krone aufsetzt. Die Elbphilharmonie in der HafenCity sagt: Hamburg will seine Weltgeltung nicht nur durch Containerschiffe erreichen, sondern zeigt mitten im Hafen, dass es auch um Stille, um Innerlichkeit, um konzentriertes Hören und um die Entwicklung kultureller Stärke geht. Und kulturelle Stärke ist immer auch ein Bekenntnis zum Risiko, zur Offenheit für Neues, zu einer fragenden und suchenden Haltung [...] Die Elbphilharmonie ist Hamburgs Bekenntnis zu den Lebensbedingungen großer Kunst.«[(1)]

Der Welt zugewandt war das Lebensgefühl in dieser Handels- und Schifffahrtsmetropole immer. Aber nun verbindet es sich mit dem Anspruch auf kulturelle Spitzenleistungen. Der begann schon, als zwei geniale Künstler, der Schauspielhaus-Intendant Gustaf Gründgens und der Staatsopern-Chef Rolf Liebermann, in den 50er und 60er Jahren des letzten Jahrhunderts mit den von ihnen geleiteten Häusern internationale Triumphe feierten. Zwar haben beide Bühnen unter ihren Nachfolgern dieses weltweit bewunderte Niveau nicht halten können. Aber die Elbphilharmonie wird diese Jahre »großer Kunst« wieder aufleben lassen, das ist nicht nur die Hoffnung, sondern die Gewissheit der Stadt. Es ist wahr: Der Weg dahin ist mit Problemen gepflastert. Die Geschichte der Elbphilharmonie handelt nicht nur vom Entstehen eines visionären Bauwerks, sondern auch von Zwischenfällen, Fehlleistungen und Irrtümern, vermeidbaren und anderen. Von Streit um Geld, um Termine, um angebliche und tatsächliche Mängel. Auch Rechthaberei, bürokratische Engstirnigkeit, kleinkarierte Eitelkeit und politische Ranküne sind zu besichtigen. Aber nichts davon überschreitet das Maß dessen, was noch bei jedem Jahrhundert-Bauwerk Bestandteil seiner Entstehungsgeschichte war. Hält man sich die Turbulenzen vor Augen, die auf der Großbaustelle der Sydney Opera

Sonnenaufgang über der Elbphilharmonie am 27. April 2012.

herrschten, mit rasant gestiegenen Kosten und fast hoffnungslosen Terminüberschreitungen als Folge, mit einem Architekten, der von einem Tag auf den anderen voller Zorn die Baustelle verließ und sie nicht wieder betrat, dann nimmt sich die Baugeschichte der Elbphilharmonie als vergleichsweise geordneter Vorgang aus.

Und wenn das Konzerthaus, wahrscheinlich im Herbst 2015, seiner Bestimmung übergeben wird, werden weder die Kosten noch der Zeitverzug eine Rolle spielen. Das ist ziemlich sicher. Dann wird die Stadt mit diesem Bauwerk versöhnt sein, weil der Lokalpatriotismus sich bestätigt fühlen wird: Als Hamburger kann man stolz sein auf die Elbphilharmonie. Eben weil es »Hamburgs Bekenntnis zu den Lebensbedingungen großer Kunst« ist, wie Professor Elmar Lampson es formuliert hat. Und auch, weil diese große Investition in die Musikmetropole Hamburg sogar dem nüchternen Renditedenken dieser Kaufmannsstadt standhalten wird. Henning Voscherau (SPD), Hamburgs Bürgermeister von 1988 bis 1997, in einem Jahrzehnt, das als Zäsur in die Stadtgeschichte eingehen wird, sieht die Elbphilharmonie in diesem historischen Kontext: »Bürgerinnen und Bürger müssen den fruchtlosen Ärger über die kaum glaublichen Kostensprünge abschütteln und kulturell gespannt nach vorn schauen. Die Elbphilharmonie kommt, sie wird uns lieb und teuer, und wir sollten uns auf sie freuen. Nicht nur ein Hamburger Wahrzeichen an der Spitze der Hafen-City entsteht. Sondern ein neues Zeitalter von Musik und Kultur in Hamburg beginnt, wenn der Dirigent zum ersten Mal den Taktstock heben wird.«[(2)]

Zeitzeugen

»Die Elbphilharmonie wird ein Magnet sein und die Menschen in der Welt begeistern. Die Architektur der Elbphilharmonie ist symbolisch: auf ein traditionelles Backsteingebäude kommt eine gläserne Welle. Die Elbphilharmonie wird kein Musentempel für einige wenige, sondern Kultur für alle bieten.«

Hamburgs Erster Bürgermeister **Ole von Beust**
bei der Grundsteinlegung, 2. April 2007

»So etwas wie mit Hochtief, das habe ich noch nie erlebt.«

Pierre de Meuron, Architekt in »Die Zeit«, 27.05.2010

»Bei aller ingenieurmäßigen Durcharbeitung der Bauaufgabe ist dies doch ein besonderes, ein einzigartiges Bauvorhaben. Ohne es an einer einzigen Tatsache festmachen zu können, scheint durch die Zeichnungen, Zahlen, Berechnungen, Überlegungen und Innovationen mehr als bauindustrielle Fertigungslogik durch. Hier entsteht etwas anderes, etwas besonderes – ein vielschichtiges Faszinosum.«

Thomas Möller, Hochtief Hamburg, in: Ein magischer Ort,
Hamburg freut sich auf die Elbphilharmonie,
Klaus Schümann Verlag, Hamburg 2011, S. 36

Hartmut Wegener, Jahrgang 1946, Volljurist und vormaliger Innen- und Baustaatssekretär in der Kieler Landesregierung unter Ministerpräsidentin Heide Simonis (SPD), war von 2004 bis 2008 Senatsbeauftragter für die Elbphilharmonie. Er gilt als ausgewiesener Projektmanager und Trouble-shooter, der technisch und organisatorisch außerordentlich schwierige Vorhaben wie die Airbus-Werkserweiterung für die A380-Produktion mit der Startbahn-Verlängerung in das Mühlenberger Loch erfolgreich bewältigt hat. Die Elbphilharmonie hat ihn von Anfang an fasziniert, wie auch das Gespräch mit den Autoren dieses Buches verdeutlicht:

»Wer dieses Jahrhundert-Projekt mit all seinen ganz ungewöhnlichen Herausforderungen sachgerecht beurteilen will, muss die Vorgeschichte kennen. Ursprünglich stammte die Idee, an dieser prominentesten Stelle des Hamburger Hafens ein Konzerthaus zu bauen, von Patrick Taylor, dem Investor auf der Kehrwiederspitze, der eine konkurrierende Bürobebauung auf dem Kaispeicher A verhindern wollte. Der Plan, dort ein Bürohochhaus als Topadresse der Medienwirtschaft zu bauen, das Projekt ›Media City Port‹, hatte sich zuvor zerschlagen.

Taylor beauftragte die international renommierten Stararchitekten Herzog/de Meuron mit einer Architektur-Skizze für ein Konzerthaus auf dem Kaispeicher. Der Hamburger Architekt Alexander Gerard, Partner von Taylor, vermarktete 2002/2003 die Idee der Architekten und entwickelte ein Finanzierungsmodell mit einer privaten Mantelbebauung (Hotel und Wohnungen), die den öffentlichen Konzerthausbau quersubventionieren sollte, so dass für die öffentliche Hand keine Kosten entstehen würden.

Mitte 2003 stellte die SPD-Bürgerschaftsfraktion im Landesparlament den Antrag, die Elbphilharmonie zu bauen. In der Öffentlichkeit erfuhr das Projekt große Zustimmung, insbesondere in der Architektenschaft. Im Dezember 2003 beschloss der Senat im Grundsatz das Projekt unter der Voraussetzung technischer, rechtlicher und wirtschaftlicher Machbarkeit.

Alexander Gerard gewann den Investor Dieter Becken für eine Investorengemeinschaft, die im März 2004 einen Architektenvertrag mit Herzog/de Meuron schloss. Dieser Vertrag enthielt eine Eintrittsklausel für die Stadt, ohne deren Beteiligung der Bau nicht realisiert werden konnte.

Das ist, in groben Zügen, die Vorgeschichte der Elbphilharmonie.

Am 4. Mai 2004, meinem Geburtstag, bat der Erste Bürgermeister Ole von Beust mich zu sich ins Büro und fragte zur Begrüßung, wie alt ich eigentlich sei. Meine Antwort: ›Am heutigen Tag 58 Jahre.‹ Daraufhin meinte er: ›Dann können Sie die Elbphilharmonie ja noch bauen.‹ Ich gab zu bedenken, dass ich mit dem sehr schwierigen Großprojekt der Startbahnverlängerung für den Airbus A380 voll ausgelastet sei. Er sagte mir daraufhin jede Unterstützung zu, die ich für das neue Projekt benötigte. Ich stimmte unter der Bedingung zu, dass ich als Senatsbeauftragter mit allen Kompetenzen eingesetzt und unmittelbar dem Ersten Bürgermeister und keinem Fachsenator unterstellt werde. Das geschah noch im Mai 2004 durch förmlichen Senatsbeschluss. Zu meiner Unterstützung wurde zusätzlich eine Begleitgruppe des Senats für die Elbphilharmonie eingerichtet.

Bei meiner Einarbeitung stellte sich schnell heraus, dass die bisherigen Planungen mehr auf Wunschdenken als auf solider Grundlagenermittlung beruhten: Weder wurde die Tragfähigkeit des Kaispeichers für den Konzertbau geprüft, noch gab es eine nachvollziehbare Kostenermittlung. Für die Mantelbebauung fehlte eine Wirtschaftlichkeitsanalyse, und der Bauzeitenplan ging von einem aus der Luft gegriffenen Fertigstellungstermin im Juni 2009 aus. Es waren im Wesentlichen diese dilettantischen Vorarbeiten, die dieses in der Sache faszinierende Projekt in der öffentlichen Wahrnehmung in eine Schräglage geraten ließen. Das anfängliche Nullsummenspiel für die öffentliche Hand führte dazu, dass jede Kostensteigerung völlig unabhängig von einer erforderlichen Weiterentwicklung des Projektes als angebliche Kostenexplosion skandalisiert wurde.

Für mich bestand der besondere Reiz der Elbphilharmonie von Anfang an darin, dass dieses Projekt alles besaß, was ein Weltprojekt und neues Wahrzeichen für Hamburg ausmacht:

- *der besondere Ort mitten im Strom als Verbindung von Stadt und Hafen,*
- *die gelungene Symbiose von Glas- und Backsteinfassade,*
- *die Verbindung von Industrie- und Kulturbau,*
- *der gestalterische Schwung, der die Dynamik der Elbe aufnimmt.*

Für den Senat hatte das Projekt darüber hinaus eine besondere strategische Bedeutung:

- *Hamburgs Ruf als Musikstadt zu stärken,*
- *die Hansestadt in der Konkurrenz der Metropolen neu zu positionieren und*
- *stadtentwicklungspolitisch die HafenCity mit einem kulturellen Highlight zu versehen.*

Nachdem es der Stadt gelungen war, die Episode mit den ursprünglichen Projektentwicklern Becken und Gerard rasch zu beenden, gingen wir zügig daran, das Projekt vom Kopf auf die Füße zu stellen und eine umfangreiche Machbarkeitsstudie zu entwickeln. Dabei ging es vor allem um diese Probleme:

- *Stand dem geplanten Bau das Architektenrecht von Werner Kallmorgen am Kaispeicher A entgegen?*
- *Konnte die vorhandene Pfahlgründung ein bis zu 110 m hohes Bauwerk tragen?*
- *Welche akustischen und schallschutztechnischen Parameter benötigt ein Musiksaal der Spitzenklasse, der mitten in der Lärmkulisse des Hafens liegt?*
- *Wie müssen die Fassade und das Haus beschaffen sein, um den technischen Herausforderungen an Kühlung und Sonnenschutz gerecht zu werden?*
- *Welcher Nutzungsmix zwischen Konzertnutzung und privater Mantelbebauung ist für das Gebäude sinnvoll und förderlich?*
- *Und schließlich: Wie hoch sind die Baukosten unter Einbeziehung eines relevanten Querfinanzierungsbeitrags durch die Mantelbebauung?*

Im Herbst 2004 wurden die Architekten beauftragt, einen Vorentwurf verbunden mit einer Kostenschätzung zu entwickeln. Parallel dazu wurde ein europaweiter Investorenwettbewerb gestartet, dessen erste Ergebnisse in die Machbarkeitsstudie einfließen sollten. Die Machbarkeitsstudie kam im Mai 2005 zu dem Ergebnis, dass das Projekt technisch, rechtlich und wirtschaftlich machbar ist. Die Baukosten betrugen nach den Berechnungen der Architekten auf der Basis der Vorentwurfsplanung bei veredeltem Rohbau 186 Millionen Euro. Der Senat beschloss daraufhin Mitte 2005, das Projekt weiter zu verfolgen, die Architekten mit der Entwurfsplanung zu beauftragen und den Investorenwettbewerb bis zur Vergabeentscheidung voranzutreiben. Die Bürgerschaft gab die entsprechenden Planungsmittel frei.

Nach eineinhalb Jahren setzten sich die Baukonzerne Strabag und Hochtief gegenüber den anderen Investoren als beste Bieter für Bau, Finanzierung und 20-jährigen Betrieb des Gebäudes durch. Mit beiden wurde daraufhin in mehr als 30 Arbeitssitzungen von März bis August 2006 das Projekt vergabereif durchverhandelt.

Parallel dazu waren die Architekten beauftragt, eineinhalb Jahre nach Planungsbeginn im Frühjahr 2006 die Entwurfsplanung vorzulegen. Da sie sich dazu nicht in der Lage sahen, wurde ihnen unter Beachtung des laufenden Investorenwettbewerbs eine Verlängerungsfrist von vier Monaten bis Ende August 2006 eingeräumt. Sie erklärten, auch im August noch nicht mit der Planung fertig zu sein. Eine entsprechende Erklärung gaben Herzog/de Meuron im Übrigen auch zwei Jahre später beim Abschluss des sogenannten Nachtrags 4 ab, offensichtlich aus Gründen der Haftungsvermeidung.

Nach Ablauf der einmonatigen Bieterfrist legte Strabag sein fertiges Angebot nicht vor, weil man zu große eigene Risiken beim Fassadenbau sah. Hochtief stellte ein Gebot, das mit über 280 Millionen Euro an der Grenze zur Unwirtschaftlichkeit lag. Der Senat bat mich, durch Kostensenkungen die Wirtschaftlichkeit des Projektes herzustellen. Das gelang mit vereinten Kräften und unter Beschuss von Strabag. Das Unternehmen legte gegen die Änderungen Vergaberüge ein und wollte damit erreichen, an dem Projekt im Nachhinein doch noch beteiligt zu werden. In dieser prekären Situation bat mich der Bürgermeister, in einem persönlichen Gespräch den Eigentümer der Strabag, Herrn Dr. Haselsteiner, davon zu überzeugen, auf die Vergaberüge zu verzichten. Das gelang, die Vergaberüge wurde zurückgenommen und der Vergabe stand rechtlich nichts mehr im Wege.

Allerdings war wegen der noch nicht vollständig abgeschlossenen Planung der Architekten zu entscheiden, ob der Zuschlag erteilt werden konnte, oder ob eine Neuausschreibung veranlasst werden musste. Nach sorgfältiger Abwägung des Für und Wider wurde auf Senatsebene entschieden, auf eine erneute europaweite Ausschreibung zu verzichten und Hochtief den Zuschlag zu erteilen. Die entscheidenden Argumente waren, dass die Baupreise für Stahl und Glas erheblich anzogen, die Vorlaufkosten des Projektes ohne Bauentscheidung der Bürgerschaft weiter dramatisch angestiegen wären und mit Hochtief ein potentes Bauunternehmen vorhanden war, das mit 2.000 Euro Baukosten pro Quadratmeter Bruttogeschossfläche einen günstigen Preis geboten hatte, der im erneuten Wettbewerb aller Voraussicht nach nicht unterboten werden konnte.

Die Bürgerschaft stimmte nach langer Prüfung und Beratung im März 2007 einstimmig der Zuschlagserteilung zu und gab die entsprechenden Mittel für den Bau frei. Am 2. April 2007 fand unter großer Beteiligung der Öffentlichkeit die Grundsteinlegung statt. Die Fertigstellung der Elbphilharmonie sollte zur Konzertsaison 2010/2011 erfolgen.

Bis dahin war das Projekt zügig und wirtschaftlich durchgeführt worden. Doch nun zeigten sich erhebliche Friktionen:

- *Die privaten Pächter der Mantelbebauung und die Entwickler der Eigentumswohnungen forderten bauliche Änderungen, um die Ertragslage zu verbessern.*
- *Die Architekten hatten Probleme, die Ausführungspläne rechtzeitig vorzulegen, weil sie kaum erfahrene Ausführungsplaner in ihren Reihen hatten. Sie hatten bereits die von ihnen selbst entwickelten Bauzeitenpläne nicht mit dem Baukonzern abschließend abgestimmt, um einer Haftung wegen Planungsverzuges zu entgehen. Im Übrigen fühlten sich die Architekten nicht loyal an die Vorgaben des Bauherrn hinsichtlich der Baukosten und Bauzeiten gebunden. Sie sahen sich nur dem Qualitätsanspruch eines Weltprojektes verpflichtet.*

- *Auch Hochtief spielte sein eigenes Spiel, baute einschichtig anstatt zweischichtig mit billigen Rohbauern und überzog die Stadt von Anfang an mit Nachträgen und Behinderungsanzeigen. Man wollte die Preissteigerungen in Höhe von ca. 30 Millionen Euro und die im Wettbewerbsverfahren erzwungenen Kostensenkungen kompensieren.*
- *Durch gezielte Indiskretionen wurden die Medien über angeblich bevorstehende Kostenexplosionen informiert. Die Politik, insbesondere die fachlich in Baufragen überforderte Kulturbehörde, reagierte zunehmend panisch. Ich hingegen war nicht bereit, mir in mein operatives Geschäft, das schwierig genug war, inkompetent hineinregieren zu lassen.*

Kurz vor einem vergleichsweise positiven Abschluss der monatelangen Nachtragsverhandlungen mit dem Vorstandsvorsitzenden von Hochtief, Henner Mahlstedt, stellte ich daher die Vertrauensfrage an den Senat, die negativ beantwortet wurde, woraufhin ich meine Ämter niederlegte. Bürgermeister von Beust hat mir gegenüber den Verlust des Vertrauens in meine Problemlösungskompetenz damit erklärt, ich hätte zu hart verhandelt. Damit sei eine Verkantung eingetreten, die durch einen personellen Wechsel in der Verhandlungsführung der Stadt behoben werden müsse. Es sei nunmehr eine andere, auf Befriedung angelegte Verhandlungsstrategie mit Hochtief notwendig. Diese neue Strategie führte dann aber zu sehr nachteiligen Ergebnissen für die Stadt. Sie wurde bei dem Nachtrag 4 regelrecht über den Tisch gezogen, der öffentliche Anteil an den Baukosten verdreifachte sich. Zugleich wurde die angestrebte Befriedung nicht erreicht. Stattdessen verhärteten sich die Fronten bis zum weitgehenden Baustopp, langwierigen gerichtlichen Auseinandersetzungen und dem Aufbau von öffentlichen Drohkulissen.

Nach meiner Amtsniederlegung wurde die starke Position eines Senatsbeauftragten für die Elbphilharmonie nicht wieder besetzt. Auch der neue SPD-Senat hielt an der Zuständigkeit der fachlich für dieses schwierige Bauprojekt nicht ausreichend qualifizierten Kulturbehörde fest. Eine wesentliche organisatorische Fehlentwicklung liegt meines Erachtens darin, dass die Politik sich zu sehr in das operative Geschäft einmischt. Die baulichen Aktivitäten, die vereinbarten Bauzeiten und Baukostenverhandlungen zwischen Stadt und Hochtief haben mittlerweile einen Sachstand entstehen lassen, der unübersichtlich und unklar ist. Eine belastbare Prognose über die Fertigstellung und die Kosten dieses faszinierenden Projekts ist derzeit kaum noch möglich.«

Anmerkungen

(1) Elmar Lampson in: Ein magischer Ort, Hamburg freut sich auf die Elbphilharmonie, Klaus Schümann Verlag, Hamburg, 2011, S. 104

(2) Henning Voscherau in: Ein magischer Ort, Hamburg freut sich auf die Elbphilharmonie, Klaus Schümann Verlag, Hamburg, 2011, S. 42.

Nachwort

Hamburg hat in seiner langen Geschichte viele Schicksalsschläge überstanden. Doch so hat unsere Stadt noch nie zuvor am Boden gelegen wie an jenem 3. Mai 1945, als das NS-Regime in der Person des Gauleiters und Reichsstatthalters Karl Kaufmann abtrat und die Engländer die Macht übernahmen, nachdem der spätere Präses der Handelskammer Albert Schäfer die kampflose Übergabe vermittelt hatte, um eine sinnlose komplette Zerstörung in letzter Stunde zu verhindern. Ich möchte hier aus der »Eröffnungsbilanz« zitieren, die der damalige Kämmerer Dr. Walter Dudek (SPD), Finanzsenator nannte er sich erst später, am Vormittag des 4. Oktober 1946 der (damals noch von der Militärregierung ernannten) Bürgerschaft vortrug: »Noch zeigen sich nirgends irgendwelche Anzeichen der Besserung. Doch dürfen wir selbst in dieser fast ausweglosen Lage nicht verzweifeln, denn Verzweiflung heißt Selbstaufgabe. Mit verstandesmäßigen Gründen kann man sich nicht trösten oder helfen. Hier hilft nur Pflichtbewusstsein und Mut und ein festes Vertrauen auf den Erfolg und die Zukunft des deutschen Volkes.« Das Sitzungsprotokoll verzeichnet »Bravorufe und Händeklatschen«. Der Kämmerer hatte seinen Zuhörern aus dem Herzen gesprochen.

So waren diese Jahre, in denen sich wenige vorzustellen vermochten, wie Hamburg aus der Trümmerwüste des Kriegsendes wieder zu einem blühenden Gemeinwesen werden könnte. Wer sie bewusst erlebt hat, wird die Umstände, unter denen die Hamburger wie alle Deutschen um das Überleben kämpften, nicht vergessen – nicht den »Kohlenklau«, die Strom- und Gassperren, das illegale Bäumefällen in den Parks, nicht die Hungerzeit und den »Schwarzen Markt« mit der Zigarettenwährung und den Zwölf-Stunden-Arbeitstag, sonnabends bis 14 Uhr, mit leerem Magen. Was hat uns aus dieser Not, diesem Elend herausgeführt? Es waren neben der Währungsreform und Hilfsprogrammen wie dem Marshallplan vor allem die Eigenschaften, die Dudek in seiner Haushaltsrede eingefordert hatte: Pflichtbewusstsein, Mut und ein festes Vertrauen auf den Erfolg und die Zukunft. Er hätte auch hinzufügen können: Arbeitswille, Engagement und Fleiß. Aber eines solchen Hinweises bedurfte es damals nicht. Diese Eigenschaften und ein »Wir-Gefühl« waren Allgemeingut. Jedermann wusste, dass es ohne sie nicht vorangehen konnte, und lebte in dem Bewusstsein: »Wir schaffen es«.

Es ist wichtig für die heutige Generation, die mit ganz anders gearteten Herausforderungen fertig werden muss, sich diese Voraussetzungen wieder vor Augen zu halten. Diese ganz alltäglichen Tugenden sind nämlich auch in unserer

Zeit unverzichtbar. Doch eine weitere Überlegung kommt hinzu: Wir Deutschen leben heute mit allen Nachbarvölkern in freundschaftlicher Verbundenheit. Hamburg, die Wirtschaftsmetropole mit ihren weltweiten Verbindungen, profitiert davon wie selten zuvor. Friede, Freiheit, Wohlstand: Dieser Dreiklang ist für uns heute Normalität. Aber niemals dürfen wir vergessen, wie schwer es nach 1945 war, die Mächte des Unheils zu bannen: Hass, häufig genug aus Vorurteilen geboren, und seine schreckliche Schwester, die Gewalt. Misstrauen und Furcht vor einer Wiederholung früherer Konflikte. Die Deutschen, und wir Hamburger voran, haben ein elementares Interesse daran, die europäische Friedensordnung, die eben alles andere als eine Selbstverständlichkeit ist, gegen jede Gefährdung zu verteidigen, sie zu bewahren, zu pflegen und weiterzuentwickeln. Das ist eine Herausforderung gerade dann, wenn es schwierig wird im gemeinsamen Haus Europa, wie gegenwärtig.

Wir Deutschen sollen und müssen auch unsere Interessen mit Festigkeit vertreten, aber ohne schrille Begleitmusik und Dominanz. Genauso wichtig: Unsere Politik und unser Verhältnis zu unseren Nachbarn und Bündnispartnern müssen verlässlich und berechenbar bleiben, geprägt durch das Bemühen, gleichzeitig deren Probleme zu verstehen. Für unsere Stadt und ihre Stellung in Europa und der Welt hat das eine essentielle Bedeutung.

Hamburgs Wiedergeburt nach dem Zweiten Weltkrieg, von der dieses Buch handelt, ist eine Erfolgsgeschichte des Anpackens, nicht der Bedenkenträgerei, der Antworten, nicht der Fragen und Zweifel. Wirtschaftlich werden wir mit der Wasserstoff-Entwicklung einen entscheidenden Paradigmenwechsel erleben, denn H_2 und CH_4 (Methan) und der FC-Hybrid sind unsere Zukunft. Ein weiteres und vielleicht das schönste Kapitel ist die Elbphilharmonie, der schon jetzt trotz aller Schwierigkeiten weltweit wahrgenommene Beweis für Hamburgs Willen zur Zukunft. Dieses Jahrhundert-Projekt wird zu einem guten Ende gebracht werden, dessen bin ich sicher. Aber das setzt voraus, dass alle Beteiligten tun, was die Nachkriegsgeneration tat: Nicht lamentieren, taktieren, finassieren, sondern: solide bauen. Nur das führt zum Ziel.

Nikolaus W. Schües

Nikolaus W. Schües Jahrgang 1936, ist Seniorchef der hamburgischen Traditionsreederei F. Laeisz, war Vorsitzender des Verbandes Deutscher Reeder und von 1996 bis 2002 Präses der Handelskammer Hamburg. Der Reeder hat sich in zahlreichen ehrenamtlichen Gremien des sozialen und kulturellen Bereichs engagiert, seit 2010 auch als Vorsitzender des Freundeskreises Elbphilharmonie + Laeiszhalle e.V.

Literaturnachweis

Dieses Buch beruht im Wesentlichen auf den journalistischen Arbeiten der Autoren, die sich jedoch auch auf eigene zeithistorische Forschungen stützen konnten. Die folgende Bibliographie enthält Veröffentlichungen zur hamburgischen Geschichte seit 1945, stellt jedoch eine Auswahl dar. Die jeweiligen Titel enthalten weiterführende Literaturhinweise.

AHRENS, MICHAEL: *Die Briten in Hamburg, Besatzerleben 1945–1958.* Hamburg 2011

BAHNSEN, UWE: *Rathaus Hamburg. Die ersten 100 Jahre.* Hamburg 1997

DERS.: *Die Weichmanns in Hamburg. Ein Glücksfall für Deutschland.* Hamburg 2001

DERS.: *Merkur, Macht und Moneten. Ein Streifzug durch die Hamburger Staatsfinanzen.* Hamburg 2006

DERS.: *Karl Schiller.* Hamburg 2008

DERS./O'DONNELL, JAMES P.: *Die Katakombe. Das Ende in der Reichskanzlei.* Hamburg 2004

DERS./VON STÜRMER, KERSTIN: *Stürmische Zeiten. Hamburg in den 60er Jahren.* Hamburg 2006

CASDORFF, CLAUS-HINRICH (HG.): *Weihnachten 1945. Ein Buch der Erinnerungen.* München 1993

DUMMER, KARL-OTTO: *Viermastbark Pamir. Die Geschichte eines legendären P-Liners, geschildert von einem Überlebenden des Untergangs.* Hamburg 2001

FAHNING, DR. HANS (HG.): *Herbert Weichmann zum Gedächtnis. Hamburg nimmt Abschied von seinem Bürgermeister.* Hamburg 1983

FLICKENSCHILDT, ELISABETH: *Kind mit roten Haaren. Ein Leben wie ein Traum.* Hamburg 1971

FREIE UND HANSESTADT HAMBURG, STAATLICHE PRESSESTELLE: *Leitbild: Metropole Hamburg – Wachsende Stadt.* Hamburg 2002

FREUNDESKREIS ELBPHILHARMONIE + LAEISZHALLE (HRSG): *Ein magischer Ort. Hamburg freut sich auf die Elbphilharmonie.* Hamburg 2011

HANDELSKAMMER HAMBURG: *Hamburg 2030. Ein Projekt der Handelskammer Hamburg.* Hamburg 2011

HOOVEN, ECKART VAN: *Meistbegünstigt. Bericht eines Zeitzeugen des Jahrgangs 1925.* Frankfurt/Main 2002

LÜTH, ERICH: *Viel Steine lagen am Weg. Ein Querkopf berichtet,* Hamburg 1966

Michalski, Wolfgang: *Hamburg. Erfolge und Erfahrungen in der globalisierten Welt.* Hamburg 2010

Neues Hamburg, 3. Folge. Hamburg 1949

Neues Hamburg, 4. Folge. Hamburg 1949

Neumann, Michael (Hrsg.): *Ins Stammbuch geschrieben.* Hamburg 2011

Pelc, Ortwin: *Hamburg. Die Stadt im 20. Jahrhundert.* Hamburg 2002

Riess, Curt: *Gustaf Gründgens. Eine Biographie.* Hamburg 1965

Schmidt, Helmut: *Weggefährten.* München 1996

Soell, Hartmut: *Helmut Schmidt. Vernunft und Leidenschaft.* München 2003

Ders.: *Helmut Schmidt. Macht und Verantwortung.* München 2008

Tormin, Walter: *Der schwere Weg zur Demokratie. Politischer Neuaufbau in Hamburg 1945/46.* Hamburg 1995

Weichmann, Herbert/Sieveking, Kurt/Lüth, Erich: *Miterlebtes. Berichte aus fünf Jahrzehnten hamburgischer Geschichte.* Hamburg 1979

Witthöft, Hans Jürgen: *Tradition und Fortschritt, 125 Jahre Blohm + Voss.* Hamburg 2002

Bildnachweis

Sämtliche Bilder stammen aus dem Archiv von ullstein bild in Berlin. Der Verlag bedankt sich herzlich für die Hilfe bei Bildauswahl und Recherche.

Die hier aufgelisteten Bilder stammen darüber hinaus aus folgenden Quellen:

Erich Andres: S. 50
AP: S. 122, 184, 187, 195
Bodig: S. 213, 215
Breuel-Bild: S. 107
C.T. Fotostudio: S. 155
Camejo: S. 151, 153, 164, 170
CHROMORANGE / P. Widmann: Umschlag vorn (kleines Bild Mitte), S. 205
Rosemarie Clausen: S. 30
Conti-Press: S. 97, 131, 158
ddp: S. 149, 223
dpa: S. 37, 40, 48, 61, 76, 87, 95, 124, 137, 140, 154, 161, 176, 179, 207
du Vinage: S. 88
Feddersen: S. 145
HDG Bonn: S. 23
Heuser: S. 220
Hipp-Foto: S. 217
imagebroker.net / © White Star / Friedrichsmeier / B. Nasner: S. 263
Jüschke: S. 148
Keystone: S. 116
Klar: S. 228
Körner: S. 166
Krüger: S. 114
Günther Krüger: S. 17, 24, 111
Kujath: S. 221, 231
D.M. Marcovicz: S. 168
Metelmann: S. 103
Neuhauser: S. 229, 235
Photo Ambor: S. 108
P. Piel: S. 262
Plic Address: S. 238
Reuters / © Christian Charisius: S. 248
Reuters / © Photographer: S. 243
Röhrbein: S. 192, 197, 211, 239, 266, 270
Sawatzki: S. 246
C.W. Schmidt-Luchs: Umschlag hinten, S. 2, 8, 129, 273
Hugo Schmidt-Luchs: S. 57, 60, 67
Sybill Schneider: S. 209
Sven Simon: S. 135, 171, 172, 189, 199, 201
Solcher: Umschlag vorn (kleines Bild Mitte), S. 203
Specialpress: S. 119
Christof Stache: S. 233
Sticha: S. 36
Sylent Press: Umschlag vorn (großes Bild), S. 242, 275
Timm: S. 143
Peter Timm: S. 181
United Archives / 90060: S. 85
Vodjani: S. 100
Volgmann / Otto Volgmann: S. 132
Wallocha: S. 214
Würth GmbH / Swiridoff: S. 136
Zapf: S. 226

Die Hamburger Bürgermeister seit 1945

1945–1946	Rudolf Petersen (parteilos)
1946–1953 und 1957–1960	Max Brauer (SPD)
1953–1957	Dr. Kurt Sieveking (CDU)
1961–1965	Dr. Paul Nevermann (SPD)
1965–1971	Prof. Dr. Herbert Weichmann (SPD)
1971–1974	Peter Schulz (SPD)
1974–1981	Hans-Ulrich Klose (SPD)
1981–1988	Dr. Klaus von Dohnanyi (SPD)
1988–1997	Dr. Henning Voscherau (SPD)
1997–2001	Ortwin Runde (SPD)
2001–2010	Ole von Beust (CDU)
2010–2011	Christoph Ahlhaus (CDU)
seit 2011	Olaf Scholz (SPD)

Buchhinweise

Hamburg in Luftaufnahmen und Bildern
1933 bis 1963

Landesbetrieb Geoinformation und Vermessung

ISBN: 978-3-86680-824-9 | 19,95 € [D]

Hamburger Wasserwelten
Alster – Fleete – Elbe. Fotografien von Agathe Bunz aus den Sechzigerjahren

Peter Heigl, Dorothée Engel

ISBN: 978-3-86680-705-1 | 24,90 € [D]

Der Hamburger Hafen
Eine Zeitreise in Bildern

Harry Braun, Klaus Rahn, Dorothée Engel

ISBN: 978-3-86680-365-7 | 24,90 € [D]

SUTTON VERLAG

Weitere Bücher über Hamburg finden Sie unter:
www.suttonverlag.de

Weitere Hamburgensien finden Sie auf der nächsten Seite